“十四五”职业教育国家规划教材

U0792016

# RPA

# 财务机器人应用与开发

第二版

李福　杨则文／主编

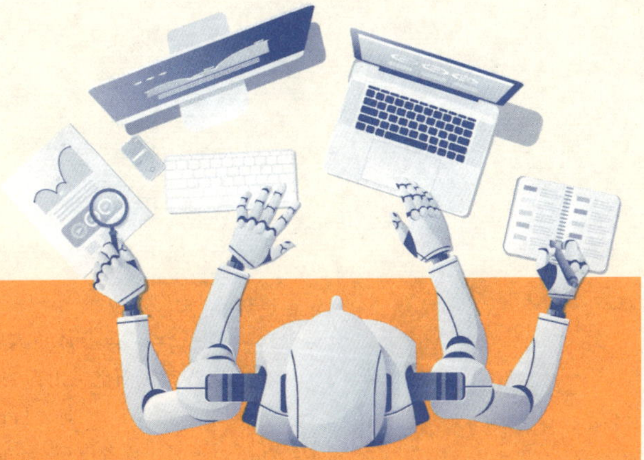

平台支持方：
北京融智国创科技有限公司
技术支持方：
阿里云RPA产品与技术团队

Application and Development of Financial Robot

东北财经大学出版社
Dongbei University of Finance & Economics Press
大连

图书在版编目（CIP）数据

RPA财务机器人应用与开发 / 李福，杨则文主编．—2版．—大连：东北财经大学出版社，2024.2（2025.8重印）

ISBN 978-7-5654-5125-6

Ⅰ.R… Ⅱ.①李… ②杨… Ⅲ.财务管理-专用机器人-职业教育-教材 Ⅳ.①F275 ②TP242.3

中国国家版本馆CIP数据核字（2024）第015275号

东北财经大学出版社出版

（大连市黑石礁尖山街217号 邮政编码 116025）

网 址：http://www.dufep.cn

读者信箱：dufep@dufe.edu.cn

大连天骄彩色印刷有限公司印刷 东北财经大学出版社发行

幅面尺寸：185mm×260mm 字数：546千字 印张：23

2024年2月第2版 2025年8月第4次印刷

责任编辑：张旭凤 赵宏洋 王 玲 责任校对：刘贤恩

封面设计：原 皓 版式设计：原 皓

定价：69.00元

教学支持 售后服务 联系电话：（0411）84710309

版权所有 侵权必究 举报电话：（0411）84710523

如有印装质量问题，请联系营销部：（0411）84710711

FOREWORDS

# 第二版前言

本教材是国家首批立项的“十四五”职业教育国家规划教材，由国家“双高”院校广州番禺职业技术学院的国家骨干专业教学团队和国家教学名师协同行业领先企业北京融智国创科技有限公司和阿里云计算有限公司校企合作精心打造。本教材适于高等职业院校大数据与会计、会计信息管理、大数据与财务管理、财税大数据应用、大数据与审计、统计与会计核算等专业教学使用，也可作为财经商贸大类其他专业拓展课程使用，同时可供在职人员自学参考。

《国家职业教育改革实施方案》提出，“落实好立德树人根本任务，健全德技并修、工学结合的育人机制”“及时将新技术、新工艺、新规范纳入教学标准和教学内容”“建设一大批校企‘双元’合作开发的国家规划教材，倡导使用新型活页式、工作手册式教材并配套开发信息化资源”“运用现代信息技术改进教学方式方法，推进虚拟工厂等网络学习空间建设和普遍应用”。为响应该方案的号召，本教材在注重工匠精神培育、体现行业领先技术、校企双元强强合作、采用全新呈现形式、构建网络学习空间等方面都做了不少有益的尝试，形成了如下特点：

一是内容新。财务机器人的广泛应用是会计技术继“信息化”取代“电算化”后走向“智能化”的标志性事件，财务机器人走进课堂是财务会计职业教育领域跨时代变革的一件大事。“财务机器人应用与开发”是近几年刚刚兴起并很快受到热捧的明星课程，但适应财会专业学生学习使用、易懂易学的教材则十分少见。本教材内容基于本校的校本课程改革实践，主要教学内容均为全新的原创性内容，并得到了北京融智国创科技有限公司和阿里云 RPA 产品与技术团队的技术支持。同时，本教材还在各项目工作场景中设置了“价值提升”“德技兼修”板块，融入积极向上、遵纪守法、精益求精、爱国教育等元素，以及党的二十大提出的“弘扬伟大建党精神，自信自强、守正创新，踔厉奋发、勇毅前行”等精神，达到“润物细无声”的效果。

二是项目式。“做中学”“边学边练”是职业教育课堂教学模式的核心竞争力所在，本教材在开发过程中通过分析财务机器人技术在财会岗位工作中的应用场景，将完成岗位工作任务所需要的理论知识、技术技能、职业素养进行系统梳理，以精心设计的典型工作项目为载体，由浅入深、由简单到复杂，使学生在多个循环的操作实践中，在“随风潜入夜”般的教学过程中逐步走进会计智能化的一个个全新的境界，最终通过完成一个综合性的工程项目实现对课程内容的全面掌握。

三是立体化。线上线下混合式教学是智慧化教学的必经阶段，理论实践一体化与智慧化教学相结合将是职业教育未来课堂的典型特征。而这两者的结合将依赖于作为新形态教材组成部分的数字化教学资源。本教材配套的数字化资源特别是涵盖主要知识技能点的系列微课，一方面可以作为同步MOOC和院校SPOC的共享资源，为课堂提供教材与课程配套的整体服务，另一方面通过纸质教材与数字化资源的二维码链接，可以实现不分时空随时随地学习，同时，数字化资源还提供了操作的示范指引和开发过程的技术文件支持。

四是工作手册式。本教材从整体设计上看其目标就是要完成发票业务机器人、银行业务机器人、报销业务机器人等若干财务机器人的应用与开发。从每个学习项目的局部看，均由“应用”和“开发”两大工作任务组成。为实现教学目标，每个项目开始就提出了一系列具体任务，列出了完成任务应当取得的标志性成果。而教材的本身就是由“业务场景”“任务分析”“操作步骤”“程序设计”等构成，因此，教材同时可以看作一本适用于工作现场的、为促进工作效率和工作质量提高而设计的指导性工作手册。

五是活页式。本教材采用活页式装订，教材各项目可分别装订成多个体现独立工作过程的小册子。教学中可按岗位技能培养需要对教学项目进行多种不同的组合。其中，导言和各项目应用模块的组合，可用于培养以财务机器人应用为主的人才，导言和各项目开发模块及项目七组合，可用于培养以财务机器人开发为主的人才。考虑到财务机器人技术尚处于高速发展的阶段，本教材各项目设置了内容更新的二维码。财务机器人在行业中新的应用领域和新的技术突破一旦出现，我们将很快通过二维码在后台对涉及的小册子进行更新或补充，读者可第一时间下载打印，并自行替换相关活页，在一定程度上可以缓解纸质教材较长的更新周期与行业技术快速发展的矛盾。

基于教材上述特点，我们建议教师在教学过程中尽量做到如下几点：一是本课程教学场所应当为每位学生配备一台电脑及相应的网络设备，安装本教材提供的开发平台软件。本教材通过校企合作为各院校提供了“财务机器人应用与开发实践平台（RAD）”（网址：http：//frad.chinaive.com/），平台集成了财务机器人应用与开发的管理模块、仿真环境及开发平台，欢迎广大师生申请免费试用。二是教学过程应当注重“工作与学习的结合”“学习即工作”，教师的功能不在于讲授，更在于引领、示范、组织学生进行现场操作，在完成“学习性工作任务”的过程中实现职业能力的提升。三是对教学效果的评价不在于教师本身有多少“成就感”，而在于学生完成了什么、做出了什么，在于学生有什么样的“成就感”。

同时，根据课程教学目标及要求，我们建议学生尽量做到如下几点：一是要树立学好本课程的信心，不要一听到“开发”“程序”等字样就先退避三舍，就如同学习开车不需要弄懂汽车每一个芯片的结构而只需要学会使用汽车方向盘和刹车等功能一样的道理，本课程的目标可以类比为不是培养汽车工程师而只是培养汽车司机。二是本课程的目标不在于知道了什么知识、不在于记住了什么原理，更在于你做了什么、通过做的过程学会了什么，坐而论道是学不好本课程的。三是不要误以为学会本课程就弄懂了财务机器人的一切，本课程只是财务机器人最基础的开发与应用，随着RPA等技术的快速发展，怎样结合不同企业实际用好本课程学习的内容和不断进一步吸收新的技术往往比本课程更加重要。为了更充分地介绍为什么学、学什么、怎么学RPA财务机器人应用与开发，我们录制了一个视频，欢迎扫码“走进财务机器人应用与开发”。

本教材由广州番禺职业技术学院李福、杨则文主编，在教材和配套资源开发过程中，李福负责书稿的编写和资源开发的组织协调工作，杨则文负责教材整体思路和构架的设计及最终定稿，北京融智国创科技有限公司产品总监陆家寅先生负责提供业务场景、平台、技术、资源等支持，阿里云计算有限公司提供了技术支持，东北财经大学出版社张旭凤编审对教材出版给予了大力支持。

开发一门全新的课程和编写一本全新的教材对于我们来说既是一次难得的机会也是一次巨大的挑战，教材不论是项目设计还是细节编写都难免会存在不足与疏漏，恳请各位老师、同学们和读者批评指正。在此奉上作者联系方式，电子邮箱：pyplifu@foxmail.com。

编　者

2023年11月

走进财务机器人应用与开发

教师教学指南

FOREWORDS

Contents

# 目录

CONTENTS

# 微课二维码目录

# 资源二维码目录

| 项目 | 资源二维码 | 页码 |
| --- | --- | --- |
| 项目3<br>报销业务机器人 | 资源3-1　费用计提机器人的主流程大图 | 121 |
| | 资源3-2　费用计提机器人的登录财务云平台子流程大图 | 122 |
| | 资源3-3　费用计提机器人的获取数据子流程大图 | 123 |
| | 资源3-4　费用计提机器人的编制记账凭证子流程大图 | 123 |
| | 资源3-5　费用计提机器人的退出财务云平台子流程大图 | 123 |
| | 资源3-6　费用付款机器人应用的业务素材 | 128 |
| | 资源3-7　费用付款机器人的主流程大图 | 129 |
| | 资源3-8　费用付款机器人的登录财务云平台子流程大图 | 130 |
| | 资源3-9　费用付款机器人的编制记账凭证子流程大图 | 130 |
| | 资源3-10　费用付款机器人的退出财务云平台子流程大图 | 131 |
| | 资源3-11　记账凭证编制机器人开发素材 | 133 |
| | 资源3-12　记账凭证编制机器人的设计方案 | 134 |
| | 资源3-13　记账凭证编制机器人的登录财务云平台子流程大图 | 138 |
| | 资源3-14　记账凭证编制机器人的编制记账凭证子流程大图 | 144 |
| | 资源3-15　记账凭证编制机器人的退出财务云平台子流程大图 | 145 |
| | 资源3-16　记账凭证编制机器人的主流程大图 | 146 |
| 项目4<br>薪酬业务机器人 | 资源4-1　工资表编制机器人主流程大图 | 154 |
| | 资源4-2　计算工资和社保公积金子流程大图 | 154 |
| | 资源4-3　计算个税和实发工资子流程大图 | 156 |
| | 资源4-4　补充员工基础信息子流程 | 157 |
| | 资源4-5　保存工资表子流程大图 | 158 |
| | 资源4-6　工资分摊记账机器人主流程大图 | 163 |
| | 资源4-7　工资分摊记账机器人的编制凭证导入模板子流程大图 | 164 |
| | 资源4-8　工资分摊记账机器人的批量导入记账凭证子流程大图 | 164 |
| | 资源4-9　网银工资发放机器人开发素材 | 167 |
| | 资源4-10　网银工资发放机器人的设计方案 | 169 |
| | 资源4-11　银行代发模板生成子流程大图 | 174 |
| | 资源4-12　登录工行网银子流程大图 | 176 |
| | 资源4-13　代发工资子流程大图 | 179 |
| | 资源4-14　网银工资发放机器人主流程大图 | 180 |
| 项目5<br>销售业务机器人 | 资源5-1　销售合同机器人的主流程大图 | 194 |
| | 资源5-2　销售合同机器人的登录ERP子流程大图 | 194 |
| | 资源5-3　销售合同机器人的销售订单子流程大图 | 195 |
| | 资源5-4　销售合同机器人的退出ERP子流程大图 | 196 |
| | 资源5-5　销售发货机器人的主流程大图 | 200 |
| | 资源5-6　销售发货机器人的销售出库子流程大图 | 200 |
| | 资源5-7　销售收款查询机器人主流程大图 | 205 |
| | 资源5-8　销售收款子流程大图 | 205 |
| | 资源5-9　发票批量开具机器人开发素材 | 210 |
| | 资源5-10　发票批量开具机器人设计方案 | 211 |
| | 资源5-11　打开业务数据表子流程开发效果图大图 | 215 |

# 拓展二维码目录

# 导　言

## 项目目标

### 知识学习目标：

1. 掌握RPA的含义与特点；
2. 掌握财务机器人的含义和特点；
3. 理解财务机器人适用的业务场景；
4. 了解财务机器人的开发技术。

### 技能训练目标：

1. 能在传统财务工作场景中识别适合引入财务机器人的领域；
2. 掌握基本的财务机器人开发规则；
3. 能熟练应用“打开网站”“点击控件（网页）”“填写输入框（网页）”“输入热键”等基本组件；
4. 掌握“获取Excel行的值”“条件分支”“按照次数循环”等组件的应用。

### 素质素养目标：

1. 深刻理解科技是第一生产力。
2. 树立正确的价值导向，能从人类社会健康发展的高度，正确看待人工智能与人工的关系。

## 工作任务

### 本项目应完成的工作任务：

1. 完成图片搜索机器人的开发；
2. 完成商品搜索机器人的开发；
3. 完成景点搜索机器人的开发；
4. 完成股票数据抓取机器人的开发。

### 完成以上工作任务应提交的标志性成果：

1. 图片搜索机器人应用程序；
2. 商品搜索机器人应用程序；
3. 景点搜索机器人应用程序；
4. 股票数据抓取机器人应用程序。

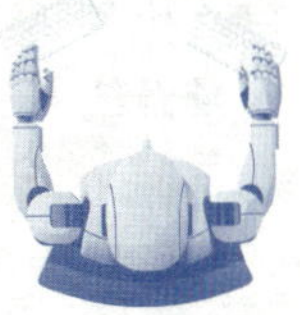

# 模块1　初识财务机器人

在“大智移云物区”的发展背景下，财务机器人的引入已经成为会计行业的重要发展方向之一。对财务人员而言，学会财务机器人的应用与开发显得尤为重要。

微课0-1

RPA的含义与特点

## 一、RPA的含义与特点

### （一）RPA的含义

RPA（Robotic Process Automation），即机器人流程自动化，是以软件或者机器人的形式代替人工劳动，通过自动执行预先设定的计算机程序，对具有重复性、基于规则的任务进行自动化处理。机器人流程自动化就是基于自动执行的计算机脚本，实现用户界面的软件工具，可以自动完成一系列原来需要依靠人工操作的工作。RPA通过程序设定可以准确捕捉员工的人机交互行为，模拟员工对计算机程序的日常操作，自动完成识别、模拟与执行业务处理流程。

### （二）RPA的特点

RPA适用于具有重复性及既定逻辑的业务处理流程。RPA是基于计算机脚本的自动化软件，可以通过程序设置自动完成大量重复性、定义清晰并且具有固定逻辑的业务流程，任务处理效率与准确率比较高，很少会出现差错。RPA具有以下特点：

首先，RPA既可以独立工作，也可以采用与人工合作的模式。RPA可以单独完成任务处理工作，模拟人类的操作完成整个业务处理流程。同时，RPA也可以实行人工与虚拟劳动力共同工作的模式：一部分任务由人工完成，一部分任务则设定为机器人自动化操作。

其次，RPA是一款非侵入性的外挂式软件。RPA是一种外挂式软件，可以直接安装在企业现有的系统上。它的实施基于现有的IT架构，企业不需要对现有系统进行修改，对企业现有系统的影响非常小。因此，RPA可以结合OCR、NLP等人工智能技术，实现更多功能的开发，实施周期较短，对非技术业务人员来说也比较容易理解和操作。

最后，RPA适用于联合多个业务系统，减少不同系统之间的重复工作。RPA作为一种外挂式软件，可以轻松地在多个业务系统之间进行跳转，大大减少不同业务系统之间的重复工作。在RPA的运行过程中，相关的业务处理操作会被严格监控并记录下来，信息的安全性会得到很大程度的保障。

### （三）RPA的部署

RPA通常由安装在服务器上的控制台进行调度和资产变量配置，由用户通过计算机上安装的机器人客户端程序进行运行。

#### 1.机器人控制平台（机器人控制台）

机器人控制台通常是部署在服务器上的机器人控制系统，用户可通过浏览器进行访问，对已连接的机器人客户端及编辑器进行监控、计划任务管理、员工管理、企业应用管理、授权许可管理等。控制台是RPA在企业中应用时的后台，负责整体调度和权限管理，设置机器人客户端运行RPA程序的模式、触发条件等，还可对企业的账号、密码类资产变量做统一管理，集中使用权限。

#### 2. 机器人开发平台（机器人编辑器）

机器人编辑器是机器人的开发平台，通常以C/S结构安装于开发人员的计算机上，通过编码或可视化等方式，进行RPA程序开发；开发及测试完成后，可通过编辑器将RPA程序发布至控制台上。

#### 3. 机器人运行平台（机器人客户端）

机器人客户端是机器人的运行平台，安装在计算机上后，可直接执行已发布并获得使用权限的RPA程序，客户端可由用户自由执行RPA程序，也可由控制台统一调度按计划执行。

## 二、财务机器人的含义与应用场景

微课0-2

财务机器人的含义与应用场景

### （一）财务机器人的含义

财务机器人是指基于RPA技术，针对财务的业务内容和流程特点，以自动化代替财务手工操作，辅助财务人员完成交易量大、重复性高、易于标准化的基础业务，从而优化财务流程，提高业务处理效率和质量，减少财务合规风险，使资源分配在更多的增值业务上，促进财务转型。

随着越来越多的财务机器人商业化产品的出现，财务机器人在企业层面得到了不断推广和应用。财务机器人的广泛应用，主要基于企业变革的内生驱动因素、RPA技术与财务业务特点相吻合的客观基础，以及财务共享服务中心大量出现为其创造的良好运行环境。

### （二）财务机器人适用业务的特点

在财务机器人出现之前，财务工作进程的推进通过财务人员人工操作或信息系统自动化的方式来实现。在人工操作的场景下，工作效率低、错误率高，人员占用多，而通过信息系统进行自动化操作，一旦出现跨系统的数据流转需求，就需要在多个异构系统间进行系统改造和API开发。系统改造和API开发往往投资成本高、部署周期长，对需求响应缓慢，在系统对接较多的情况下，改造难度极大。如果系统开发商不开放接口，或者接口规则无据可循，则只能依靠人工在不同系统间进行重复性操作。

财务机器人的出现形成了对人工操作场景和API财务应用场景的有效补充，如图0-1所示。

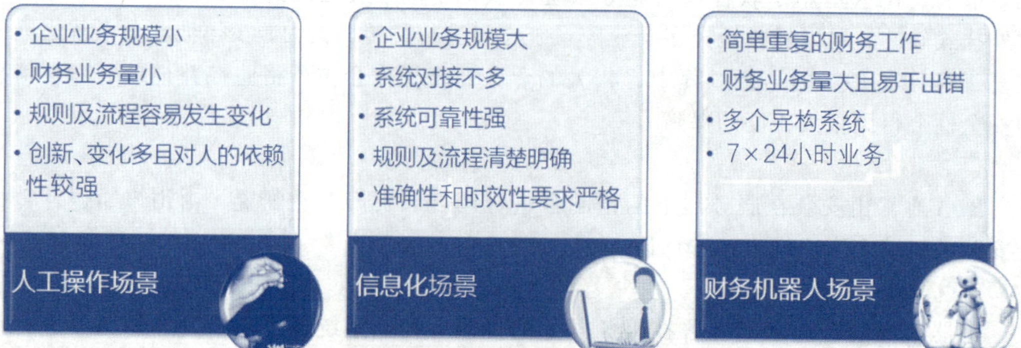


图0-1 财务机器人的财务应用场景

财务机器人在特定应用场景下的高效运行，是基于一定的业务特点才得以实现的。财务机器人适用的业务特点是支持处理不同流程和任务的运行环境，这为财务机器人的应用提供了必要性和可行性。总体而言，财务机器人适用于模拟人类进行简单重复的操作、处理量大且易错的业务。其以不间断的工作模式，在不改变原有信息系统架构的基础上实现异构系统的贯通。具体来说，财务机器人适用的业务场景有以下特点：

1. 简单重复操作

在财务工作流程中，有许多环节需要人工机械、重复地进行信息系统操作。在这些环节应用财务机器人，企业可以提高效率，减少人力成本和人为错误，提高财务处理的质量和准确性。这类业务通常具有以下特征：流程固定、规则明确，如自动结转凭证、计提资产折旧、内部往来对账等；重复性高、附加值低，如发票查验、发票开具等。

2. 量大且易错的业务

采用财务机器人处理业务存在一定的开发周期和投资成本，适用的业务必须具有合理的投入产出比。因此，工作量大、易于出错的业务更适合引入财务机器人。例如，不同系统之间的数据传输或流转、跨系统业务流程的衔接与操作、系统内部繁杂的操作和业务处理等。

3. 7×24 小时业务

财务机器人是基于机器处理的程序，可以不间断、高效率地工作，可以弥补人工操作容忍度低、峰值处理能力差的不足，适用于企业7×24小时业务。在传统的人工操作模式下，员工普遍为5×8小时工作制，当企业财务工作量大、财务人员正常工作时间难以满足企业的需求时，财务处理效率大大降低。例如，百货商店“十一”假期销售频次突增，业务核算、业务收费的处理工作集中化增加，就需要财务人员高强度工作。

4. 多个异构系统

财务机器人通过用户界面或脚本语言与系统交互，完全模拟人类操作和判断，将流程操作设计为独立的自动化任务，交由财务机器人执行。对于多个异构系统间的数据流转，可使用财务机器人分别登录多个系统自动执行数据的采集、迁移、输入、校验，以及上传、下载和通知等操作，不需要对数据交互涉及的多个异构系统进行改造和API开发，不改变企业原有的信息系统架构。无论是对原有信息化系统数据的安全性保护，还是对系统数据化接口开发的困难，财务机器人都是有效的解决方案。

（三）财务机器人的应用场景

财务机器人的应用场景需要符合两大条件：大量重复（让RPA有必要）和规则明确（让RPA有可能）。财务机器人最适合具有清晰定义和极少例外情况下的重复和确定性流程，即应用于大量既定规则的交易活动，利用特定的脚本算法，与多个应用程序交互，自动完成各类管理任务。具体而言，现阶段企业财务工作中适用财务机器人的场景如图0-2所示。

1. 发票业务

发票业务具有标准化、规范化、系统化的业务特点，非常适合财务机器人的应用，涉及的业务活动包括：

（1）增值税发票查验：财务机器人可以基于发票的票面信息自动校验发票真伪，将增值税发票提交到国家税务总局发票查验平台上进行验证，并反馈和记录结果。

（2）增值税发票认证：财务机器人可以基于发票的票面信息与国家税务总局发票认证平台中待认证发票的信息进行核对，勾选或批量完成增值税发票认证操作，并反馈和记录结果。

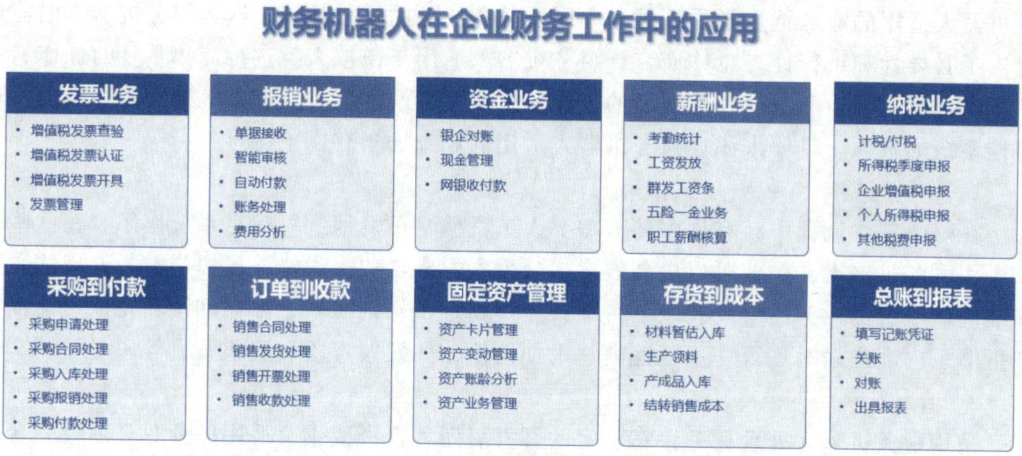


图 0-2 财务机器人的业务场景

（3）增值税发票开具：基于现有的开票数据信息，由财务机器人操作开票软件，自动开具增值税普通发票和增值税专用发票，在提高开票效率的同时也能避免人为输入错误情况的发生。

（4）发票管理：基于收发方式取得的各类发票，由财务机器人完成发票票面信息、发票收发轨迹信息的获取和收集，实现发票数据库的维护和管理，使企业发票管理形成数据化管理模式，提高企业发票管理水平。

### 2. 报销业务

费用报销业务是企业频繁发生的经济业务活动，也是财务机器人参与最广泛的业务活动，具体包括：

（1）单据接收：支持多渠道采集发票信息，财务机器人对各类发票和单据自动识别、分类汇总并分发传递，同时可以自动生成报销单并发起审批申请。

（2）智能审核：设定费用报销审核规则，将其内嵌到费用报销系统中，财务机器人自动按照设定的逻辑执行审核操作，如检验发票真伪、检查发票是否重复报销、进行预算控制、进行报销标准审查等，并记录合规检查结果；对于存在问题的业务，通知申请人并记录财务检查结果。

（3）自动付款：报销单通过审核审批后自动生成付款单，财务机器人根据付款计划和付款单信息执行付款操作。

（4）账务处理：报销单、付款单依据记账规则自动生成凭证，凭证自动提交、记账。

（5）费用分析：财务机器人可从财务系统中自动导出费用报销数据，转换为各类基础数据表，输出各维度费用分析报表，对异常费用支出进行标识，触发报送系统完成报表发送。

### 3. 资金业务

资金管理是日常性、重复性高的工作，可利用财务机器人减少人工工作量。适合财务机器人的业务活动包括：

（1）银企对账：财务机器人取得银行交易流水、银行存款日记账财务数据，进行银行账与财务账的核对，自动出具银行存款余额调节表，并在财务系统和网银系统中完成对账操作。

（2）现金管理：财务机器人根据设定的现金上划线执行自动现金归集、自动现金计划信息的采集和处理等；引入智能算法，按照预设规则，根据支付方式、支付策略、支付金额等因素，计算出最优组合，自动完成资金安排，将安排结果交由用户参考执行。

（3）网银收付款：财务机器人根据订单信息和供应商信息，自动完成收款查询和付款操作。

### 4. 薪酬业务

薪酬业务管理是企业必然发生的、存在大量业务活动内容及业务活动信息的经济业务管理。在管理过程中，可以用财务机器人处理的业务活动包括：

（1）考勤统计：财务机器人从考勤管理系统中直接读取员工主动或自动打卡信息，形成考勤统计报表，同时将员工考勤情况反馈给员工个人，进行确认和异常排查。

（2）工资发放：财务机器人从人力资源系统中获取工资计算结果，完成网银批量代发工资模板的填制，并在网银中完成代发工资操作，实现员工工资的发放。

（3）群发工资条：财务机器人从人力资源系统中获取工资明细信息，生成员工每个人的工资条，通过企业内部沟通平台，或者以邮件的形式，定时发送给员工个人。如员工有异议，可以提出，由人工干预解决。

（4）五险一金业务：财务机器人从人力资源系统中获取人员增加、减少情况，自动在社会保险管理平台、住房公积金管理平台上完成增员、减员的业务处理，并将执行结果反馈至人力资源系统。

（5）职工薪酬核算：财务机器人根据员工工资表，自动在财务软件系统中完成计提、发放工资，计提福利费、职工教育经费、工会经费，计提社会保险，计提住房公积金等与职工薪酬相关的账务处理。

### 5. 纳税业务

税务管理是目前财务机器人运用较为成熟的领域，包括自动纳税申报、涉税业务账务处理等。其具体包括以下内容：

（1）计税/付税：财务机器人自动完成计税业务活动、付税业务活动的相关账务处理操作。

（2）所得税季度申报：财务机器人根据特定的报表逻辑，由工作底稿自动生成按照季度纳税申报的企业所得税季度纳税申报表，并在税务系统的纳税申报系统中自动填写纳税申报表，完成校验、提交申报。

（3）企业增值税申报：财务机器人根据特定的报表逻辑，由工作底稿自动生成按照季度/月度纳税申报的增值税纳税申报表，并在税务系统的纳税申报系统中自动填写纳税申报表，完成校验、提交申报。

（4）个人所得税申报：财务机器人根据特定的报表逻辑，从人力资源系统中获取员工信息、工资信息、社保信息、住房公积金信息以及其他个税信息，并在税务系统的个人所得税纳税申报系统中自动填写个人信息表、专项扣除信息表、纳税申报表，完成校验、提交申报。

（5）其他税费申报：财务机器人根据特定的报表逻辑，由工作底稿自动生成按照季度/月度纳税申报的城市维护建设税、教育费附加、地方教育附加、房产税、印花税等纳税申报表，并在税务系统的纳税申报系统中自动填写纳税申报表，完成校验、提交申报。

### 6. 采购到付款

财务机器人可以实现从供应商管理、供应商对账到发票处理及付款整个过程的无缝衔接，使采购到付款流程中重复率高、业务量大的工作实现自动化。其具体包括以下内容：

（1）采购申请处理：从OA办公管理系统中读取请购审批信息，财务机器人将请购单信息输入ERP系统中，形成请购单记录。

（2）采购合同处理：从OA办公管理系统中读取合同审批信息，并通过OCR提取采购合同信息，财务机器人将订单信息输入ERP系统中，与请购单信息进行匹配关联。

（3）采购入库处理：通过OCR扫描发货单信息，验收、入库信息，财务机器人将到货、入库信息输入ERP系统中，并与订单、请购信息进行匹配关联。

（4）采购报销处理：财务机器人自动完成发票信息的采集、报销信息的收集，在ERP系统中完成发票信息登记、报销信息录入、应付单据输入，与请购、订单、到货、入库信息进行匹配关联。

（5）采购付款处理：财务机器人自动完成审核、数据输入和付款准备，提取付款申请系统中的付款信息（付款账号、户名、金额等），并提交到网银等资金付款系统进行付款操作。

### 7. 订单到收款

订单到收款流程是企业和客户之间的财务关联，包括合同管理、发票开具、收入确认、收款对账等业务环节。订单到收款流程规则明确、自动化程度较高，适用于财务机器人的具体业务活动如下：

（1）销售合同处理：财务机器人对电子订单或数字化订单进行识别、输入，对有变更需求的订单进行变更；完成销售合同的自动审核、自动录入、自动登记，销售合同台账的维护。

（2）销售发货处理：财务机器人在ERP系统中完成对销售发货业务以及发货信息的登记。

（3）销售开票处理：财务机器人根据订单信息抓取销售开票数据并进行开票，发票开具后将开票信息传递给相关人员，通知其完成发票邮寄，并将发票开具信息输入ERP系统中，完成销售开票管理和应收管理。

（4）销售收款处理：财务机器人在网银系统中自动完成收款信息（时间、户名、金额等）的查询，并将收款情况反馈给销售人员，在ERP系统中完成收款信息的登记，与应收信息进行匹配核销。

### 8. 固定资产管理

固定资产管理是对资产采购、资产折旧、资产处置以及资产盘点的全过程进行的业务管理活动。其中，可以交由财务机器人完成的业务活动包括：

（1）资产卡片管理：财务机器人自动、批量地对资产卡片进行更新、打印、分发等。

（2）资产变动管理：财务机器人针对资产实物进行全程跟踪、记录，计量资产的价值变化。

（3）资产账龄分析：财务机器人记录资产的使用情况、账龄情况和折旧费用的分配情况。

（4）资产业务管理：财务机器人对资产的采购流程、资产的报废流程、资产的处置流程、计提资产减值准备流程进行信息登记和维护。

### 9. 存货到成本

在存货到成本的过程中，成本指标输入、成本费用分摊和账务处理报告等工作具备自动化条件，可由财务机器人完成。其具体业务包括：

（1）材料暂估入库：在材料采购过程中，对于尚未取得报销凭证、提前验收入库的情况，在ERP系统中完成材料暂估入库的信息登记及账务处理。

（2）生产领料：在生产经营过程中，生产车间因生产计划需要从库房领取原材料。财务机器人在ERP系统中完成信息登记、实物的流转交接，以及相关的账务处理。

（3）产成品入库：生产活动结束后，产成品经验收完成入库，财务机器人在ERP系统中完成信息登记、跟踪实物的流转交接，以及相关的账务处理。

（4）结转销售成本：在销售过程中，产品实际发货后，需要完成对应结转销售产品成本的账务处理。

### 10. 总账到报表

总账到报表流程中标准化记账分录处理、关联交易对账、关账、财务报表的出具等可以借助财务机器人来完成。其具体业务包括：

（1）填写记账凭证：根据财务核算规则，标准化记账分录可以由财务机器人自动完成。

（2）关账：在期末，财务机器人自动完成各项关账工作，如资金管理、往来对账、固定资产管理等。如发生异常，发送预警报告，经由人工调查；若对账无误，则自动进行账务处理。

（3）对账：在分模块的财务软件中，完成本期记账凭证编制、审核、记账后，需要对各模块、各科目按照既定规则进行对账操作，作为检验操作逻辑合理性的必要工作，可以由财务机器人来完成。

（4）出具报表：财务机器人自行完成数据汇总、合并抵销、邮件数据催收、系统数据导出等工作，自动按照报表模板完成单体报表、合并报表的出具。

## 三、财务机器人的开发技术

微课0-3
财务机器人开发技术

### （一）RPA开发工具

21世纪以来，越来越多的企业走上了信息化的道路，随着一些企业对自动化需求的增多，21世纪初欧美国家出现了几个主营RPA产品的公司。首先是Blue Prism于2003年发布了其第一款RPA产品，然后UiPath和Automation Anywhere几乎同时发布了各自的自动化库，标志着RPA的诞生。

2011年，经历了10多年发展的淘宝体量已经非常庞大，太多的客户对接业务和大量简单重复的工作让淘宝运营小二们忙到无法喘息，虽然很忙但效率并不高，此时的淘宝急需自动化来代替人力处理大量业务。在这样的背景下，阿里巴巴著名的码栈于2011年诞生，这个流程自动化产品当时在内部叫作巨无霸，起初主要帮助阿里巴巴集团的小二做运营和售后服务等自动化工作。2016年“双十一”期间，码栈已能让一个运营小二服务大量企业。2017年，码栈团队从淘宝系转到阿里云，开始服务电商、新零售、财税、金融等更多行业。2018年，码栈被正式命名为阿里云RPA，如图0-3所示。得益于阿里巴巴强大的人工智能技术积累，阿里云RPA智能化程度在市场中名列前茅。

2016年以来，RPA市场的发展进入了新的高峰期，国内外出现了一大批具有影响力的RPA开发平台，如国内的艺赛旗推出的“IS-RPA”、来也科技推出的“来也UiBot”、云扩科技推出的“云扩RPA”等。现对国内外主流的RPA平台进行介绍。

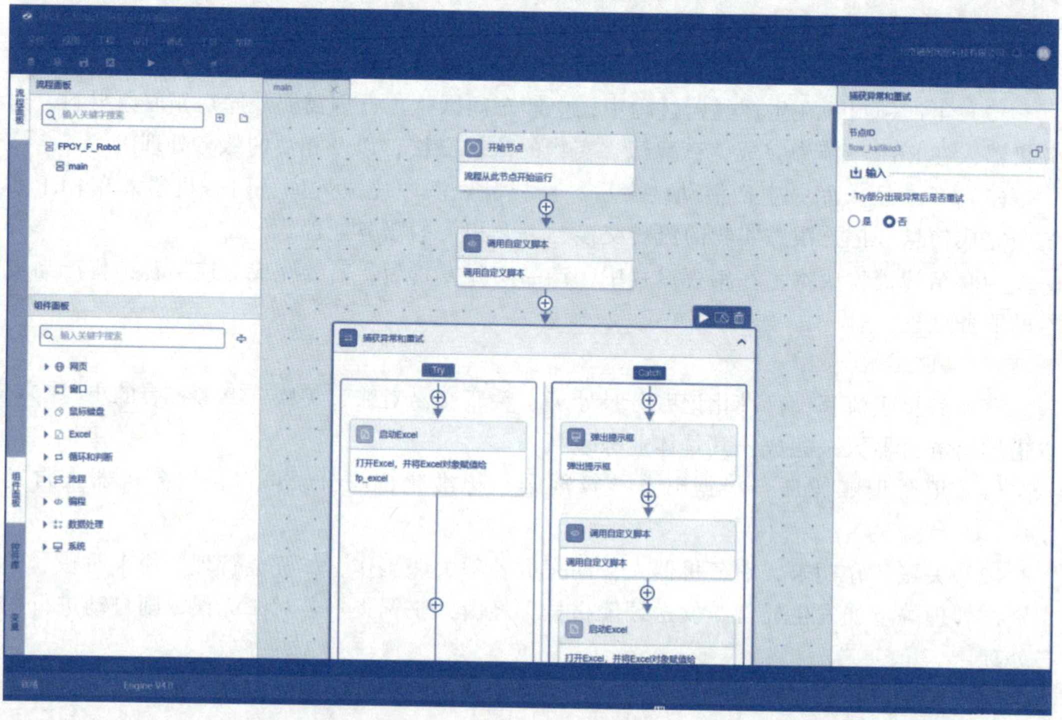


图0-3　阿里云RPA设计器

## 1. 阿里云RPA

阿里云RPA是一款新型工作流程自动化办公机器人软件，通过模拟人工操作进行自动流程执行处理。它可以将办公人员从每日的重复工作中解放出来，提高生产效率。具体而言，阿里云RPA是基于软件机器人和人工智能（Artificial Intelligence，AI）开发的新型办公业务流程自动化技术。举例而言，就像工业时代工厂的流水线机器替代工人劳动一样，阿里云RPA可以代替办公人员操作电脑和软件，自动完成各类软件系统的工作和业务处理，准确高效地实现业务流程自动化。阿里云RPA的特点包括：

（1）可以联动多个业务系统，自动执行相关工作

通过事先编好的操作流程步骤，阿里云RPA就像一位机器人员工，能自动操作整个业务流程，不但速度快，而且几乎不出错、不知疲倦，人们只需要开启阿里云RPA即可。

（2）可以自动化地串起一系列操作流程，让流程再造

在自动化流程方面，阿里云RPA与普通的工业机器人十分相似。它们都能够在一连串的流程上起到替代人工、自动执行的作用，从而实现流程再造。

（3）不会影响现有IT系统的功能与稳定性

与传统的ERP、OA、CRM等IT系统不同，阿里云RPA运行在更高的软件层级。这就决定了它不会影响已有的软件系统，从而在帮助企业提升效能的过程中，维持企业已有的IT系统功能平稳、运行可靠。

(4) 阿里云RPA能最大程度地平衡效率与成本，且投资回报周期较短

为了提升效率，企业通常会选择增加人工或采用传统的模式开发软件。阿里云RPA为企业提供了第三种选择，并且优势明显：它既不像增加人工那样效率不高且易出错，也不像以传统模式开发软件那样需要投入较大成本，它能够最大程度地平衡效率与成本。

阿里云RPA提供了丰富的基于流程的自动化技术和行业解决方案，给众多行业的工作效率带来了质的提升，可应用于包括银行、保险、新零售、财务、税务、法务等在内的各行各业。

阿里云RPA由编辑器、有人值守机器人、无人值守机器人、服务型机器人和控制台组成，如图0-4所示。编辑器相当于IDE（集成开发环境），在这里，可以通过可视化开发模式和编码开发模式基于客户的流程开发相应的应用程序，并可以将这个应用程序发布到企业应用市场上，供同一个企业的其他人员使用。同时，编辑器提供其他一些基础功能，如应用的本地化导入和导出、调试、版本管理等。有人值守机器人可在企业应用市场里获取开发好的应用，通过管理员审批之后就可以使用，采用手动触发方式执行应用。无人值守机器人可在控制台通过定时触发的方式，设置好执行时间、执行次数、循环规则等各类参数，到了设定的时间点，无须人工干预即执行应用。服务型机器人通过API接口可以远程调用机器人执行相应的程序，也可以通过API接口获取机器人执行的结果数据、中间状态等信息。控制台提供机器人和应用的数据看板、用户与权限管理、企业应用市场管理、授权许可管理等功能。

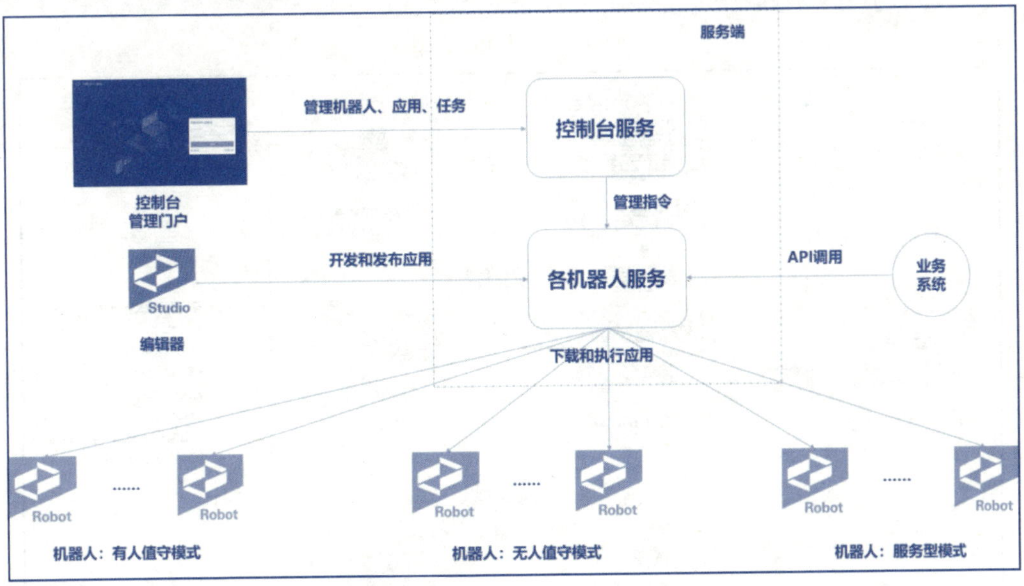


图0-4 阿里云RPA产品架构

### 2.UiPath

UiPath是一家机器流程自动化研发商，致力于利用人工智能或机器人来处理重复性的行政工作，并实现自动化，解放更多的人力去处理技术性工作，从而提高公司的业务效率。

UiPath软件由Robot机器人、Studio开发平台（如图0-5所示）和Orchestrator服务器三部分组成。Robot机器人主要负责License代理、日志收集及程序执行等工作；Studio开发平台主要负责程序设计。二者都与Orchestrator服务器有数据交互。服务器端主要负责资

产的管理分配、用户授权管理、工作流的授权管理等工作。三者的结构如图0-6所示。

UiPath Studio是一个基于流程图的可视化流程工具，提供了标准或自定义的工作组件，以便于使用。UiPath Orchestrator是一个基于网络的管理控制台，可以轻松管理机器人

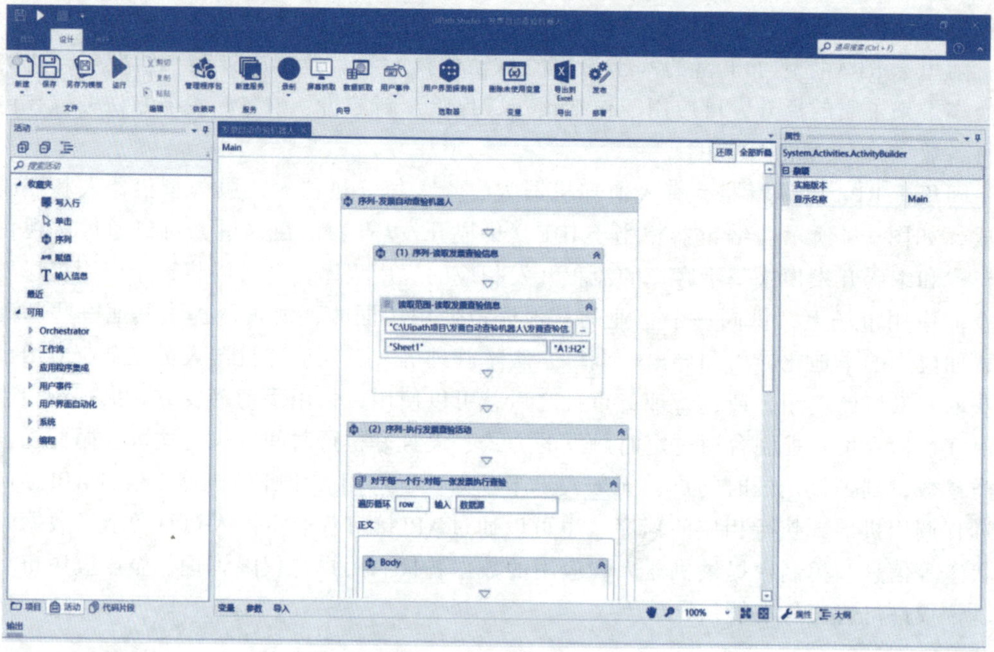


图0-5　UiPath Studio

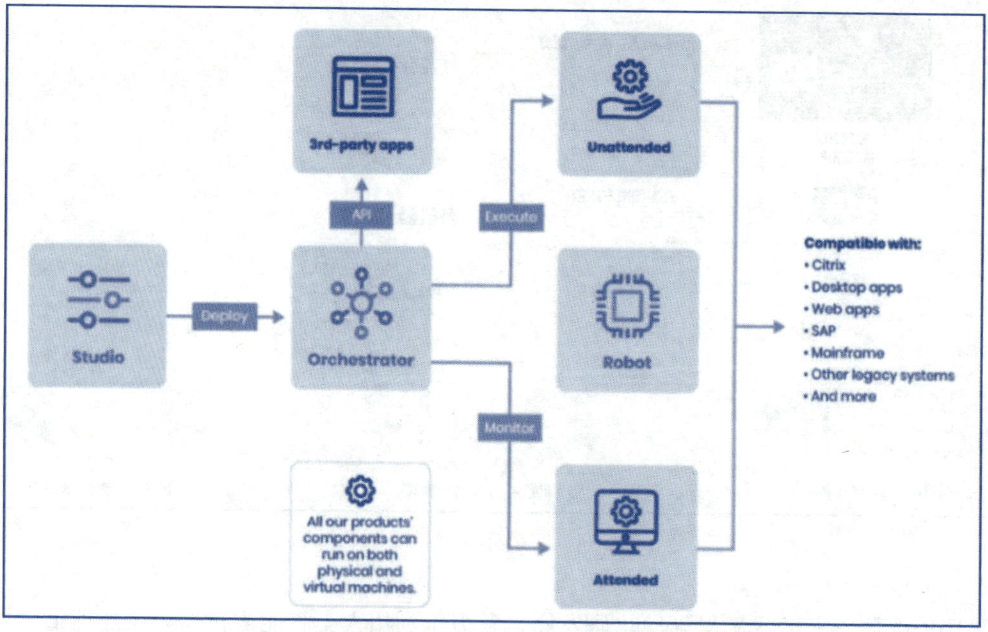


图0-6　UiPath产品架构

的工作队列。UiPath既可以操作VMware等虚拟机，也可以操作本地计算机。该平台可以通过Azure或AWS在云端提供服务，系统还可以设置不同的访问角色，并分配不同的权限级别。UiPath通过与Microsoft、Google、IBM的合作，可以使用这些公司提供的OCR等技

术组件。

（二）数据存储技术

随着云计算、物联网、移动互联网等技术的发展，人类社会各个领域产生的数据量都急剧增长，根据IDC（International Data Corporation）的统计，2020年全球被创建和复制的数据总量达44ZB（$1ZB=2^{70}B$），大数据时代已经到来，而且人类产生的数据总量还在不断地快速增长。对于大数据，最具有代表性的是其"4V"特点：Volume，数据规模大；Velocity，数据的产生速度快、处理速度快；Variety，多样性，包括各种不同的类型和编码格式，数据类型繁多；Veracity，真实性。在RPA时代，由于大量的流程自动化工具的部署，人类产生的数据规模无疑更加快速地扩张，而且其产生的数据基本上都符合大数据的"4V"特点。如何存储这些数量骤升的数据已经成为企业和学术界的研究热点。

由于数据量的爆炸式增长、应用规模的扩大以及用户的高并发访问等原因，传统的数据存储系统达到瓶颈，不能胜任大数据环境下的数据存储、分析和处理工作。随着数据存储技术的发展，大数据存储技术已经演化出两个主要发展方向，分别是NAS（Network Attached Storage）和分布式存储系统。

NAS以数据为中心，将存储设备与服务器彻底分离，集中管理数据，从而释放带宽、提高性能、降低总拥有成本、保护投资。其成本远远低于传统的使用服务器存储，而效率却远远高于后者。NAS主要针对文件级别的存储，通过把多个存储节点以网络连接起来，以增加存储容量，提高处理能力，且支持横向扩展。

分布式存储系统包含多个自主的处理单元，通过网络互联来协作完成分配的任务，目的在于在多节点上进行数据存储和管理，对外作为一个整体提供服务；分布式架构通过分而治之的策略能够更好地处理当今我们面临的大规模数据问题。分布式存储系统的特点是水平高度可扩展、能够容错、高可用性、能快速检出海量数据等。根据系统中数据的存储格式和存取接口，可以把分布式存储系统分为分布式文件系统、分布式键值系统、分布式表格系统以及分布式数据库。

**德技兼修　赴美留学接触大数据，集结战队回国创业**

什么是大数据？大数据能做什么？如今，"大数据"这一概念对许多人来说仍旧是陌生模糊的，而以"大数据"为原点成立的服务性公司，究竟又是如何于金融行业立足，达成发展理想？27日，上游新闻记者专访了国内领先的企业级金融大数据服务商誉存科技联合创始人兼CEO刘德彬，讲述了一位大数据创业者的故事。

"想到创立一家依据'大数据'的服务型公司，是充满机缘巧合的。"谈及创业经历，刘德彬回忆起1999年高中毕业后，他以优异的成绩考入中国科学技术大学物理学院，毕业后选择赴美留学。

机缘巧合下，异乡游学的刘德彬接触到了"大数据"这一概念，这一"海量、高增长率、多样化"的信息资产让他产生了极大的研讨兴趣，更无疑给刘德彬打开了一扇全新研究领域的大门，于是他毅然决定放弃多年来研究的物理学领域，转入信息学研究，进入美国印第安纳大学学习信息学，通过刻苦钻研与恒久学习，成为了美国第一批信息学博士。

回顾创业路上一路艰辛，刘德彬说"兴趣"是支持他坚持不懈的精神动力。

在美期间，刘德彬曾供职于世界上最大的支付公司PayPal，作为访问学者赴美国联邦储备银行学习调研，这些与“数字”打交道的经历使他坚定了大数据作为一个巨量数据集合，随着社会高速发展必将带来革新的信心，同时，他在经验的不断累积中逐步探索新的处理模式。

“这一期间，我意外结识活跃在美国科技创新领域、从事信息产业的陈玮与严开，我们3人有着将‘大数据’这一信息资产转化为一种广域社会服务的共同理想。”刘德彬说，当时，人工智能被纳入了中国国家战略发展规划，智能产业方兴未艾，市场里“大数据＋人工智能”创新理念的萌发让3人看到了机遇，而骨子里“归根”的情感寄托更蠢蠢欲动。

经过慎重考虑，3人决定归国，2015年，作为联合创始人，创立了重庆誉存大数据科技有限公司。

“经过3年多的历练，3个人的创始团队，已经发展到拥有员工150余人的公司，我们拥有一支踏实的团队，扎根重庆，以西南为阵地，打磨技术，打磨产品，用努力与奋进，让产品辐射全国。”刘德彬说，如今誉存科技为超过1 000家机构提供基于大数据的智能风险管理解决方案。2017年，与中国电信、CFCA、中金支付，建立了深度绑定的战略合作；同时，开始服务中国银行、建设银行、重庆银行等大型客户，企业综合成绩进入业内排名前三，在重庆乃至西南地区逐渐取得大数据信息产业的垄断地位。

据悉，誉存公司目前主要从事为政府监管部门提供基于大数据的金融风险智能监控，与为金融机构提供基于大数据的风险智能预警两大方向的服务工作，而服务的对象涉及市场监管局、金融监管局等政府部门，银行信用卡中心、汽车房屋租赁公司、证券交易所等金融平台，公司在业内口碑良好，业绩稳居行业前列。

刘德彬最后提到，近年来随着政府出台相关金融风控政策与金融企业盈利模式的转变，越来越多人认识、走近并愿意投身这一新兴信息产业，他告诉记者：“创业一路辛酸，我们的团队得到了政府和社会各界的很多支持，未来我们希望通过自身努力为建设信用社会贡献力量，做出富有社会责任感、传达正能量的品牌文化。”

资料来源：杨辛玥. 重庆本土企业上了数博会，听CEO和你侃大数据创业那些事儿［EB/OL］.［2018-05-28］. https://baijiahao.baidu.com/s?id=1601665274632279786&wfr=spider&for=pc.有删改.

### （三）人工智能技术

人工智能是研究、开发用于模拟、延伸和扩展人的智能的理论、方法、技术及应用系统的一门新的技术科学。人工智能领域的研究包括机器人、语言识别、图像识别（OCR）、自然语言处理（NLP）和专家系统等。

## 价值提升0-1

### 该如何正确认识人工智能？

大多数人会将人工智能与机器人联系在一起，认为它们就是一回事。事实上，“人工智能”一词在研究实验室中很少使用。相反，针对某些特定类型的人工智能和其他智能技术的术语更贴切一些。每当有人问我“这个机器人是由人工智能操作的吗”，我都会犹豫不决——我其实想知道将我们开发的算法称为“人工智能”到底合不合适。

20世纪50年代，科学家首次使用了“人工智能”这个术语，此后几十年它经常出现在科幻小说或电影中。现如今，人工智能已经应用于智能手机的虚拟助手和自动驾驶汽车的算法中。由此可见，长时间以来，人工智能都涵盖许多不同的内容，而这些内容总是容易造成混淆。

然而，人们往往会有一种偏见，认为人工智能是人类智能的人工实现形式。而这种成见可能来自我们作为人类的认知偏见。

我相信很多人都对麻省理工学院仿生机器人实验室开发的Mini Cheetah表演的后空翻印象深刻。虽然向后跳跃并降落在地面上对人类来说也很困难，但与需要更复杂的反馈环才能实现稳定行走的算法相比，特定动作的算法已经非常简单了。由此可见，机器人要完成对我们来说看似容易的任务，往往极其困难和复杂。而之所以出现这样的情况，是因为我们总是倾向于根据人类的标准来考虑任务的难度。

与人工智能不同，人类可以将单个技能结合起来，并将其应用于多项复杂的任务中。一旦我们学会了如何解魔方，即使我们将其倒置，尽管一开始可能会觉得很奇怪，但我们仍然可以快速手解魔方。而对于大多数机器人算法来说，它们需要新的数据或重新编程才能做到这点。此外，自动驾驶汽车需要每种情况的真实数据，而人类司机可以根据预先学习的概念做出理性决定，以应对无数种情况。这些例子让人类智能和机器人算法形成了鲜明的对比：机器人算法无法在数据不足的情况下执行任务。

资料来源 佚名. 该如何正确认识人工智能？人工智能的本质［EB/OL］.［2021-07-27］. https: //www.xianjichina.com/news/details_276057.html. 有删改.

RPA是机器人流程自动化，它根据规则自动完成重复的流程，不需要太多的判断；而人工智能可以像人一样做出判断。两者的关系就像人的手和大脑，RPA根据指令执行，而人工智能更倾向于发布指令。RPA和人工智能过去被认为是两个独立的领域，与让机器人处理“单一、重复和标准化的流程”的RPA不同，人工智能甚至可以理解组织内的决策，并应用统计分析来制定围绕这些决策的规则，以处理更复杂的业务。如果说RPA是机器人的神经网络，那么人工智能就是机器人的大脑。如图0-7所示，随着AI技术引入的深度提高，RPA技术的发展也逐渐达到新的高度。企业在引入人工智能策略以实现长期效益和持续优化的同时，可以使用RPA机器人来实现速赢。

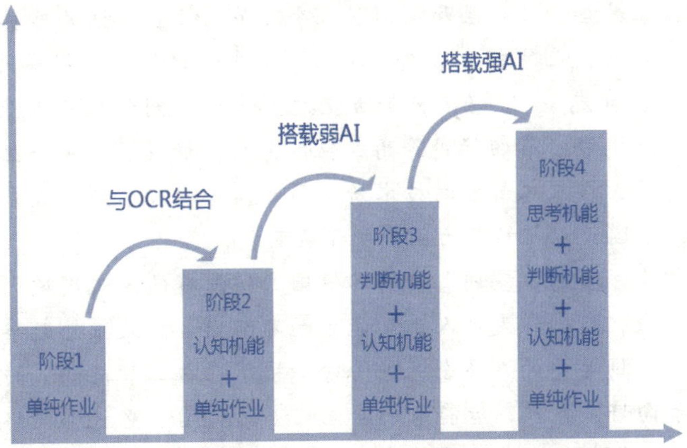


图0-7 RPA+AI的发展历程

人工智能从诞生以来到现在，理论和技术日益成熟，应用领域不断扩大。随着我国经济和科技实力的增强，近年来国内诞生了一大批优秀的AI企业，我国AI产业的发展已初步具备产业化效应，为我国RPA技术的发展提供了强有力的支持。在可预见的未来，我国RPA产业的发展必将走在世界的前列。

## 价值提升0-2

### 中国人工智能产业领先全球

北京是全球人工智能企业最集中的城市，在人工智能领域，中国成为全球最“吸金”的国家。当前，中国已成为世界第二大经济体，并正在经历改革的二次出发，从传统资源驱动型为主导的发展模式向自主创新、科技驱动为主导的新兴模式转型升级。人工智能则被视为推进转型升级的新动能。在移动互联网、大数据、超级计算、传感网、脑科学等新理论、新技术的驱动下，中国人工智能领域正加速发展，呈现出深度学习、跨界融合、人机协同、自主操控等新特征。“时间”“空间”“质点”三大要素的持续加持，让中国人工智能产业逐步构建起了系统化、规模化、产业化的动力引擎。

中国拥有巨大的数据源，有长久以来积累形成的强大社会资源动员、集中与运转的成功经验，在大数据的形成、理论算法的革新、计算能力的提升及网络设施的演进等方面都有着令人惊叹的发展速度与创新成果。在专利数量上，中国已经成为全球人工智能专利成果最多的国家。WIPO的数据显示，中国人工智能专利数量领先美国和日本，成为全球人工智能专利成果最多的国家。另外，中国发表的ML研究论文数量已经超过美国。艾伦研究所最近的一项分析显示，人工智能论文总量中国占据全球第一位，人工智能高引用论文总量中国也位居全球第一位，领先于美国和日本。

在产业发展方面，中国的人工智能企业数量在全球排第二位，北京是全球人工智能企业最集中的城市。据工信部中国信通院副所长张雪丽介绍，截至2018年9月，全球共有人工智能企业5 159家，中国以1 122家位居第二位；北京则以445家的总数，成为全球人工智能企业最多的城市。北京人工智能产业保持快速发展的态势，产业链基本完整，涵盖基础层、技术层和应用层三个环节，正在快速构建具有全球影响力的产业生态体系。目前，北京拥有百度、小米、京东千亿元以上规模的企业3家，美团点评、字节跳动、奇虎360、好未来等百亿元至千亿元间的规模企业4家，以及寒武纪、旷视科技、地平线、第四范式等高成长性企业，形成了龙头企业聚集、创新创业活跃的局面。可见，在人工智能的技术研发层面，中国技术成果领先；在人工智能的技术应用层面，中国正以“秒”为刻度快速裂变。

中国人工智能探索的“空间”具有其他国家所没有的宏观环境优势。政策红利不断释放，近几年来，我国在发展人工智能方面不断出台新政策、新举措。在前瞻政策的引导下，作为市场主体的众多企业也纷纷加快了在人工智能领域的布局。中国人工智能的发展前景向好，在人工智能基础设施、法律政策环境、5G网络、车联网以及市场规模等方面，我们都拥有独特的优势，而且这些优势还将进一步扩大，从而支撑中国人工智能的产业化与科技化发展。良好的政策环境能够激活更多的市场资源参与人工智能的创新创业，而以企业为代表的市场创新不断结出硕果，又为国家制定更宏伟的发展目标提供了充分依据，前瞻政策与企业创新互为推动，就此形成良性循环。

坚定不移、全面、持久而深入的创新才能造就中国人工智能产业的繁荣，而在人工智能领域的求索也将在很大程度上影响中国经济社会的未来。

案例来源：米果．超过美日，中国人工智能为什么领先全球？[EB/OL]．[2020-09-27]．https：//m.thepaper.cn/baijiahao_4552530.

# 模块2　财务机器人开发平台和常用组件

资源0-1

阿里云RPA编辑器

## 一、财务机器人开发平台

如图0-8所示，阿里云RPA编辑器的开发界面主要由菜单栏、工具栏、流程面板、组件/控件/变量列表区、流程编辑区、属性面板构成。点击右下角的“日志面板”和“参数面板”，还可调出这两个面板供开发者使用，按快捷键“Ctrl+Shift+P”可调出当前机器人应用程序的代码界面。

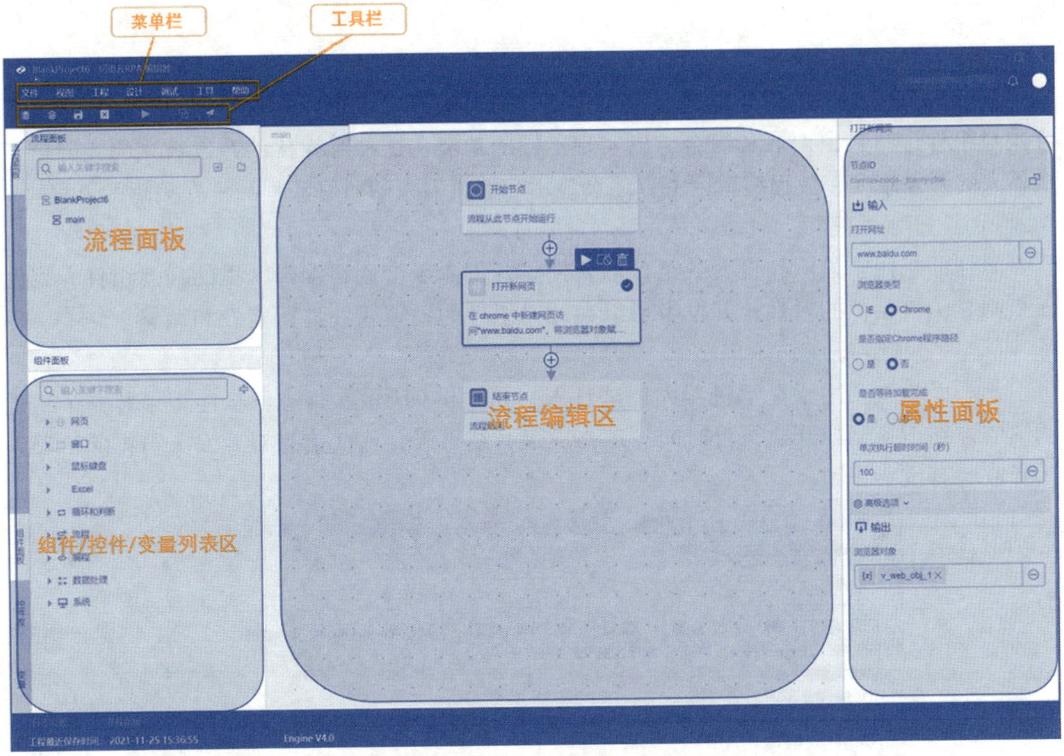


图0-8　阿里云RPA编辑器开发界面

### （一）菜单栏

菜单栏包括文件、视图、工程、设计、调试、工具、帮助7个菜单。其中，“文件”

菜单的下拉选项包括应用程序的新建、打开、保存、关闭等功能；“视图”菜单用于“工程面板”“数据视图”“参数面板”“日志面板”等面板的显示和隐藏，还可以对“工具栏”显示的常用工具进行选择；“工程”菜单主要用于组件管理和将本地开发的机器人应用程序发布到互联网上；“设计”菜单用于捕获控件以存储在控件列表中待用；“调试”菜单用于启动机器人的调试；“工具”菜单主要是对系统、快捷键等项目的首选项进行设置。

微课0-4
阿里云RPA编辑器的界面

### （二）工具栏

工具栏放置开发者常用的一些工具，默认包括“新建工程”“打开工程”“保存工程”“关闭工程”“启动调试”“组件管理”“发布”等工具，开发者可以在“视图”菜单下的“工具栏”中对常用工具进行管理。

### （三）流程面板

流程面板用于对主流程和子流程进行管理，包括编辑流程、新建流程、新建分组，以及对流程的剪切、复制、粘贴、重命名、删除等。

### （四）组件/控件/变量列表区

组件/控件/变量列表区可以点击左边的【组件面板】【控件库】【变量库】按钮调出相应的列表。其中，“组件面板”显示网页、窗口、循环和判断、数据处理等9类已集成在编辑器里的组件；“控件库”用于显示开发者已捕获并保存的控件，方便对这些控件进行管理；“变量库”用于显示和管理开发者在开发过程中生成的各类变量，包括全局变量和流程变量。

### （五）流程编辑区

流程编辑区是RPA编辑器的核心工作区，机器人开发者可以在这里通过添加、拖拽等方式对组件进行自由调取和组合，以实现不同的功能。这种可视化的开发模式大大降低了机器人的开发难度，流程编辑区上方还会显示当前机器人的所有流程和正在编辑的流程。

### （六）属性面板

属性面板用于显示和设置各组件的属性，开发者点击流程编辑区里的任意组件，属性面板则显示该组件的属性，开发者可以在此对组件的各项属性进行查看和调整。

### （七）日志面板

日志面板主要用于显示机器人调试日志，如图0-9所示。日志面板能记录每一个组件调试的详细信息，如开始执行时间、动作、运行结果等，这些信息对开发人员排除机器人运行故障有重要作用。

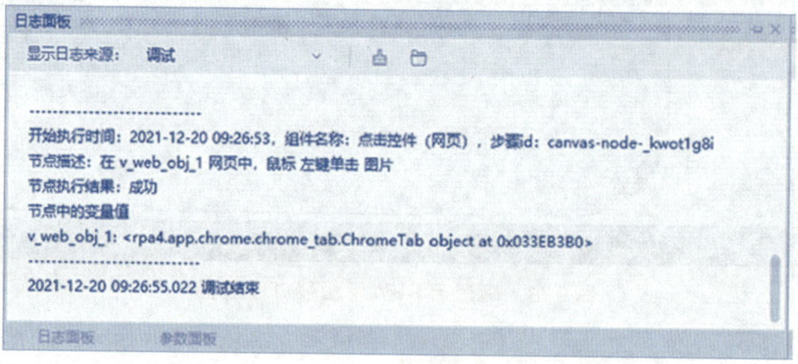


图0-9　日志面板

### （八）代码界面

财务机器人的原理是在前端也就是在流程编辑区通过调用已封装好的组件进行可视化开发，但运行前需要在后台将组件编译成Python代码，最后通过代码去运行。在RPA编辑器里按快捷键“Ctrl+Shift+P”可调出当前机器人应用程序的代码界面，如图0-10所示。开发者可以通过检查代码排除运行故障，也可以直接对代码进行编辑以实现特定的功能。得益于RPA编辑器先进的可视化开发技术，开发人员在开发过程中实现了“零代码”，大大降低了财务机器人的开发门槛，使得非计算机专业背景的财务从业人员能掌握财务机器人开发技术。

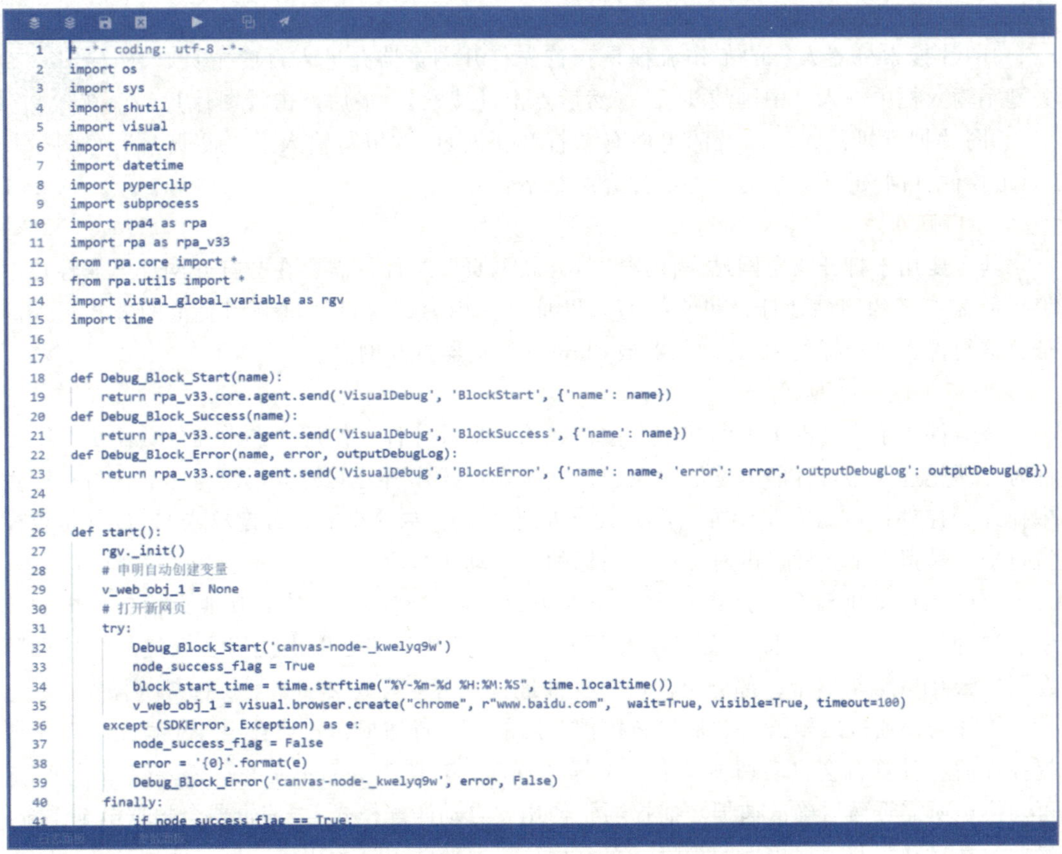


图0-10 机器人应用程序的代码界面

## 二、财务机器人常用组件

“组件”是阿里云RPA编辑器的重要概念，不同的组件可实现模拟人进行鼠标点击、文字输入、读取表格文件等不同的操作；利用合理的组件组合、串联，即可实现工作流程自动化处理。

组件是通过在“流程设计区”中添加并串联实现自动化流程处理的，点击流程“开始节点”及“结束节点”之间的“+”，可弹出组件选择菜单，直接选择其中的组件，或检索后选择所需组件，即可完成组件的添加，并可对选中的组件进行属性、运行等设置和操作。

右键单击已添加到流程中的组件，还可对组件进行以下操作：

【剪切】将该步骤组件剪切到剪切板中。

【复制】将该步骤组件复制到剪切板中。

【粘贴】在该组件下粘贴已被复制的组件。

【调试】单独测试该组件。

【禁用】点击后，组件变成灰色，状态相当于失效，运行时自动跳过。

【启用】点击后，已被禁用的组件可恢复使用。

【删除】删除该组件。

接下来通过开发几个小机器人来展示常用组件的应用。

### （一）图片搜索机器人

微课0-5 图片搜索机器人组件及开发

“图片搜索机器人”的工作流程是：首先打开浏览器并进入百度主页，在关键字输入框中输入“中国战斗机”，然后点击【搜索】，最后点击【图片】。

“图片搜索机器人”涉及的组件有“打开新网页”“填写输入框（网页）”“点击控件（网页）”。现对这些组件介绍如下：

#### 1. 打开新网页

其主要用于打开指定网站，使用“打开新网页”组件，需要在“打开网址”属性栏中填入所需打开的网站地址，可直接写入网址文本内容，也可通过调用变量的方式写入网址，该组件还可选择使用IE浏览器或Chrome浏览器打开网页。

#### 2. 点击控件（网页）

该组件用于点击网页上的文字、按钮或输入框等控件。使用“点击控件（网页）”组件时，须先选择已打开的浏览器对象，以确认点击操作所处的网页页面，然后在目标网页中捕捉新控件；根据需要设置点击方式（左键单击、左键双击、右键单击），设置是否模拟点击（模拟人工鼠标点击时，鼠标图标的点击动作）。

控件在计算机概念中是指对数据和方法的封装。例如，网站或其他桌面软件中的按钮、选择框、图片、链接、文字输入框等，均为已被封装好以供使用者操控的“控件”。在阿里云RPA编辑器中，部分组件可对控件进行点击、写入文字、下拉选择等操作。

控件需要通过编辑器的“捕捉新控件”功能先进行捕捉，才可在组件中调用。开始捕捉控件后，计算机会自动切换到上一个操作页面，若此时页面不是我们需要点击的页面，可切换至所需页面后确认捕捉。捕捉通常使用“自动匹配模式”，编辑器会根据电脑系统、界面元素自动判断捕捉控件的策略，部分计算机在调整“显示比例”后，使用“自动匹配模式”捕捉的控件会无法验证，此时可尝试使用“WIN32-UIA”模式进行捕捉。完成捕捉后需为控件命名，通常以该按钮或输入框的中文名称命名即可。

控件捕捉完成后，可通过【验证动作】【高亮控件】等按钮进行测试，确认控件是否捕捉正确，且可被RPA操控。若运行机器人时组件发生“等待控件超时”报错，则需进入“控件”列表，双击该控件，在捕捉该控件的页面中再次验证，若验证不通过，则可再次捕捉控件，并在“编辑控件”功能中对比前后差异，进行细化调整。

控件捕捉可连续进行，即捕捉完成一个控件后，可点击“继续捕捉控件”进行其他控件的捕捉。

#### 3. 填写输入框（网页）

该组件主要用于在网页中指定的输入框内写入文字。使用该组件需要先选定所需操作的“浏览器对象”变量，该变量由前序“打开新网页”组件自动生成，然后需要指定所需写入文字内容的“控件”，并在“输入内容”中写入需要输入的文字内容，可直接写入所需输入的文本，也可调用变量，或使用编辑表达式通过简单的函数进行文本内容的调用。

“图片搜索机器人”开发流程如下：

步骤❶：打开阿里云RPA编辑器，点击【新建本地工程】，然后在“新建工程”窗口中将机器人的名称修改为“图片搜索机器人”，选择合适的保存路径，然后点击【确定】，如图0-11所示。

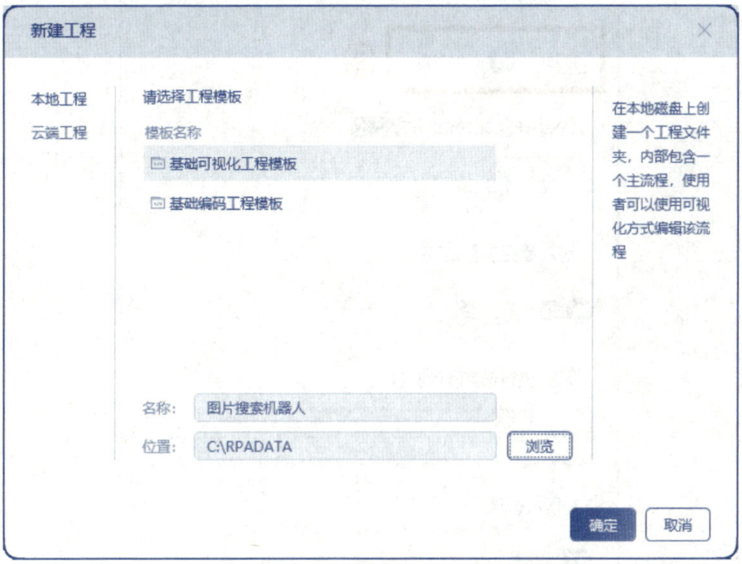


图0-11 创建“图片搜索机器人”

步骤❷：在流程编辑区点击“+”，然后在弹出的组件清单中选择“打开新网页”组件，如图0-12所示。机器人开发平台集成了大量的组件，开发者也可以点击“+”后，通过搜索组件名称的方式找到需要添加的组件。

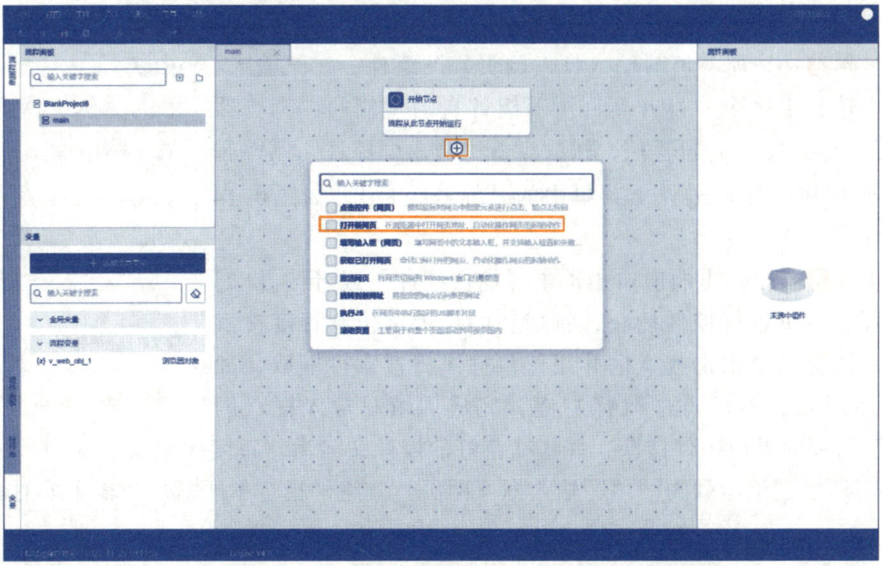

图0-12 选择“打开新网页”组件

步骤❸：点击“打开新网页”组件，在右边“输入”属性的“打开网址”栏中输入“www.baidu.com”，并且勾选“浏览器类型”为“Chrome”，如图0-13所示。

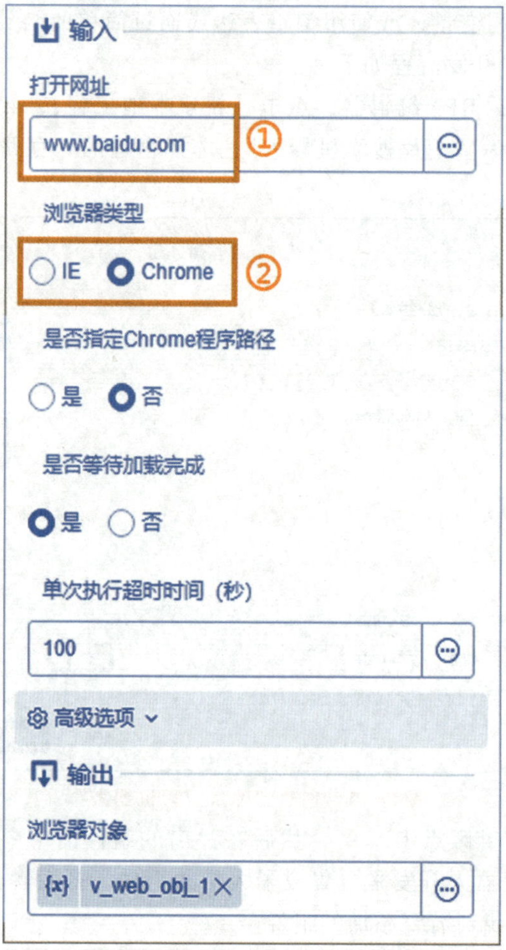


图0-13 在“打开网址”中输入网址并选择浏览器类型

步骤❹：添加“填写输入框（网页）”组件，在“输入”属性中选择上一个“打开新网页”组件自动生成的“浏览器对象”变量“v_web_obj_1”，然后点击“输入框控件”属性右侧的⊖按钮，并点击弹出菜单中的【捕获控件】，如图0-14所示。

图0-14 点击【捕获控件】

步骤❺：在弹出的窗口中点击【捕获控件】或者按【F2】进入百度主页进行控件捕获，将捕获的位置定位到百度搜索框，系统会自动识别搜索框并用蓝色框线将搜索栏框取，如图0-15所示；然后点击鼠标左键，完成“填写输入框（网页）”组件的界面控件捕获，并将捕获好的控件命名为“百度搜索框”，点击【保存】，如图0-16所示，该步骤为“填写输入框（网页）”组件指定了所需填写输入框的位置。

图 0-15 “填写输入框（网页）”组件的界面控件捕获

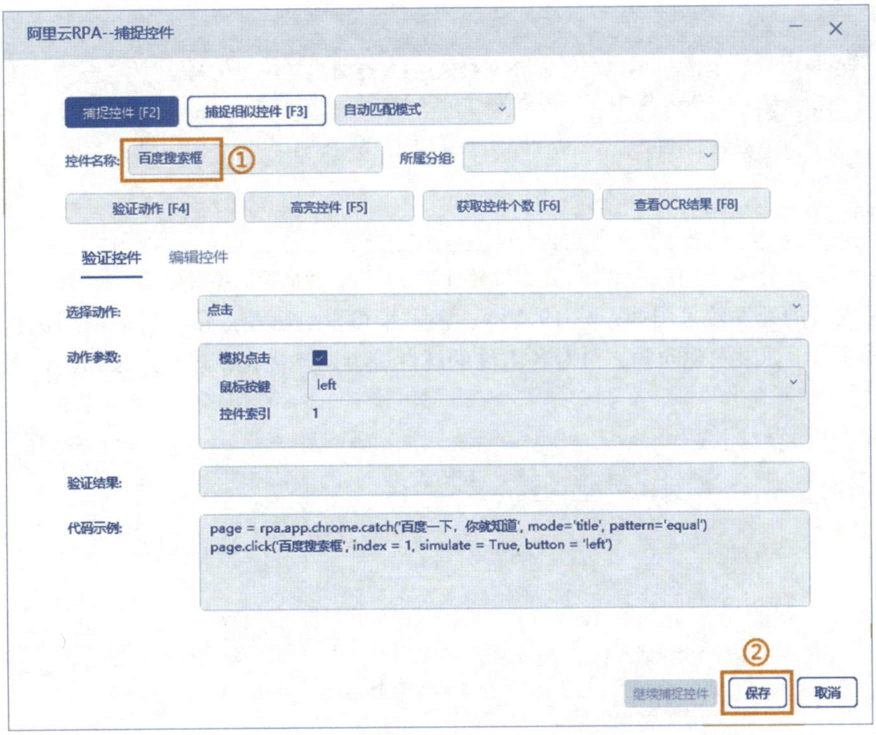


图 0-16 命名和保存捕获的控件

步骤❻：在“填写输入框（网页）”组件“输入内容”属性中输入“中国战斗机”，输入方式选择“覆盖输入”，如图 0-17 所示。

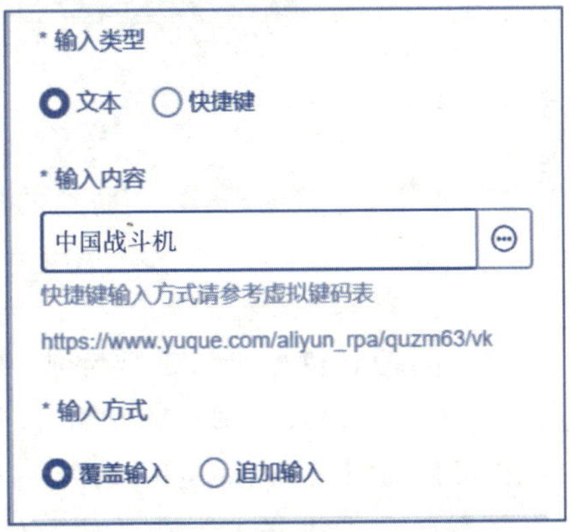


图 0-17 设置“填写输入框（网页）”组件属性

步骤❼：添加“点击控件（网页）”组件，在“输入”属性中选择“浏览器对象”变量“v_web_obj_1”，然后参考步骤❹和步骤❺，选择其所需点击的浏览器对象变量，并将其界面控件捕获定位到百度的【百度一下】按钮，将捕获的控件命名为“百度一下”。

步骤❽：添加“点击控件（网页）”组件，在“输入”属性中选择“浏览器对象”变量“v_web_

obj_1”，然后参考步骤❹和步骤❺，将控件捕获位置定为百度网页上的【图片】按钮，将捕获的控件命名为“图片”，如图0-18所示。

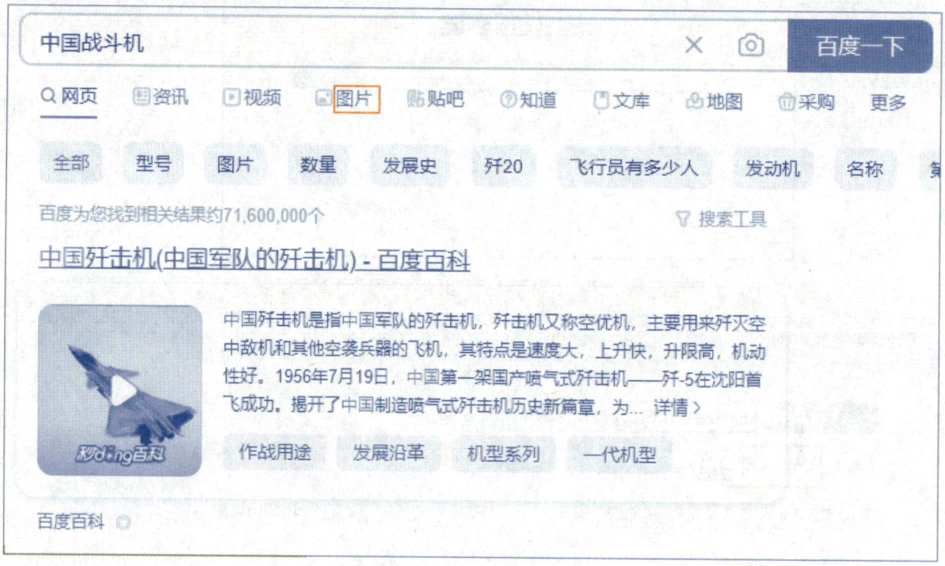


资源 0-2

图片搜索机器人开发效果图大图

图 0-18　“点击控件（网页）”组件的控件捕获位置

完成后的开发效果图如图0-19所示。接下来可以点击左上角的【启动调试】进行测试，在测试过程中如果发现问题，可对各组件的属性进行调整优化，运行结果如图0-20所示。

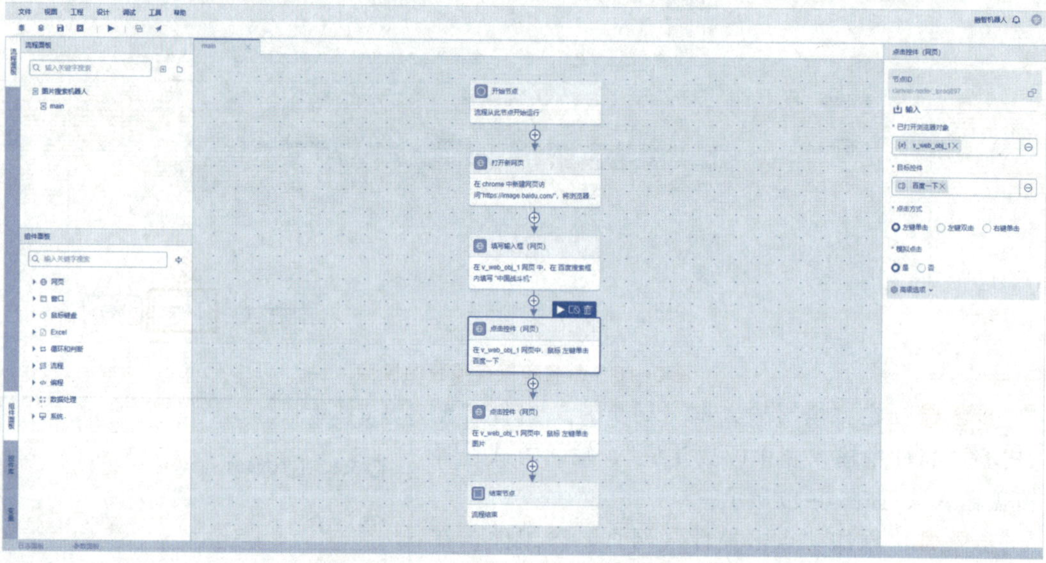

图 0-19　“图片搜索机器人”开发效果图

### （二）商品搜索机器人

微课 0-6

商品搜索机器人组件及开发

“商品搜索机器人”需要完成的工作是：打开京东网页（www.jd.com），在商品输入框中输入“国产跑步鞋 自营”，然后点击【搜索】，再勾选“仅显示有货”，最后按【Page Down】键往下翻一页。

“商品搜索机器人”涉及的组件有“打开新网页”“填写输入框（网页）”“点击控件（网页）”“输入热键”。

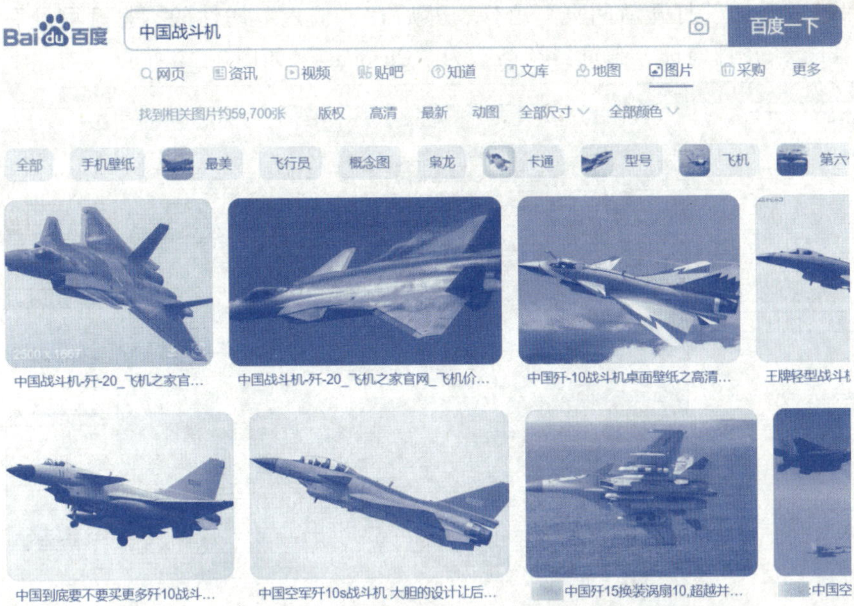


图 0-20 “图片搜索机器人”运行结果

其中，“输入热键”组件主要用于按下键盘快捷键（包括组合键），直接键入键值。例如，需要输入“x”键，则在键值中直接写入“x”即可；若需按下空格键，输入“{space}”即可；若需按下组合键，则参考表 0-1。

表 0-1 “输入热键”组件的组合键键值列表

| 按键 | 键值编码 |
|---|---|
| Alt+A | ！{A} |
| Ctrl+A | ^{A} |
| Shift+A | +{A} |
| Win+A | #{A} |

“商品搜索机器人”的开发步骤如下：

步骤❶：新建一个机器人，命名为“商品搜索机器人”，如图 0-21 所示。

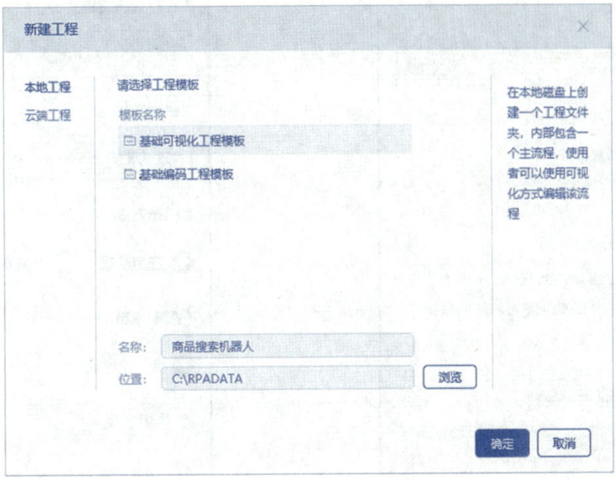


图 0-21 新建“商品搜索机器人”

步骤②：添加“打开新网页”组件，然后在“输入”属性的“打开网址”栏中输入“www.jd.com”，并且勾选“浏览器类型”为“Chrome”，如图0-22所示。

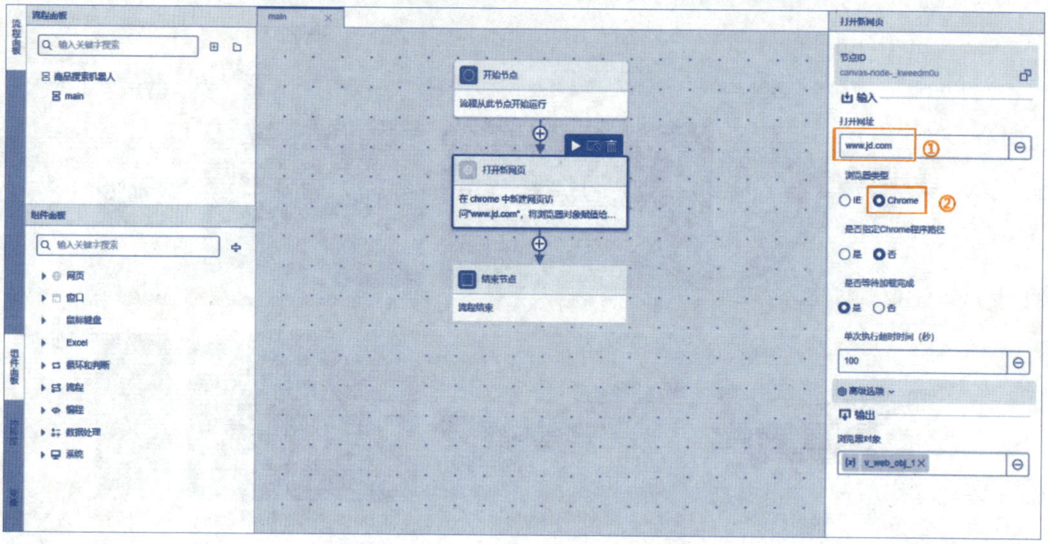


图0-22　设置“打开新网页”组件的属性

步骤③：添加“填写输入框（网页）”组件，选择“已打开浏览器对象”变量“v_web_obj_1”，捕获位于京东主页上的搜索框控件，将捕获的控件命名为“搜索框”，并将需要输入的内容设置为“国产跑步鞋 自营”，如图0-23所示。

步骤④：添加“点击控件（网页）”组件，选择“已打开浏览器对象”变量“v_web_obj_1”，控件捕获位置定位为京东网页上的【搜索】按钮，将捕获的控件命名为“搜索”，勾选“模拟点击”为“是”，如图0-24所示。

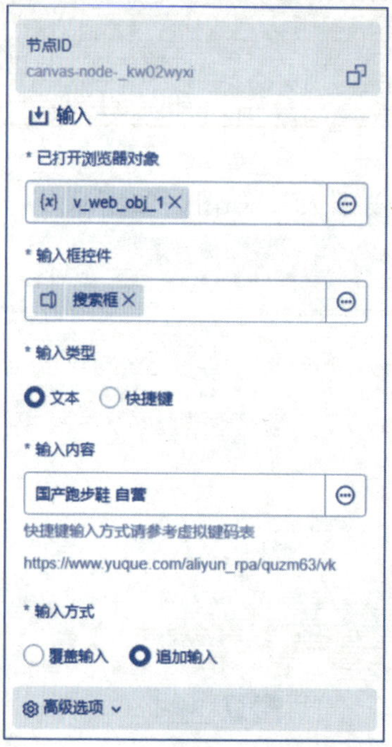


图0-23　“填写输入框（网页）”组件的属性设置

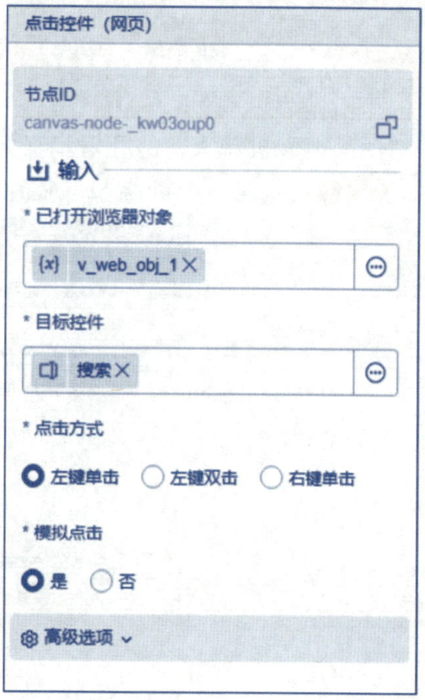


图0-24　“点击控件（网页）”组件的属性设置

步骤❺：添加“点击控件（网页）”组件，选择“已打开的浏览器对象”变量“v_web_obj_1”，控件捕获位置定位为京东网页上的【仅显示有货】选项，如图0-25所示；然后将捕获的控件命名为“仅显示有货”，设置“模拟点击”为“是”，如图0-26所示。

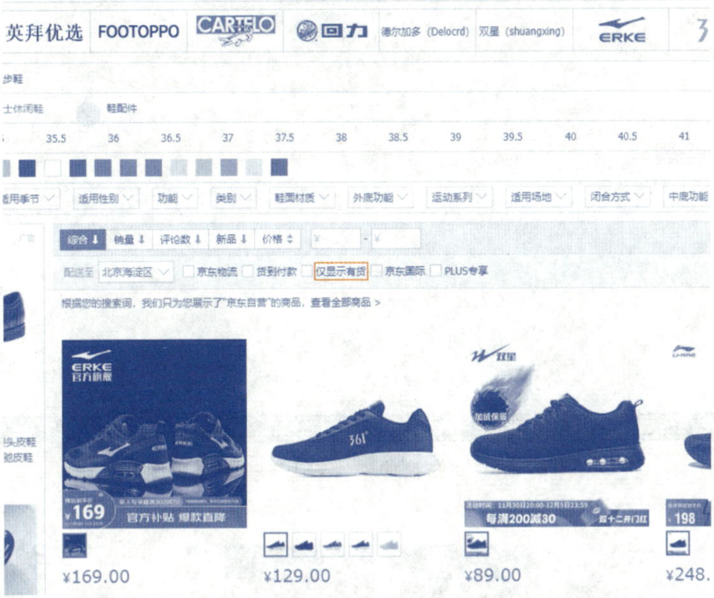

图0-25 “点击控件（网页）”组件的控件捕获位置

步骤❻：添加“输入热键”组件，“输入”中“按键组合”设置为简码“{pgdn}”，“执行前延迟”设置为1秒，如图0-27所示。

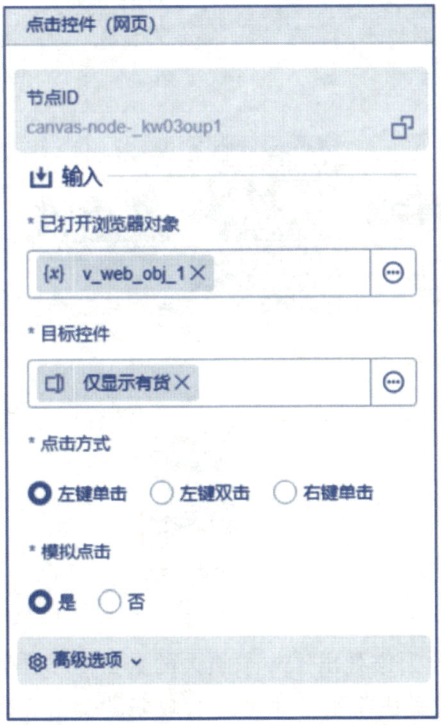


图0-26 “点击控件（网页）”组件的属性设置

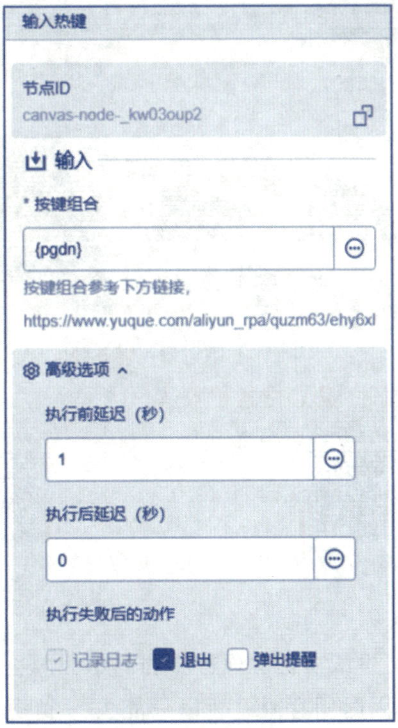


图0-27 “输入热键”组件的属性设置

“商品搜索机器人”的开发效果图如图0-28所示，运行结果如图0-29所示。

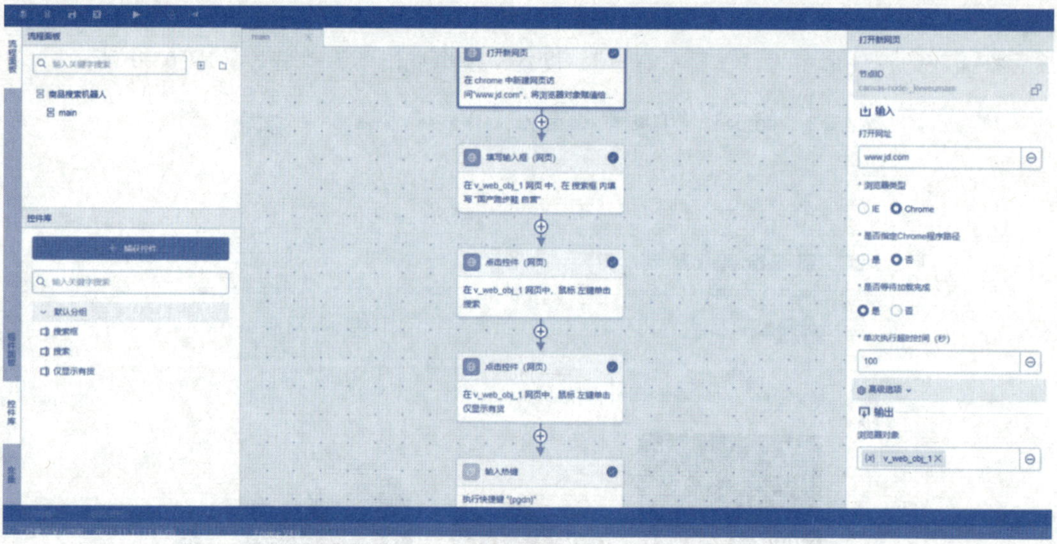


图0-28　“商品搜索机器人”开发效果图

图0-29　“商品搜索机器人”运行结果

## （三）景点搜索机器人

资源0-3　商品搜索机器人开发效果图大图

微课0-7　景点搜索机器人组件及开发

资源0-4　景点搜索机器人开发素材

假设国庆长假你打算和同学一起去旅游，之前大家列出了一个想去的景点清单，见表0-2。因时间有限，所以只能去一个城市，最后大家决定去北京，出行攻略就交给你来做了。你现在需要开发一个机器人，用于搜索清单中位于北京的景点的相关信息。

表0-2 景点清单

| 序号 | 景点名称 | 所在城市 |
| --- | --- | --- |
| 1 | 故宫博物院 | 北京 |
| 2 | 城隍庙 | 上海 |
| 3 | 秦始皇兵马俑博物馆 | 西安 |
| 4 | 明十三陵 | 北京 |
| 5 | 布达拉宫 | 拉萨 |
| 6 | 人民大会堂 | 北京 |
| 7 | 北京奥林匹克公园 | 北京 |

"景点搜索机器人"的工作流程是依次读取表格中的景点数据，然后判断是否位于北京。如果是的话，则打开其百度百科页面供你阅读。

"景点搜索机器人"涉及的组件有"启动Excel""激活Sheet页""按照次数循环""条件分支""变量""点击控件（网页）""填写输入框（网页）"，以及Excel单元格操作类组件。现对其中新出现的几个组件简介如下：

### 1.启动Excel

"启动Excel"组件主要用来打开指定的Excel表格，需要在"Excel文件路径"属性中填写或选择所需打开的文件存放路径，该组件会将所指定打开的Excel对象赋值给自动生成的变量，以供其他组件调用。在学习财务机器人开发过程中，建议统一按固定规则修改该变量名，以方便调用。

### 2.激活Sheet页

"激活Sheet页"组件主要用来激活所需操作的Excel表格Sheet页，该组件需要选择所激活Sheet页的Excel对象变量，通常由"启动Excel"或"获取已打开的Excel"组件生成，"激活Sheet页"组件会生成Sheet对象变量，以供其他组件调用；"启动Excel"、"获取已打开的Excel"和"激活Sheet页"是阿里云RPA操作Excel表格单元格内容的必要前置步骤，如灵活运用，可更便捷地完成各类表格操作。

### 3.Excel单元格操作类组件

Excel单元格操作类组件主要完成对指定单元格或指定区域的数据读取、写入、格式设置等。此类组件需要指定所需操作的单元格所处Sheet对象，通常选择前序组件中生成的"Sheet对象"变量即可，然后指定所需操作的单元格区域范围。例如，该机器人程序中使用的"获取Excel行的值"组件，可读取指定行的数据，并赋值给指定变量。使用该组件时需要先选择"Sheet对象"，然后指定所读取行的行号。

### 4.变量

"变量"是计算机语言中能储存计算结果或能表示值的抽象概念。在学习财务机器人开发的过程中，可以将"变量"理解为：通过读取数据类组件读取到的数据可以存入变量这个"容器"中，其他步骤需要用到该数据时，直接调用该变量即可将数据复制到所需使用处。在阿里云RPA的左下方"变量列表"中，即可新增变量或查看已生成的变量。注意：在阿里云RPA组件中修改变量名时，需要双击该变量名后进行修改，切勿点击变量右侧X键，删除变量后直接在输入框内写入。

### 5.按照次数循环

“按照次数循环”组件主要用来指定在一定数字集合范围内进行循环的操作流程，该组件的“循环起始值”和“循环结束值”分别为所需指定数字集合范围的首尾两端，该集合为封闭区间。步长值指循环开始后每次所取集合中数字跳跃的幅度，默认为1，将“每次循环输出项”变量灵活运用在读取表格行数、写入单元格行数等操作步骤中，即可使机器人循环执行表格内各行数据的采集、写入等相关操作。

进行循环执行的机器人运行步骤既可直接在“按照次数循环”组件中新建，也可将已建好的组件拖拽至循环范围内。例如，若“每次循环输出项”变量名称为i，在循环内建立“获取Excel行的值”组件，选择行号为变量i，运行后即可使机器人依次读取指定范围内表格的各行数据，完成指定范围的循环操作后，则继续执行循环外的操作步骤。

### 6.条件分支

“条件分支”组件主要用于设置逻辑条件，以分别执行“满足条件（IF）”和“不满足条件（ELSE）”时的操作步骤，条件设置可以是等式、不等式、包含公式等。常见条件公式见表0-3。

表0-3　常见条件公式

| 序号 | 条件 | 表达式 |
|---|---|---|
| 1 | 文本变量data中数据等于文字内容A | data=='A' |
| 2 | 数字变量data中的第二项数据不等于数字1 | data［1］! =1 |
| 3 | 文本变量data中的数据大于数字1 | float（data）>1 |
| 4 | 文本变量data中包含A这个文本 | 'A' in data |
| 5 | 变量data中的数据类型为文本 | Type（data）is str |
| 6 | 文本变量data中不是空值或数字变量data中不是空值且不为0 | data |

“景点搜索机器人”的开发步骤如下：

步骤❶：新建一个机器人，命名为“景点搜索机器人”，如图0-30所示。

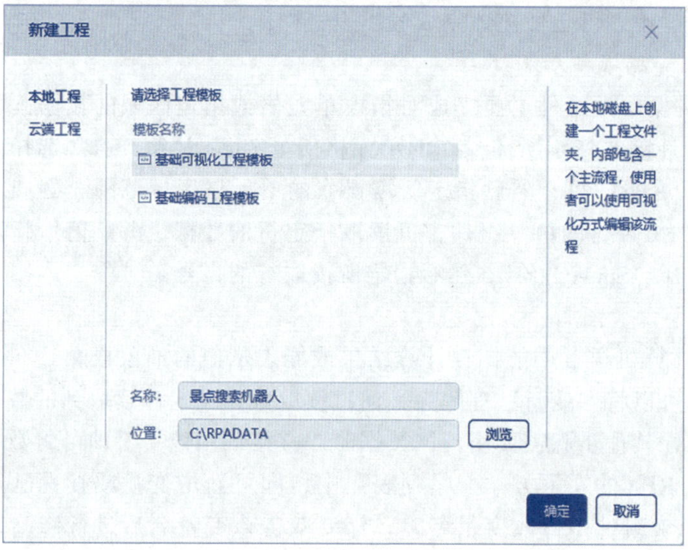


图0-30　新建“景点搜索机器人”

步骤❷：在main流程中添加一个“启动Excel”组件，点击“输入”属性“Excel文件路径”栏目右侧的🗀按钮，选择需要读取的Excel表格，如图0-31所示。

步骤❸：添加“激活Sheet页”组件，在“输入”属性的“已打开的Excel对象”中选择上一个组件所输出的Excel对象变量，在“Sheet页名称”栏中输入“Sheet1”，如图0-32所示，以激活“景点表格”Excel文档中的Sheet1工作表，供后续流程调用。

图0-31 “启动Excel”组件属性设置

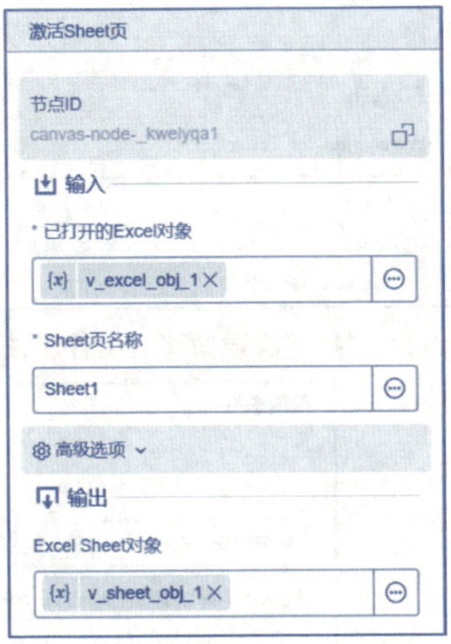


图0-32 “激活Sheet页”组件属性设置

步骤❹：添加“按照次数循环”组件，在“输入”属性的“循环起始值”栏中输入“2”，在“循环结束值”栏中输入“8”，将“每次循环项”变量名称修改为“i”，如图0-33所示。这里的变量i被后续组件调用去执行相关操作，i的值不同，产生的效果也不一样。例如，当i=3时，后续的“获取Excel行的值”组件则自动读取表格第3行的数据。

步骤❺：在“按照次数循环”组件内添加“获取Excel行的值”组件，选择“已打开的Sheet对象”变量“v_sheet_obj_1”，选择行号为变量“i”，然后将“输出”属性中的“行数据变量名称”修改为“data”，如图0-34所示。

步骤❻：添加“条件分支”组件，然后点击“输入”-“判断条件”下的【修改IF条件】按钮，在弹出的判断条件设置窗口中，勾选右上角【使用表达式编辑】按钮，如图0-35所示；在弹出的表达式输入栏中输入判断表达式“data [2] =="北京"”，如图0-36所示。

“data [2] =="北京"”的含义是判断保存在data变量中的第3个数据是否是北京，如果是，则“条件分支”组件返回判断结果为真，并执行“条件分支”组件中“IF”分支下的操作步骤；否则，返回为假，并执行“ELSE”分支中的操作步骤。例如，当“按照次数循环”组件赋值i=4时，“获取Excel行的值”组件在这次循环时就会去读取景点表格中的第4行数据，读出来的结果是['3'，'兵马俑'，'西安']，这个结果便存储在data变量中；然后“条件分支”组件利用“data [2] =="北京"”函数去调用data变量中的第3个数据来判断是否是“北京”，这里的判断结果应该为否。

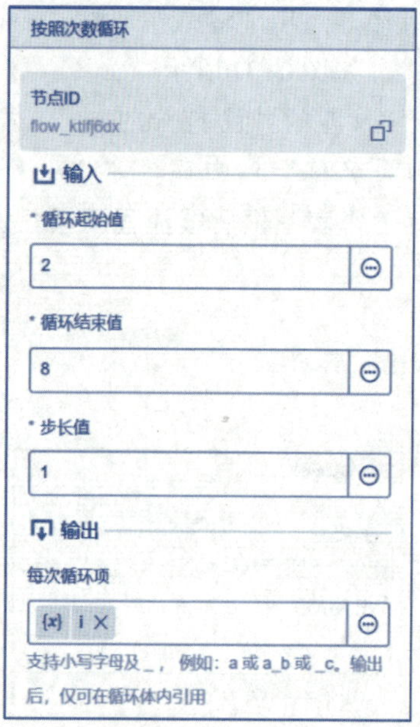


图0-33 “按照次数循环”组件属性设置

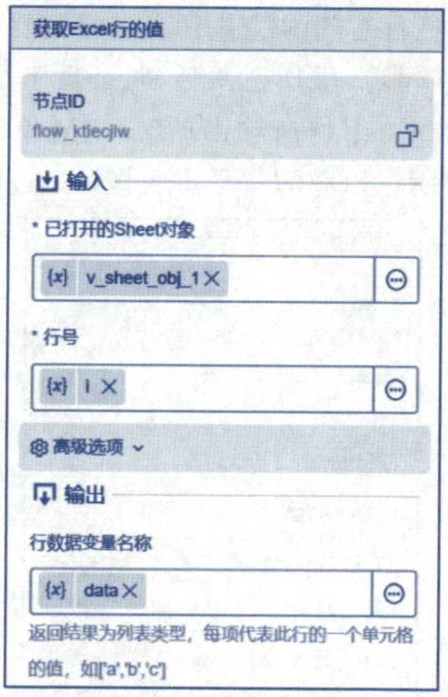


图0-34 “获取Excel行的值”组件属性设置

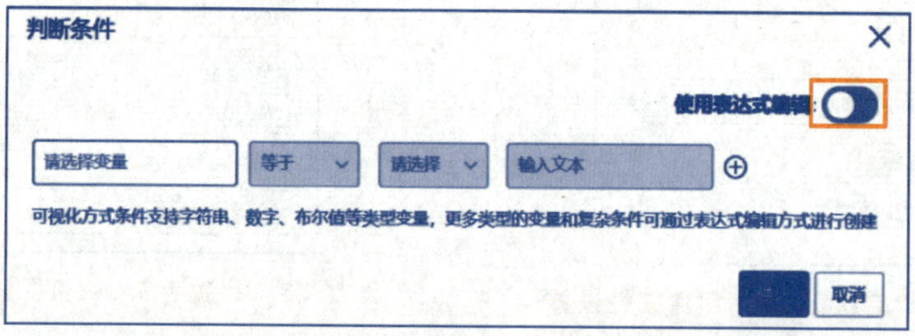


图0-35 勾选右上角【使用表达式编辑】按钮

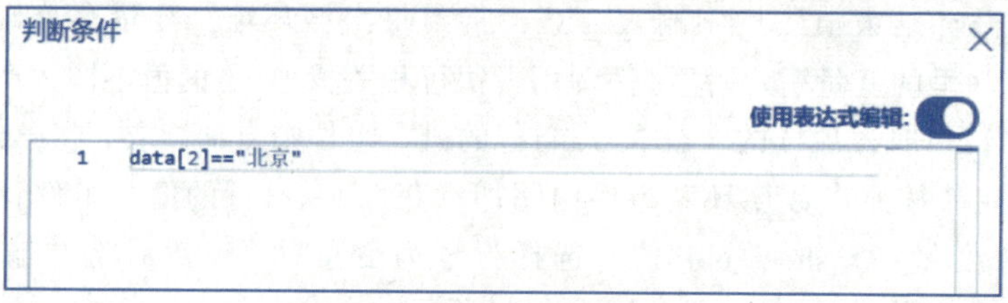


图0-36 输入判断表达式

步骤❼：在“条件分支”组件的“IF”分支下，添加“打开新网页”组件，并在“输入”属性“打开网址”栏中输入“baike.baidu.com”，如图0-37所示。

步骤❽：添加“填写输入框（网页）”组件，选择“已打开浏览器对象”变量为上一个组件所输出的变量“v_web_obj_1”，将其界面控件捕获位置定于百度百科词条搜索栏，将捕获的控件命名为“百度百科输入框”，然后点击“输入内容”栏目右侧的⊖按钮，在下拉菜单中选择“编辑表达式”，然后输入表达式“data［1］”，表示在指定输入框中输入变量“data”中的第二项数据，如图0-38所示。

步骤❾：添加“点击控件（网页）”组件，选择“已打开浏览器对象”变量“v_web_obj_1”，将其界面控件捕获位置定于百度百科词条搜索栏，点击右侧的【进入词条】按钮，将捕获的控件命名为“进入词条按钮”，选择“模拟点击”为“是”，如图0-39所示。

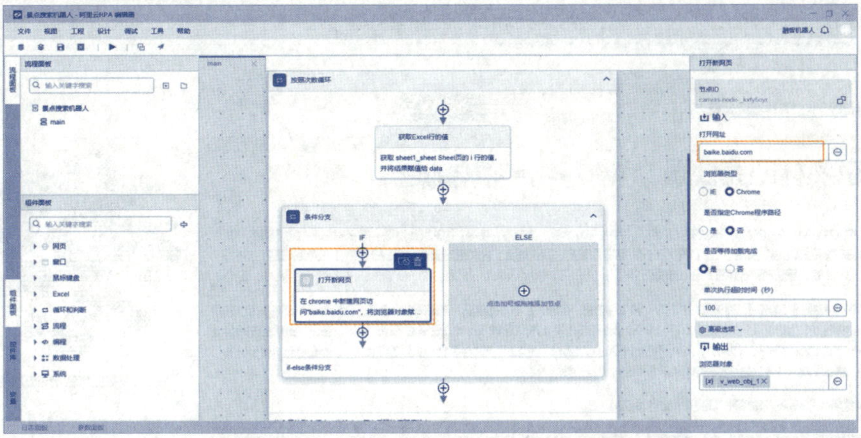

图 0-37　添加“打开新网页”组件及设置属性

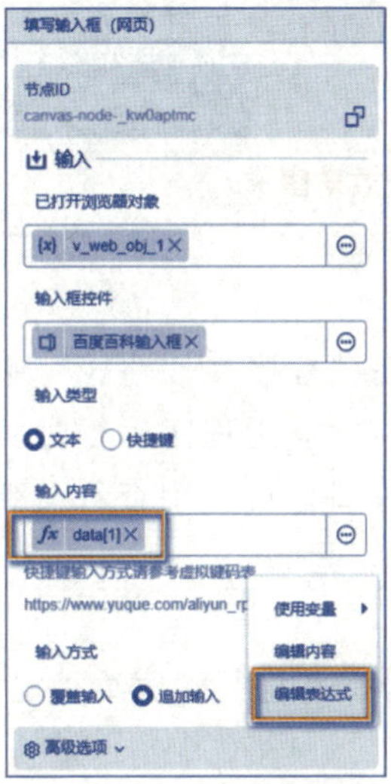


图 0-38　“填写输入框（网页）”组件属性设置

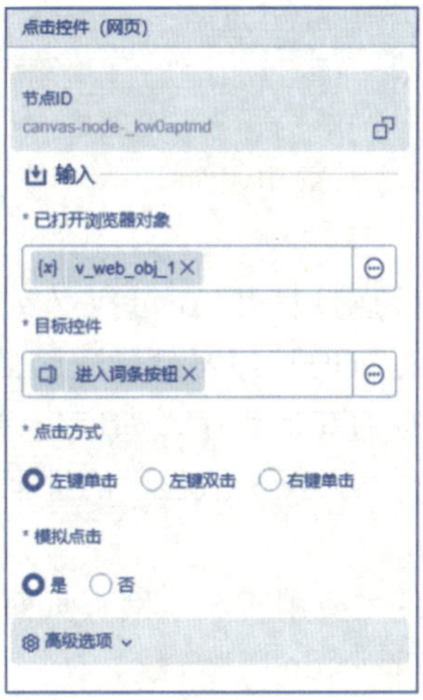


图 0-39　“点击控件（网页）”组件属性设置

完成后的开发效果图如图 0-40 所示，运行效果图如图 0-41 所示。

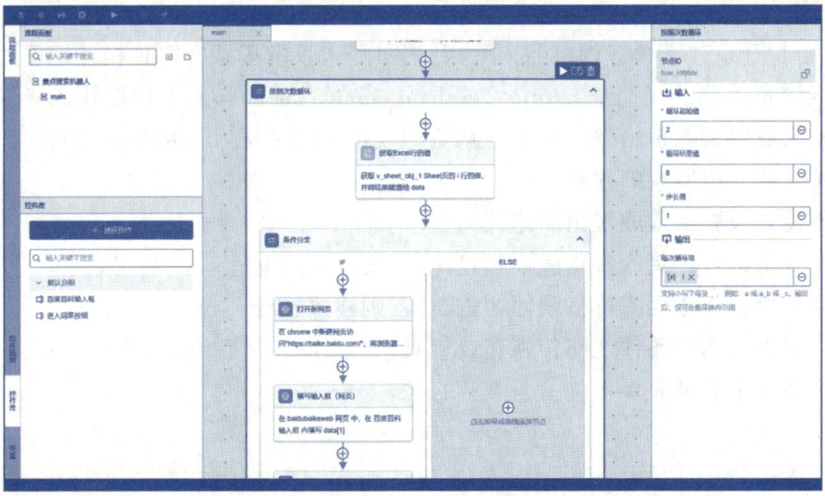

图 0-40　“景点搜索机器人”开发效果图

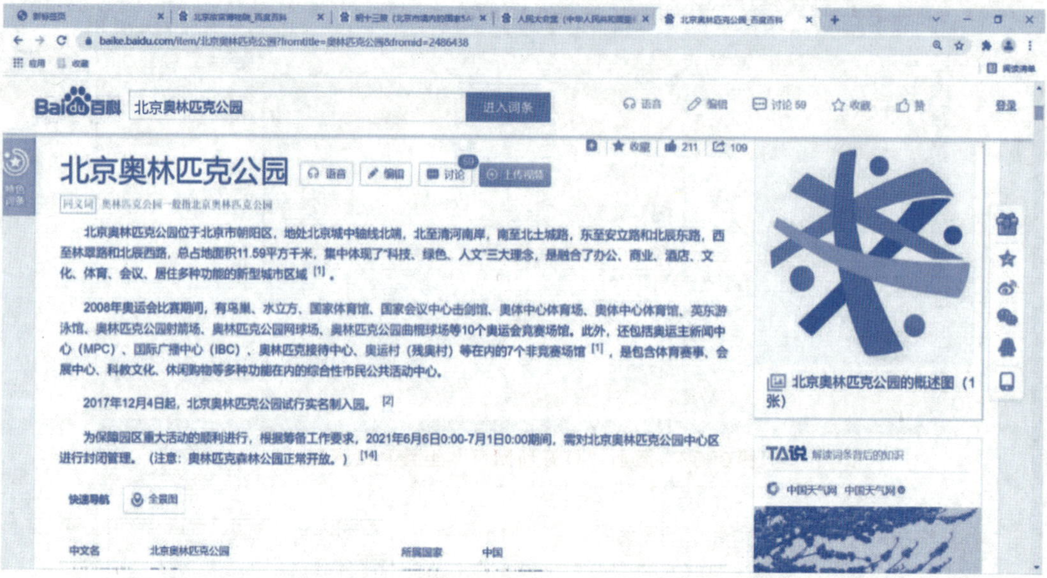


图0-41 “景点搜索机器人”运行效果图

### （四）其他常用组件

资源0-5

景点搜索机器人开发效果图大图

#### 1. 运行程序

该组件通过打开exe可执行文件，打开应用程序。在“程序文件路径”中填入需要运行的程序文件的安装路径，“程序参数”主要为应用程序运行时所需附带运行的其他程序，如广告弹窗等。点击运行后可在日志面板中查看运行结果，运行结果反馈该程序的进程ID，用于关闭进程。

#### 2. 获取文本

该组件主要用于获取网页页面上指定控件的文字内容，并将其赋值给指定变量。

#### 3. 获取Excel的行数

该组件可用来获取指定工作表的有效数据行数。

## 业务训练

【开发题】开发“股票查询机器人”，利用机器人读取股票实时价格登记簿中的各股票代码，在巨潮资讯网站（网址：http：//webapi.cninfo.com.cn/#/）上根据代码查询股票实时价格，并填入股票实时价格登记簿中，然后与表格中的“买入价格”进行对比，根据涨跌幅度提供买入或卖出股票的建议。

本案例设置股票买入或卖出的建议为：

（1）今日价格对比买入价格涨幅超过5%，则建议减仓；

（2）今日价格对比买入价格跌幅超过5%，则建议补仓；

（3）介于以上两项条件之间，则建议持有。

股票价格登记表见表0-4。

表0-4 股票价格登记表

| 序号 | 证券代码 | 股票名称 | 买入价格 | 实时价格 | 操作建议 |
|---|---|---|---|---|---|
| 1 | 000001 | 平安银行 | 18.11 | | |
| 2 | 000333 | 美的集团 | 72.11 | | |
| 3 | 600031 | 三一重工 | 22.07 | | |
| 4 | 603288 | 海天味业 | 120.71 | | |
| 5 | 600519 | 贵州茅台 | 1 795.00 | | |
| 6 | 300015 | 爱尔眼科 | 49.43 | | |
| 7 | 600916 | 中国黄金 | 14.15 | | |
| 8 | 600000 | 浦发银行 | 8.65 | | |
| 9 | 000505 | 京粮控股 | 7.28 | | |
| 10 | 000547 | 航天发展 | 17.23 | | |

考核评分标准见表0-5。

表0-5 评分标准

<table>
<tr><th>序号</th><th>考核要求</th><th>分值（分）</th><th>判分标准</th></tr>
<tr><td>1</td><td>机器人程序能否成功运行且运行结果是否正确无误</td><td>60</td><td rowspan="5">第1项不合格，第2～5项0分</td></tr>
<tr><td>2</td><td>组件是否合理使用</td><td>10</td></tr>
<tr><td>3</td><td>变量是否合理设置、复用性强</td><td>10</td></tr>
<tr><td>4</td><td>控件名称是否准确、可读性强</td><td>10</td></tr>
<tr><td>5</td><td>机器人操作步骤是否标准化、逻辑清晰</td><td>10</td></tr>
</table>

资源0-6

股票查询机器人开发素材

拓展0-1

导言的后续更新

# 项目1

## 发票业务机器人

## 项目目标

### 知识学习目标：

1. 掌握发票开具机器人的业务流程和特点；
2. 掌握发票查验机器人的业务流程和特点；
3. 掌握发票查验业务需求分析的要点；
4. 掌握发票查验机器人的开发和测试知识。

### 技能训练目标：

1. 能熟练应用和审核发票开具机器人；
2. 能熟练应用和审核发票查验机器人；
3. 能准确绘制发票查验机器人开发流程图；
4. 能熟练应用点击控件（网页）、获取Excel行的值、填写输入框（网页）等组件；
5. 能独立完成发票查验机器人的开发和测试。

### 素质素养目标：

1. 增强遵守发票相关法律法规、依法纳税的意识。
2. 培育精益求精、追求卓越的工匠精神。

## 工作任务

### 本项目应完成的工作任务：

1. 利用发票开具机器人完成增值税普通发票和专用发票的开具；
2. 利用发票查验机器人完成发票查验；
3. 绘制发票查验机器人的开发流程图；
4. 完成发票查验机器人的开发和测试。

### 完成以上工作任务应提交的标志性成果：

1. 发票查验机器人完成的发票查验结果截图；
2. 发票开具机器人开具的增值税普通发票和专用发票；
3. 发票查验机器人的流程设计图；
4. 发票查验机器人的开发应用程序。

微课 1-1

发票业务与发票业务机器人

## 业务场景

企业财务部在开展日常报销业务、销售业务、增值税发票抵扣业务等业务时需要用到发票查验机器人、发票开具机器人、发票认证机器人，主要的业务参与者是会计人员，这些业务简单、重复、量大。

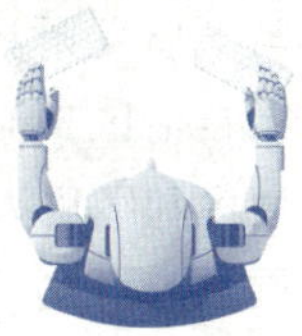

# 模块1　发票业务机器人的应用

## 业务描述

发票是企业在购销商品、提供或接受服务以及从事其他经营活动时所开具和收取的业务凭证，是会计核算的原始依据，也是审计机关、税务机关执法检查的重要依据。在企业内部税务管理中，涉及发票的业务活动是非常重要的，不容出错，而且发票业务频繁，占用会计人员大量的工作时间。发票业务机器人是在企业税务管理过程中，对与发票相关的开具、查验、认证等业务进行自动处理的财务机器人，主要通过标准、统一的各类税务管理平台来开发。发票业务机器人能按照各类税务管理平台功能、程序的要求，分别完成增值税专用/普通发票的开具操作、真伪查验操作。引入发票业务机器人，能降低企业的人力成本，提升发票业务的工作效率。熟练应用发票业务机器人是新时代对会计人员的基本要求。

# 任务1　发票开具机器人的应用

## 任务描述

安平市融创建材制造有限公司近期发生销售业务，需要开具发票。财务部发票开具人员邹红根据开票申请和开票信息，利用发票开具机器人在“增值税发票开票软件”中填写开票信息、打印纸质发票、加盖发票专用章后，交给开票申请人转至客户。具体的发票开具信息见表1-1，购买方的税号、银行账号等具体的开票信息详见RAD平台对应仿真案例资料。

表1-1　增值税发票开具信息

| 序号 | 购买方 | 发票类型 | 商品名称 | 销售数量 | 商品单位 | 商品不含税单价 | 商品税率 | 价税合计（元） |
|---|---|---|---|---|---|---|---|---|
| 1 | 天地建筑工程有限公司 | 增值税专用发票 | 生态木材 | 100 | 张 | 310.00 | 13% | 35 030.00 |
| 2 | 翔辉建筑工程有限公司 | 增值税普通发票 | 拼合木钢板 | 200 | 张 | 480.00 | 13% | 108 480.00 |

## 任务分析

微课1-2　发票开具机器人工作流程

### 一、发票开具机器人的流程分析

发票开具业务的流程通常为经过对开具发票请示的审批后，由专人根据开票信息在“国家税务总局电子税务局平台”完成发票开具。在全电发票推广后，发票开具流程可完全数字化，不再需要进行发票领用、打印、盖章、寄送等，而且销售方开出全电发票后，购买方的电子税务局账号即可同步收到发票信息。全电发票也叫数电发票，全称为全面数字化的电子发票。全电发票是依托可信身份体系和电子发票服务平台，以去介质、去版式、标签化、要素化、授信制、赋码制为基本特征，覆盖全领域、全环节、全要素的全新发票，与纸质发票具有同等法律效力。2021年12月1日起，广东省（不含深圳市）、上海市和内蒙古自治区3地率先开展全电发票试点工作，此后逐步扩大试点范围，本着先试点后逐步扩大地区和纳税人范围的工作策略，目前，全国已有33个地区的纳税人可开具全电发票。全电发票具有开具便捷、信息集成、节约成本等优点，大大提高了办税便捷度。在良好的信息化、数字化环境下，企业可通过财务机器人完成全电发票开具全流程，并且财务机器人还可以使企业内部业务平台与发票开具平台数据产生关联，为后期进行发票业务数据分析、统计以及核查打下良好的数据基础，本项目的任务便是基于最新的全电发票系统展开的。

发票开具机器人在信息系统的工作流程如图1-1所示。

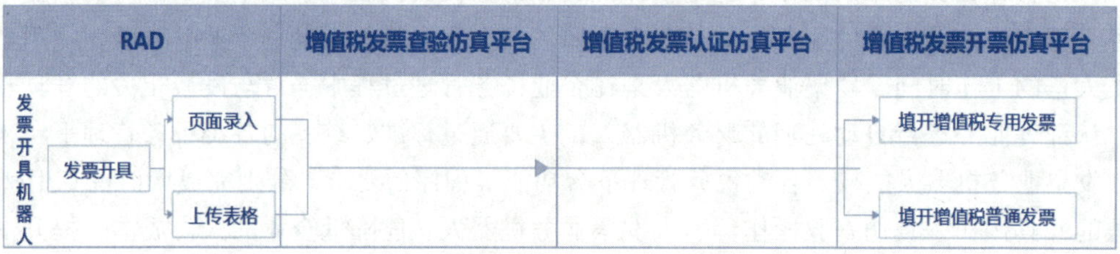


图1-1 发票开具机器人工作流程

## 二、发票开具机器人的数据分析

发票开具业务需要按照“国家税务总局电子税务局平台”（简称电子税务局仿真平台）的要求，填写客户信息、商品信息等操作所需数据。以对天地建筑工程有限公司的销售业务为例，发票开具机器人数据分析见表1-2。

表1-2 发票开具机器人数据分析

| 序号 | 数据项目 | | 业务数据 | 数据来源 | 财务机器人工作环境 |
|---|---|---|---|---|---|
| | 说明 | | 业务一 | 机器人实践平台<br>上传数据 | 电子税务局仿真平台<br>发票开具 |
| 1 | 发票类型 | | 增值税专用发票 | √ | 选择（增值税专用发票/增值税普通发票） |
| 2 | 购买方信息 | 名称 | 天地建筑工程有限公司 | √ | 购买方名称 |
| 3 | | 纳税人识别号 | 90321001999432111R | √ | 购买方纳税人识别号 |
| 4 | | 地址、电话 | 沁江路263号073-86543211 | √ | 购买方地址、电话 |
| 5 | | 开户行及账号 | 中行沁江支行363457834578237 | √ | 购买方开户行及账号 |
| 6 | 货物信息 | 货物或应税劳务、服务名称 | 生态木材 | √ | 货物或应税劳务、服务名称 |
| 7 | | 规格型号 | 标准版 | √ | 规格型号 |
| 8 | | 单位 | 张 | √ | 单位 |
| 9 | | 数量 | 100 | √ | 数量 |
| 10 | | 单价 | 310 | √ | 单价 |
| 11 | | 金额（不含税） | 31 000 | | |
| 12 | | 税率 | 13% | √ | 税率 |
| 13 | | 税额 | 4 030 | | |
| 14 | | 备注 | | √ | 备注 |

## 三、发票开具机器人的程序分析

微课 1-3

发票开具机器人的程序分析

### （一）main（主流程）

发票开具机器人的main流程包括“按照次数循环”组件和5个子流程，5个子流程分别是：P00_打开业务数据表、P01_登录电子税务局、P02_获取数据、P03_发票逐笔开具和P04_退出电子税务局。主流程中的START和END流程为机器人程序加载的必要流程，与业务内容无关，后续如有涉及不再说明。

资源 1-1

发票开具机器人的主流程大图

发票开具机器人主流程界面如图1-2所示，发票开具机器人的main流程属于主流程，将发票开具机器人各子流程通过一系列的组件串联起来，形成完整的发票开具机器人。main流程中首先执行“P00_打开业务数据表”和“P01_登录电子税务局”流程，打开业务数据表及登录电子税务局仿真平台；然后通过“按照次数循环”组件，循环执行“P02_获取数据”及“P03_发票逐笔开具”流程，实现对多笔开票业务的循环执行；当所有开票任务完成后，执行“P04_退出电子税务局”流程，退出电子税务局仿真平台，并关闭业务数据表。

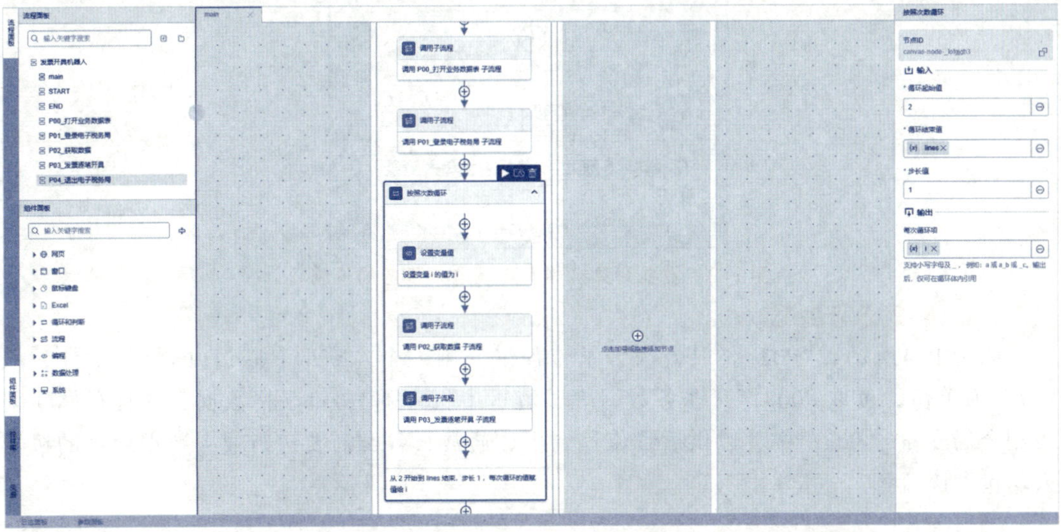


图1-2　发票开具机器人主流程界面

### （二）P00_打开业务数据表

“P00_打开业务数据表”子流程是实现“打开数据表格”操作的流程，主要功能是打开存有财务机器人运行所需数据的Excel文件及激活相关Sheet页，是财务机器人读取表格数据的前置步骤。该流程在各个机器人中通用，后续如有涉及不再说明。

### （三）P01_登录电子税务局

资源 1-2

发票开具机器人登录电子税务局子流程大图

如图1-3所示，“P01_登录电子税务局”子流程是实现电子税务局仿真平台操作的流程，该流程通过“打开新网页”“输入热键”“填写输入框（网页）”“点击控件（网页）”等组件实现电子税务局仿真平台的账号、密码等信息的输入，并点击【登录】。

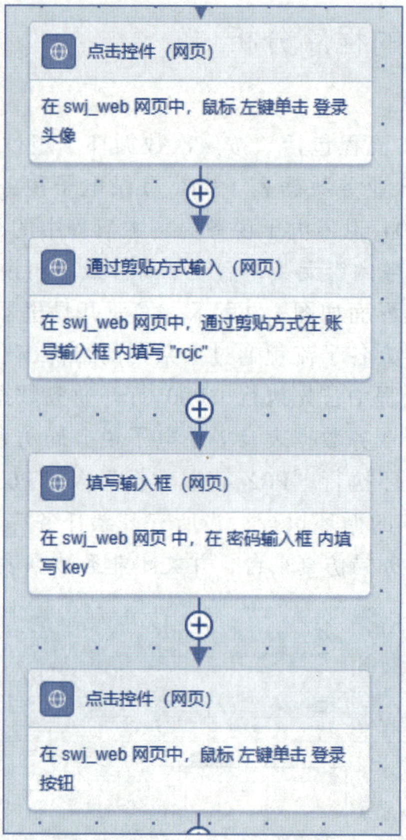


图 1-3　发票开具机器人登录电子税务局子流程

### （四）P02_获取数据

如图 1-4 所示，“P02_获取数据”子流程仅使用一个“获取 Excel 行的值”组件，以“行”为单位，读取 P00_打开业务数据表子流程中打开的 Excel 表格数据，并且存储在列表型全局变量“data”中，以供后续流程调用。通常，各类需要进行业务数据处理的机器人均包含该流程。

### （五）P03_发票逐笔开具

资源 1-3

发票开具机器人发票逐笔开具子流程大图

如图 1-5 所示，“P03_发票逐笔开具”子流程先通过“设置下拉框选项（网页）”来选择发票类型是增值税专用发票还是普通发票；然后利用“点击控件（网页）”“填写输入框（网页）”等组件完成一系列的点击和输入开票信息等操作；再利用“输入热键”组件选择货物所适用的税率，完成开票后利用“获取当前时间和日期”“通过剪贴方式输入（窗口）”等组件实现将开具的发票下载到指定的位置。

### （六）P04_退出电子税务局

资源 1-4

发票开具机器人退出电子税务局子流程大图

如图 1-6 所示，“退出电子税务局”子流程通过“点击控件（网页）”和“关闭网页”组件退出电子税务局仿真平台；通过“获取窗口”、“激活窗口”和“输入热键”组件关闭已打开的数据表格，其中获取表格窗口时兼容了微软 Office 和 WPS Office。

图 1-4　发票开具机器人获取数据子流程

图 1-5　发票开具机器人发票逐笔开具子流程

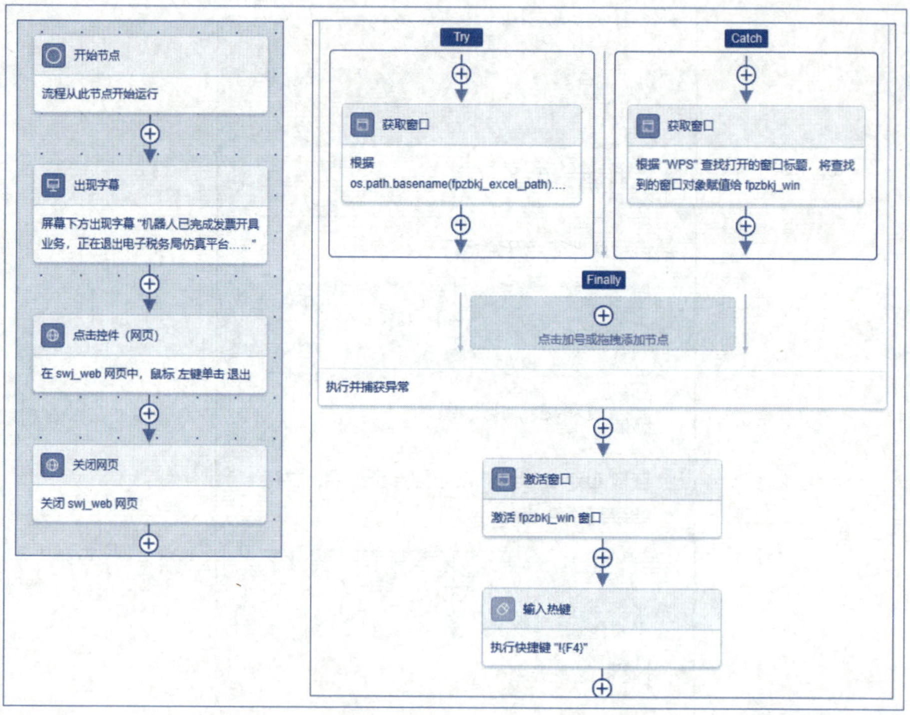


图 1-6　发票开具机器人退出电子税务局子流程

**德技兼修**　**深圳地铁开出首张可溯源电子发票**

3月18日，深圳地铁、出租车、机场大巴等交通场景正式上线深圳区块链电子发票功能。即日起，用户使用腾讯“乘车码”搭乘深圳地铁之后，将可以一键在线开具区块链电子发票。

据悉，区块链电子发票作为一种新型电子发票，借助区块链底层技术，打通第三方支付或开票服务平台，对接ERP系统，实现企业自动入链。同时，税务机关自动审批，ERP系统自动报销，完成链上流程全闭环。而这次基于出行场景的应用扩展，则是由深圳市税务局指导，腾讯联合深圳地铁集团、港铁深圳集团、高灯科技、广电运通公司等多家单位共同推进完成。

从应用价值来说，区块链电子发票具备了全流程完整追溯、信息不可篡改的特点，有效规避了一票多报、虚报虚抵、真假难验的难题。同时，使用乘车码开具区块链电子发票将比以往更加方便、环保：整个开票流程无须纸质发票，无须专业设备，交易即可开票，打破时间、地点限制，全程均可实现手机自助操作。

2018年5月8日，由腾讯公司、深圳地铁、港铁（深圳）联合推出的乘车码刷码过闸服务正式上线。截至2018年11月，深圳地铁全线路所有闸机均支持乘车码刷码过闸，乘车码用户数突破1 100万，日均进站客流超百万人次。

庞大的地铁客流对发票的需求量极大，区块链电子发票上线后，预计将实现每天17万人次线上自助开票，极大地解决了开票量大、需到车站客服中心领取纸质发票等不便。

2018年5月，国家税务总局深圳市税务局和腾讯共同成立“智税”创新实验室，并宣布将推出全国首个基于区块链的电子发票解决方案；同年8月，全国首张区块链电子发票便在深圳国贸旋转餐厅开出，深圳也成为全国首个区块链电子发票试点城市。

区块链电子发票在深圳落地3年来，累计开票超5 800万张，日均开票超12万张，累计开票金额近800亿元，覆盖零售、餐饮、交通、房地产、医疗、互联网等百余行业领域，接入企业超3.2万家，利用技术“硬核”破解营商民生难题，提质增效服务深圳经济高质量发展。

资料来源：佚名．腾讯“区块链”落地交通场景：深圳地铁开出首张可溯源电子发票［EB/OL］．［2019-03-18］． https：//m. 21jingji. com/article/20190318/herald/f59a7b027bd14da9e120f32b8868f4ed_zaker.html. 有删改．

# 操作步骤

发票开具机器人的操作步骤总体上分为两个环节，分别是发票开具数据采集、发票开具机器人运行和审核。其中，发票开具机器人运行和审核包括下载并打开发票开具机器人应用程序、运行发票开具机器人、审核发票开具机器人的工作结果。

## 一、发票开具数据采集

### 相关知识1-1

发票开具是指在法律、法规规定的情况下，基于证明商品和资金所有权转移、进行会计核算和税收管理的需要，在发生经营业务确认营业收入时，通常由收款方向付款方开具发票的业务活动。实际工作中，发票开具是企业财务人员通过税务局的发票开具系统实现的。发票开具业务的流程如图1-7所示：

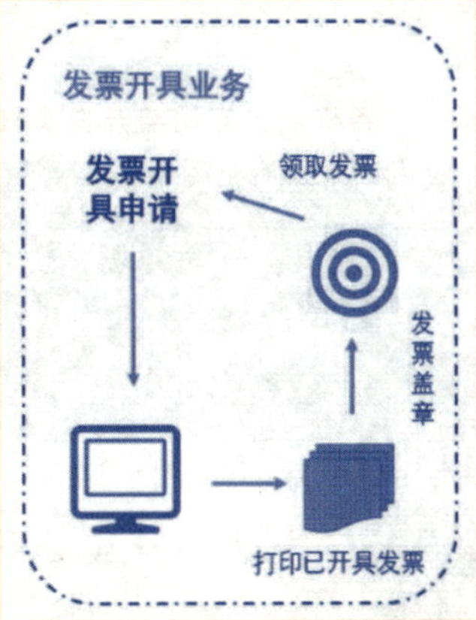


图1-7 发票开具业务流程图

发票开具伴随着企业的每一笔销售业务，有着严格的操作流程和管理规范。由于企业发票开具的业务量大，且开错发票会给购销双方的账务处理带来较多的麻烦，财务部门的发票开具人员一般都面临较大的压力。发票开具业务具有简单、重复、规则明确的特点，适合由财务机器人来完成。发票开具机器人的引入，既能降低发票开具业务的错误率，减少发票更正的账务处理，又能节约人力资源，降低企业的财务工作成本。

步骤❶：在浏览器上输入网址：http：//frad.chinaive.com/，进入“财务机器人应用与开发实践平台”并选择“财务机器人应用与开发”课程，如图1-8所示，点击发票业务机器人下面的【发票开具机器人的应用任务】进入任务详情，仔细阅读任务介绍和仿真案例后，点击【选择业务】并勾选需要开具发票的业务，并点击【完成】如图1-9所示。

图1-8　财务机器人应用与开发实践平台

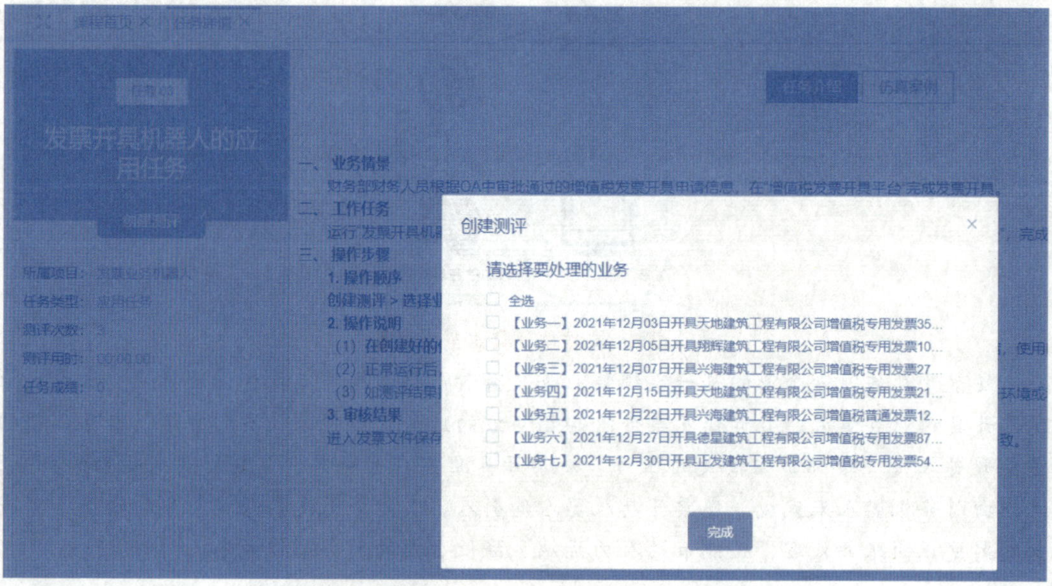


图1-9　发票开具机器人创建业务界面

**步骤❷**：在弹出的“选择业务”窗口点击【确定】，将新建的业务设置为“可采集数据业务”，当平台创建了多笔业务时，机器人运行时会自动采集设置为“可采集数据业务”的业务数据。完成发票开具机器人应用任务的创建后，可以点击【导出】将所创建的业务数据下载到本地查看和核对，如图1-10所示。

图1-10 发票开具机器人应用任务列表

## 二、发票开具机器人的运行与审核

微课1-4
发票开具机器人的运行与审核

### （一）下载并打开发票开具机器人应用程序

**步骤❶**：在机器人应用任务列表“机器人程序”下点击【下载】按钮，将发票开具机器人应用程序下载到本地计算机“C：\RPADATA”目录下。

**步骤❷**：在RPA编辑器中找到下载的发票开具机器人应用程序（如图1-11所示），点击【打开】后，进入机器人程序的运行与调试界面，如图1-12所示。

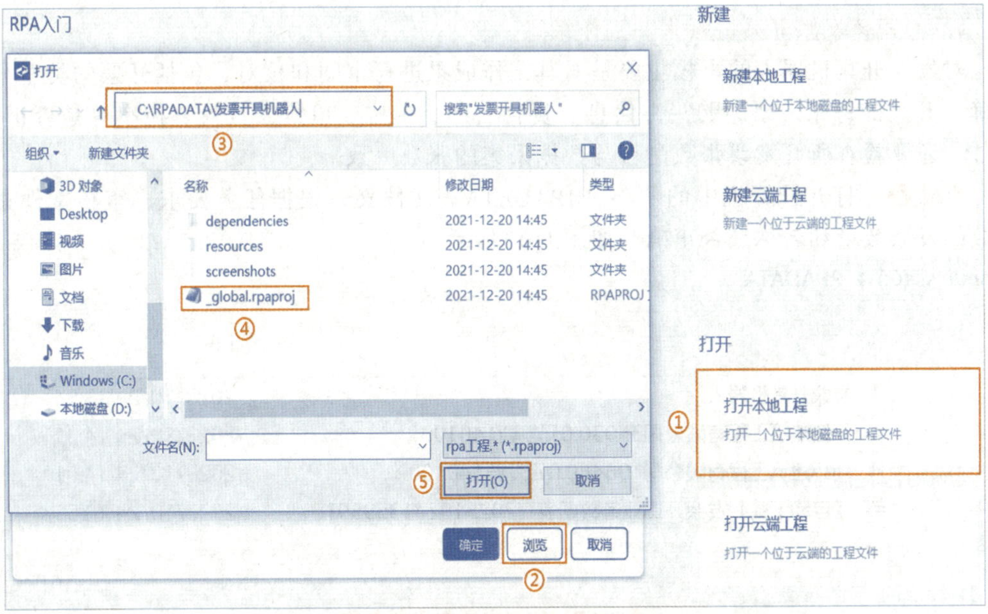


图1-11 发票开具机器人应用程序的打开步骤

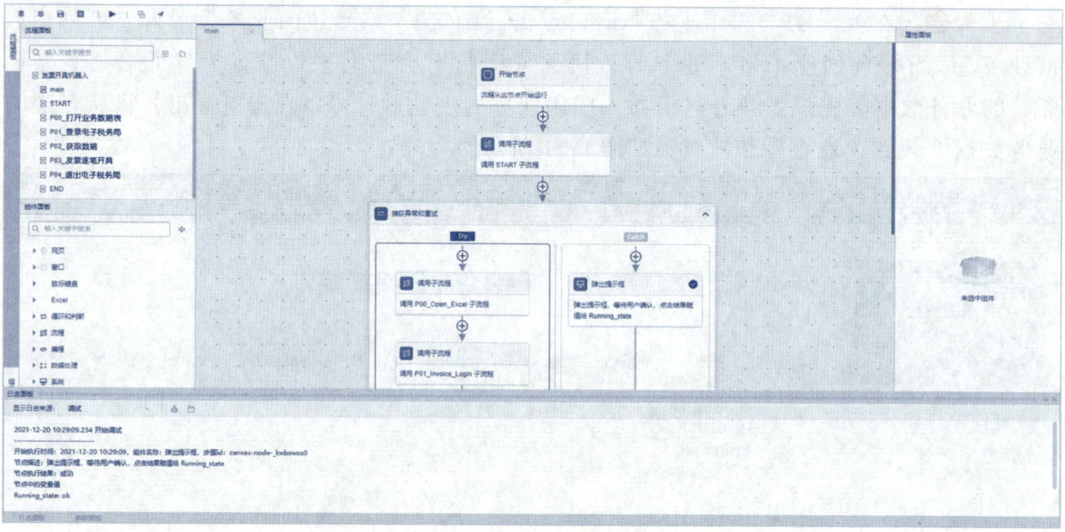

图 1-12　发票开具机器人应用程序的运行与调试界面

### （二）运行发票开具机器人

步骤❶：关闭其他无关软件，然后运行发票开具机器人。

步骤❷：观察发票开具机器人的运行情况，如有异常，记录异常信息，以便后续对发票开具机器人进行调整和维护。

在财务机器人的本地运行初期，需要仔细观察和测试，验证其本地化适应性调整的效果，需要记录财务机器人运行的每一个动作。运行结束后，针对运行异常的动作，找到相应的组件或流程进行调整，一般的调整主要是对组件“执行前延时”和“执行后延时”进行修改，少部分情况下需要更换组件或重新捕获控件。经过多轮测试和调整后，财务机器人能顺利运行并准确完成工作任务了，就可以无人值守，让财务机器人自动运行了。

### （三）审核发票开具机器人的工作结果

对发票开具机器人的审核主要是对其工作成果进行审阅和核对，包括开票的类型是否正确，开具的每张发票的购买方信息、货物名称、单位、单价、数量、税率等是否正确。另外，还要检查所开发票张数是否与数据采集的张数一致。

步骤❶：打开计算机中的“C：\RPADATA”文件夹，根据任务要求，审核文件夹中存放的发票数量和名称是否正确，如图 1-13 所示。

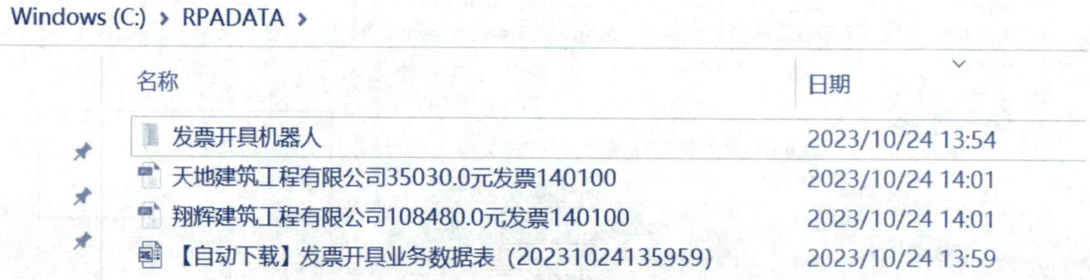


图 1-13　审核发票数量和名称

步骤❷：依次打开所开具的发票，检查所开发票的购买方信息、货物名称、单位、单价、数量、税率等是否正确，如图 1-14 所示。

**电子发票（增值税专用发票）**

发票号码：35020000000030370599
开票日期：2023年11月07日

| 购买方信息 | 名称：天地建筑工程有限公司<br>统一社会信用代码/纳税人识别号：90321001999432111R | 销售方信息 | 名称：安平市融创建材制造有限公司<br>统一社会信用代码/纳税人识别号：92345709XE8798WQ25 |
|---|---|---|---|

| 项目名称 | 规格型号 | 单位 | 数量 | 单价 | 金额 | 税率/征收率 | 税额 |
|---|---|---|---|---|---|---|---|
| *木制品*生态木材 | 标准版 | 张 | 100 | 310 | 31000.00 | 13% | 4030.00 |
| 合计 | | | | | ¥ 31000.00 | | ¥4030.00 |
| 价税合计（大写） | ⊗ 叁万伍仟零叁拾元整 | | | | （小写）¥35030.00 | | |

| 备注 | 销方开户银行：中国工商银行安平支行 银行账号：34897898097<br>收款人：邹红 复核人：李明 |
|---|---|

开票人：刘东

下载次数：1

图 1-14 审核发票内容

如购买方信息、货物名称、单位、单价、数量、税率等发票内容有误，一般需要检查两个方面：首先是数据的来源是否正确，因发票业务机器人的开票数据从“C：\RPADATA”中自动下载的“【自动下载】发票开具业务数据表（日期时间）.xls”文档读取。若数据正确，则可进行下一步的检查，也就是检查发票开具机器人相关组件的函数以及组件的连接顺序是否正确。

# 任务 2 发票查验机器人的应用

## 任务描述

融创建材近期发生了一系列的采购业务和员工差旅等费用支出业务，采购部和其他职能部门根据公司的规章制度报销相关费用，从 OA 系统发起报销审批，审批通过后将发票等报销材料送到财务部，财务部出纳邹红利用发票查验机器人对需报销的发票进行查验，以验证发票的真实性。部分发票信息如图 1-15、图 1-16、图 1-17 所示。

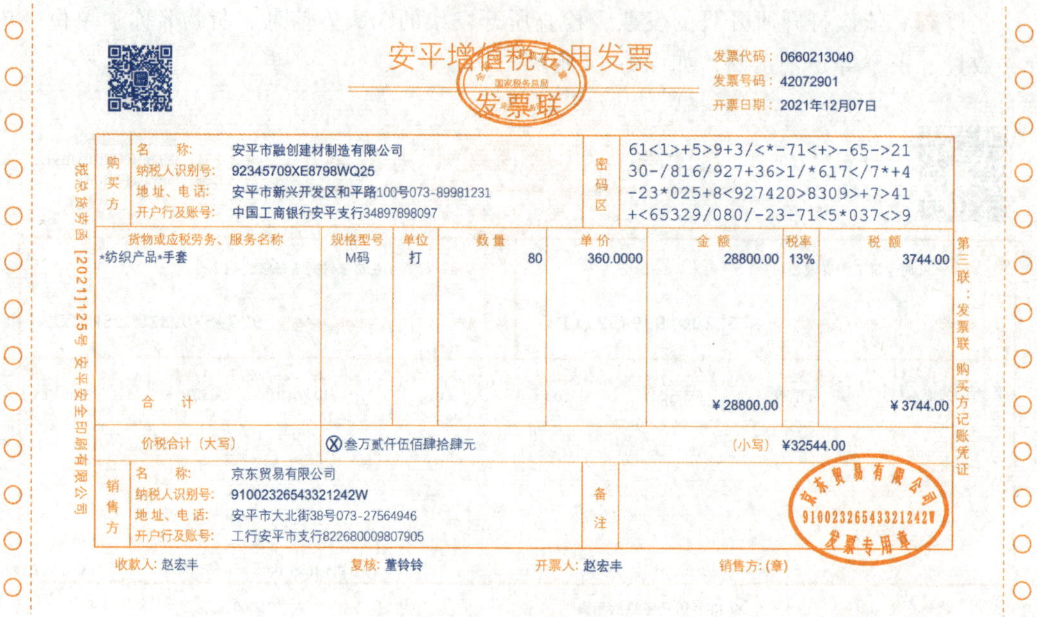

安平增值税专用发票

发票联

发票代码：0660213040
发票号码：42072901
开票日期：2021年12月07日

| | | | |
|---|---|---|---|
| 购买方 | 名　称：安平市融创建材制造有限公司<br>纳税人识别号：92345709XE8798WQ25<br>地 址、电 话：安平市新兴开发区和平路100号073-89981231<br>开户行及账号：中国工商银行安平支行34897898097 | 密码区 | 61<1>+5>9+3/<*-71<+>-65->21<br>30-/816/927+36>1/*617</7*+4<br>-23*025+8<927420>8309>+7>41<br>+<65329/080/-23-71<5*037<>9 |

| 货物或应税劳务、服务名称 | 规格型号 | 单位 | 数量 | 单价 | 金额 | 税率 | 税额 |
|---|---|---|---|---|---|---|---|
| *纺织产品*手套 | M码 | 打 | 80 | 360.0000 | 28800.00 | 13% | 3744.00 |
| 合　计 | | | | | ¥28800.00 | | ¥3744.00 |
| 价税合计（大写） | ⊗叁万贰仟伍佰肆拾肆元 | | | | （小写）¥32544.00 | | |

| | | | |
|---|---|---|---|
| 销售方 | 名　称：京东贸易有限公司<br>纳税人识别号：91002326543321242W<br>地 址、电 话：安平市大北街38号073-27564946<br>开户行及账号：工行安平市支行822680009807905 | 备注 | |

收款人：赵宏丰　复核：董铃铃　开票人：赵宏丰　销售方：（章）

第三联：发票联　购买方记账凭证

税总货劳函［2021］125号 安平安全印刷有限公司



图1-15　待查验发票1

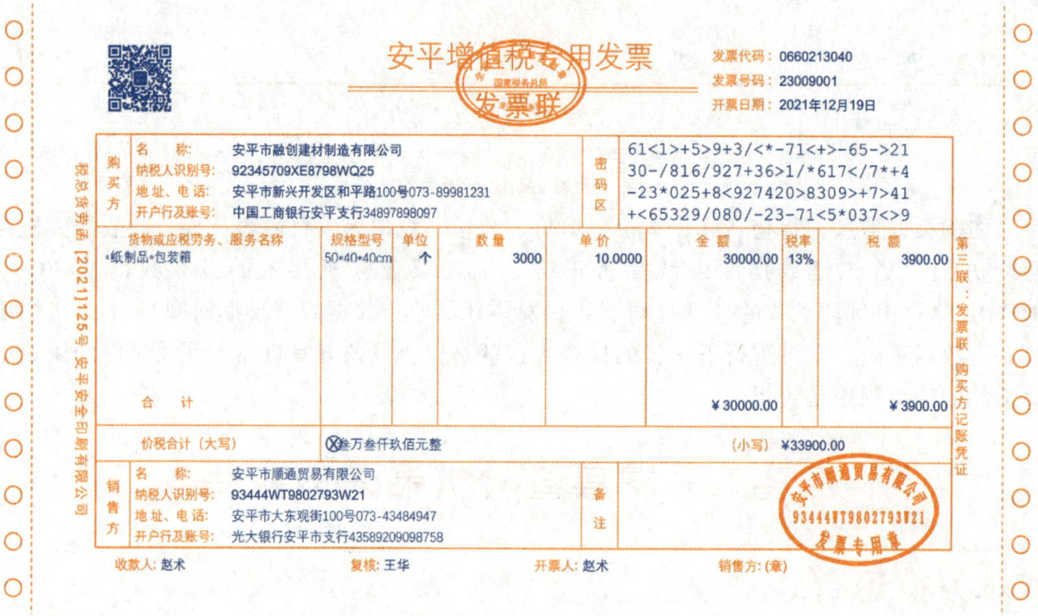

安平增值税专用发票

发票联

发票代码：0660213040
发票号码：23009001
开票日期：2021年12月19日

| | | | |
|---|---|---|---|
| 购买方 | 名　称：安平市融创建材制造有限公司<br>纳税人识别号：92345709XE8798WQ25<br>地 址、电 话：安平市新兴开发区和平路100号073-89981231<br>开户行及账号：中国工商银行安平支行34897898097 | 密码区 | 61<1>+5>9+3/<*-71<+>-65->21<br>30-/816/927+36>1/*617</7*+4<br>-23*025+8<927420>8309>+7>41<br>+<65329/080/-23-71<5*037<>9 |

| 货物或应税劳务、服务名称 | 规格型号 | 单位 | 数量 | 单价 | 金额 | 税率 | 税额 |
|---|---|---|---|---|---|---|---|
| *纸制品*包装箱 | 50*40*40cm | 个 | 3000 | 10.0000 | 30000.00 | 13% | 3900.00 |
| 合　计 | | | | | ¥30000.00 | | ¥3900.00 |
| 价税合计（大写） | ⊗叁万叁仟玖佰元整 | | | | （小写）¥33900.00 | | |

| | | | |
|---|---|---|---|
| 销售方 | 名　称：安平市顺通贸易有限公司<br>纳税人识别号：93444WT9802793W21<br>地 址、电 话：安平市大东观街100号073-43484947<br>开户行及账号：光大银行安平市支行43589209098758 | 备注 | |

收款人：赵术　复核：王华　开票人：赵术　销售方：（章）

第三联：发票联　购买方记账凭证

税总货劳函［2021］125号 安平安全印刷有限公司



图1-16　待查验发票2

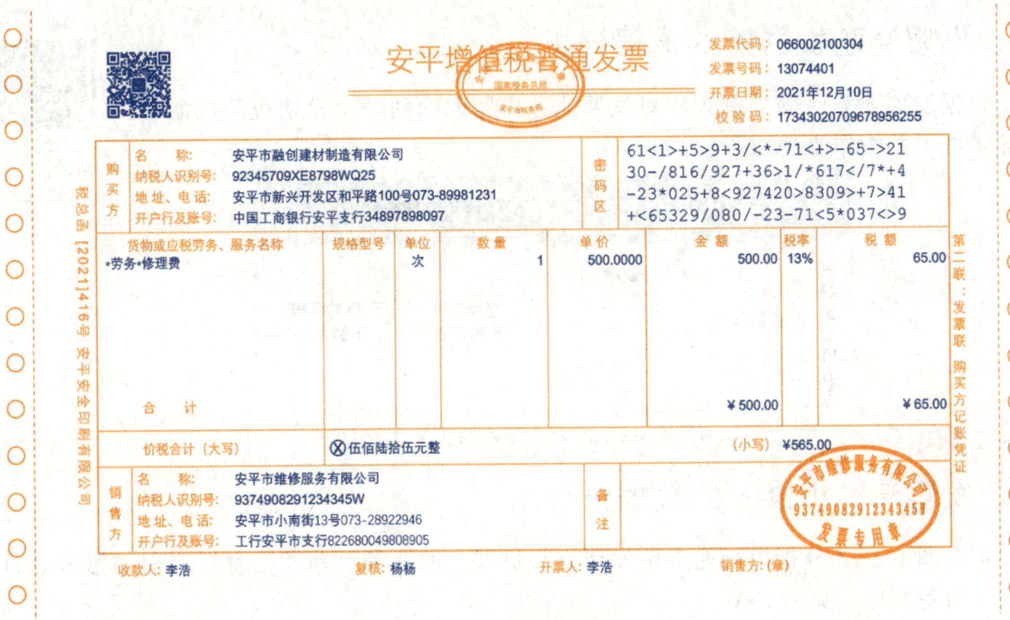

安平增值税普通发票

发票代码：066002100304
发票号码：13074401
开票日期：2021年12月10日
校验码：17343020709678956255

| | | | | | | | |
|---|---|---|---|---|---|---|---|
| 购买方 | 名称：安平市融创建材制造有限公司<br>纳税人识别号：92345709XE8798WQ25<br>地址、电话：安平市新兴开发区和平路100号073-89981231<br>开户行及账号：中国工商银行安平支行34897898097 | | | 密码区 | 61<1>+5>9+3/<*-71<+>-65->21<br>30-/816/927+36>1/*617</7*+4<br>-23*025+8<927420>8309>+7>41<br>+<65329/080/-23-71<5*037<>9 | | |
| 货物或应税劳务、服务名称 | 规格型号 | 单位 | 数量 | 单价 | 金额 | 税率 | 税额 |
| *劳务*修理费 | | 次 | 1 | 500.0000 | 500.00 | 13% | 65.00 |
| 合计 | | | | | ¥500.00 | | ¥65.00 |
| 价税合计（大写） | ⊗伍佰陆拾伍元整 | | | | （小写）¥565.00 | | |
| 销售方 | 名称：安平市维修服务有限公司<br>纳税人识别号：9374908291234345W<br>地址、电话：安平市小南街13号073-28922946<br>开户行及账号：工行安平市支行822680049808905 | | | 备注 | | | |

收款人：李浩　复核：杨杨　开票人：李浩　销售方：（章）

税总函［2021］416号 安平安全印刷有限公司

第二联：发票联 购买方记账凭证

图1-17 待查验发票3

## 任务分析

《中华人民共和国发票管理办法实施细则》第四条规定，发票的基本内容包括发票的名称、发票代码和号码、联次及用途、客户名称、开户银行及账号、商品名称或经营项目、计量单位、数量、单价、大小写金额、开票人、开票日期、开票单位（个人）名称（章）等。增值税发票是企业会计核算中的重要原始凭证，企业日常业务中需要接收大量的增值税发票作为报销和记账的原始凭证。每家企业都负有依法纳税的责任和义务，而保证所接收的报销发票的真实性，既是履行依法纳税的重要举措，也是保障企业资产安全的重要手段。根据《中华人民共和国会计法》第十四条的规定，会计机构、会计人员必须按照国家统一的会计制度的规定对原始凭证进行审核，对不真实、不合法的原始凭证有权不予接受，并向单位负责人报告；对记载不准确、不完整的原始凭证予以退回，并要求按照国家统一的会计制度的规定更正、补充。因此，对报销发票的查验至关重要。由于企业日常业务中涉及大量发票，发票查验工作的频率较高，该项工作具备简单、重复、规则明确的特征，因此适合使用财务机器人来替代人工操作。发票查验机器人的引入既能提升发票查验工作的效率，又能为企业节省人力，降低成本。

上文提到我国正在全面推广全电发票，全电发票具有开具便捷、信息集成、节约成本等优点，受到了社会上的一致好评。值得一提的是，销售方开出全电发票后，购买方的电子税务局账号即可同步收到发票信息，购买方甚至可以省略发票查验这一环节的工作。在可预见的未来，全电发票会全面普及，企业也将完全告别发票查验这项工作，但是目前还有大量的企业使用电子发票甚至纸质发票，作为财务工作者，我们有必要学会利用财务机器人完成电子发票或纸质发票的查验，以最大程度提升我们的工作效率。电子发票和纸质发票的查验工作完全一致，本项目以纸质发票为例学习发票查验机器人的应用。

微课 1-5

发票查验机器人工作流程

## 一、发票查验机器人的流程分析

根据发票业务活动的流程和对发票业务机器人的划分，发票查验机器人在信息系统中的工作流程如图 1-18 所示：

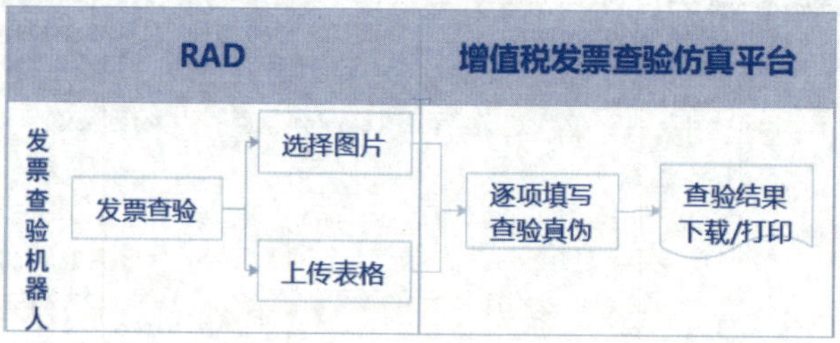


图 1-18 发票查验机器人工作流程

## 二、发票查验机器人的数据分析

结合图 1-18，分析银行业务中发票查验机器人的业务活动发生时间/条件、涉及软件/平台、流程顺序，见表 1-3。

表 1-3 发票查验机器人详情

| 机器人类型 | 发生时间/条件 | 涉及软件/平台 | 流程顺序 |
|---|---|---|---|
| 发票查验机器人 | 运行发票查验机器人 | 增值税发票查验平台 | 发票查验-查验结果截图保存 |

基于图 1-18 和表 1-3，以案例中东方五金生产有限公司开具的发票为例（如图 1-19 所示），发票查验机器人的数据关系分析见表 1-4。

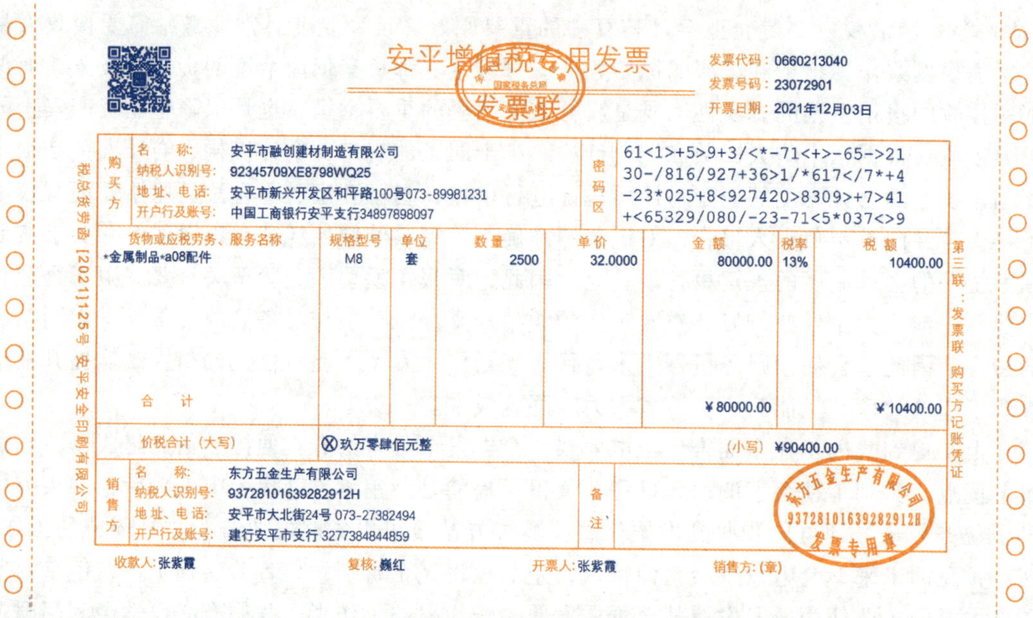
安平增值税专用发票

发票联

发票代码：0660213040
发票号码：23072901
开票日期：2021年12月03日

购买方 名称：安平市融创建材制造有限公司
纳税人识别号：92345709XE8798WQ25
地址、电话：安平市新兴开发区和平路100号073-89981231
开户行及账号：中国工商银行安平支行34897898097

密码区：61<1>+5>9+3/<*-71<+>-65->21
30-/816/927+36>1/*617</7*+4
-23*025+8<927420>8309>+7>41
+<65329/080/-23-71<5*037<>9

| 货物或应税劳务、服务名称 | 规格型号 | 单位 | 数量 | 单价 | 金额 | 税率 | 税额 |
|---|---|---|---|---|---|---|---|
| *金属制品*a08配件 | M8 | 套 | 2500 | 32.0000 | 80000.00 | 13% | 10400.00 |
| 合 计 | | | | | ￥80000.00 | | ￥10400.00 |

价税合计（大写）ⓧ玖万零肆佰元整 （小写）￥90400.00

销售方 名称：东方五金生产有限公司
纳税人识别号：93728101639282912H
地址、电话：安平市大北街24号 073-27382494
开户行及账号：建行安平市支行 3277384844859

备注

收款人：张紫霞 复核：巍红 开票人：张紫霞 销售方：（章）

东方五金生产有限公司 93728101639282912H 发票专用章

税总货劳函〔2021〕125号 安平安全印刷有限公司

第三联：发票联 购买方记账凭证

图 1-19 东方五金生产有限公司所开发票

表1-4　发票查验机器人的数据关系

| 序号 | 数据项目 | | 业务数据 | 数据来源 | 机器人工作环境 |
|---|---|---|---|---|---|
| 说明 | 名称 | | | 机器人应用与开发实践平台 | 发票查验平台 |
| | | | | OCR/数据 | |
| 1 | 发票名称 | | 安平增值税专用发票 | | |
| 2 | 发票类型 | | 增值税专用发票 | | |
| 3 | 发票代码 | | 0660213040 | √ | 发票代码 |
| 4 | 发票号码 | | 23072901 | √ | 发票号码 |
| 5 | 开票日期 | | 2021-12-03 | √ | 开票日期 |
| 6 | 校验码（普票专用） | | | √ | 校验码（后六位） |
| 7 | 销售方信息 | 名称 | 东方五金生产有限公司 | √｜○ | |
| 8 | | 纳税人识别号 | 93728101639282912H | √｜○ | |
| 9 | | 地址、电话 | 安平市大北街24号073-27382494 | | |
| 10 | | 开户行及账号 | 中国建设银行安平市支行3277384844859 | | |
| 11 | 货物信息 | 货物名称 | a08配件 | √｜○ | |
| 12 | | 规格型号 | M8 | | |
| 13 | | 单位 | 套 | | |
| 14 | | 单价 | 32 | | |
| 15 | | 数量 | 2 500 | | |
| 16 | | 税率 | 13% | √｜○ | |
| 17 | | 不含税金额 | 80 000 | √ | 金额（不含税） |
| 18 | | 税额 | 10 400 | √｜○ | |
| 19 | | 小写含税金额 | 90 400 | | |
| 20 | | 大写含税金额 | 玖万零肆佰元整 | | |
| 21 | | 备注 | | | |
| 22 | 购买方信息 | 名称 | 安平市融创建材制造有限公司 | √｜○ | |
| 23 | | 纳税人识别号 | 92345709XE8798WQ25 | √｜○ | |
| 24 | | 地址、电话 | 安平市新兴开发区和平路100号 073-89981231 | | |
| 25 | | 开户行及账号 | 中国工商银行安平支行34897898097 | | |
| 26 | 开票人 | | 张紫霞 | | |
| 27 | 复核 | | 魏红 | | |
| 28 | 收款人 | | 张紫霞 | | |

说明："○"表示票面信息与系统发票信息进行比对操作。

## 三、发票查验机器人的程序分析

### （一）main（主流程）

微课1-6
发票查验
机器人的
程序分析

资源1-5
发票查验
机器人的
主流程大图

因发票查验机器人业务连贯性较强，且不存在可以单独被复用的业务流程，不便于分模块开发，所以发票查验机器人main流程仅包含2个子流程，分别是“P00_打开数据表格”和“P01_发票查验”。发票查验机器人主流程界面如图1-20所示。

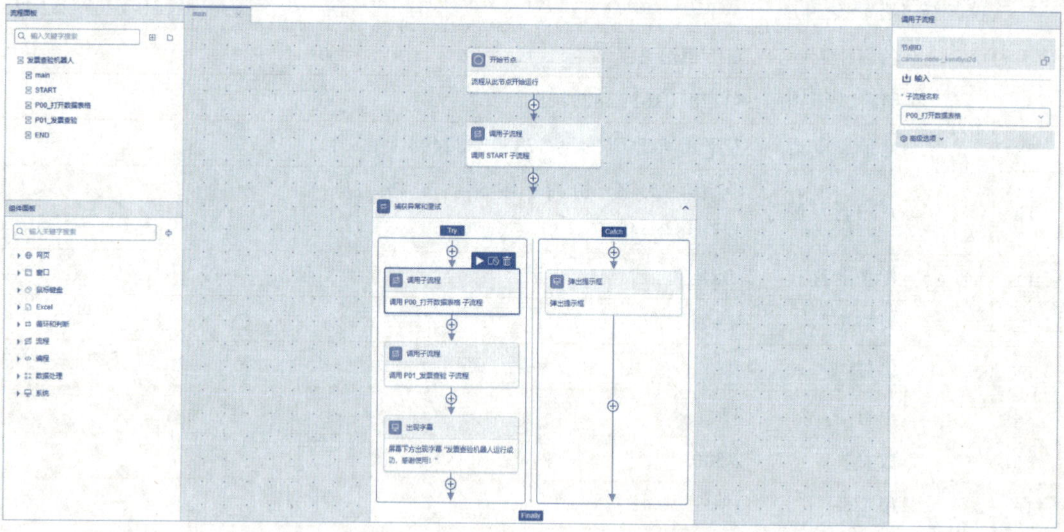


图1-20　发票查验机器人主流程界面

### （二）P01_发票查验

资源1-6
发票查验
机器人发票
查验子流程
大图

“P01_发票查验”子流程首先通过两个“获取当前时间和日期”组件，分别获取机器人运行时的具体时间和日期，以便对查验截图命名使用，然后通过“设置变量”“启动Excel”“创建Sheet页”“写入Excel行”等组件，在原数据表同路径下，新建名为“发票查验结果”的Excel文件，用以采集从发票查验平台上查询到的发票具体信息，以做查验比对。然后再通过“打开新网页”“输入热键”等组件实现增值税发票查验平台的登录，以及网页类应用机器人的标准操作——页面最大化。接下来，利用“按照次数循环”组件逐笔对发票进行查验，循环中嵌套“条件循环”组件，以保证发票查验平台验证码输入的正确性；同时，还利用“捕获异常和重试”组件对发票查验的异常结果进行容错。循环结束后关闭发票查验平台，并通过字幕提示发票查询完毕，如图1-21所示。

对发票查验机器人来说，实施起来最大的难点就是输入发票查验平台的验证码。发票查验机器人设置了一个“获取网页元素的属性值”组件，再结合“填写输入框（网页）”组件完成输入验证码部分，如图1-22所示。

图 1-21　发票查验机器人的发票查验子流程

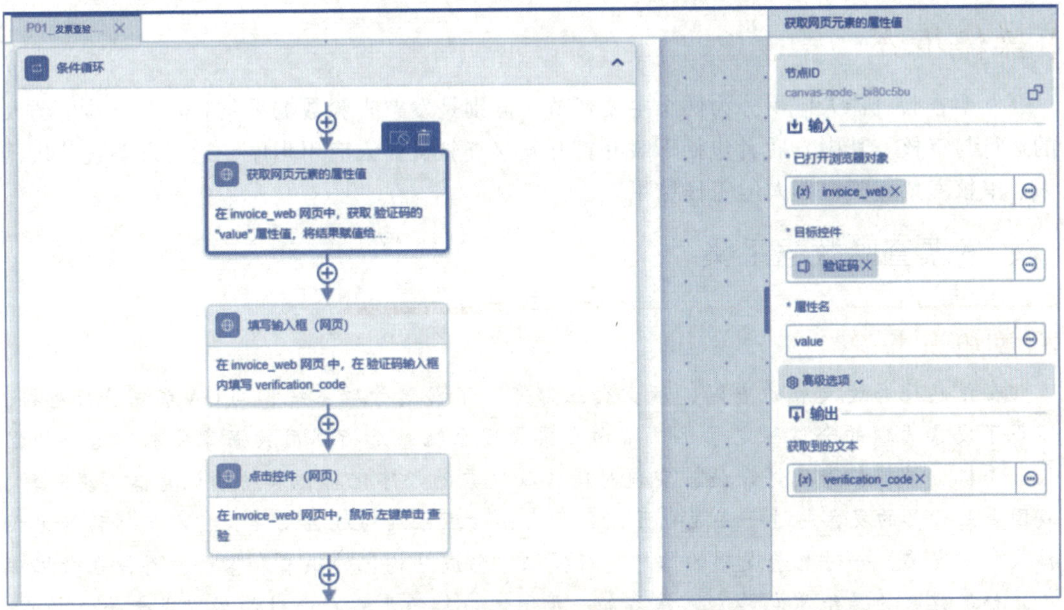


图 1-22　获取验证码

在实际应用中，验证码设置的初衷是为了防止各类机器人对平台的频繁访问，避免平台负荷过大，所以其验证码设置的难度较高。这部分工作可以交给专业的第三方服务供应商来完成，如发票查验机器人将验证码截图传送给如"超级鹰"之类的第三方平台，第三方平台完成识别后再迅速返还给发票查验机器人，完成对高难度验证码的识别和应用。

在发票查验过程中，最常见的异常情况就是验证码输入错误，导致无法进行查验。为此，发票查验机器人设置了相应的模块来应对验证码输入错误。如图 1-23 所示，发票查验机器人设置了"捕获异常和重试"组件来判断验证码是否输入正确，若输入错误，则继续利用“获取网页元素的属性值”“填写输入框（网页）”组件来再次输入；如果输入成功，则通过“网页截图”组件对查验结果进行截图，再利用“获取当前时间和日期”“调用自定义脚本”等组件，结合函数对截图进行命名保存，并将查验结果登记到“发票查验结果”表格中。

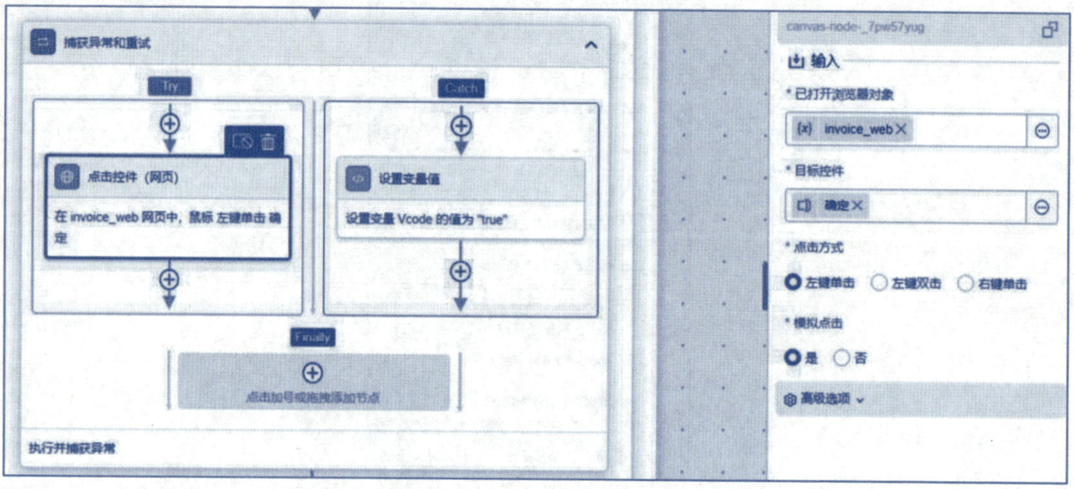


图 1-23　异常情况处理和保存查询结果

# 操作步骤

发票查验机器人应用分为两个主要环节，分别是发票查验数据采集和发票查验机器人的运行与审核。其中，后者包括下载并打开发票查验机器人应用程序、运行发票查验机器人、审核发票查验机器人的工作结果。

## 一、发票查验数据采集

### 相关知识 1-2

在信息化高速发展的中国，不少企业都建立了发票管理系统，与OA系统进行对接，实现了发票管理的全过程电子化。所谓发票管理系统，是指利用数据库技术，结合扫描仪、手机、计算机等硬件设施，实现对所接收发票的数字化转化和结构化存储。现阶段，我国企业开具的发票超过一半是电子发票，发票管理系统通过自动接收、人工转移等方式接收电子发票，并对电子发票的信息进行提取，形成结构化的报表和索引，存储在数据库中。如果接收的是纸质发票，则需多加一步图像采集的步骤，通过扫描仪或者手机拍照，对纸质发票进行图像采集，并传输到发票管理系统中。系统接收到发票图片后，先利用OCR技术对其进行文字识别，然后从识别结果中提取发票号码、发票代码、开票日期等信息，再形成报表和索引存储到数据库中。发票管理系统可以通过数据接口与OA系统对接，报销人员在OA系统生成报销业务审批单的时候，可以从数据库中调取相应发票作为附件。财务人员在对发票进行查验或者进行账务处理的时候，也可以从相应系统中直接调取相应发票，极大地提高了企业各项工作的效率。

此外，发票管理系统还在不断地拓展和完善，如引入财务机器人实现发票一接收即立即完成发票查验工作，对不合规的发票不予入库存储，并自动报告相关部门。也有一些企业将发票开具机器人融合到发票管理系统中，实现了发票智能化管理的全范围覆盖。

步骤❶：登录“财务机器人应用与开发实践平台（http：//frad.chinaive.com/）”，然后点击发票业务机器人下面的【发票查验机器人的应用任务】进入任务详情，仔细阅读任务介绍和仿真案例后，点击【选择业务】并勾选需要查验发票的业务，并点击【下一步】。

步骤❷：接下来系统将自动进入发票选择界面，可以通过点击发票左右两边的按钮来切换发票，也可以通过左上角的搜索框按发票号码搜索对应的发票；找到需要查验的发票后，点击【选择】按钮即可选中相应发票，选中的发票会在下方列示，选择好发票后点击右上角的【完成】按钮，如图1-24所示。

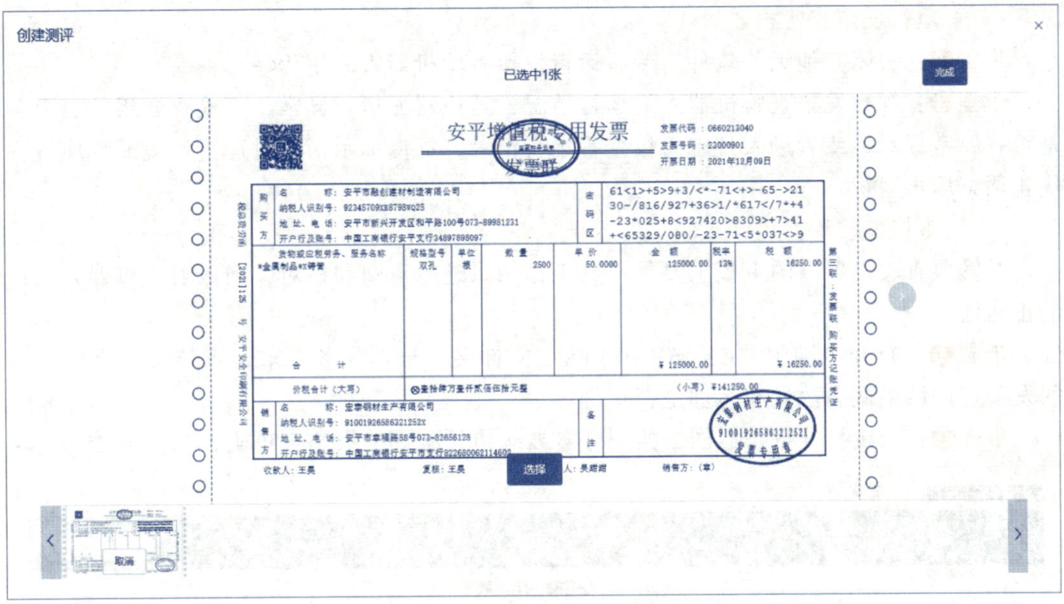


图1-24　选择需要查验的发票

步骤❸：在弹出的“选择业务”窗口点击【确定】，将新建的业务设置为“可采集数据业务”，当平台创建了多笔业务时，机器人运行时会自动采集设置为“可采集数据业务”的业务数据。完成发票查验机器人应用任务的创建后，可以点击“业务数据”下的【导出】将所创建的业务数据下载到本地查看和核对。

在真实企业中，一般都会有发票影像管理系统，在收到报销发票时会通过扫描仪等设备将发票图像采集进发票管理系统，系统会利用OCR技术自动对发票图片进行文字识别，识别出来的票面信息将结构化存储在与OA系统对接的数据库中，RAD平台可以和企业真实的OA系统一样直接调用数据库的发票及对应的票面信息进行查验，所以步骤2中可以通过选择发票图片的方式来采集发票数据，这给发票管理工作带来了极大的便利。

## 二、发票查验机器人的运行与审核

微课 1-7
发票查验机器人的运行与审核

发票查验机器人的运行与审核与发票开具机器人类似，分为三个环节，分别是下载并打开发票查验机器人应用程序、运行发票查验机器人、审核发票查验机器人的工作结果。

### （一）下载并打开发票查验机器人应用程序

步骤❶：在发票查验机器人的应用任务“已选业务”列表中，下载发票查验机器人应用程序。

步骤❷：在RPA编辑器中打开下载的发票查验机器人应用程序，进入机器人程序的运行与调试界面。

### （二）运行发票查验机器人

步骤❶：关闭其他无关软件，然后运行发票查验机器人应用程序。

步骤❷：观察发票查验机器人的运行情况，若机器人运行异常，可检查各组件右上角是否有异常提示，或者进入日志面板查看运行记录，根据提示信息对运行环境或程序进行优化调整后再运行。

### （三）审核发票查验机器人的工作结果

对发票查验机器人的审核主要是对其工作结果进行审阅和核对，确保财务机器人工作的正确性。

步骤❶：打开电脑中“C：\RPADATA”文件夹，根据任务要求，审核文件夹中存放的发票查询结果截图数量和名称是否正确。

步骤❷：依次打开每张截图，按照任务要求审核查询结果是否正确，如图1-25所示：

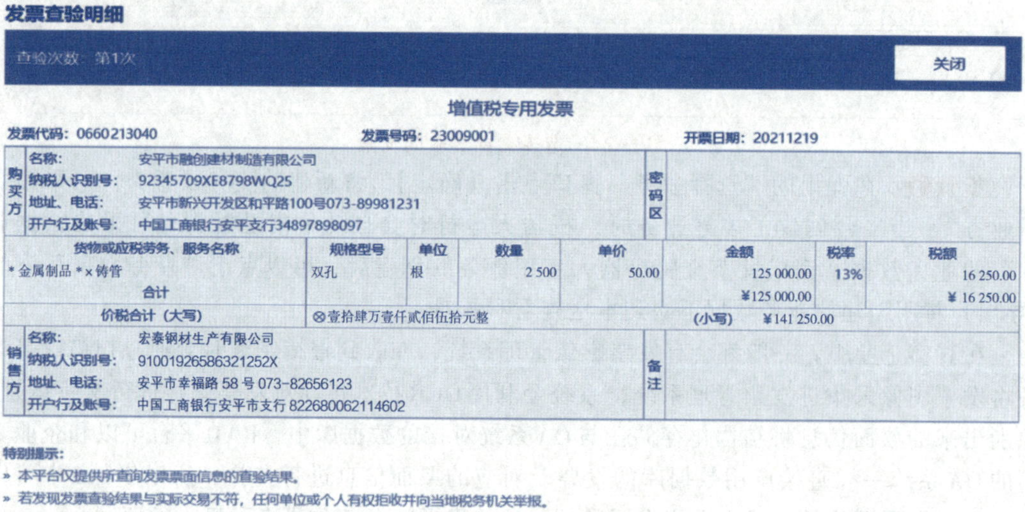

发票查验明细

查验次数：第1次　　关闭

增值税专用发票

发票代码：0660213040　　发票号码：23009001　　开票日期：20211219

购买方
名称：安平市融创建材制造有限公司
纳税人识别号：92345709XE8798WQ25
地址、电话：安平市新兴开发区和平路100号073-89981231
开户行及账号：中国工商银行安平支行34897898097
密码区

| 货物或应税劳务、服务名称 | 规格型号 | 单位 | 数量 | 单价 | 金额 | 税率 | 税额 |
|---|---|---|---|---|---|---|---|
| *金属制品*×铸管 | 双孔 | 根 | 2 500 | 50.00 | 125 000.00 | 13% | 16 250.00 |
| 合计 | | | | | ¥125 000.00 | | ¥ 16 250.00 |
| 价税合计（大写） | ⊗壹拾肆万壹仟贰佰伍拾元整 | | | | （小写） ¥141 250.00 | | |

销售方
名称：宏泰钢材生产有限公司
纳税人识别号：9100192658632l252X
地址、电话：安平市幸福路58号073-82656123
开户行及账号：中国工商银行安平市支行822680062114602
备注

特别提示：
» 本平台仅提供所查询发票票面信息的查验结果。
» 若发现发票查验结果与实际交易不符，任何单位或个人有权拒收并向当地税务机关举报。

图1-25　审核发票查询结果

步骤❸：进入“C：\RPADATA”文件夹，打开“发票查验业务数据表.xls”，查看查验结果是否已成功记录。

## 价值提升 1-1

### 发票事大，不能掉以轻心

王某于2018年12月5日入职深圳某公司，工作岗位为销售经理，待遇优渥，工作一直顺风顺水，王某觉得很满足。但是，2020年7月21日，王某收到了公司发来的解除劳动合同通知书。主要内容是王某在2019年2、4、5、6月份的个人财务报销中，未如实提供出差酒店住宿费报销凭证，伪造费用报销以及提供虚假发票。更为恶劣的是，王某在明知发票虚假的情况下，仍提供虚假发票报销，并提供不属于可报销范围的发票，伪造实际未发生的费用报销等。根据公司规定，给予王某开除处分，并不支付任何经济补偿。

王某不服，申诉到劳动争议仲裁委员会，要求公司支付违法解除劳动合同赔偿金，经过评判之后，仲裁委驳回了王某的请求。王某再次不服，又向法院提起诉讼。在法庭上，王某要求公司赔偿解除劳动合同补偿金，同样遭到法院的驳回。王某认为自己虽然违纪了，但是虚假报销的钱也都是为公司而花，绝对不足以到解除劳动合同的地步。对此，法院认为，既然双方已经签订了劳动合同，那么在劳动合同的履行过程中，劳动者要为用人单位提供劳动，其劳动结合用人单位的生产资料，为用人单位创造效益。王某的虚假报销行为虽然并没有给深圳某公司造成太大损失，但是该公司此前已在规章制度中反复告知员工不得欺诈，在员工有欺骗公司行为后，对员工的不诚信行为采取零容忍态度，单方解除劳动合同亦不违反法律规定，故王某的主张缺乏依据，法院不予支持。

偷鸡不成蚀把米，王某应该庆幸公司没有报警对他采取措施。

制造假发票是一种犯罪行为，使用假发票报销也是违法的，而且如果公司不明情况，录入了假发票进行抵扣，公司很有可能会受到税务稽查，并须为假发票缴纳罚款。对个人而言，为了自己的个人信誉，千万不要抱有侥幸心理使用假发票报销。而财务人员要关注的是，假发票防不胜防，做好发票验证尤为重要。

案例来源：王华．男子用假发票报销被公司开除，上诉后又被法院驳回［EB/OL］．［2021-09-15］．https：//new.qq.com/omn/A07JGW00.html.

# 模块2 发票查验机器人的开发

## 业务描述

资源1-7

发票查验机器人开发素材

税务会计李明日常需要通过“增值税发票查验平台”对收到的发票进行查验，以确保发票存在且票面信息正确无误。该项工作频繁发生，但反复将发票信息填入查验平台的过程枯燥且易出错。李明准备开发财务机器人，利用OCR技术自动识别发票图片信息，再利用RPA技术实现自动将发票信息逐项填入发票查验平台，查验平台的验证码可通过人工识别的方式录入。

2021年12月22日，税务会计李明收到OA流转到财务部的业务部门费用报销单，李明需要通过“增值税发票查验平台”查验附件发票，发票图片如图1-26所示。

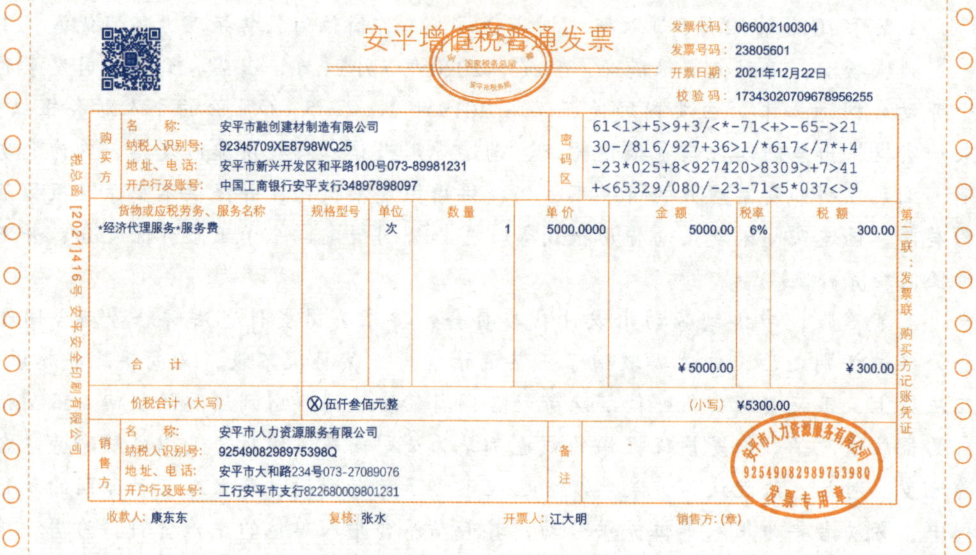

安平增值税普通发票

发票代码：066002100304
发票号码：23805601
开票日期：2021年12月22日
校验码：17343020709678956255

| | | | | | | | | |
|---|---|---|---|---|---|---|---|---|
| 购买方 | 名称：安平市融创建材制造有限公司<br>纳税人识别号：92345709XE8798WQ25<br>地址、电话：安平市新兴开发区和平路100号073-89981231<br>开户行及账号：中国工商银行安平支行34897898097 | | | | 密码区 | 61<1>+5>9+3/<*-71<+>-65->21<br>30-/816/927+36>1/*617</7*+4<br>-23*025+8<927420>8309>+7>41<br>+<65329/080/-23-71<5*037<>9 | | |
| 货物或应税劳务、服务名称 | 规格型号 | 单位 | 数量 | 单价 | 金额 | 税率 | 税额 | |
| *经济代理服务*服务费 | | 次 | 1 | 5000.0000 | 5000.00 | 6% | 300.00 | |
| 合计 | | | | | ¥5000.00 | | ¥300.00 | |
| 价税合计（大写） | ⊗伍仟叁佰元整 | | | | （小写）¥5300.00 | | | |
| 销售方 | 名称：安平市人力资源服务有限公司<br>纳税人识别号：9254908298975398Q<br>地址、电话：安平市大和路234号073-27089076<br>开户行及账号：工行安平市支行822680009801231 | | | | 备注 | | | |

收款人：康东东　复核：张水　开票人：江大明　销售方：（章）

税总函〔2021〕416号 安平安全印刷有限公司

第二联：发票联 购买方记账凭证

图1-26　待查验发票

接下来李明将开发一个发票查验机器人，用于该张发票的查验工作。开发环境为：国家税务总局全国增值税发票查验平台，网址为：http：//fz.chinaive.com/fpcy/? username=××× （×××需替换为登录机器人应用与开发实践平台的用户名）。开发要求为：开发的财务机器人通过读取识别后的发票信息表格，将发票信息逐项填入发票查验平台，人工输入验证码完成发票查验。

微课1-8
财务机器人的开发和测试

# 任务1　发票查验机器人的开发准备

## 任务描述

财务机器人的开发是一项系统性工作，有着严格的开发流程和规范，首先要做好的就是开发准备。在发票查验机器人的开发准备中，需要完成的工作主要包括明确任务、需求分析、程序设计三个方面。

## 操作步骤

明确任务主要是为财务机器人的开发确定相应的开发背景和开发要求，使得财务机器人开发项目能够以目标为导向展开工作；需求分析主要是对用户的业务需求进行识别，包括特殊情况和异常情况的处理，并对相应的工作流程进行梳理，画出工作流程图，必要的时候还需对现有的工作流程进行再造或者优化；程序设计则是准备工作的最后一步，在前续工作的基础上对财务机器人的流程、数据、变量、循环等要点进行设计，画出开发流程图。财务机器人的开发准备中明确任务和需求分析需要财务机器人的使用部门参与。

## 一、明确任务

现阶段，会计行业还处于传统会计向“大智移云物”会计转型的时期，大部分企业的会计工作流程还比较传统，没有完成会计工作流程的现代化再造，因此还不能全面引入财务机器人来代替人工展开会计工作。财务机器人因其可凌驾于各大业务系统之上模拟人的操作开展工作的特点，具有高度的灵活性。在识别出传统会计业务中适合引入财务机器人的领域后，进行简单的工作流程再造，并且有针对性地开发，财务机器人就能在相关领域开展工作，因此明确任务就非常重要了。

步骤❶：确定开发项目名称。开发任务的要求是开发出一个能自动执行单张发票查验的财务机器人，所以将开发项目的名称定为开发发票查验机器人。

步骤❷：识别开发背景。税务会计李明需要对收到的纸质发票进行查验，以确保发票的真实性。频繁地将发票信息填入发票查验平台，过程枯燥且易出错，李明计划通过OCR技术对发票图片进行图文识别，然后开发财务机器人，通过读取识别后的发票信息表格，将发票信息逐项填入发票查验平台，配合人工输入验证码完成发票查验。

步骤❸：明确开发要求。根据任务中的开发要求，需要由财务机器人通过读取识别后的发票信息表格，将发票信息逐项填入发票查验平台，配合人工输入验证码完成发票查验。

## 二、需求分析

在开发财务机器人之前要熟悉业务场景和流程，做好需求分析。需求分析是机器人开发项目中最重要的准备工作。开发人员对业务进行深入、细致、全面的调研和分析后，按照人在业务中的操作步骤和规则，整理形成能够准确表述且包含机器人开发所需的数据规格、步骤流程、分支判断、循环条件等信息的设计方案（文档），才能顺利地进行机器人的开发，包括使用者、使用部门、使用频率、使用时间、使用详情等。需求分析完成后，需要根据需求分析的结果编制设计方案，绘制开发流程图。这里的开发流程图与业务流程图不同，它基于财务机器人的视角，利用财务业务流程化思维，将每一个细小的步骤识别出来，并画在流程图上。

### （一）调研发票查验的工作流程

发票查验的工作流程是：

（1）打开发票图片。

（2）打开增值税发票查验平台并录入发票信息。

（3）输入验证码后查验。

### （二）绘制发票查验业务工作流程图

根据发票查验工作流程，绘制相应流程图，如图1–27所示。

### （三）梳理发票查验机器人工作流程

财务机器人的工作目的是尽量模拟和取得人工的工作效果，但财务机器人因其高度流程化的特点，其工作流程与人工工作流程又不尽相同，因此在梳理了人工工作流程之后，财务机器人开发工程师应当从机器人工作流程自动化的角度，梳理出能实现人工工作效果的财务机器人工作流程，为后续的程序设计和开发工作提供指引。根据工作流程图，明确发票查验机器人的工作流程为：

微课1-9
发票查验机器人的工作流程

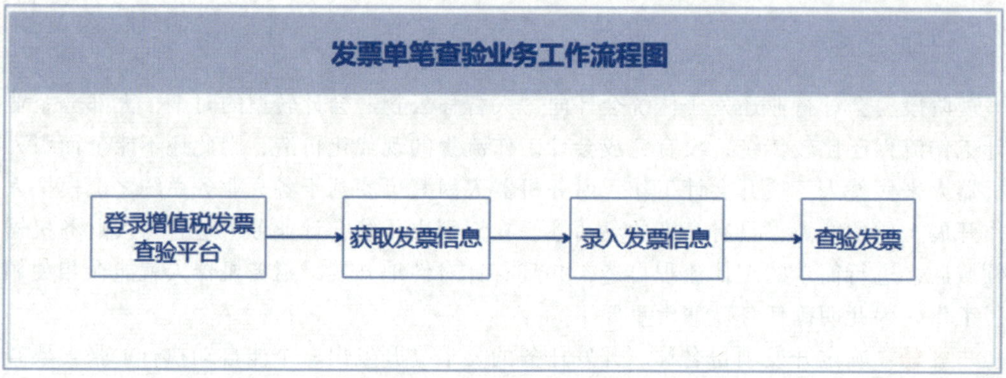


图1-27 发票查验业务工作流程图

（1）登录增值税发票查验平台。

（2）获取发票信息。

（3）录入发票信息。

（4）查验发票。

资源1-8

发票查验机器人的设计方案

（四）绘制发票查验机器人开发流程图

根据发票查验机器人的工作流程，结合财务机器人的开发方式，可以制订发票查验机器人的设计方案。其中，发票查验机器人开发流程图如图1-28所示。

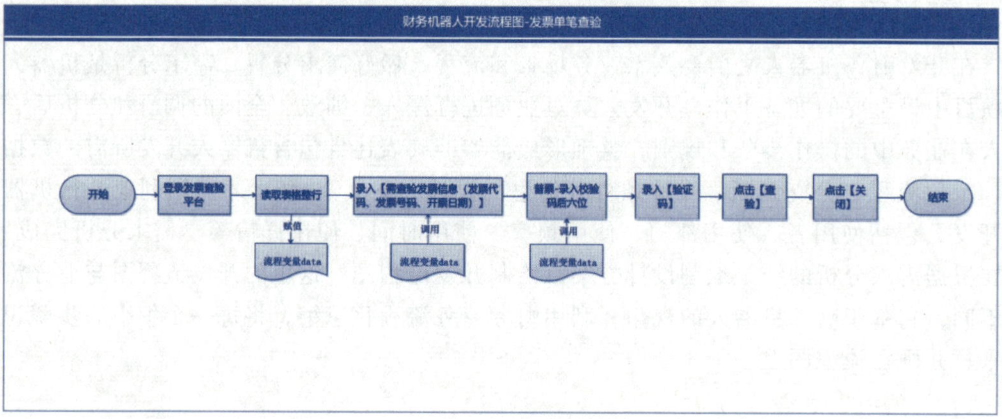


图1-28 发票查验机器人开发流程图

## 三、程序设计

财务机器人的程序设计应遵循精简、适度的原则。换言之，就是不要出现冗余，以减少后期维护的麻烦。一些简单的财务机器人不用设计多项子流程，可以直接在main流程中完成所有组件和变量的开发。

步骤❶：流程设计。

发票查验机器人是一个结构相对简单的财务机器人，不涉及多项业务的执行，也不需要多次进行数据获取，因此，只设计一个main流程即可。

步骤❷：变量设计。

发票查验机器人从“OCR识别结果”表格中读取数据时，需要设计变量临时存储读取到的信息。其具体设计方案如下：

设计流程变量（data），存储“OCR识别结果”表格中的“发票代码”“发票号码”“发票日期”“校验码”等发票数据，用于在增值税发票查验平台上录入相应的发票信息。

# 任务2　发票查验机器人的程序开发

## 任务描述

微课1-10

发票查验机器人的开发演示

基于模块2任务1的设计，完成发票查验机器人的开发。

## 操作步骤

步骤❶：在RAD平台里进入“发票查验机器人的开发任务”，点击【选择业务】，勾选要处理的业务，然后点击【下一步】，进入发票选择界面，选好待查验发票后点击【完成】，在弹出的窗口中点击【确定】，将该业务设置成“可采集数据业务”，然后在“已选业务”列表中点击新创建业务“业务数据”的【导出】，将业务数据导出到“C:\RPADATA”文件夹中备用，如图1-29所示。

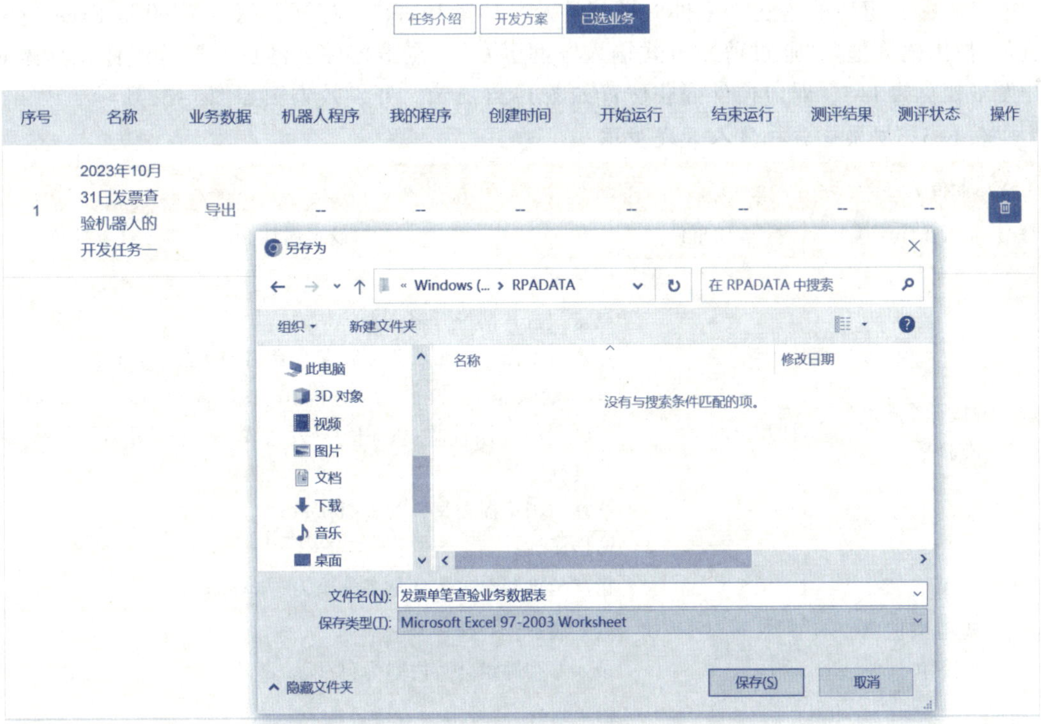


图1-29　导出发票查验机器人的业务数据

按照发票查验机器人设计方案的规划，首先在开发软件中“新建本地工程”，命名为“发票单笔查验机器人”，然后点击【确定】，如图1-30所示。

步骤❷：在各个子流程的“开始节点”打开调试日志，通过日志记录机器人程序的运行过程，日志可以帮助我们查找问题，并辅助测评。

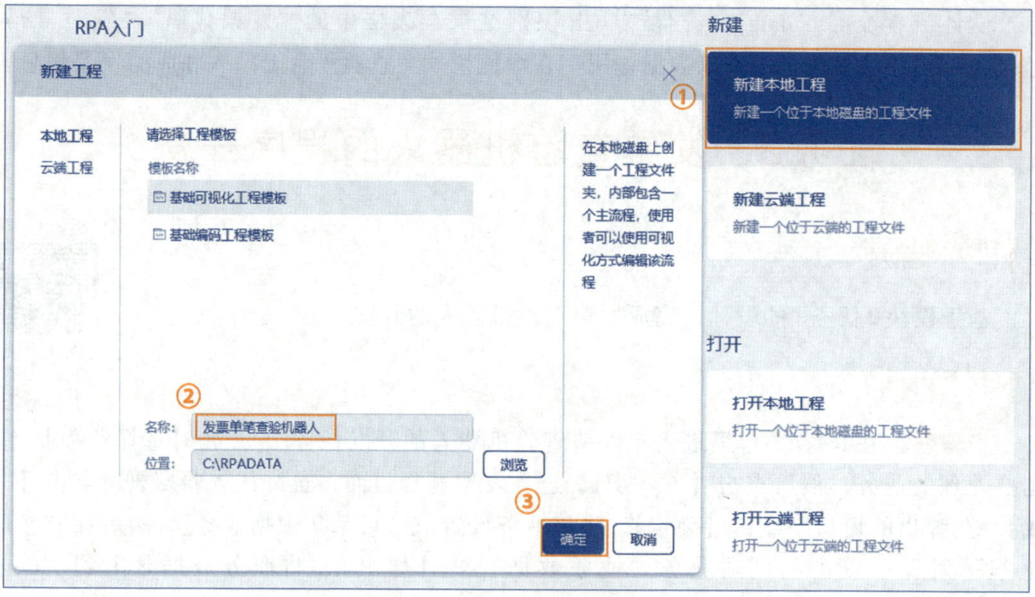


图1-30 新建应用程序

步骤❸：组件的搭建。组件的搭建涉及“启动Excel”“打开新网页”“获取Excel行的值”“弹出输入框”“通过剪贴方式输入（网页）”“点击控件（网页）”等组件，具体的开发步骤见表1-5，对应控件捕获位置如图1-31所示，开发效果图如图1-32所示。

表1-5 发票查验机器人开发步骤

| 业务流程 | | 开发步骤 | |
|---|---|---|---|
| 序号 | 操作步骤 | 添加组件 | 设置属性 |
| ① | 打开增值税发票查验平台 | 打开新网页 | 输入属性：<br>点击“打开网址”输入框；<br>点击新增流程变量，将变量名称命名为：fpcy_path；<br>设置默认值：“http://fz.chinaive.com/fpcy/? username=×××”(其中×××使用机器人应用与开发实践平台登录账号代替)，点击【确定】；<br>选择“浏览器类型”为：Chrome；<br>输出属性：<br>将“浏览器对象”变量名称改为：invoice_web |
| ② | 调用浏览器工具栏菜单 | 输入热键 | 输入属性：<br>录入“按键组合”内容为：! {space} |
| ③ | 窗口最大化 | 输入热键 | 输入属性：<br>录入“按键组合”内容为：x |
| ④ | 获取“发票单笔查验业务数据表”中的发票信息 | 启动Excel | 输入属性：<br>选择“Excel文件路径”：“C:\RPADATA\发票单笔查验业务数据表.xls”，点击【打开】；<br>输出属性：<br>将“Excel对象”变量名称改为：fpcy_excel |

续表

| 业务流程 | | 开发步骤 | |
|---|---|---|---|
| 序号 | 操作步骤 | 添加组件 | 设置属性 |
| ④ | 获取“发票单笔查验业务数据表”中的发票信息 | 激活Sheet页 | 输入属性：<br>选择“已打开的Excel对象”为：fpcy_excel变量；<br>设置“Sheet页名称”为：“发票单笔查验”；<br>输出属性：<br>将“Excel Sheet对象”变量名称改为：fpcy_sheet |
| | | 获取Excel行的值 | 输入属性：<br>选择“已打开的Sheet对象”为：fpcy_sheet变量，行号：2；<br>输出属性：<br>将“行数据变量名称”改为：data |
| | | 获取窗口 | 输入属性：<br>设置“窗口标题”为：“发票单笔查验业务数据表”；<br>输出属性：<br>将“窗口对象”变量名称改为：fpcy_win |
| | | 激活窗口 | 输入属性：<br>选择“已打开的窗口对象”为：fpcy_win变量 |
| | | 输入热键 | 输入属性：<br>录入“按键组合”内容为：! {F4} |
| ⑤ | 录入发票代码 | 填写输入框（网页） | 输入属性：<br>选择“已打开的浏览器对象”为：invoice_web变量；<br>在目标控件中捕获新控件，拾取发票代码输入框，将该控件命名为：“发票代码输入框”，点击【保存】；<br>选择“输入内容”为编辑表达式，表达式为：data [2]，点击【确定】；<br>设置输入方式为：“覆盖输入” |
| ⑥ | 录入发票号码 | 填写输入框（网页） | 输入属性：<br>选择“已打开的浏览器对象”为：invoice_web变量；<br>在目标控件中捕获新控件，拾取发票号码输入框，将该控件命名为：“发票号码输入框”，点击【保存】；<br>选择“输入内容”为编辑表达式，表达式为：data [3]，点击【确定】；<br>设置输入方式为：“覆盖输入” |
| ⑦ | 录入开票日期 | 填写输入框（网页） | 输入属性：<br>选择“已打开的浏览器对象”为：invoice_web变量；<br>在目标控件中捕获新控件，拾取开票日期输入框，将该控件命名为：“开票日期输入框”，点击【保存】；<br>选择“输入内容”为编辑表达式，表达式为：data [4]，点击【确定】；<br>设置输入方式为：“覆盖输入” |

续表

| 业务流程 | | 开发步骤 | |
|---|---|---|---|
| 序号 | 操作步骤 | 添加组件 | 设置属性 |
| ⑧ | 录入校验码后六位 | 填写输入框（网页） | 输入属性：<br>选择“已打开的浏览器对象”为：invoice_web 变量；<br>在目标控件中捕获新控件，拾取校验码输入框，将该控件命名为：“校验码输入框”，点击【保存】；<br>选择“输入内容”为编辑表达式，表达式为：data［5］［-6:］，点击【确定】；<br>设置输入方式为：“覆盖输入” |
| ⑨ | 手动录入验证码 | 弹出输入框 | 输入属性：<br>设置“输入框提示内容”为：“手动输入验证码”；<br>设置“输入框标题”为：“验证码”；<br>输出属性：<br>将“用户输入内容变量名称”改为：verification_value |
| | | 通过剪贴方式输入（网页） | 输入属性：<br>选择“已打开的浏览器对象”为：invoice_web 变量；<br>在目标控件中捕获新控件，拾取验证码输入框，将该控件命名为：“验证码输入框”，点击【保存】；<br>选择“输入内容”为：verification_value 变量；<br>设置输入方式为：“覆盖输入” |
| ⑩ | 点击【查验】 | 点击控件（网页） | 输入属性：<br>选择“已打开的浏览器对象”为：invoice_web 变量；<br>在目标控件中捕获新控件，拾取【查验】，将该控件命名为：“查验”，点击【保存】；<br>设置模拟点击为：“是” |

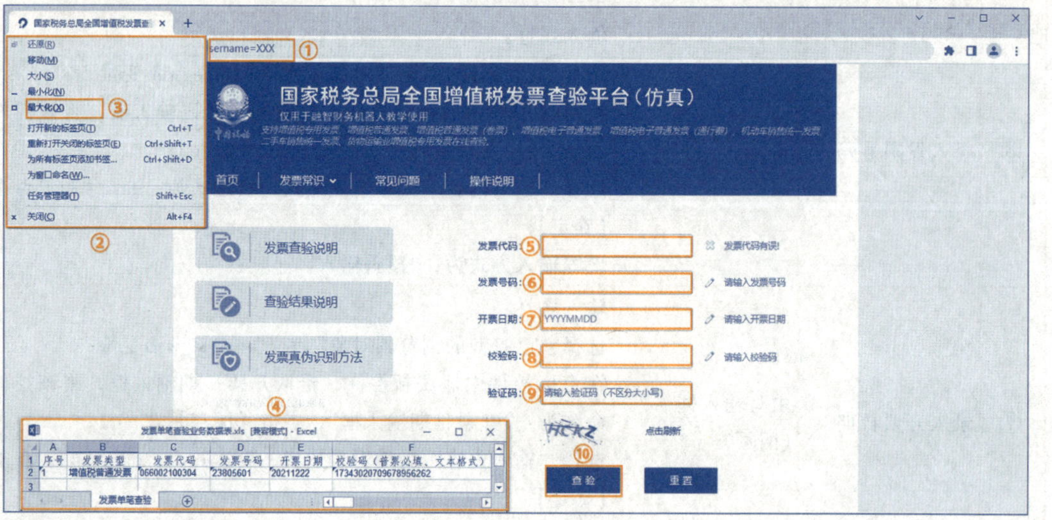


图 1-31　发票查验机器人控件捕获及读取数据位置

图 1-32 发票查验机器人开发效果图

## 相关知识 1-3

资源 1-9

发票查验机器人开发效果图大图

“弹出输入框”组件用于人机交互时人工录入数据。在弹出的输入框中，输入业务数据，该组件会将输入的内容赋值给相应的变量，便于后续步骤调用此变量。

“通过剪贴方式输入（网页）”组件的功能类似于“填写输入框（网页）”组件，均为在网页指定控件中输入文字内容，但其使用复制剪贴板中的内容的形式，可避免 RPA 程序因计算机输入法不兼容导致的中英文数字混合输入错误问题。

“点击控件（网页）”组件用于点击网页上的文字、按钮或输入框等控件。使用“点击控件（网页）”组件时，须先选择已打开的浏览器对象，以确认点击操作所处的网页页面，然后在目标网页中捕获新控件；根据需要设置点击方式（左键单击、左键双击、右键单击），设置是否模拟点击（模拟人工鼠标点击时鼠标图标的点击动作）。

# 任务3 发票查验机器人的测试

## 任务描述

发票查验机器人开发完成后，需要根据开发目标设计测试用例进行测试，观察和审核机器人的运行情况和运行结果，从而发现问题，进一步调试和优化机器人。

## 操作步骤

### 一、编制测试用例

测试用例是为某个特殊目标而编制的测试输入、执行条件以及预期结果的文档，用于核实是否满足某个特定功能的需求。财务机器人的测试用例应当根据需求分析确定的开发环境和开发目标，设计相应的数据输入和预期执行结果。对于复杂的财务机器人，应当设置多份不同的测试用例，以测试财务机器人不同方面的功能是否满足开发需求。

财务机器人的测试用例一般包括测试目标、测试环境、输入数据、预期结果等，可以根据不同的测试需求增减测试用例的内容。测试是财务机器人发布前最后的工作，也是最重要的工作之一。在测试环节中发现问题能够及时调整和优化，避免财务机器人投入使用后运行错误导致损失。因此，测试目标以财务机器人实际使用目标为准，测试环境应尽量模拟财务机器人使用的各种环境，输入数据以真实业务的数据为准，预期结果要符合真实业务的要求。此外，可以使用同一测试用例进行多次测试，以发现财务机器人运行中的低概率故障。

步骤❶：明确测试目标。根据发票查验机器人的开发目标和实际工作要求，确定测试目标为：识别异常问题，检验发票查验机器人的工作准确性和环境适应能力。

步骤❷：确定测试环境。发票查验机器人的测试环境为融智票据识别工具（RZOCR.exe）和国家税务总局全国增值税发票查验平台，网址为：http：//fz.chinaive.com/fpcy/?username=×××（×××需替换为登录机器人应用与开发实践平台的用户名）。

步骤❸：设计输入信息。根据企业发票查验需求，确定输入数据为一张真实的发票，如图1-33所示：

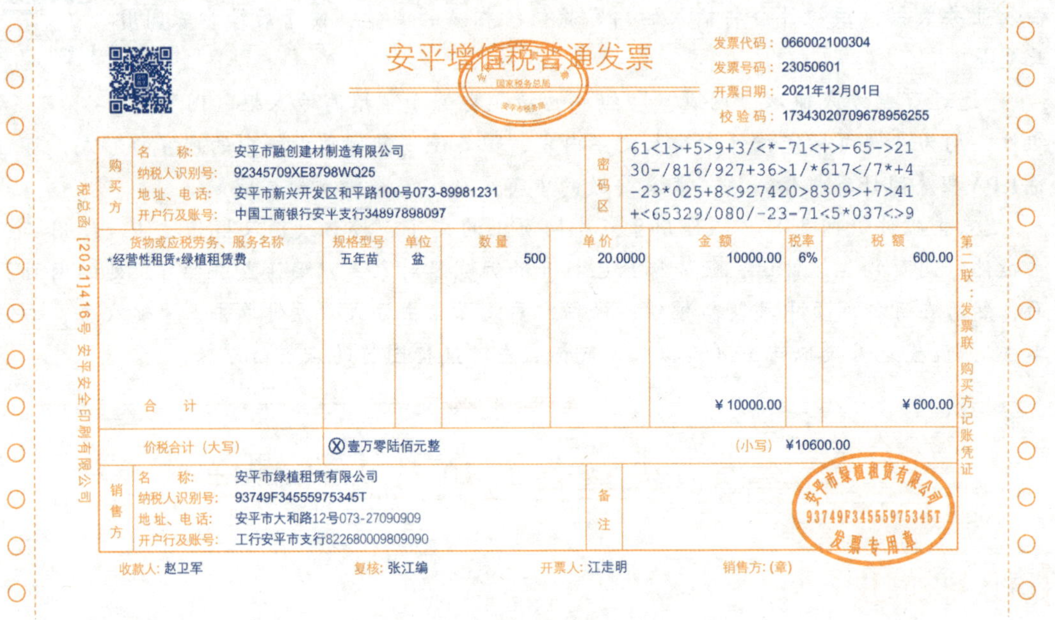
安平增值税普通发票

发票代码：066002100304
发票号码：23050601
开票日期：2021年12月01日
校验码：17343020709678956255

购买方 名称：安平市融创建材制造有限公司
纳税人识别号：92345709XE8798WQ25
地址、电话：安平市新兴开发区和平路100号073-89981231
开户行及账号：中国工商银行安平支行34897898097

密码区：
61<1>+5>9+3/<*-71<+>-65->21
30-/816/927+36>1/*617</7*+4
-23*025+8<927420>8309>+7>41
+<65329/080/-23-71<5*037<>9

| 货物或应税劳务、服务名称 | 规格型号 | 单位 | 数量 | 单价 | 金额 | 税率 | 税额 |
|---|---|---|---|---|---|---|---|
| *经营性租赁*绿植租赁费 | 五年苗 | 盆 | 500 | 20.0000 | 10000.00 | 6% | 600.00 |
| 合计 | | | | | ¥10000.00 | | ¥600.00 |

价税合计（大写）ⓧ壹万零陆佰元整 （小写）¥10600.00

销售方 名称：安平市绿植租赁有限公司
纳税人识别号：93749F34555975345T
地址、电话：安平市大和路12号073-27090909
开户行及账号：工行安平市支行822680009809090

备注

收款人：赵卫军 复核：张江编 开票人：江走明 销售方：（章）

税总函［2021］416号 安平安全印刷有限公司

第二联：发票联 购买方记账凭证

图1-33 测试用例输入信息

步骤❹：确定预期结果。根据发票查验机器人的开发目标和实际工作要求，确定测试用例的预期结果为：

（1）能正确地打开发票查验平台，并将发票代码、发票号码、开票日期、开票金额等信息正确地填入发票查验平台。

（2）能通过人机协作输入验证码。

（3）能显示正确的发票查验结果。

## 二、执行测试用例

在财务机器人的开发中，我们已经明确了需要财务机器人执行的各项操作，因此在测试过程中，应当仔细观察发票查验机器人的运行情况，检查其每一步的运行状况和工作结果是否与预期一致，在出现问题时及时记录异常发生的时间和表现，为后续的调整和优化做准备。财务机器人的测试一般要进行多次，通过多次运行发现一些不易暴露出来的问题。有条件的情况下应当尽量模拟真实工作环境的特殊情况，如网络拥堵、突发弹窗等，以检验财务机器人在这些特殊情况下的工作表现。

步骤❶：除了财务机器人平台以外，关闭计算机运行的其他无关软件，并确保网络连接正常。

步骤❷：打开票据识别工具（RZOCR.exe），对测试用例中设计的发票进行OCR识别，并将识别生成的Excel表保存到“C：\RPADATA”路径下。初次使用融智票据识别工具（RZOCR.exe），需要为其设置API_Key和Secret_Key，具体操作见“授权口令获取方法”，如图1-34所示。

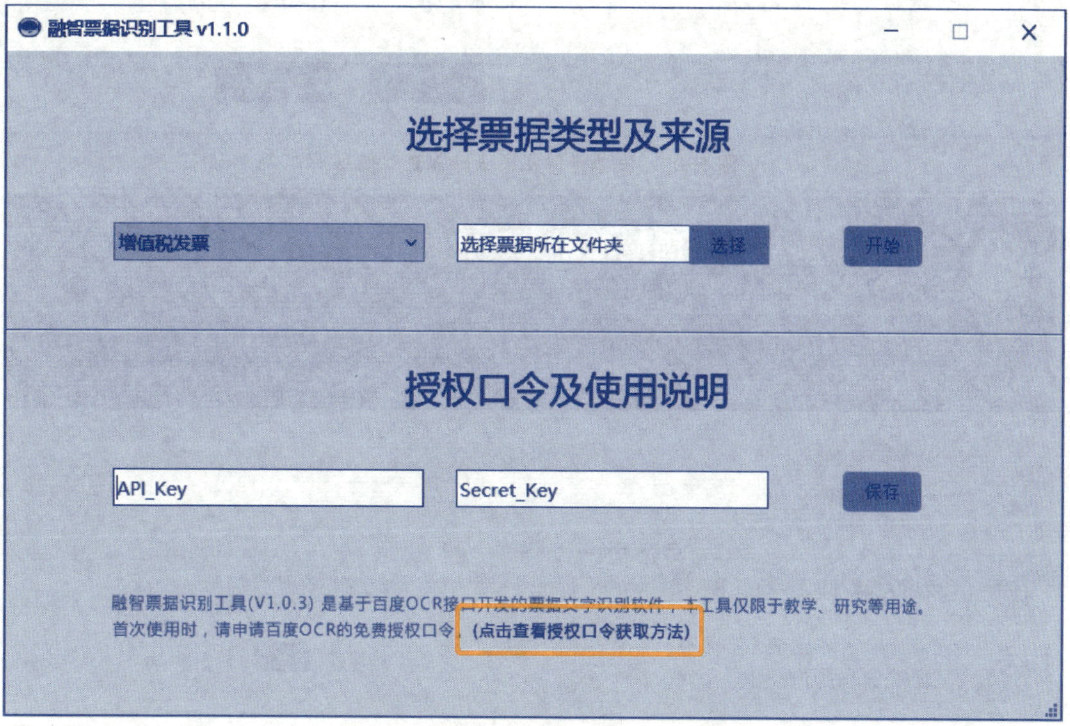


图1-34 票据识别工具（RZOCR.exe）

步骤❸：打开发票查验机器人，检查“启动Excel”组件输入属性的“Excel文件路径”是否为上一步的OCR识别结果，然后运行发票查验机器人，执行测试用例。在输入发票查验信息时，仔细观察其输入的位置和数据是否正确，如图1-35所示。

步骤❹：发票查验信息输入完成后，配合发票查验机器人输入验证码，并检查人机协作输入验证码工作能否顺利执行，如图1-36所示。

步骤❺：审核发票查验结果是否正确，如图1-37所示。

图 1-35　发票查验机器人输入查验信息

图 1-36　人机协作输入验证码

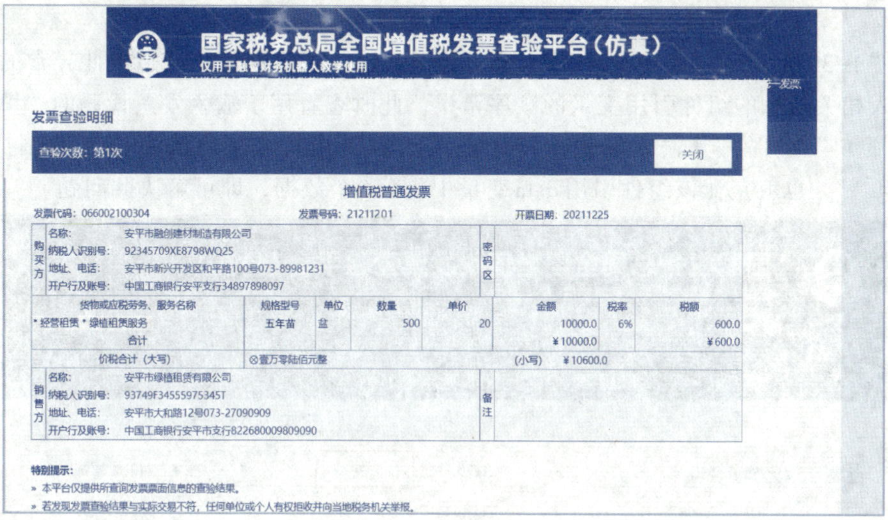


图1-37　发票查验结果

# 三、调整和优化

在测试过程中如发现异常，应针对异常情况的表现，对相关组件进行调整，优化发票查验机器人。在财务机器人运行过程中，如果已观察到异常情况，默认按快捷键“Shift+F5”停止运行。常见的异常情况主要有：

## （一）发票查验信息输入错误

### 1. 读取信息错误导致的异常

如图1-38所示，“发票代码”等输入框有输入内容，但输入的内容是“发票代码”等汉字，造成此异常的原因一般是读取信息的组件属性设置错误，即在“获取Excel行的值”组件中，把输入属性中的“行号”设置成了“1”，所以财务机器人读取了Excel表中表头那一行的信息并填入了发票查验平台，将输入属性中的“行号”设置成“2”即可解决此问题。

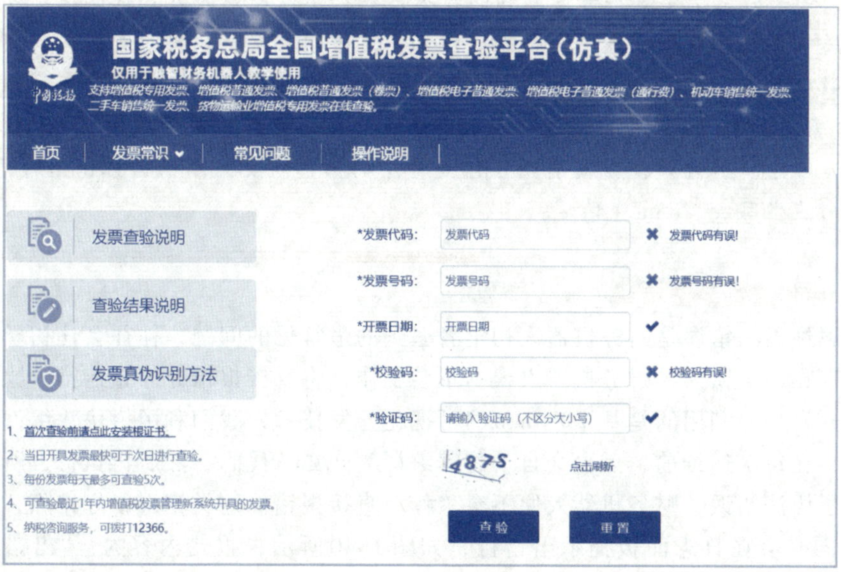


图1-38　输入内容异常（1）

2. 写入信息错误导致的异常

如图1-39所示，“发票代码”输入框中错误地输入了日期信息，造成此异常的原因一般是输入相关信息的组件引用变量的顺序错误，此时查看用于输入发票代码的“填写输入框（网页）”组件，其输入属性中的“输入内容”设置成了“data［9］”，将其改为“data［4］”，也就是让该组件引用data变量中的第5个数据，即可解决此问题。

图1-39 输入内容异常（2）

## 相关知识 1-4

财务机器人开发平台基于Python语言，所以其列表（List）与Python的规则一致。在Python中，如果引用了变量存储读取到的数据，数据是以序列的方式存储在变量中的，并且会自动给变量中的序列生成一个列表（List），这个列表就是数据的索引，我们后续引用变量中的数据只需指定相关数据的索引即可。需要注意的是，在Python中，第一个索引是0，第二个索引是1，以此类推。也可以理解成在Python中，凡是涉及索引的，0就是1，1就是2，以此类推。例如，需要引用data变量中的第5个数据，根据Python的语法规则，相应的语句应当写成“data［4］”。

（二）组件属性语法错误

组件属性语法错误是财务机器人初学者遇到的最常见的问题，往往会让初学者不知所措。如果存在语法错误，财务机器人根本不会工作，将直接报错并停止运行。原因在于财务机器人开发平台利用的是基于Python的可视化开发技术，我们利用模块化组件搭建的财务机器人，在每次运行前，后台会自动将其编译为Python代码，然后再执行，所以如果编译时发生了语法错误，财务机器人便不会工作，直接报错。这类错误很好排除，财务机器人报错的同时会在日志面板提示出错行，如图1-40所示，报错内容为：“出错行：201。错误信息：SyntaxError：invalid character in identifier”，错误信息的中文翻译是“语法错误：标识符中的字符无效”。查看201行对应的组件是用于输入发票代码的“填写输入框（网页）”，找到该组件，只有输入属性中的“输入内容”需要在开发时填写内容，所以我们只需检查“输入内容”即可。仔细观察可以发现，“输入内容”中填写的“data【4】”中括号为中文格式，因Python语言中的标点符号必须使用英文格式，所以报错，解决方法是将中括号改为英文格式。

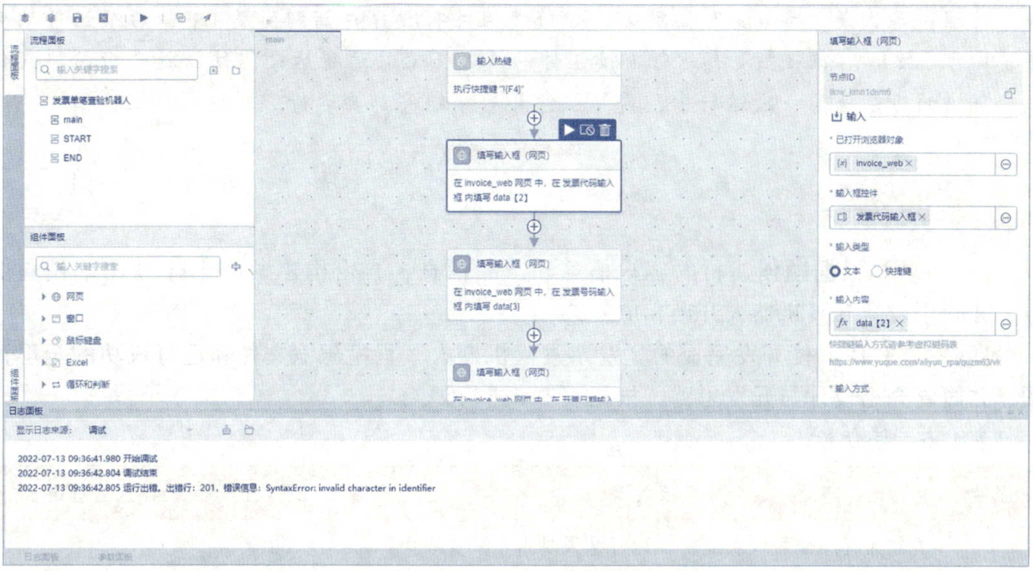


图1-40　语法错误导致的异常

## 相关知识1-5

Python常见错误代码及处理方法

1.syntax error：invalid syntax

翻译：语法错误，无效语法。

处理：检查是否有全角标点符号，检查括号结构等。

2.syntax error：unexpected EOF while parsing

翻译：语法错误，多了无法解析的符号。

处理：检查是否多了或少了符号，如括号。

3.syntax error：invalid character in identifier

翻译：语法错误，有无效标识符。

处理：检查是否存在全角符号。

4.index error：list index out of range

翻译：索引错误，列表超出索引范围。

处理：检查列表是否为空或者真的超出了索引范围，然后相应地改变索引值。

5.type error：must be str，not int

翻译：类型错误，数据不是正确的数据类型。

处理：出现此问题的原因是将不同类型的数据拼接在了一起，如字符串和数字直接拼接，通过str函数将数字先转为字符串形式，再和字符串数据拼接即可解决。

6.value error：substring not found

翻译：值错误，输入的数据类型与要求不符。

处理：输入的数据类型与要求不符，根据参数说明修改相应的数据类型。

7.name error：name ‘a’ is not defined

翻译：对象错误，未初始化“a”。

处理：原因是变量a没有被定义，如前续组件将数据存储到变量a中，后续组件从变量a中调用数据，如果在没有运行前续组件的情况下直接运行后续组件，就会报该错误代码。解决的方法是同一次运行中，前续组件和后续组件都要运行。

## 业务训练

【应用题】根据融创建材的客户信息和产品信息，自由构建融创建材的10笔销售业务，并利用发票开具机器人开出相应发票。

【开发题】请上传开发完成的“发票查验机器人”程序压缩文件和运行成功的全屏截图，并简要介绍设计与开发思路，根据表1-6进行评判。

表1-6 评分标准

| 序号 | 考核要求 | 分值（分） | 判分标准 |
|---|---|---|---|
| 1 | 机器人程序能否成功运行，运行结果是否正确无误 | 60 | 第1项不合格，第2～5项0分 |
| 2 | 组件使用是否合理划分 | 10 | |
| 3 | 变量是否合理设置、复用性强 | 10 | |
| 4 | 控件名称是否准确、可读性强 | 10 | |
| 5 | 机器人操作步骤是否标准化、逻辑清晰 | 10 | |

拓展1-1

项目1的
后续更新

# 项目 2
## 银行业务机器人

## 项目目标

### 知识学习目标：

1. 掌握网银付款机器人的业务流程和特点；
2. 掌握网银收款查询机器人的业务流程和特点；
3. 掌握网银对公付款业务需求分析的要点；
4. 掌握网银对公付款机器人的开发知识。

### 技能训练目标：

1. 熟练应用和审核网银付款机器人；
2. 熟练应用和审核网银收款查询机器人；
3. 准确绘制网银对公付款机器人开发流程图；
4. 熟练应用密码变量、按照次数循环、填写输入框（网页）等组件；
5. 掌握前置延时、后置延时等组件属性设置；
6. 能独立完成网银逐笔付款机器人的开发和测试。

### 素质素养目标：

1. 树立职业导向，遵守职业道德。
2. 掌握与人和谐相处的方式方法，提升团队协作能力。

## 工作任务

### 本项目应完成的工作任务：

1. 利用网银付款机器人完成企业网银的对公和对私转账；
2. 利用收款查询机器人完成销售业务收款情况查询；
3. 绘制网银逐笔对公转账机器人的开发流程图；
4. 完成网银逐笔对公转账机器人的开发和测试。

### 完成以上工作任务应提交的标志性成果：

1. 企业网银单笔转账和批量转账的回单；
2. 销售业务收款查询回单；
3. 网银逐笔对公转账机器人的开发流程图；
4. 网银逐笔对公转账机器人的开发应用程序。

## 业务场景

企业的财务部、销售部、采购部等，主要参与者包括出纳、销售业务员、采购专员等。

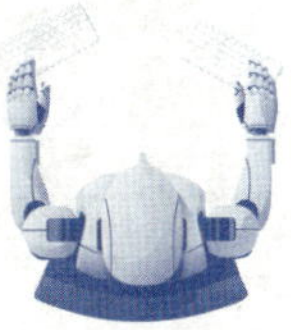

# 模块1　银行业务机器人的应用

## 业务描述

银行是企业保管和管理资金的主要渠道，随着网上银行的广泛使用，通过网上银行办理日常收款、付款、发放工资、银企对账、购买理财等业务活动，成为企业出纳人员的主要工作内容。财务机器人的引入，逐渐替代了网银付款、收款查询等简单、重复、规则明确的银行业务，会计人员应当熟练掌握相关银行业务机器人的应用，包括维护和运行，以及审核财务机器人的工作成果。

微课2-1

银行业务和银行业务机器人

### 价值提升2-1

**肖星星：精益求精　凭“绝活”闪耀世界技能之巅**

一身工服，再配以防护眼镜，江西省电子信息技师学院高级技师、第四十五届世界技能大赛电气装置项目冠军肖星星俯身于操作面板前：只见自动剥线钳上下翻飞，螺丝刀旋转固定，一根根线缆依序排列整齐；接通电路，装置顺畅运转……

1999年，肖星星出生于江西省吉安市吉水县一个小山村。2014年，他考入江西省电子信息技师学院，攻读电子技术应用专业。凭借着对技能学习的浓厚兴趣和刻苦努力的钻研精神，入学第一年，肖星星就在学校技能竞赛节中获得电气装置项目一等奖，还被学校电气装置技能工作室老师赖勋忠看中，从此与电气装置结下不解之缘……

“现代社会，电气装置的应用非常广泛。”肖星星介绍，作为一种传统项目，电气装置是由综合布线、网络通信、智能传感、智能安防构成的一套智能系统。过去，其主要用于工业生产中的智能控制，但近10年来已拓展到生产生活的各个领域，例如，高铁站和智能家居控制系统。“使用领域不同，但原理是相通的。”为精进技艺，肖星星系统学习了电工基础、电子线路等知识。

“电气装置的第一步，就是要根据现场实际情况和具体需求，绘制布线图。”肖星星说，制图不仅要熟练掌握电脑软件，更重要的是要熟悉各种器件和耗材的性能和功用，才能在设计时准确运用。之后，要把图纸线路“复刻”到空白墙面上。“因此，图纸的线路走向必须非常精准，才能保证后期线槽和线缆的准确安装。”肖星星说，“绘图”是电气装置的基本功，必须做到零偏差。

世界技能大赛要求线槽的安装偏差须在2毫米以内，但肖星星全都做到了1毫米以内，包括线槽长短、拼接缝隙、位置偏差等方面。在肖星星的操作下，各种线槽平整，切口处无毛刺，切割角度精确到45度，拼缝紧密平直，安装牢固，“光这一项技能，就要练两三个月。”肖星星说，为保证工艺美观，相同类别的器件要保持一致。他安装的每根弯管，管道的弯曲幅度及管卡固定都要一致。

“线缆连接，是电气装置的又一项重要基本功。”肖星星练习了两年多，一有时间，他就一头钻进实训室练习，“很枯燥，但慢慢就会发现还是挺有趣的，因为可以实现不同的功能。”

“线缆连接最易出现漏铜、铜芯过短或过长、安装不牢固等问题。”肖星星说，电气装置线缆一般通过冷压针进行连接，稍不注意，细小的铜芯就会漏出来，很容易造成短路；铜芯过短，则线缆容易脱落或不导电；铜芯过长，则容易发生漏电事故。最后，冷压针安装到操作面板上时，必须顺时针拧紧，不能有松动，线缆上不能有划痕，“安装时必须全神贯注，手要稳，精力要集中，速度要快，不能有丝毫松懈。”肖星星说，普通大小的操作面板需连接近160根导线，要连接至少300个冷压针，“不允许有一个针头安装出现失误，或者安装顺序出错。”看似极其微小的错误，都有可能让整个项目功能无法实现，后期故障排除会相当费时费力，甚至要推倒重来。

肖星星的工具箱，有一米多高。按照量具、夹具等工具种类分成六层，每个工具都整齐地摆放在泡沫槽内。“这是特别定制的。比赛是与时间赛跑，不允许选手在找工具上耽误时间。”除了精准，肖星星对出自他手的装置还追求工艺上的美感，“器件要漂亮”。每根线缆安装完成后，肖星星都要将其弯曲成相同的弧度，“这样既为后续的维修留有余地，整体看起来也会更美观。”最后，他通过电脑软件，将功能写进程序，实现设备的功能要求。

“精益求精，把故障的可能性降低到零。”操作台边，肖星星一边展示线缆的安装，一边和学生们说道：“咱们一定要努力提升技能本领，为社会多做贡献。”

案例来源：王丹．每日一星|肖星星：精益求精 凭“绝活”闪耀世界技能之巅［EB/OL］．［2022-09-08］．https://www.xuexi.cn/lgpage/detail/index.html?id=3603872766041465573&item_id=3603872766041465573.

# 任务1 网银付款机器人的应用

## 任务描述

安平市融创建材制造有限公司（简称融创建材）是专门从事建筑材料生产、销售的有限责任公司，目前主要生产的产品为生态木材和拼合木钢板。近期发生以下业务，需要利用财务机器人进行转账付款。

1.融创建材向东方五金生产有限公司采购了一批原材料，材料已验收入库，见表2-1。

2.员工王英来财务部报销费用，经审核予以报销，并支付报销款，见表2-2。

表2-1 网银对公转账业务信息

| 项目 | 信息 |
| --- | --- |
| 收款人姓名 | 东方五金生产有限公司 |
| 银行账号 | 3277384844859 |
| 开户银行 | 建行安平市支行 |
| 付款金额 | 90 400.00元 |
| 用途 | 材料费 |
| 支付类别 | 对公 |

表2-2 网银对私单笔转账业务信息

| 项目 | 信息 |
| --- | --- |
| 收款人姓名 | 王英 |
| 银行账号 | 11022033004 |
| 开户银行 | 中国工商银行安平支行 |
| 付款金额 | 3 000.00元 |
| 用途 | 报销差旅费 |
| 收款人姓名 | 王英 |
| 支付类别 | 对私 |

## 任务分析

微课2-2

网银付款机器人工作流程

### 一、网银付款机器人的流程分析

根据网银付款业务的流程和银行业务机器人的划分，网银付款机器人在信息系统中的工作流程如图2-1所示。

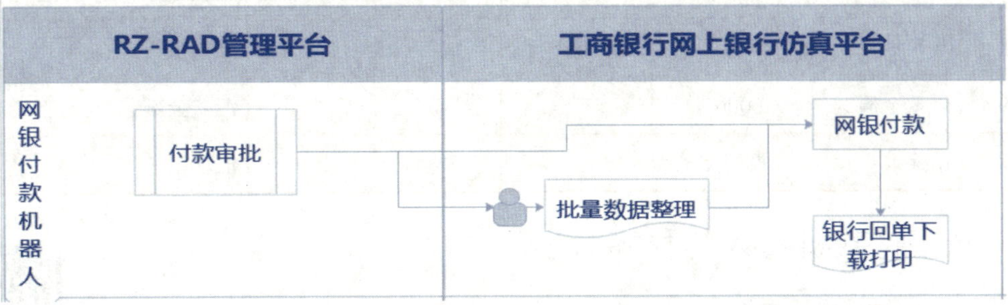


图2-1 网银付款机器人工作流程

### 二、网银付款机器人的数据分析

根据网银付款机器人的工作流程，分析网银付款业务中财务机器人的业务活动发生时间/条件、涉及软件/平台、流程顺序（见表2-3），以任务要求为例，网银付款机器人对公单笔付款的数据逻辑关系见表2-4，对私单笔付款的数据逻辑关系见表2-5。

表2-3　网银付款机器人的运行信息

| 机器人类型 | 发生时间/条件 | 涉及软件/平台 | 流程顺序 |
| --- | --- | --- | --- |
| 网银付款机器人 | 审批完成的付款申请 | 网上银行 | 网银付款-回单下载 |

表2-4　网银付款机器人对公单笔付款的数据逻辑关系

| 序号 | 数据项目 | 业务数据 | 数据来源 | | 财务机器人工作环境 |
| --- | --- | --- | --- | --- | --- |
| 说明 | 名称 | 业务 | OA系统 | | 网上银行 |
| | | | 直接填写 | 选择填写 | 逐笔支付 |
| 1 | 支付类别 | 对公 | | √ | 选择转账汇款模块 |
| 2 | 收款人姓名 | 东方五金生产有限公司 | | √ | 收款单位 |
| 3 | 银行账号 | 3277384844859 | | √ | 收款账号 |
| 4 | 开户银行 | 建行安平市支行 | | √ | 收款银行 |
| 5 | 付款金额 | 90 400 | √ | | 汇款金额 |
| 6 | 用途 | 材料费 | √ | | 汇款用途 |

表2-5　网银付款机器人对私单笔付款的数据逻辑关系

| 序号 | 数据项目 | 业务数据 | 数据来源 | | 财务机器人工作环境 |
| --- | --- | --- | --- | --- | --- |
| 说明 | 名称 | 业务 | OA系统 | | 网上银行 |
| | | | 直接填写 | 选择填写 | 逐笔支付 |
| 1 | 支付类别 | 对私 | | √ | 选择企业财务室模块 |
| 2 | 收款人姓名 | 王英 | | √ | 收款人 |
| 3 | 银行账号 | 11022033004 | | √ | 收款账号 |
| 4 | 开户银行 | 中国工商银行安平支行 | | √ | 收款银行 |
| 5 | 付款金额 | 3 000 | √ | | 汇款金额 |
| 6 | 用途 | 报销差旅费 | √ | | 汇款用途 |

## 三、网银付款机器人的程序分析

微课2-3

网银付款机器人的程序分析

### （一）main（主流程）

网银付款机器人的主流程界面如图2-2所示，网银付款机器人的main流程包括6个子流程，分别是：P00_打开数据表格、P01_登录工行网银、P02_获取数据、P03_逐笔付款、P04_查询付款信息、P05_退出工行网银。

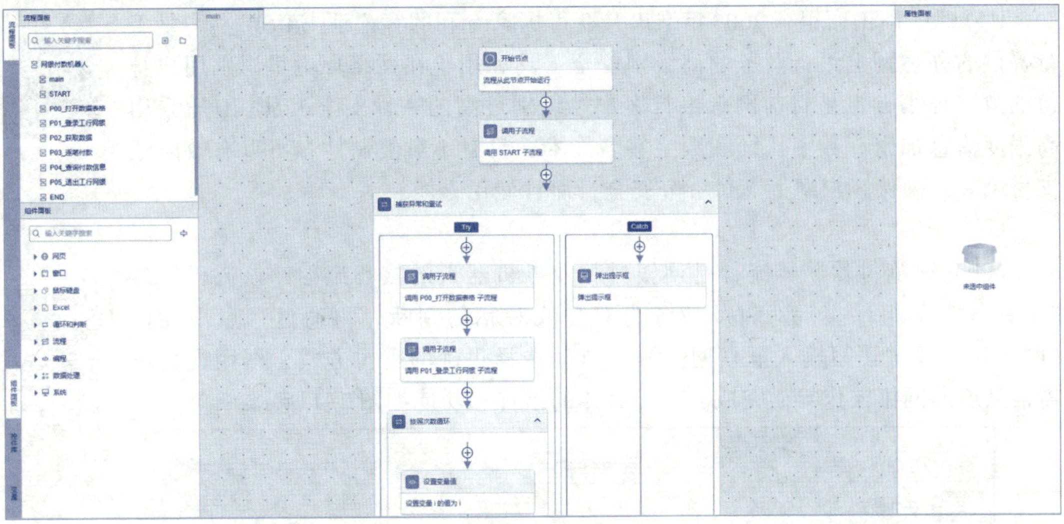


图2-2 网银付款机器人的主流程界面

main流程通过“P01_登录工行网银”完成工行网银平台的登录并打开所需读取数据表格，然后利用“按照次数循环”组件循环执行“P02_获取数据”、“P03_逐笔付款”及“P04_查询付款信息”流程，注意完成款项支付和回单查询下载，最后再通过“P05_退出工行网银”流程关闭工行网银平台，并关闭已打开的数据表格。

资源2-1

网银付款机器人主流程大图

## （二）P01_登录工行网银

“P01_登录工行网银”子流程通过一系列的模块化组件实现打开网银、选择登录方式、输入U盾登录密码并登录网银等操作，具体的组件及实现的功能如图2-3所示。

资源2-2

网银付款机器人登录工行网银子流程大图

图2-3 网银付款机器人的登录工行网银子流程

U盾即中国工商银行2003年推出并获得国家专利的客户证书USBkey，是工行提供的办理网上银行业务的高级别安全工具和用于在网络环境里识别用户身份的数字证书，也是目前网上银行客户端级别最高的一种安全工具。U盾采用高强度信息加密、数字认证和数字签名技术，具有不可复制性，可以有效防范支付风险，确保客户网上支付资金安全，而且使用方便。

资源2-3

网银付款机器人工行网银逐笔付款子流程大图

### （三）P03_逐笔付款

“P03_逐笔付款”子流程是网银付款业务机器人的核心流程，该流程通过“条件分支”组件实现对付款业务为对公或对私的判断，再通过“点击控件（网页）”及“填写输入框（网页）”自动选择正确的支付方式，调用支付所需信息填入网银操作界面完成支付，具体的组件和功能如图2-4所示：

资源2-4

网银付款机器人查询付款信息子流程大图

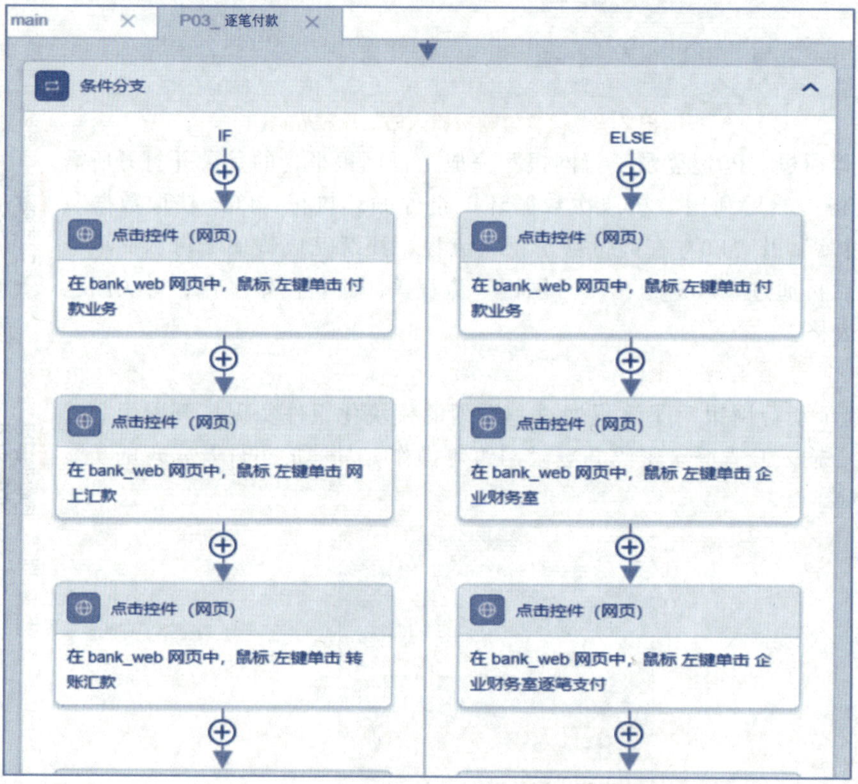


图2-4 网银付款机器人的逐笔付款子流程

### （四）P04_查询付款信息

“P04_查询付款信息”子流程是在“P03_逐笔付款”子流程完成网银支付后，自动进入明细查询界面，此时输入刚刚完成支付的交易信息进行查询，即可查询到交易明细，之后自动下载回单，并将下载的回单进行系统化命名保存在预设的路径，具体的组件和功能如图2-5所示。

资源2-5

网银付款机器人退出工行网银子流程大图

### （五）P05_退出工行网银

“P05_退出工行网银”子流程在完成网银支付和下载回单后执行，先退出网银，再关闭网页，保障银行账户的安全，最后关闭已打开的数据表格，具体的组件和功能如图2-6所示：

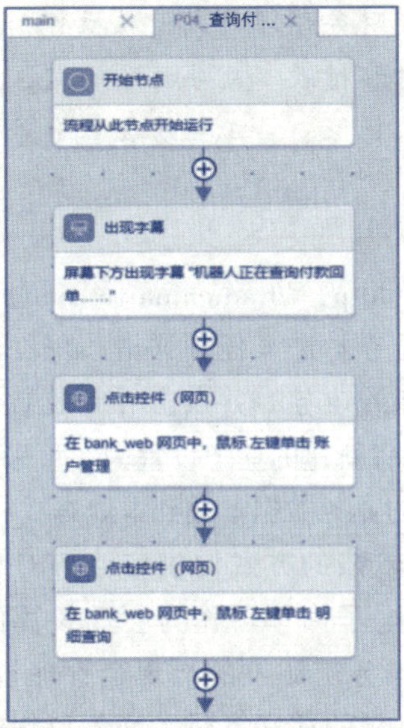


图2-5　网银付款机器人的查询付款信息子流程

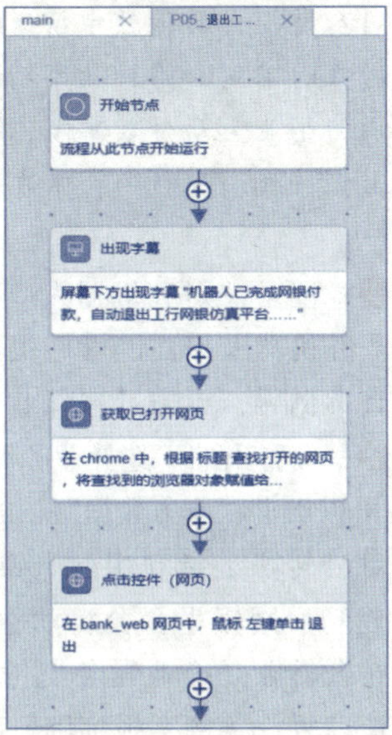


图2-6　网银付款机器人的退出工行网银子流程

## 操作步骤

网银付款机器人应用的操作步骤总体上分为两个环节，分别是网银付款数据采集和网银付款机器人运行与审核，其中网银付款机器人运行与审核包括下载并打开网银付款机器人应用程序、运行网银付款机器人、审核网银付款机器人工作结果。

### 一、网银付款数据采集

#### 相关知识2-1

付款业务是指出纳人员根据经OA审批的付款申请，通过网上银行完成款项支付操作，下载银行付款回单作为记账原始凭证。支付对象包括对单位（公司）的款项支付和对个人（自然人）的款项支付；支付方式包括单笔支付和批量支付；付款内容包括支付供应商货款、支付服务商服务费用、支付员工工资、支付员工报销款等。其业务流程如图2-7所示。

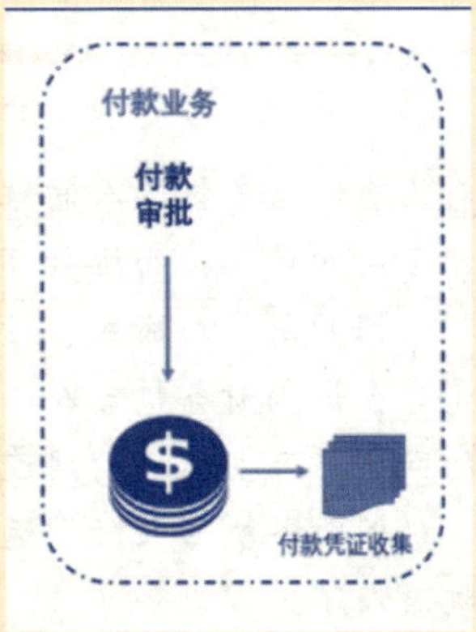


图2-7　付款业务流程图

各部门人员提出的付款申请通过审批后，会集中到财务部门完成付款操作，出纳人员根据支付对象的不同，将付款事项划分为对公付款和对私付款。需要说明的是，以上付款事项列举均为企业主动付款事项，对于支付税金、员工社保、员工住房公积金等通常已经签署协议由银行代扣代缴的，不在此列。

步骤❶：登录“财务机器人应用与开发实践平台（http：//frad.chinaive.com/）”，然后点击银行业务机器人下面的【网银付款机器人的应用任务】进入任务详情，仔细阅读任务介绍和仿真案例后，点击【选择业务】并勾选需要处理的业务，并点击【完成】。

步骤❷：在弹出的“选择业务”窗口点击【确定】，将新建的业务设置为“可采集数据业务”，然后可以点击“业务数据”下的【导出】将所创建的业务数据下载到本地查看和核对。

网银对公转账是指利用网上银行平台，通过在线转账的方式向供应商等对象支付款项，转账成功后网银平台会自动生成转账电子回单，电子回单可作为会计核算的原始凭证。网银对公转账是企业财务支付的重要形式。按照国务院颁发的《现金管理暂行条例》和《现金管理暂行条例实施细则》的规定，超过一定限额的往来支付，必须以银行转账的形式支付，所以网银对公转账是企业财务部门需要频繁操作的业务，具有简单、重复、规制明确的特点，适合利用财务机器人来完成。此外，财务机器人具有精准执行的特点，与人工转账相比，不受情绪、精力等消极因素的影响，保证了转账业务的顺利执行，在节省财务人力资源的同时，可以有效避免因转账失误而产生的财产损失和法律纠纷。

网银对私转账是指利用网上银行平台，通过在线转账的方式向员工等对象支付款项。由于对私采用现金支付的方式越来越少，网银对私转账的业务发生频繁。网银对私转账在企业的应用场景主要有支付员工报销款、支付劳务报酬等，同样具有简单、重复、规制明确的特点，适合利用财务机器人来完成。

## 二、网银付款机器人的运行与审核

微课2-4 网银付款机器人的运行与审核

### （一）下载并打开网银付款机器人应用程序

步骤❶：在网银付款机器人的应用任务“已选业务”列表中，下载网银付款机器人应用程序到“C：\RPADATA”。

步骤❷：在RPA编辑器中打开下载的网银付款机器人应用程序，进入机器人程序的运行与调试界面。

## 相关知识2-2

网银付款机器人的运维是对已有的财务机器人的维护和运行，已有的财务机器人是在别的计算机环境中开发出来的，不同的计算机的运行环境不同，所以本地应用的时候必须对其做一些适应性的维护，包括数据的采集与输入、结果输出路径的设置等。此外，如果运行环境与开发环境有较大改变，会影响财务机器人的工作，也应当根据运行环境对财务机器人进行维护，如运行环境的网速与开发环境的网速有较大差别，就需要对各组件的前置延时或者后置延时进行调整，确保财务机器人顺利运行。当财务机器人的本地化适应性维护完成后，就可以运行财务机器人了。

### （二）运行网银付款机器人

步骤❶：关闭其他无关软件，然后运行网银付款机器人。

步骤❷：观察网银付款机器人的运行情况，如有异常，记录异常信息，以便后续对网银付款机器人进行调整和维护。

### （三）审核网银付款机器人工作结果

网银付款机器人的审核主要是对其工作成果进行审阅和核对，具体包括转账付款是否执行、执行是否正确、是否正确下载了转账回单等。审核工作主要是确保财务机器人工作的正确性，也是会计工作严谨性要求的体现。

步骤❶：打开电脑中“C：\RPADATA”文件夹，根据任务要求，审核文件夹中存放的回单数量和名称是否正确，如图2-8所示：

图2-8　检查回单的数量和名称是否正确

步骤❷：依次打开回单，如图2-9所示，按照任务要求审核回单内容是否正确。

**中国工商银行**　网上银行电子回单

电子回单号码：8906299414Z518877　打印日期：2023-11-07

| | | | | | |
|---|---|---|---|---|---|
| 付款人 | 户名 | 安平市融创建材制造有限公司 | | | |
| | 账号 | 34897898097 | | | |
| | 开户银行 | 中国工商银行安平支行 | | | |
| 收款人 | 户名 | 东方五金生产有限公司 | | | |
| | 账号 | 3277384844859 | | | |
| | 开户银行 | 建行安平市支行 | | | |
| 金额 | ¥ 90400.00 | | 金额（大写） | 人民币 玖萬零肆佰圆整 | |
| 摘要 | 付款 | | 业务（产品）种类 | 付款 | |
| 用途 | 材料款 | | 交易流水号 | 980921510376 | |
| | 备注：<br>产品名称：回单管理 费用名称：自助打印回单 应付金额：<br>实收金额： 付款渠道：企网 业务发生日期：2023-11-07<br>业务发生账号：34897898097 | | | | |
| | 验证码：360864191 | | | | |
| 记账网点 | 101 | 记账柜员 | 222 | 记账日期 | 2023-11-07 |

图2-9　审核回单是否正确

# 任务2 网银收款查询机器人的应用

## 任务描述

财务部出纳人员需要根据表2-6的待查询收款信息，登录网上银行平台完成收款是否到账的查询，反馈给销售人员，并下载收款回单交由会计做账。

表2-6 待查询收款信息

| 付款日期 | 付款方单位 | 付款方开户行 | 付款方账号 | 交易金额（元） | 用途 |
| --- | --- | --- | --- | --- | --- |
| 2021-12-3 | 天地建筑工程有限公司 | 中行沁江支行 | 363457834578237 | 175 150.00 | 货款 |
| 2021-12-5 | 翔辉建筑工程有限公司 | 工行安平市支行营业部 | 822680785332650 | 280 240.00 | 货款 |
| 2021-12-7 | 兴海建筑工程有限公司 | 工行昌河支行 | 835858423578912 | 271 200.00 | 货款 |
| 2021-12-8 | 德星建筑工程有限公司 | 中行清江支行 | 535858423576389 | 350 300.00 | 货款 |
| 2021-12-12 | 正发建筑工程有限公司 | 农行通锦市支行 | 535858223578983 | 162 720.00 | 货款 |
| 2021-12-15 | 天地建筑工程有限公司 | 中行沁江支行 | 363457834578237 | 210 180.00 | 货款 |
| 2021-12-20 | 翔辉建筑工程有限公司 | 工行安平市支行营业部 | 822680785332650 | 70 060.00 | 货款 |
| 2021-12-24 | 兴海建筑工程有限公司 | 工行昌河支行 | 835858423578912 | 379 680.00 | 货款 |
| 2021-12-27 | 德星建筑工程有限公司 | 中行清江支行 | 535858423576389 | 35 030.00 | 货款 |
| 2021-12-30 | 正发建筑工程有限公司 | 农行通锦市支行 | 535858223578983 | 542 400.00 | 货款 |

## 任务分析

微课2-5

网银收款查询机器人工作流程

在企业实际业务中，销售和回款工作一般由销售部门负责，销售部门在完成产品交付后，按照销售合同约定的付款日期，追踪客户的付款情况。企业银行账号是由财务部门负责，也就是说客户是否完成付款，销售部门是无法查询和证实的，这就需要销售部门和财务部门跨部门合作确认是否收到货款，一般由销售人员在OA系统发起针对特定客户的收款查询申请，出纳收到申请后，根据销售人员提供的收款信息，登录网银进行查询，若货款已到账，则需下载回单以供会计人员入账，并通知销售人员货款已到账，若货款未到账，也需通知销售人员，由销售人员继续完成收款工作。

### 一、网银收款查询机器人的流程分析

根据银行业务活动的流程和银行业务机器人的划分，网银收款查询机器人在信息系统中的工作流程如图2-10所示：

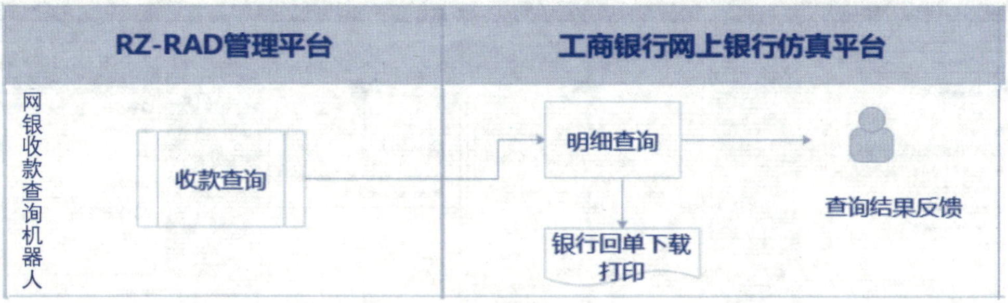


图2-10　网银收款查询机器人的工作流程

## 二、网银收款查询机器人的数据分析

结合图2-10，分析银行业务中网银收款查询机器人的业务活动发生时间/条件、涉及软件/平台、流程顺序，见表2-7。

表2-7　网银收款查询机器人详情

| 机器人类型 | 发生时间/条件 | 涉及软件/平台 | 流程顺序 |
|---|---|---|---|
| 网银收款查询机器人 | 销售部门提交收款查询申请 | 网上银行 | （或：批量文件制作）-明细查询-回单下载 |

网银收款查询机器人的数据分析见表2-8。

表2-8　网银收款查询机器人数据分析

| 序号 | 数据项目 | 业务数据举例 | 数据来源 | 财务机器人工作环境 |
|---|---|---|---|---|
| 说明 | 名称 | 业务 | OA系统 | 网上银行 |
| | | | 选择 | 账户管理/明细查询 |
| 1 | 付款人账号 | 363457834578237 | √ | 对方账号 |
| 2 | 金额 | 175 150 | √ | 交易金额 |
| 3 | 付款日期 | 2021年12月3日 | √ | 查询日期 |

## 三、网银收款查询机器人的程序分析

微课2-6
网银收款查询机器人的程序分析

### （一）main（主流程）

网银收款查询机器人的主流程界面如图2-11所示，网银收款查询机器人的“main流程”调用了5个子流程，P00_打开数据表格、P01_登录工行网银、P02_获取数据、P03_查询收款信息、P04_退出工行网银。

### （二）P01_登录工行网银

资源2-6
网银收款查询机器人主流程大图

“P01_登录工行网银”子流程通过“打开新网页”“输入热键”“点击控件（网页）”“填写输入框（网页）”等组件完成工商银行网银的登录，具体的组件及其实现的功能如图2-12所示。

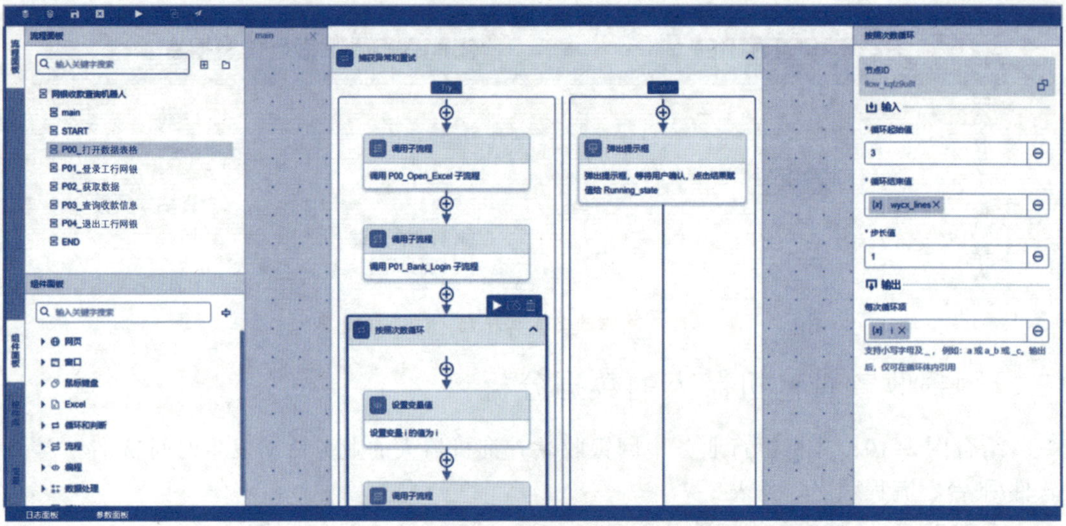


图 2-11　网银收款查询机器人的主流程界面

图 2-12　网银收款查询机器人的登录工行网银子流程

资源 2-7

网银收款查询机器人登录工行网银子流程大图

资源 2-8

网银收款查询机器人获取数据子流程大图

### （三）P02_获取数据

“P02_获取数据”子流程通过一个“获取 Excel 行的值”组件来实现获取待查询数据表指定行的数据，并存储在全局变量“data”中，供其他流程调用，如图 2-13 所示。

图 2-13　网银收款查询机器人的获取数据子流程

## （四）P03_查询收款信息

资源 2-9

网银收款查询机器人查询收款信息子流程大图

“P03_查询收款信息”子流程实现的功能是利用获取数据子流程中读取的数据，依次填入工行网银明细查询板块对收款信息进行查询，并将查询到的交易回单下载到“C：\RPADATA”路径下保存，该流程还设置了下载异常的处理方案，如图 2-14 所示：

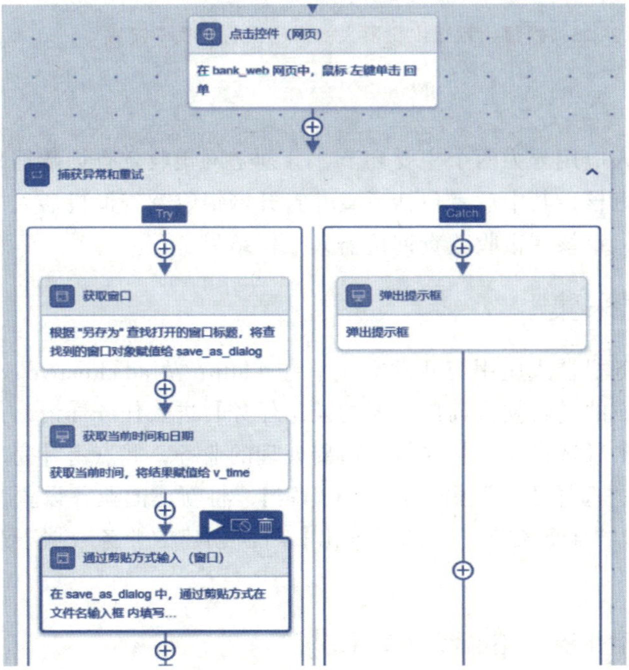


图 2-14　网银收款查询机器人的查询收款信息子流程

资源 2-10

网银收款查询机器人退出工行网银子流程大图

## （五）P04_退出工行网银

“P04_退出工行网银”子流程实现的功能是在完成了所有收款查询任务后，退出网银平台并关闭浏览器，同时关闭之前打开的待查询信息表，如图 2-15 所示。

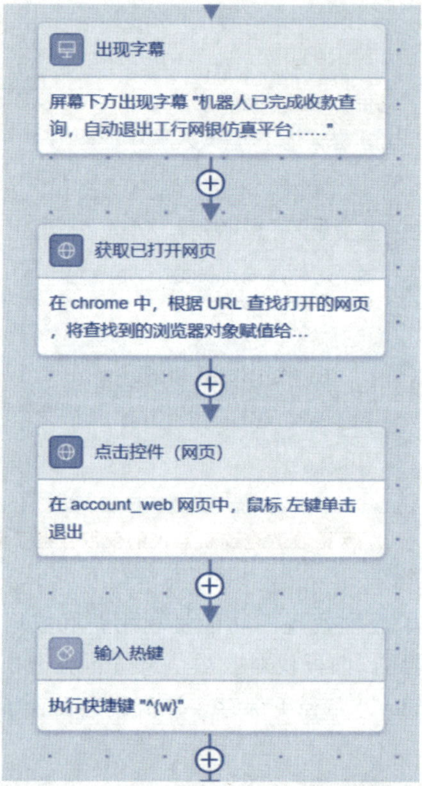


图2-15　网银收款查询机器人的退出工行网银子流程

## 操作步骤

网银收款查询机器人应用分为两个主要环节，分别是网银收款查询数据采集和网银收款查询机器人的运行与审核，其中后者包括下载并打开网银收款查询机器人应用程序、运行网银收款查询机器人、审核网银收款查询机器人工作结果。

### 一、收款查询数据采集

步骤❶：登录“财务机器人应用与开发实践平台（http://frad.chinaive.com/）”，然后点击银行业务机器人下面的【收款查询机器人的应用任务】进入任务详情，仔细阅读任务介绍和仿真案例后，点击【选择业务】并勾选需要处理的业务，并点击【完成】。

步骤❷：在弹出的“选择业务”窗口点击【确定】，将新建的业务设置为“可采集数据业务”，然后可以点击“业务数据”下的【导出】将所创建的业务数据下载到本地查看和核对。

### 二、网银收款查询机器人的运行与审核

微课 2-7
网银收款查询机器人的运行与审核

网银收款查询机器人的运维与网银付款转账机器人类似，主要是对网银收款查询机器人的本地适应性维护，包括数据的采集和输入，以及回单存储路径的设置等，完成这些本地适应性调整后才能顺利运行网银收款查询机器人。

（一）下载并打开网银收款查询机器人应用程序

步骤❶：在网银收款查询机器人的应用任务“已选任务”列表中，下载网银收款查询机器人应用程序。

步骤❷：在RPA编辑器中打开下载的网银收款查询机器人应用程序，进入机器人程序的运行与调试界面。

（二）运行网银收款查询机器人

步骤❶：关闭其他无关软件，然后运行网银收款查询机器人。

步骤❷：观察网银收款查询机器人的运行情况，如有异常，记录异常信息，以便后续对网银收款查询机器人进行调整和维护。

（三）审核网银收款查询机器人工作结果

网银收款查询机器人的审核主要是对其工作成果进行审阅和核对，确保财务机器人工作的正确性。

步骤❶：打开电脑中“C：\RPADATA”文件夹，根据任务要求，审核文件夹中存放的回单数量和名称是否正确。

步骤❷：依次打开回单，按照任务要求审核回单内容是否正确。

# 模块2 网银对公付款机器人的开发

## 业务描述

资源2-11

网银对公付款机器人开发素材

出纳邹红因工作需要经常登录网上银行完成对供应商网银付款业务。为提高网上银行的操作效率，邹红准备开发一款财务机器人，自动登录网上银行平台并完成对公逐笔付款。开发环境为：工商银行网上银行平台，网址：http：//fz.chinaive.com/wsyh/？username=×××（×××需替换为登录RAD平台的用户名）；U盾登录密码：123456。

开发要求有2点：其一，网上银行平台（工商银行）路径直接写入财务机器人程序；其二，网上银行平台（工商银行）登录的U盾密码直接写入财务机器人程序。

## 任务1 网银对公付款机器人的开发准备

### 任务描述

网银对公付款机器人的开发，要先做好开发准备，开发准备工作包括明确任务、需求分析、程序设计3个方面。

### 操作步骤

开发准备包括确定任务名称、识别开发背景、明确开发要求；需求分析包括梳理网银对公付款工作流程、绘制网银对公付款工作流程图、梳理网银对公付款机器人工作流程、绘制网银对公付款机器人开发流程图；程序设计包括模块设计、循环设计和变量设计。

## 一、明确任务

步骤❶：确定任务名称。任务名称即开发网银对公付款机器人。

步骤❷：识别开发背景。财务人员因工作需要经常登录网上银行完成对供应商网银付款业务。为提高工作效率，财务人员准备开发一款财务机器人，功能为自动登录网上银行平台完成对公逐笔付款，并下载相应的转账回单。

步骤❸：明确开发要求。按照开发案例的要求，参照设计方案，完成财务机器人开发并成功运行。

## 二、需求分析

### （一）梳理网银对公付款业务工作流程

通过访谈和观察等方法明确网银对公付款业务工作流程大致为：财务人员登录网银后，根据所需付款数据，逐项填入付款信息，并在完成全部付款后，查询付款信息、下载银行回单。

### （二）绘制网银对公付款业务工作流程图

根据网银逐笔对公付款工作流程，绘制相应流程图如图2-16所示。

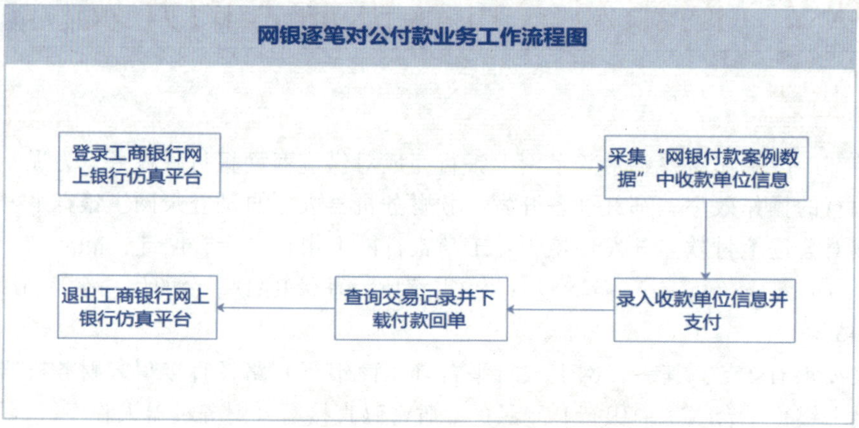


图2-16　网银逐笔对公付款业务工作流程图

## 相关知识2-3

理解业务工作流程和财务机器人工作流程的关系对于财务机器人的开发非常重要。业务工作流程是财务人员在日常工作中对某项具体业务的操作流程，具有主观性较强的特点，而且在操作过程中有大量的主观意识判断，财务人员根据判断的结果进行下一步的操作。财务机器人工作流程是根据财务机器人的特点，结合业务工作流程设计而成的，目的是让财务机器人按照预设的流程严格执行，最终运行结果达到或接近人工操作的效果，因为机器人程序中不适宜设置大量的逻辑判断，否则会导致程序冗余、易错，所以财务机器人的工作流程与人工工作流程相比，流程更加清晰。

### （三）梳理网银对公付款机器人工作流程

微课 2-8

网银对公付款机器人的工作流程

财务机器人的工作目的是尽量模拟和达到人工的工作效果，但财务机器人因其高度流程化的特点，其工作流程与人工的工作流程又不尽相同，因此在梳理了人工工作流程之后，财务机器人开发工程师应当从机器人流程自动化的角度，梳理出能达到人工工作效果的财务机器人工作流程，为后续的程序设计和开发工作提供指引。根据工作流程图，明确网银对公付款机器人的工作流程为：

（1）打开网银对公逐笔付款数据表格。

（2）登录工商银行网银平台。

（3）读取付款数据。

（4）填写付款信息并逐笔完成付款。

（5）查询付款信息并下载回单。

（6）退出工商银行网银。

### （四）绘制网银对公付款机器人开发流程图

根据网银对公付款机器人的工作流程，绘制网银对公付款机器人开发流程图，如图 2-17 所示。

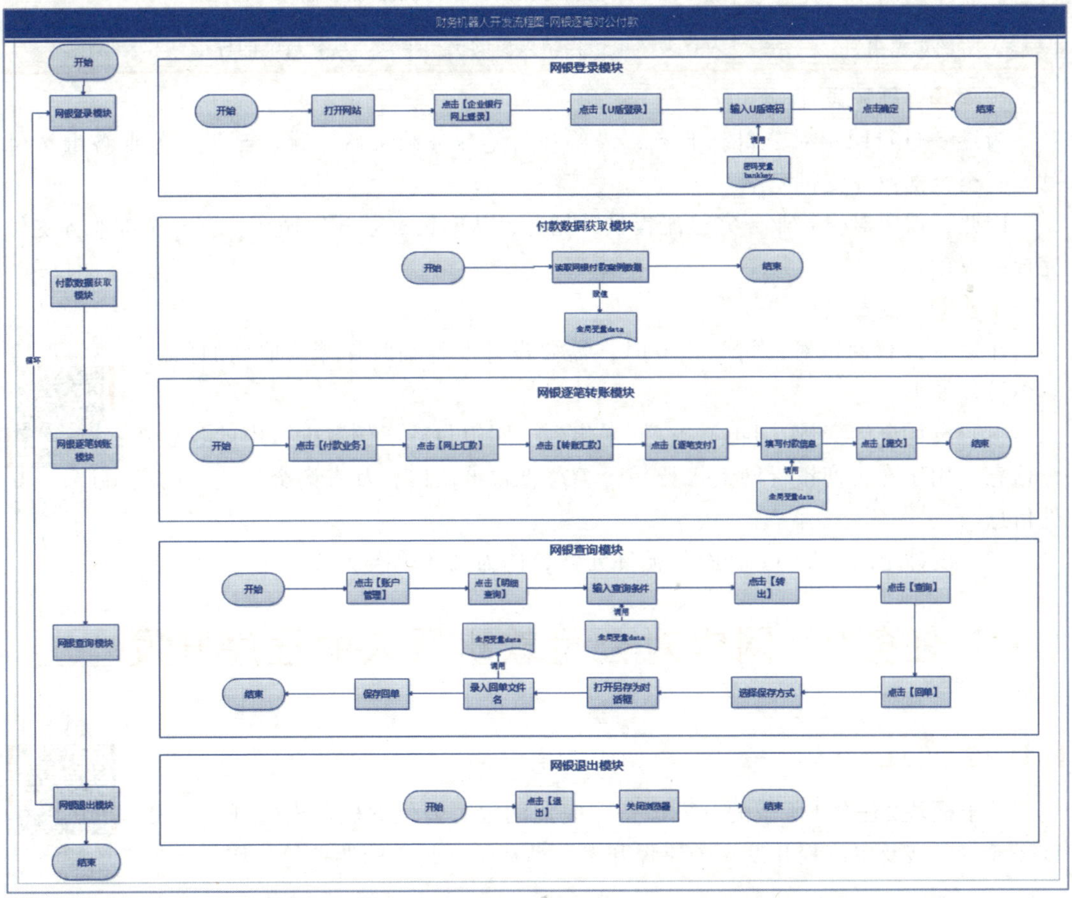


图 2-17 网银对公付款机器人开发流程图

## 三、程序设计

主流程的作用是将子流程串联起来，一些统领全局的组件可以放在主流程中，例如子流程中需要用到的数据，可以在主流程中设置组件获取，主流程中还可设置一些循环或者逻辑判断的组件，用于对子流程的循环执行或者选择执行。在实际开发中，主流程可以先设计后开发，也就是等所有子流程都完成开发后再对主流程从全局的角度进行开发。

步骤❶：模块设计。

根据网银对公付款的自动化流程设计，机器人程序划分为网银登录、付款数据获取、网银逐笔转账、网银查询、网银退出五个模块，划分依据见表2-9。

表2-9　模块设计表

| 序号 | 模块名 | 划分依据 |
|---|---|---|
| 1 | 网银登录 | 为各类网银业务的基础步骤，具有极强的标准性和复用性 |
| 2 | 付款数据获取 | 读取的数据需在网银逐笔转账及网银查询模块中调用 |
| 3 | 网银逐笔转账 | 较为独立完整 |
| 4 | 网银查询 | 较为独立完整且可被网银查询机器人复用 |
| 5 | 网银退出 | 为各类网银操作结束后的统一步骤，具有极强的标准性和复用性 |

步骤❷：循环设计。

为逐一进行网银对公付款业务，需要在每笔业务结束后，跳转至下一笔业务继续付款，直至全部业务支付完毕。

因此，需要对付款业务完整流程设计循环，从网银登录开始循环，直至全部业务支付完成结束循环。

步骤❸：变量设计。

在逐一进行网银对公付款业务时，需要设计变量临时存储读取到的信息。具体设计如下：

资源2-12

网银对公付款机器人设计方案

（1）设计全局变量（data），存储采集到“网银付款案例数据”中的收款单位信息，用于在工商银行网上银行平台填写收款单位信息及查询交易记录的条件信息。

（2）设计全局变量（i），存储循环元素，作为循环单次次数。

# 任务2　网银对公付款机器人的程序开发

## 任务描述

微课2-9

网银对公付款机器人的开发演示

基于模块2任务1所做的开发准备，完成网银对公付款机器人的具体开发，该任务主要涉及主流程开发、子流程开发、循环关联组件的调整等工作。

## 操作步骤

网银对公付款机器人的开发主要分为主流程开发、子流程开发、循环关联组件调整3个环节。

### 一、main流程开发

步骤❶：在RAD平台里进入“网银对公付款机器人的开发任务”，点击【选择业务】，勾选要处理的业务，然后点击【完成】，在弹出的窗口中点击【确定】，将该业务设置成“可采集数据业务”，然后在“已选业务”列表中将业务数据导出到“C：\RPADATA”文件夹中备用。

步骤❷：按照“网银对公付款机器人”设计方案的规划，首先在开发软件中“新建工程”，命名为：“网银对公付款机器人”。

步骤❸：在main流程中，逐个添加P01_登录工行网银、P02_获取数据、P03_逐笔付款、P04_查询付款信息、P05_退出工行网银，如图2-18所示。

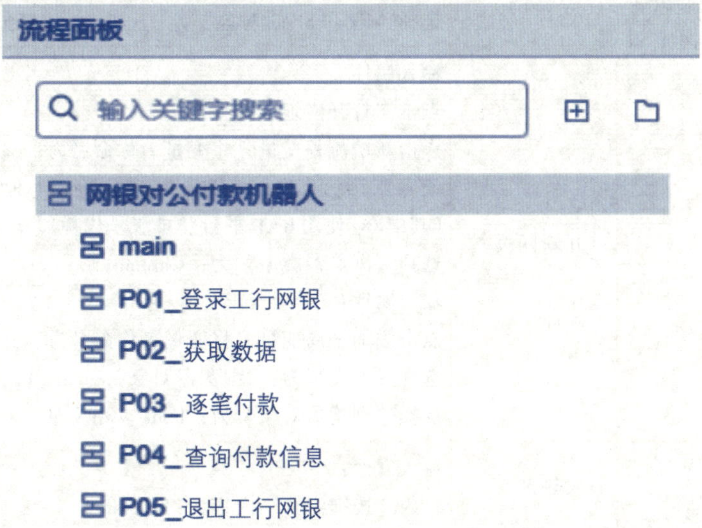


图2-18 创建子流程

步骤❹：在各个子流程的“开始节点”打开调试日志，通过日志记录机器人程序的运行过程，日志可以帮助我们查找问题，并辅助测评。

### 二、子流程开发

根据主流程的设计，依次按照子流程应当实现的功能对其进行开发。子流程的开发要注意与其他流程的衔接，将能区分的功能进行模块化组合，并设计成一个独立的子流程，子流程之间应当相互独立，方便后续的测试与维护。

#### （一）P01_登录工行网银

“P01_登录工行网银”子流程的开发步骤见表2-10，对应控件捕获位置如图2-19和图2-20所示，开发效果图如图2-21所示。

表2-10　P01_登录工行网银子流程开发步骤

| 业务流程 | | 开发步骤 | |
|---|---|---|---|
| 序号 | 操作步骤 | 添加组件 | 设置属性 |
| ① | 打开“网银对公付款业务数据表”，打开工商银行网上银行平台 | 启动Excel | 输入属性：<br>选择“Excel文件路径”：“C：\RPADATA\网银对公付款业务数据表.xls”，点击【打开】；<br>输出属性：<br>将“Excel对象”变量名称改为：wyfk_excel |
| | | 激活Sheet页 | 输入属性：<br>选择“已打开的Excel对象”为：wyfk_excel变量；<br>设置“Sheet页名称”为：网银对公付款；<br>输出属性：<br>点击添加全局变量，将变量名称命名为：wyfk_sheet；<br>选择变量类型为：“Sheet对象”，点击【确定】；<br>选择“Excel Sheet对象”为：wyfk_sheet变量 |
| | | 打开新网页 | 输入属性：<br>点击“打开网址”输入框；<br>点击新增流程变量，将变量名称命名为：bank_path；<br>设置默认值：“http：//fz.chinaive.com/wsyh/？ username=×××”（其中×××使用RAD平台登录账号代替），点击【确定】；<br>选择“浏览器类型”为：Chrome；<br>输出属性：<br>点击添加全局变量，将变量名称命名为：bank_web；<br>选择变量类型为：“浏览器对象”，点击【确定】；<br>选择“浏览器对象”为：bank_web变量 |
| ② | 调用浏览器工具栏菜单 | 输入热键 | 输入属性：<br>录入“按键组合”内容为：! {space} |
| ③ | 窗口最大化 | 输入热键 | 输入属性：<br>录入“按键组合”内容为：x |
| ④ | 点击左侧功能栏【企业网上银行登录】 | 点击控件（网页） | 输入属性：<br>选择“已打开的浏览器对象”为：bank_web变量；<br>在目标控件中捕捉新控件，拾取【企业网上银行登录】，将该控件命名为：“企业网上银行登录”，点击【保存】；<br>设置模拟点击为：“是” |
| ⑤ | 点击右侧功能栏【U盾登录】 | 点击控件（网页） | 输入属性：<br>选择“已打开的浏览器对象”为：bank_web变量；<br>在目标控件中捕捉新控件，拾取【U盾登录】，将该控件命名为：“U盾登录”，点击【保存】；<br>设置模拟点击为：“是” |

续表

| 业务流程 | | 开发步骤 | |
|---|---|---|---|
| 序号 | 操作步骤 | 添加组件 | 设置属性 |
| ⑥ | 输入用户对应的U盾密码 | 填写输入框（网页） | 输入属性：<br>选择“已打开的浏览器对象”为：bank_web变量；<br>在目标控件中捕捉新控件，拾取U盾密码输入框，将该控件命名为：“U盾密码输入框”，点击【保存】；<br>点击“输入内容”输入框；<br>点击新增流程变量，将变量名称命名为：bankkey；<br>设置默认值：123456，点击【确定】；<br>设置输入方式为：“覆盖输入” |
| ⑦ | 点击【确定】进行登录 | 点击控件（网页） | 输入属性：<br>选择“已打开的浏览器对象”为：bank_web变量；<br>在目标控件中捕捉新控件，拾取【确定】，将该控件命名为：“确定”，点击【保存】；<br>设置模拟点击为：“是” |

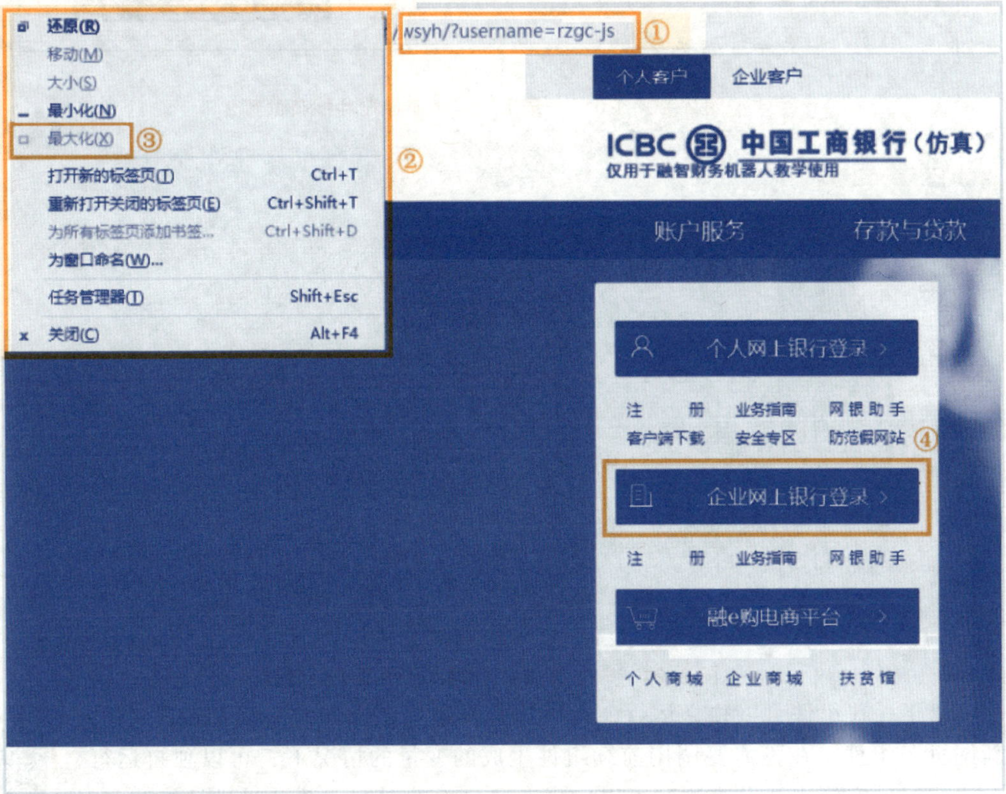


图2-19　P01_登录工行网银流程控件捕获位置1

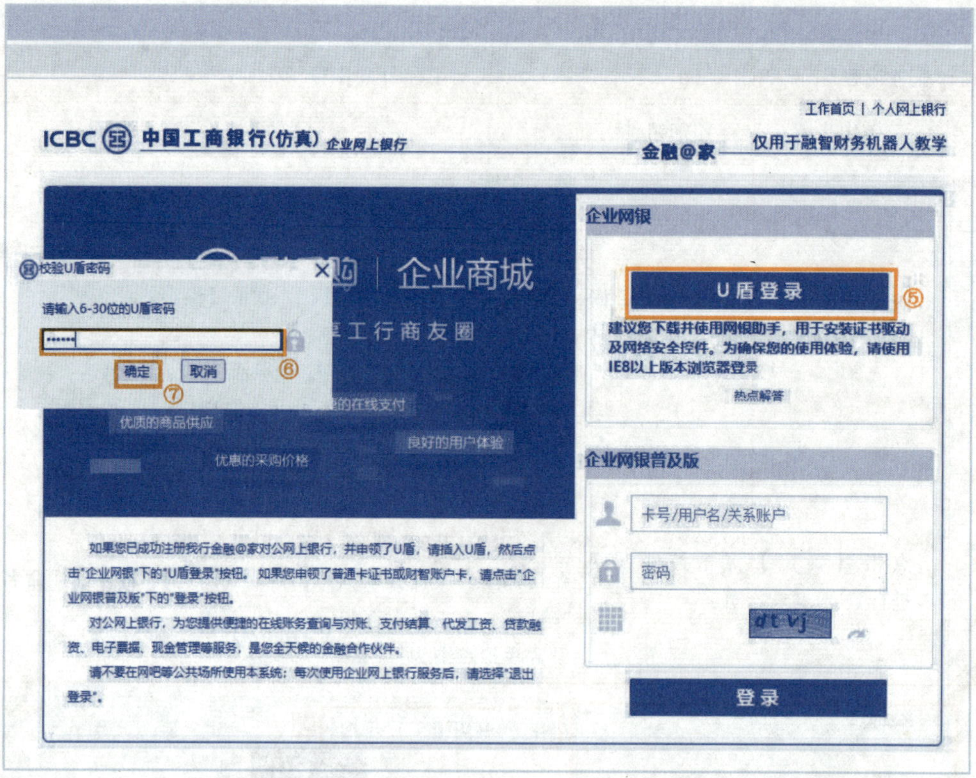


图2-20 P01_登录工行网银流程控件捕获位置2

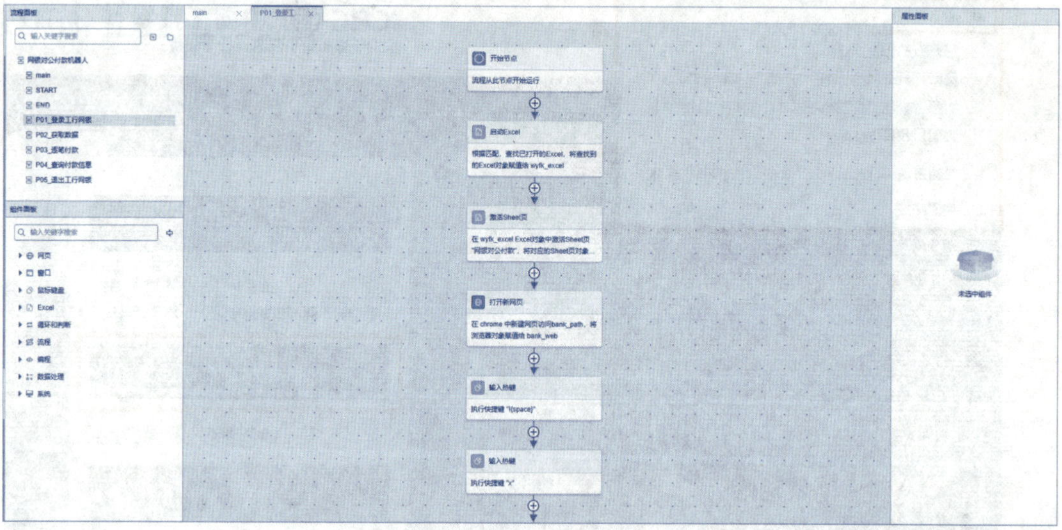

图2-21 P01_登录工行网银子流程开发效果图

由于一些组件可以独立运行，可以边开发边测试，如“启动Excel”“打开新网页”组件，在不需要调用前续组件生成的变量的情况下，可以独自运行，对这些组件实施边开发边测试可以发现一些局部的漏洞，并及时进行修改。对于需要调用变量进行工作的组件，也可以通过小范围组件联合测试以发现问题。

资源2-13

登录工行网银子流程开发效果图大图

## （二）P02_获取数据

“P02_获取数据”子流程的开发步骤见表2-11，开发效果图如图2-22所示。

表2-11　P02_获取数据子流程开发步骤

| 业务流程 | 开发步骤 | |
|---|---|---|
| 操作步骤 | 添加组件 | 设置属性 |
| 获取“网银对公付款业务数据表”中的收款单位信息 | 获取Excel行的值 | 输入属性：<br>选择“已打开的Sheet对象”为：wyfk_sheet变量，<br>行号：2；<br>输出属性：<br>点击添加全局变量，将变量名称命名为：data；<br>选择变量类型为：“列表”，点击【确定】；<br>选择“行数据变量名称”为：data变量 |

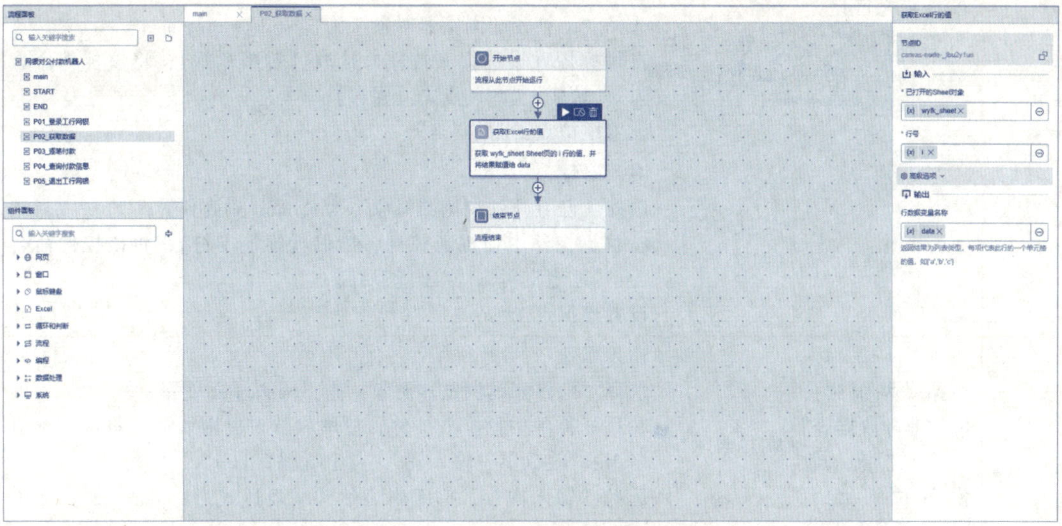


图2-22　P02_获取数据子流程开发效果图

## （三）P03_逐笔付款

资源2-14

获取数据子流程开发效果图大图

资源2-15

逐笔付款子流程开发效果图大图

在“P03_逐笔付款”子流程中，开发“网银逐笔付款”程序，具体操作步骤见表2-12，对应的控件捕获界面如图2-23所示，开发效果如图2-24所示。

表 2-12 P03_逐笔付款子流程开发步骤

| 业务流程 | | 开发步骤 | |
|---|---|---|---|
| 序号 | 操作步骤 | 添加组件 | 设置属性 |
| ① | 点击【付款业务/网上汇款/转账汇款/逐笔支付】 | 点击控件（网页） | 输入属性：<br>选择“已打开的浏览器对象”为：bank_web变量；<br>捕捉新控件，拾取【付款业务】，将该控件命名为：“付款业务”，点击【保存】；<br>设置模拟点击为：“是” |
| | | 点击控件（网页） | 输入属性：<br>选择“已打开的浏览器对象”为：bank_web变量；<br>捕捉新控件，拾取【网上汇款】，将该控件命名为：“网上汇款”，点击【保存】；<br>设置模拟点击为：“是” |
| | | 点击控件（网页） | 输入属性：<br>选择“已打开的浏览器对象”为：bank_web变量；<br>在目标控件中捕捉新控件，拾取【转账汇款】，将该控件命名为：“转账汇款”，点击【保存】；<br>设置模拟点击为：“是” |
| | | 点击控件（网页） | 输入属性：<br>选择“已打开的浏览器对象”为：bank_web变量；<br>在目标控件中捕捉新控件，拾取【逐笔支付】，将该控件命名为：“逐笔支付”，点击【保存】；<br>设置模拟点击为：“是” |
| ② | 根据“网银对公付款业务数据表”中的“收款人/收款单位”填写【收款单位】 | 填写输入框（网页） | 输入属性：<br>选择“已打开的浏览器对象”为：bank_web变量；<br>在目标控件中捕捉新控件，拾取收款单位输入框，将该控件命名为：“收款单位输入框”，点击【保存】；<br>选择“输入内容”为编辑表达式，表达式为：data [2]，点击【确定】；<br>设置输入方式为：“覆盖输入” |
| ③ | 根据“网银对公付款业务数据表”中的“收款账号”填写【收款账号】 | 填写输入框（网页） | 输入属性：<br>选择“已打开的浏览器对象”为：bank_web变量；<br>在目标控件中捕捉新控件，拾取收款账号输入框，将该控件命名为：“收款账号输入框”，点击【保存】；<br>选择“输入内容”为编辑表达式，表达式为：data [4]，点击【确定】；<br>设置输入方式为：“覆盖输入” |
| ④ | 根据“网银对公付款业务数据表”中的“收款开户行”填写【收款银行/行别】 | 填写输入框（网页） | 输入属性：<br>选择“已打开的浏览器对象”为：bank_web变量；<br>在目标控件中捕捉新控件，拾取开户行输入框，将该控件命名为：“开户行输入框”，点击【保存】；<br>选择“输入内容”为编辑表达式，表达式为：data [3]，点击【确定】；<br>设置输入方式为：“覆盖输入” |

续表

| 业务流程 | | 开发步骤 | |
|---|---|---|---|
| 序号 | 操作步骤 | 添加组件 | 设置属性 |
| ⑤ | 根据“网银对公付款业务数据表”中的“付款金额”填写【汇款金额】 | 填写输入框（网页） | 输入属性：<br>选择“已打开的浏览器对象”为：bank_web变量；<br>在目标控件中捕捉新控件，拾取汇款金额输入框，将该控件命名为：“汇款金额输入框”，点击【保存】；<br>选择“输入内容”为编辑表达式，表达式为：data［6］，点击【确定】；<br>设置输入方式为：“覆盖输入” |
| ⑥ | 根据“网银对公付款业务数据表”中的“用途”填写【汇款用途】 | 填写输入框（网页） | 输入属性：<br>选择“已打开的浏览器对象”为：bank_web变量；<br>在目标控件中捕捉新控件，拾取汇款用途输入框，将该控件命名为：“汇款用途输入框”，点击【保存】；<br>选择“输入内容”为编辑表达式，表达式为：data［7］，点击【确定】；<br>设置输入方式为：“覆盖输入” |
| ⑦ | 点击【提交】进行付款 | 点击控件（网页） | 输入属性：<br>选择“已打开的浏览器对象”为：变量bank_web变量；<br>在目标控件中捕捉新控件，拾取【提交】，将该控件命名为：“提交”，点击【保存】；<br>设置模拟点击为：“是” |

图2-23　P03_逐笔付款子流程控件捕获位置

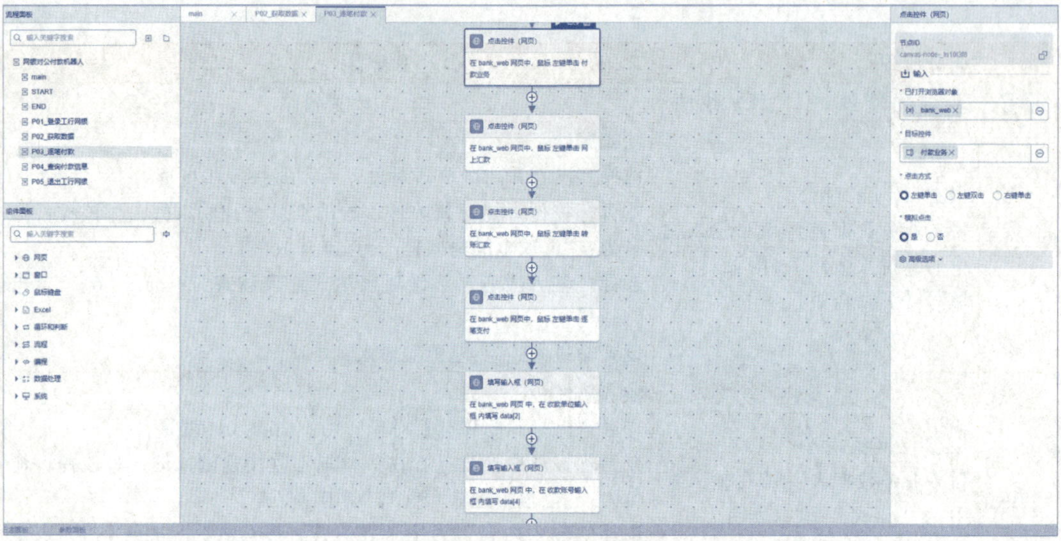

图 2-24 P03_逐笔付款子流程开发效果图

### （四）P04_查询付款信息

在“P04_查询付款信息”子流程中，开发网银查询交易记录并下载付款回单的功能，具体操作步骤见表 2-13，对应的控件捕获界面如图 2-25 所示，开发效果图如图 2-26 所示。

表 2-13 P04_查询付款信息子流程开发步骤

| 业务流程 | | 开发步骤 | |
| --- | --- | --- | --- |
| 序号 | 操作步骤 | 添加组件 | 设置属性 |
| ① | 点击左上方功能栏【账户管理】 | 点击控件（网页） | 输入属性：<br>选择“已打开的浏览器对象”为：bank_web变量；<br>在目标控件中捕捉新控件，拾取【账户管理】，将该控件命名为：“账户管理”，点击【保存】；<br>设置模拟点击为：“是” |
| ② | 点击左侧功能栏【明细查询】 | 点击控件（网页） | 输入属性：<br>选择“已打开的浏览器对象”为：bank_web变量；<br>在目标控件中捕捉新控件，拾取【明细查询】，将该控件命名为：“明细查询”，点击【保存】；<br>设置模拟点击为：“是” |
| ③ | 录入查询起始日期 | 填写输入框（网页） | 输入属性：<br>选择“已打开的浏览器对象”为：bank_web变量；<br>在目标控件中捕捉新控件，拾取交易日期起始值输入框，将该控件命名为：“交易日期起始值输入框”，点击【保存】；<br>选择“输入内容”为编辑表达式，表达式为：data［11］，点击【确定】；<br>设置输入方式为：“覆盖输入” |

续表

| 业务流程 | | 开发步骤 | |
|---|---|---|---|
| 序号 | 操作步骤 | 添加组件 | 设置属性 |
| ④ | 录入查询终止日期 | 填写输入框（网页） | 输入属性：<br>选择“已打开的浏览器对象”为：bank_web变量；<br>在目标控件中捕捉新控件，拾取交易日期终止值输入框，将该控件命名为：“交易日期终止值输入框”，点击【保存】；<br>选择“输入内容”为编辑表达式，表达式为：data［11］，点击【确定】；<br>设置输入方式为：“覆盖输入” |
| ⑤ | 根据“网银对公付款业务数据表”中的“收款账号”填写【对方账号】 | 填写输入框（网页） | 输入属性：<br>选择“已打开的浏览器对象”为：bank_web变量；<br>在目标控件中捕捉新控件，拾取对方账号输入框，将该控件命名为：“对方账号输入框”，点击【保存】；<br>选择“输入内容”为编辑表达式，表达式为：data［4］，点击【确定】；<br>设置输入方式为：“覆盖输入” |
| ⑥ | 根据“网银对公付款业务数据表”中的“付款金额”填写须查询的交易金额起始额 | 填写输入框（网页） | 输入属性：<br>选择“已打开的浏览器对象”为：bank_web变量；<br>在目标控件中捕捉新控件，拾取交易金额起始值输入框，将该控件命名为：“交易金额起始值输入框”，点击【保存】；<br>选择“输入内容”为编辑表达式，表达式为：data［6］，点击【确定】；<br>设置输入方式为：“覆盖输入” |
| ⑦ | 根据“网银对公付款业务数据表”中的“付款金额”填写须查询的交易金额终止额 | 填写输入框（网页） | 输入属性：<br>选择“已打开的浏览器对象”为：bank_web变量；<br>在目标控件中捕捉新控件，拾取交易金额终止值输入框，将该控件命名为：“交易金额终止值输入框”，点击【保存】；<br>选择“输入内容”为编辑表达式，表达式为：data［6］，点击【确定】；<br>设置输入方式为：“覆盖输入” |
| ⑧ | 点击【转出】 | 点击控件（网页） | 输入属性：<br>选择“已打开的浏览器对象”为：bank_web变量；<br>在目标控件中捕捉新控件，拾取【转出】，将该控件命名为：“转出”，点击【保存】；<br>设置模拟点击为：“是” |
| ⑨ | 点击【查询】开始查询 | 点击控件（网页） | 输入属性：<br>选择“已打开的浏览器对象”为：bank_web变量；<br>在目标控件中捕捉新控件，拾取【查询】，将该控件命名为：“查询”，点击【保存】；<br>设置模拟点击为：“是” |

续表

| 业务流程 | | 开发步骤 | |
|---|---|---|---|
| 序号 | 操作步骤 | 添加组件 | 设置属性 |
| ⑩ | 点击【回单】下载回单 | 点击控件（网页） | 输入属性：<br>选择“已打开的浏览器对象”为：bank_web变量；<br>在目标控件中捕捉新控件，拾取【回单】，将该控件命名为：“回单”，点击【保存】；<br>设置模拟点击为：“是” |
| ⑪ | 快捷键Alt+s保存回单 | 输入热键 | 输入属性：<br>输入“按键组合”内容为！{s} |

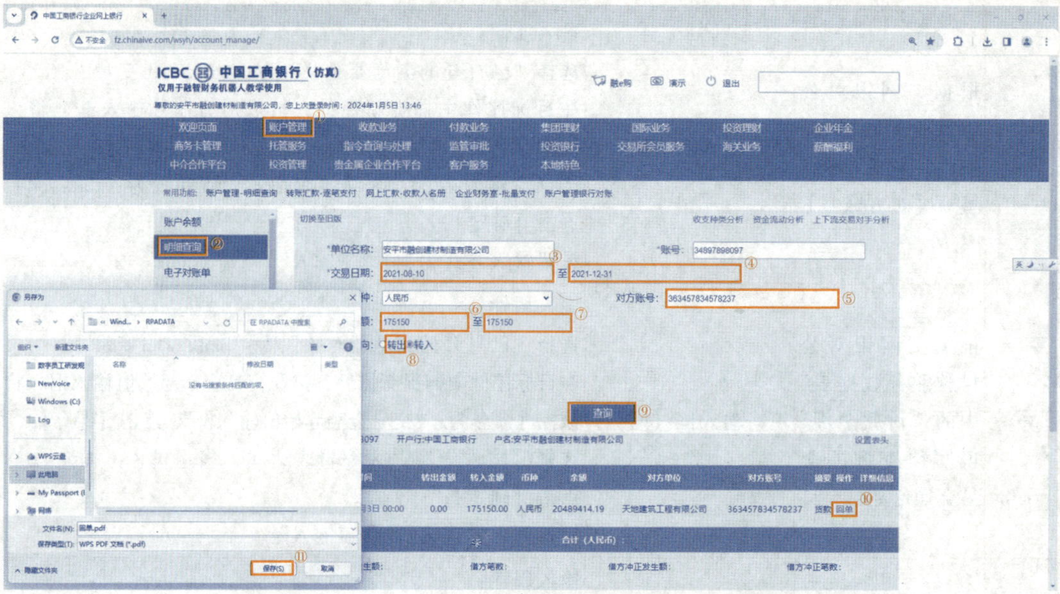


图2-25　P04_查询付款信息子流程控件捕获位置

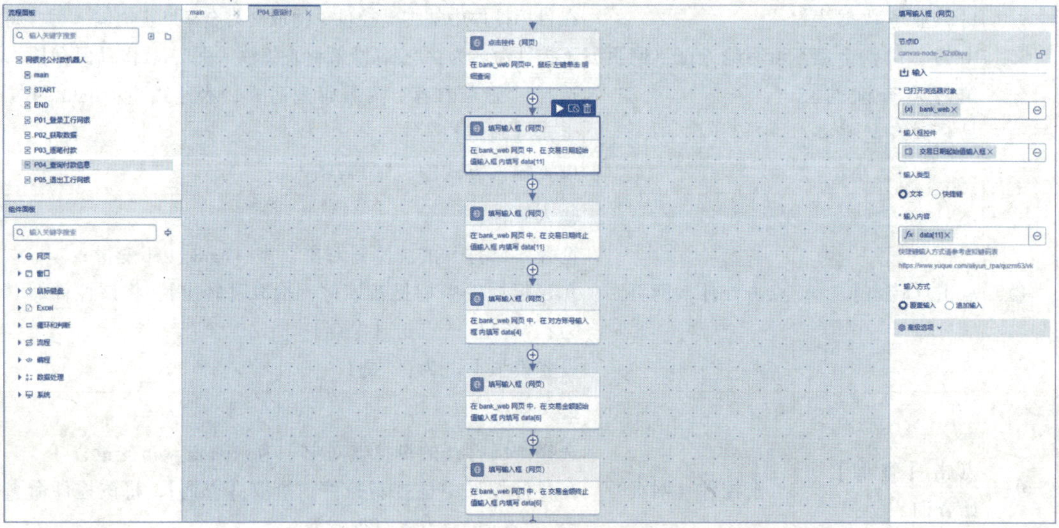

图2-26　P04_查询付款信息子流程开发效果图

### （五）P05_退出工行网银

资源2-16

查询付款信息子流程开发效果图大图

在“P05_退出工行网银”子流程中，开发网银退出及关闭浏览器功能，具体操作步骤见表2-14，对应的控件捕获界面如图2-27所示，开发效果图如图2-28所示。

表2-14　P05_退出工行网银子流程开发步骤

| 业务流程 | | 开发步骤 | |
|---|---|---|---|
| 序号 | 操作步骤 | 添加组件 | 设置属性 |
| ① | 点击右上方【退出】 | 点击控件（网页） | 输入属性：<br>选择“已打开的浏览器对象”为：bank_web变量；<br>在目标控件中捕捉新控件，拾取【退出】，将该控件命名为：“退出”，点击【保存】<br>设置模拟点击为：“是” |
| ② | 用快捷键Ctrl+w，关闭网页 | 输入热键 | 输入属性：<br>录入“按键组合”内容为：^{w} |
| | 获取“网银对公付款业务数据表”的窗口 | 获取窗口 | 输入属性：<br>录入“窗口标题”内容为：“网银对公付款业务数据表”；<br>输出属性：<br>将“窗口对象”变量名称改为：wyfk_win |
| | 激活“网银对公付款业务数据表”的窗口 | 激活窗口 | 输入属性：<br>选择“已打开的窗口对象”为：wyfk_win变量 |
| | 用快捷键Alt+F4，关闭“网银对公付款业务数据表” | 输入热键 | 输入属性：<br>录入“按键组合”内容为！{F4} |

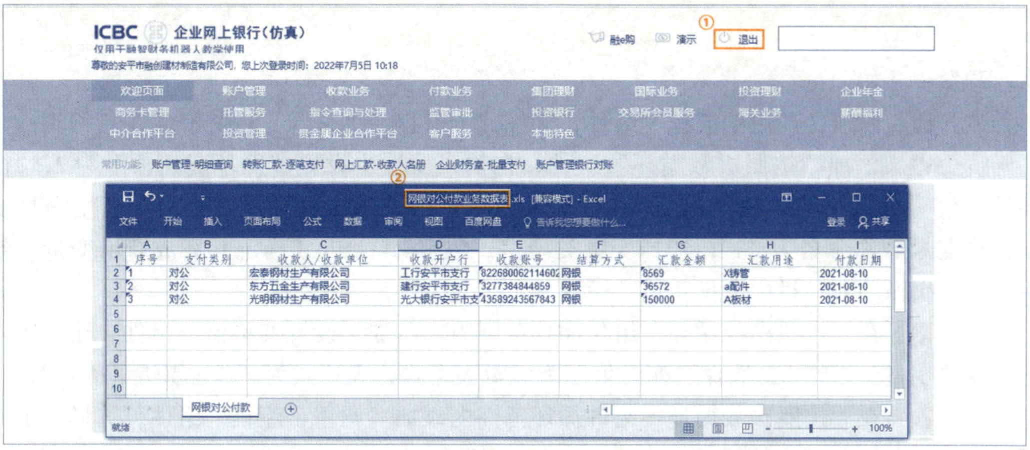


图2-27　P05_退出工行网银子流程控件捕获位置

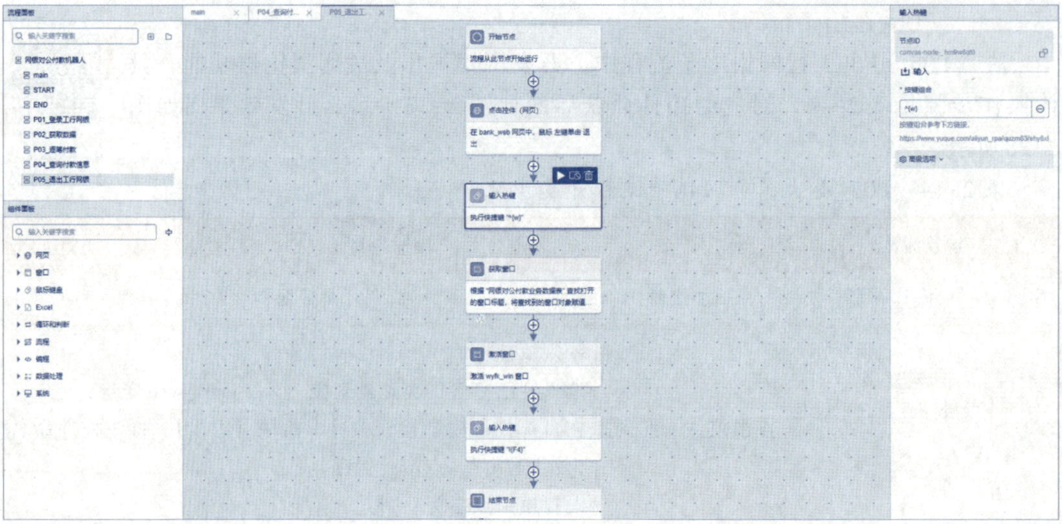

图2-28　P05_退出工行网银子流程开发效果图

## 三、模块组装

资源2-17

退出工行网银子流程开发效果图大图

在main流程中，添加所有子流程，并添加循环；需调整循环关联组件——付款数据采集流程中的“获取Excel行的值”组件的行号，循环示意图如图2-29所示。

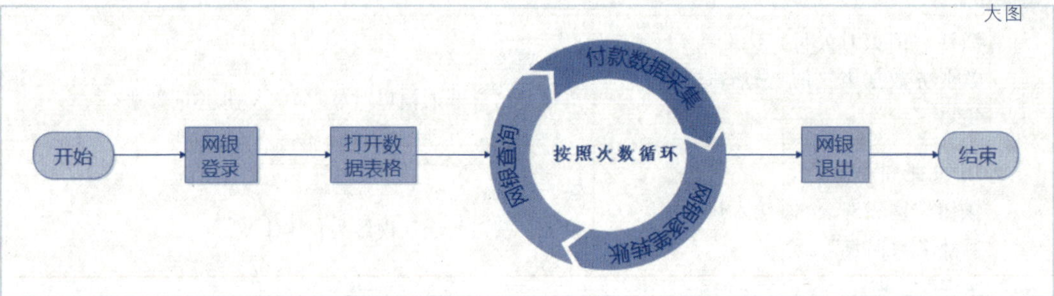


图2-29　主流程循环示意图

开发步骤如下：

步骤❶：添加“调用子流程”组件，选择“子流程名称”为：P01_登录工行网银。

步骤❷：添加“按照次数循环”组件，在输入属性中设置“循环起始值”为2，“循环结束值”为4，“步长值”为1；在输出属性中点击“每次循环项”栏目，新增全局变量，将变量名称命名为“i”，选择变量类型为“数字”，点击【确定】完成新增变量，然后在“每次循环项”栏中选择变量“i”。

步骤❸：在“按照次数循环”组件循环范围内，添加“设置变量值”组件，输入属性中选择“变量”为“i”，选择“变量值”为编辑表达式，表达式为“i”，点击【确定】。

步骤❹：在“按照次数循环”组件循环范围内添加“调用子流程”组件，选择“子流程名称”为：P02_获取数据。

步骤❺：在“按照次数循环”组件循环范围内添加“调用子流程”组件，选择“子流程名称”为：P03_逐笔付款。

资源2-18

网银对公付款机器人主流程开发效果图大图

步骤❻：在“按照次数循环”组件循环范围内添加“调用子流程”组件，选择“子流程名称”为：P04_查询付款信息。

步骤❼：在“按照次数循环”组件循环范围外添加“调用子流程”组件，选择“子流程名称”为：P05_退出工行网银。

步骤❽：添加“弹出提示框”组件，在输入属性中设置“提示内容”为“网银对公付款机器人运行成功，感谢使用！”，设置“是否等待用户确认”为“否”，设置“提示自动关闭时间（秒）”为“3”。

步骤❾：调整“P02_获取数据（付款数据采集流程）”中“获取Excel行的值”组件，修改“输入属性”中的行号为变量“i”，如图2-30所示。

图2-30　调整“获取Excel行的值”组件

main流程最终开发效果图如图2-31所示。

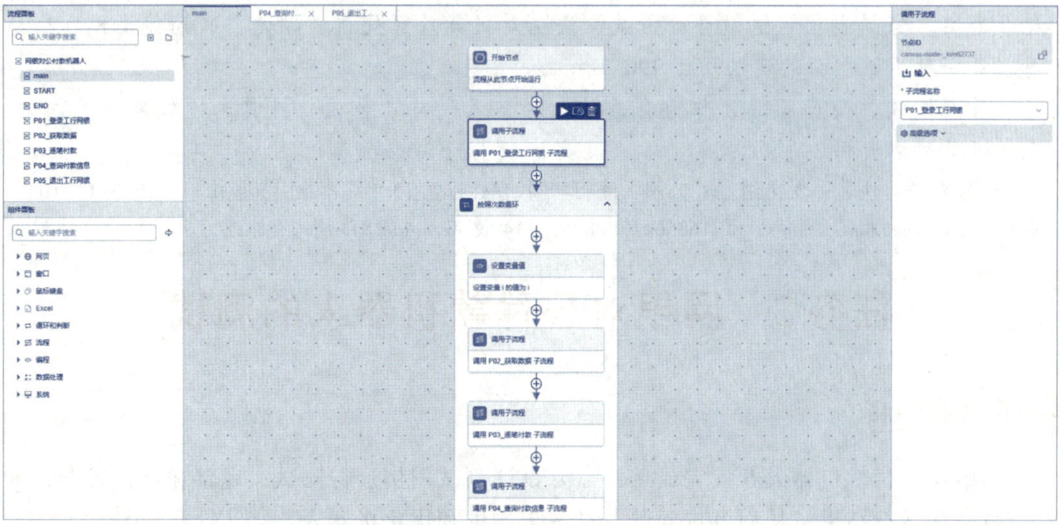

图2-31　main流程最终开发效果图

**德技兼修** **出纳侵吞公司上千万，更名改姓逃亡15年终落网**

北京一家物业公司的女出纳张某利用职务便利，侵吞公司1 020万余元钱款用于个人消费。在自知纸包不住火后，张某与公司和家人断了联系一走了之。去年6月，已经更名改姓潜逃15年的张某终于落网。记者今日获悉，西城法院以职务侵占罪判处张某有期徒刑8年2个月，并责令其退赔违法所得。

22年前，只有19岁的张某入职一家物业管理公司担任出纳，公司的转账支票、现金支票、银行预留印鉴以及保险箱钥匙都由她一人保管，日常账目也由她登记。经常经手大额资金让这个年轻女孩迷失了自我。工作7年间，她陆续以提取现金不入账、付出转账支票不入账等方式，侵吞公司钱款用于个人消费。她从珠宝城买了数百万元的翡翠首饰，还给自己的父亲转账30万元，自称是做生意挣的钱。

2005年6月，张某意识到自己的行为将要败露，就没再到公司上班。公司、家人和男友谁也联系不上她。

经对张某管理的账目进行审查后，公司发现曾有100万元的款项通过转账支票被划走，但公司却没有这张支票的申领单，转账支票上的字迹是张某的。除此之外，公司账户内还有数百万元的款项被提现。公司怀疑张某卷款潜逃，立即报警。得知女儿负责的账目出了问题，张某的父亲意识到女儿给自己的钱不干净，将30万元退缴给公安机关。

经过审计，张某担任出纳员期间，提取现金不入账、付出转账支票不入账的钱款金额高达1 020万余元。在潜逃的15年间，张某先是跑到云南，更名改姓重新生活，后来结识了新男友，便跟着男友去沈阳工作生活。直至去年6月，张某在沈阳落网，随后被移交北京警方。

西城法院审理后认为，张某作为公司人员，利用职务上的便利，将本公司财物非法占为己有，累计数额巨大的行为，已构成职务侵占罪。鉴于张某到案后能如实供述基本犯罪事实，家属也代为退缴部分赃款，法院对张某从轻处罚，判处其有期徒刑8年2个月，责令其退赔剩余的违法所得990万余元。

法网恢恢，疏而不漏，作为会计从业者，天天与“金钱”打交道，如果禁不住诱惑，迟早酿成大祸。

资料来源：佚名．女出纳侵吞公司上千万 更名改姓逃亡15年终落网［EB/OL］．［2020-12-10］．https：//baijiahao.baidu.com/s？id=1685644780824744149&wfr=spider&for=pc.有删改．

# 任务3　网银对公付款机器人的测试

## 任务描述

网银对公付款机器人开发完成后，需要设计测试用例进行测试，观察和审核机器人的运行情况和运行结果，从而发现问题，进一步调试和优化机器人。

## 价值提升2-2

### 案例：我听到过的最精彩的一个系统测试故事

20世纪80年代初期，我爸爸在一家存储设备公司工作，公司主要生产磁带机和磁带驱动器，这是那个时代的产物。当时他们推出了一种新型磁带驱动器，目标用户是拥有大量数据的企业，如银行、杂志社等，用于打印大量的地址簿或银行账目。

有个客户在使用过程中出现了问题，在打印过程中，个别驱动器会停止工作，导致整个打印过程终止。为了重载驱动器，值班人员必须重启所有驱动，如果这种事情发生在一个6小时的打印任务中，大量宝贵的计算机使用时间都会被浪费，整个任务将不能按时完成。

公司派出了技术人员前往维修，技术人员尽了最大的努力也不能在测试环境复现这个问题，这个问题似乎只会在打印大量任务的过程中出现。尽管问题出在硬件上的可能性微乎其微，技术人员还是更换了所有的设备——内存、微处理器、磁盘驱动，以及所有跟磁带机相关的部件，但问题仍然存在。

于是技术人员打电话给总部，请来了一位专家。专家要了一把椅子和一杯咖啡，坐在了计算机机房，值班人员准备了一大堆的打印任务，专家就在旁边全神贯注地看着，等着问题复现。4个小时后，机器果然崩溃了，所有人都看着专家，但专家没有发现任何线索。他只好命令把打印任务重新执行一次，所有的值班人员和技术人员都回到各自岗位工作。

专家又在椅子上坐下来，继续全神贯注等着机器再一次崩溃。这一等就是6小时，同样的故障又出现了。专家仍然没有完全弄清是什么原因导致了崩溃，但他通过仔细观察，发现故障总是发生在屋内人比较多的时候。他命令再打印一次，重新坐下，全神贯注等着，这时所有人都失去耐心，各自忙自己的事情去了。

第三次系统崩溃终于在5小时后来了，专家又发现了一个新情况，故障总是在值班人员更换其他没有关联的启动盘时发生。进一步研究，他突然意识到，当一个值班人员走过某块地板时崩溃就会发生。

机房的地板是由铝制的板块拼成，下面有6到8英寸高的隔空层，计算机使用的大量电缆都铺设在地板下，这样可以避免值班人员无意间踢到它们。地板块间拼合得很紧密，这是为了保证垃圾不掉进电缆通过的空间（如图2-32所示）。

专家趴在地上，仔细观察那块地板，发现有一块地板变形了。当值班人员踩到这块变形地板的一角时，地板就会变形，带动连接各地板的塑料之间摩擦产生静电，进而造成电磁干扰。专家让地板维修部门拿来一块新地板换上，问题就解决了。专家指出，电磁干扰破坏了RAM的工作，所以操作系统也就崩溃了。如今所有的RAM都有防电磁干扰功能，但当时并没有这种技术。

戴维·帕卡德说："小事成就大事，细节成就完美。"成功就是由一件又一件小事、一个又一个细节积累而成的。这位专家的成功之处，不但在于其在自己擅长的专业领域里达到一定的广度和深度，更在于他对每一个细节都不疏忽的认真精神。

图2-32　机房铝制拼接地板

案例来源：汤姆索．我听到过的最精彩的一个软件纠错故事［EB/OL］．［2016-07-21］．http：//www.51testing.com/html/72/n-3710972.html.

## 操作步骤

网银对公付款机器人的测试工作主要分为三个环节，分别是编制测试用例、执行测试用例、调整和优化。

### 一、编制测试用例

步骤❶：明确测试目标。根据网银对公付款机器人的开发目标和实际使用场景，确定测试目标为：检验网银对公付款机器人的工作正确率、环境适应能力。

步骤❷：确定测试环境。根据网银逐笔付款机器人的使用场景，确定测试环境为工商银行网上银行平台，网址为：http：//fz.chinaive.com/wsyh/？username=××× （×××需替换为登录RAD平台的用户名），U盾登录密码为：123456。

步骤❸：设计输入数据。根据企业实际的逐笔转账业务需求，编写输入数据，见表2-15。

表2-15　输入数据

| 序号 | 支付类别 | 收款人/收款单位 | 收款账号 | 收款开户行 | 付款金额（元） | 用途 | 付款日期 |
|---|---|---|---|---|---|---|---|
| 1 | 对公 | 光明钢材生产有限公司 | 43589243567843 | 光大银行安平市支行 | 150 000 | A板材 | 2021-06-12 |
| 2 | 对公 | 东方五金生产有限公司 | 3277384844859 | 建行安平市支行 | 36 572 | a配件 | 2021-06-12 |
| 3 | 对公 | 宏泰钢材生产有限公司 | 822680062114602 | 工行安平市支行 | 8 569 | X铸管 | 2021-06-12 |

步骤❹：确定预期结果。根据网银对公付款机器人的开发目标和实际使用需求，确定机器人的预期结果是：

（1）完成输入数据的3笔转账业务，网银平台能查询到相关明细记录，收款人、收款账号、金额、用途等信息完全正确；

（2）完成输入数据的3笔转账业务后，能将转账回单正确下载并保存在默认存储位置。

## 二、执行测试用例

在测试过程中应当严格观察和记录财务机器人的运行情况，运行报错时要及时保存日志面板的错误信息，并根据观察记录的问题和错误代码有针对性地调整财务机器人的流程、组件或参数，使财务机器人达到开发目标。

步骤❶：关闭计算机运行的其他无关软件，确保网络正常，设置Chrome浏览器“每次下载前询问保存路径”。

步骤❷：执行测试用例，在测试过程中应当仔细观察和记录网银对公付款机器人的运行情况，运行报错时要及时保存日志面板的错误信息，如图2-33所示。

图2-33　网银对公付款机器人的测试运行记录

步骤❸：网银对公付款机器人运行完成后，登录网银平台，查询账户交易明细，审核机器人工作是否完全正确，如图2-34所示。

图 2-34　审核网银对公付款机器人转账结果

步骤④：打开浏览器的默认下载存储位置，审核回单下载是否正确，如图2-35所示。

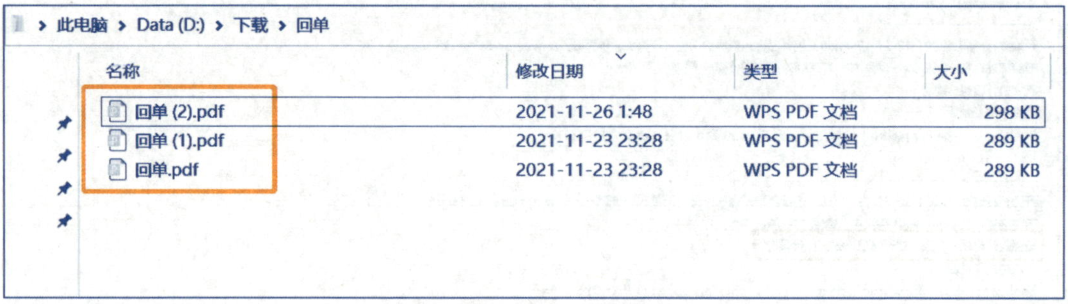


图 2-35　网银对公付款机器人转账回单下载

## 三、调整和优化

根据测试用例，在真实的环境中对财务机器人进行运行测试，观察运行状态，并核对运行结果是否与预期一致，若有问题应采取措施对财务机器人进行修改，并在测试文档中进行记录。财务机器人的测试应当利用多份测试用例进行测试，或者是一份测试用例测试多次，在多次运行中发现一些不常出现的问题并进行优化。

## 业务训练

【开发题】请上传开发完成的“网银对公付款机器人”程序压缩文件和运行成功的全屏截图，简要介绍设计与开发思路，并根据表2-16进行评判。

表2-16 评分标准

| 序号 | 考核要求 | 分值（分） | 判分标准 |
| --- | --- | --- | --- |
| 1 | 机器人程序能否成功运行且运行结果是否正确无误 | 60 | 第1项不合格，第2~5项0分 |
| 2 | 组件使用是否合理划分 | 10 | |
| 3 | 变量是否合理设置、复用性强 | 10 | |
| 4 | 控件名称是否准确、可读性强 | 10 | |
| 5 | 机器人操作步骤是否标准化、逻辑清晰 | 10 | |

拓展2-1

项目2的
后续更新

# 项目 3

## 报销业务机器人

## 项目目标

### 知识学习目标：

1. 掌握费用计提机器人的业务流程和特点；
2. 掌握费用付款机器人的业务流程和特点；
3. 理解记账凭证编制业务需求分析的要点；
4. 掌握记账凭证编制机器人的开发知识。

### 技能训练目标：

1. 能熟练应用和审核费用计提机器人；
2. 能熟练应用和审核费用付款机器人；
3. 能准确绘制记账凭证编制机器人开发流程图；
4. 能熟练应用变量、按照次数循环、填写输入框（网页）等组件；
5. 能根据软硬件环境熟练设置组件的前置延时、后置延时等属性；
6. 能独立完成记账凭证编制机器人的开发和测试。

### 素质素养目标：

1. 树立爱岗敬业、争创一流的劳模精神。
2. 提升思维构建能力和实践创新能力。

## 工作任务

### 本项目应完成的工作任务：

1. 利用费用计提机器人完成费用计提记账凭证编制；
2. 利用费用付款机器人完成网银付款及付款记账凭证编制；
3. 绘制记账凭证编制机器人的开发流程图；
4. 记账凭证编制机器人的开发和测试。

### 完成以上工作任务应提交的标志性成果：

1. 费用计提业务记账凭证；
2. 网银付款查询回单及费用付款业务记账凭证；
3. 记账凭证编制机器人的开发流程图；
4. 记账凭证编制机器人的开发应用程序。

## 业务场景

企业的财务部、销售部、采购部等，主要参与者包括出纳、销售业务员、采购专员等。

# 模块1　报销业务机器人的应用

## 业务描述

费用报销业务活动具有发生频率较高、费用种类较多、报销制度要求较细、涉及人员较广、消耗时间较长的特点。在企业实际工作中，费用报销人员首先要在OA系统中申请报销，经过审批后，会计人员先根据发生费用的用途，依照会计准则选择会计科目，根据费用种类分类别设计明细核算科目，根据财务管理要求，设置辅助账进行核算。完成会计核算后，经办人依照企业内部管理流程及公司报销流程，提请部门、财务、管理层审核批准后，财务部支付报销款，并根据费用发生的目的、内容等进行账务处理，保险业务流程如图3-1所示。

微课3-1

报销业务和报销业务机器人

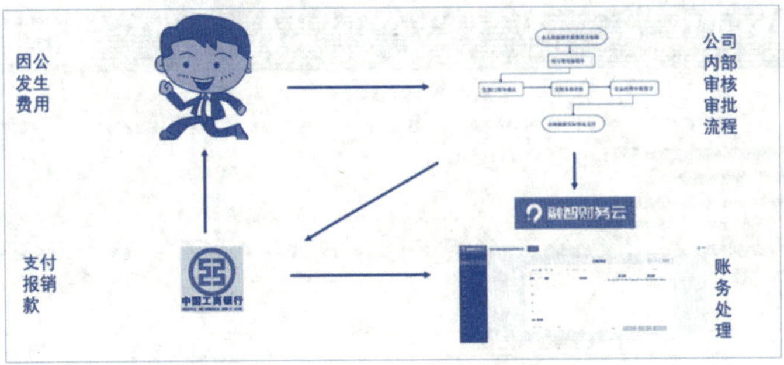


图3-1　报销业务流程示意图

## 任务1　费用计提机器人的应用

## 任务描述

营销副总经理王英一直非常关注公司品牌的打造，2021年12月1日与安平市魅力广告有限公司达成协议，当月在安平市电视台播放为期15天的电视广告，广告费用金额为159 000元。当天，安平市魅力广告有限公司开出增值税普通发票。销售部余静按照协议内容和发票金额，提交费用报销申请。经权限审批人审核批准后，财务部刘东需要完成该费用报销业务的记账凭证编制，相关票据如图3-2和图3-3所示。

财务部刘东需要完成该费用报销业务的记账凭证编制。

费用报销业务的付款统一由财务部刘东提交费用付款申请，经权限审批人审核批准后，财务部通过中国工商银行网上银行进行转账汇款，并在财务软件中完成该费用付款业务的记账凭证编制。

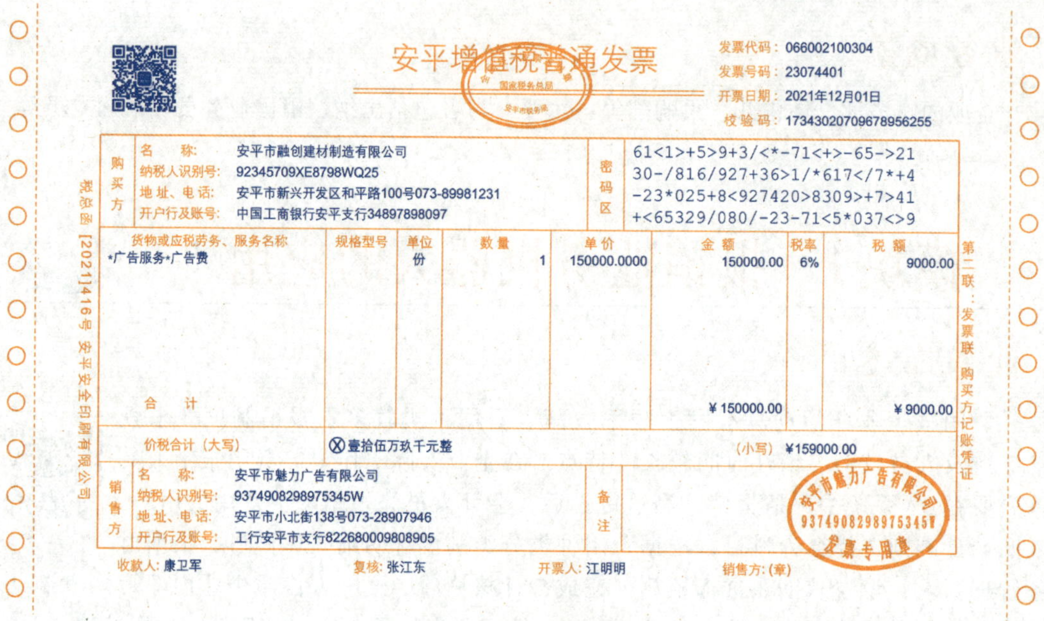

安平增值税普通发票

发票代码：066002100304
发票号码：23074401
开票日期：2021年12月01日
校验码：17343020709678956255

| 购买方 | 名称：安平市融创建材制造有限公司<br>纳税人识别号：92345709XE8798WQ25<br>地址、电话：安平市新兴开发区和平路100号073-89981231<br>开户行及账号：中国工商银行安平支行34897898097 | 密码区 | 61<1>+5>9+3/<*-71<+>-65->21<br>30-/816/927+36>1/*617</7*+4<br>-23*025+8<927420>8309>+7>41<br>+<65329/080/-23-71<5*037<>9 |
|---|---|---|---|

| 货物或应税劳务、服务名称 | 规格型号 | 单位 | 数量 | 单价 | 金额 | 税率 | 税额 |
|---|---|---|---|---|---|---|---|
| *广告服务*广告费 | | 份 | 1 | 150000.0000 | 150000.00 | 6% | 9000.00 |
| 合计 | | | | | ¥150000.00 | | ¥9000.00 |
| 价税合计（大写） | ⊗壹拾伍万玖千元整 | | | | （小写）¥159000.00 | | |

| 销售方 | 名称：安平市魅力广告有限公司<br>纳税人识别号：9374908298975345W<br>地址、电话：安平市小北街138号073-28907946<br>开户行及账号：工行安平市支行822680009808905 | 备注 | |
|---|---|---|---|

收款人：康卫军　复核：张江东　开票人：江明明　销售方：（章）

税总函〔2021〕416号 安平安全印刷有限公司

第二联：发票联 购买方记账凭证

图 3-2　增值税发票

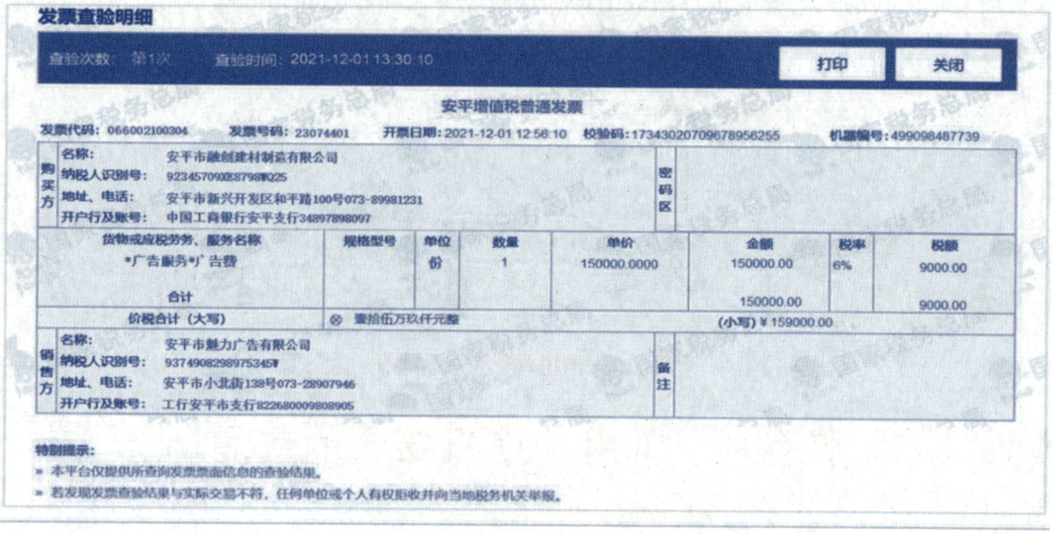

发票查验明细

查验次数：第1次　查验时间：2021-12-01 13:30:10　打印　关闭

安平增值税普通发票

发票代码：066002100304　发票号码：23074401　开票日期：2021-12-01 12:56:10　校验码：17343020709678956255　机器编号：499098487739

| 购买方 | 名称：安平市融创建材制造有限公司<br>纳税人识别号：92345709XE8798WQ25<br>地址、电话：安平市新兴开发区和平路100号073-89981231<br>开户行及账号：中国工商银行安平支行34897898097 | 密码区 | |
|---|---|---|---|

| 货物或应税劳务、服务名称 | 规格型号 | 单位 | 数量 | 单价 | 金额 | 税率 | 税额 |
|---|---|---|---|---|---|---|---|
| *广告服务*广告费 | | 份 | 1 | 150000.0000 | 150000.00 | 6% | 9000.00 |
| 合计 | | | | | 150000.00 | | 9000.00 |
| 价税合计（大写） | ⊗壹拾伍万玖仟元整 | | | | （小写）¥159000.00 | | |

| 销售方 | 名称：安平市魅力广告有限公司<br>纳税人识别号：9374908298975345W<br>地址、电话：安平市小北街138号073-28907946<br>开户行及账号：工行安平市支行822680009808905 | 备注 | |
|---|---|---|---|

特别提示：
» 本平台仅提供所查询发票票面信息的查验结果。
» 若发现发票查验结果与实际交易不符，任何单位或个人有权拒收并向当地税务机关举报。

图 3-3　增值税发票查验结果

# 任务分析

## 相关知识3-1

报销业务机器人是对企业日常经营管理过程中发生的费用报销业务进行自动账务处理的财务机器人，主要包括差旅费、办公费、业务招待费等各类费用支出经济业务。企业各类费用支出发生频繁、种类繁多、财务核算要求多样（分部门、分项目），但其规则明确，适合引入财务机器人替代人工，运用财务机器人将极大地提高工作效率。

通过分析费用报销业务活动，将其划分为以下2个各自独立存在且有关联的财务机器人：

（1）费用计提机器人

其根据费用计提信息，在财务软件中完成相应会计凭证的编制。

（2）费用付款机器人

根据费用付款信息，在网上报销完成报销款项支付，下载银行付款回单作为会计原始凭证，在财务软件中完成相应会计凭证的编制。

## 一、费用计提机器人的流程分析

微课3-2

费用计提业务机器人工作流程

根据费用报销业务的流程和报销业务机器人的划分，费用计提机器人的功能是根据费用报销信息，在财务软件中完成相应会计凭证的编制。费用计提机器人在信息系统中的工作流程如图3-4所示。

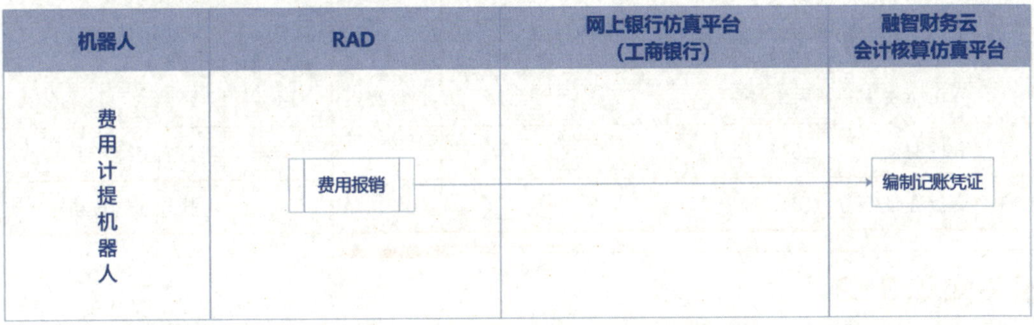


图3-4　费用计提机器人的工作流程

## 二、费用计提机器人的数据分析

根据费用计提机器人的工作流程，分析费用计提业务中财务机器人的业务活动发生时间/条件、涉及软件/平台、流程顺序见表3-1。

表3-1　费用计提机器人的运行信息

| 机器人类型 | 发生时间/条件 | 涉及软件/平台 | 流程顺序 |
|---|---|---|---|
| 费用计提机器人 | 审批完成的费用计提申请 | 财务云平台 | 编制记账凭证（财务软件） |

以任务要求为例，费用计提机器人的数据逻辑关系见表3-2。

表3-2　费用计提机器人的数据逻辑关系

| 序号 | 数据项目 | 业务数据 | 数据来源 | | | 财务机器人工作环境 |
|---|---|---|---|---|---|---|
| 说明 | 名称 | 业务 | OA系统（RAD） | | | 财务云平台 |
| | | | 直接填写 | 选择填写 | 自动生成 | 填制凭证 |
| 1 | 费用类型 | 广告费 | | √ | | |
| 2 | 报销事项 | 报销广告费 | √ | | | |
| 3 | 金额 | 159 000 | √ | | | 借方金额/贷方金额 |

续表

| 序号 | 数据项目 | 业务数据 | 数据来源 | | | 财务机器人工作环境 |
|---|---|---|---|---|---|---|
| 说明 | 名称 | 业务 | OA系统（RAD） | | | 财务云平台 |
| | | | 直接填写 | 选择填写 | 自动生成 | 填制凭证 |
| 4 | 支付类别 | 对公 | | √ | | |
| 5 | 收款人名称 | 安平市魅力广告有限公司 | √ | | | 贷方辅助账（供应商） |
| 6 | 申请人 | 余静 | | √ | | |
| 7 | 申请部门 | 销售部 | | √ | | 借方辅助账（部门） |
| 8 | 申请日期 | 2021-12-01 | √ | | | |
| 9 | 部门负责人 | 王英 | | | √ | |
| 10 | 审批时间 | 2021-12-01 | | | √ | |
| 11 | 公司负责人 | 周宏 | | | √ | |
| 12 | 审批时间 | 2021-12-01 | | | √ | 记账日期 |
| 13 | 模板凭证编号 | 101 | | | | 选择模板-编号 |

## 相关知识3-2

企业发生的费用报销业务活动与企业经营管理关系密切，安平市融创建材制造有限公司根据报销业务活动的内容，对各类费用报销业务活动的事项进行了如下分类：

（1）广告费，是指通过各种媒介宣传或发放赠品等方式，激发消费者对其产品或劳务的购买欲望，以达到促销目的所支付的费用。企业广告宣传职责由销售部门承担，会计核算中记入“销售费用”科目。

（2）包装费，是指商品销售时所使用的包装物（如纸箱、木箱、木笼、铁桶、铁罐等），耗用的各种包装材料（铁钉、铁腰子、麻布、铁丝、口袋、包皮、木板、纸张、防潮油毡等），改装、换装、修补包装费用等。企业销售部门负责销售商品，对销售商品时发生的包装费用进行管控，会计核算中记入“销售费用”科目。

（3）办公费，是指各部门耗用的文具、印刷、邮电、办公用品、绿植租赁及报纸杂志等办公费用。企业各个部门均会发生办公费用，在会计核算时，生产车间发生的办公费记入“制造费用”科目，其他管理部门发生的办公费记入“管理费用”科目。

（4）差旅费，是指出差期间因办理公务而产生的交通费、住宿费和公杂费等各项费用。企业各个部门均会发生差旅费，会计核算中记入“管理费用”科目。部分企业因管理要求，会在销售费用中设置二级明细科目用于核算销售人员发生的差旅费，融创建材公司财务核算制度规定差旅费均在“管理费用”科目中统一核算。

（5）业务招待费，是指企业为业务经营的合理需要而支付的招待费用。企业各个部门均会发生业务招待费，会计核算中记入“管理费用”科目。

（6）劳保费即劳动保护费，是指因工作需要为雇员配备或提供工作服、手套、安全保护用品等所发生的支出。企业各个部门均会发生劳保费，在会计核算时，记入“管理费用”科目。部分企业因管理要求，会在制造费用中设置二级明细科目用于核算生产车间人员发生的劳保费，融创建材公司财务核算制度规定劳保费均在“管理费用”科目中统一核算。

（7）修理费，指企业对固定资产、低值易耗品的修理维修费用。例如办公室桌椅的维修费、电脑打印机的维修费等。生产车间机器设备的维修耗材费用，因金额较大，按照采购业务进行管理，不在此列。企业各个部门均会发生修理费，在会计核算时，记入“管理费用”科目。

（8）水电费，指企业在生产经营过程中，消耗的水、电等能源费用，也是企业通常会发生的能源支出。部分企业还可能发生燃气、汽油、柴油等费用，因此可能将本费用命名为能源费。办公楼发生的水电费用，由总经办负责管理并办理报销付款手续，记入“管理费用”科目。厂房车间发生的水电费，由维修车间负责管理并办理报销付款手续，记入“制造费用”科目。此类事项由企业内部的管理分工决定。

（9）福利费，是指用于增加职工物质利益，帮助职工及其家属解决某些特殊困难和兴办集体福利事业所支付的费用，如企业年会、节假日发放的福利品、部门聚餐等费用开支。会计核算时通过计提的方式记入“管理费用”“销售费用”“制造费用”科目，贷方在“应付职工薪酬——应付福利费”科目中核算。实际发生时通过“应付职工薪酬——应付福利费”科目列支。

（10）职工教育经费，是指企业按工资总额的一定比例提取用于职工教育事业的一项费用，是企业为职工学习先进技术和提高文化水平而支付的费用，如员工岗前培训费、图书资料费等。会计核算时通过计提的方式记入“管理费用”“销售费用”“制造费用”科目，贷方在“应付职工薪酬——应付职工教育经费”科目中核算，实际发生时通过“应付职工薪酬——应付职工教育经费”科目列支。

（11）其他，是指各部门发生的非单独做二级明细科目核算、零星、金额较小的费用，如商标注册手续费、网站维护费等。会计核算时，根据发生费用的部门，分别在“销售费用”“管理费用”“制造费用”科目中核算。

需要说明的是，费用核算在会计制度中仅针对一级核算科目有说明和要求，对于二级明细核算科目，往往根据企业内部管理核算要求设置，并不完全一致。

## 三、费用计提机器人的程序分析

微课3-3
费用计提机器人的程序分析

费用计提机器人的应用程序包含main流程和5个子流程，其中5个子流程分别是：P00_打开数据表格、P01_登录财务云平台、P02_获取数据、P03_编制记账凭证、P04_退出财务云平台。

### （一）main（主流程）

资源3-1
费用计提机器人的主流程大图

main流程的界面如图3-5所示，其工作原理是首先通过“P01_登录财务云平台”子流程，登录财务云会计核算平台；然后通过“按照次数循环”组件循环执行“P02_获取数据”及“P03_编制记账凭证”子流程；最后执行“P04_退出财务云平台”子流程，关闭财务云会计核算平台及数据文件。4个子流程在main流程中按照业务流程顺序从上至下排列连接，在“按照次数循环”组件的调动下，循环运行其中的子流程和组件批量处理业务。

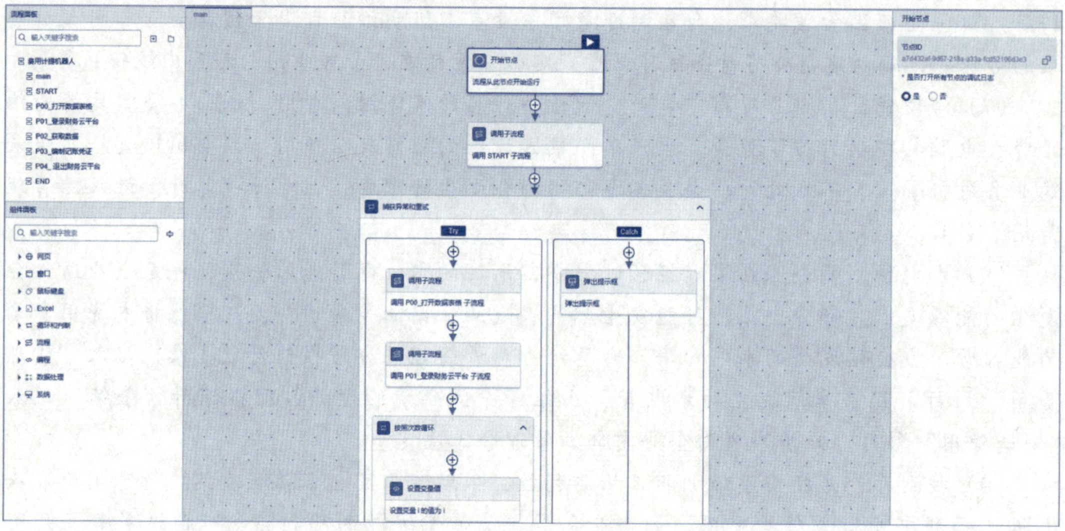


图 3-5　费用计提机器人的主流程界面

## （二）P01_登录财务云平台

资源 3-2

费用计提机器人的登录财务云平台子流程大图

“P01_登录财务云平台”子流程是实现“登录财务云会计核算平台”操作的流程，如图3-6所示。本流程通过“打开新网页”组件打开财务云平台，然后通过“填写输入框（网页）”和“点击控件（网页）”组件完成财务云平台的登录。

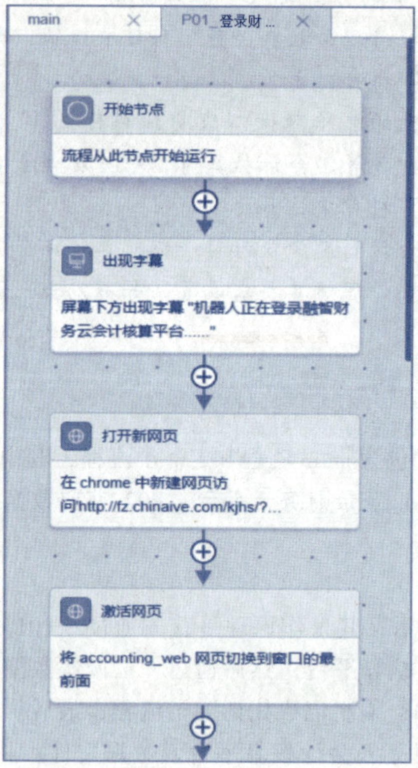


图 3-6　费用计提机器人的登录财务云平台子流程

### （三）P02_获取数据

资源3-3 费用计提机器人的获取数据子流程大图

“P02_获取数据”子流程是实现“获取数据”操作的流程，如图3-7所示。本流程只有一个“获取Excel行的值”组件，用于读取指定Excel表里的记账数据，并将读取到的记账数据存储在一个名为“data”的变量中，供后续流程调用。

图3-7 费用计提机器人的获取数据子流程

### （四）P03_编制记账凭证

资源3-4 费用计提机器人的编制记账凭证子流程大图

“P03_编制记账凭证”子流程是实现“编制记账凭证”操作的流程，如图3-8所示，也是费用计提机器人的核心流程。本流程的组件较多，可以分为几个部分来理解：首先是进入新增记账凭证界面的操作，通过多个“点击控件（网页）”组件，依次点击不同的按钮（或链接），进入新增记账凭证的界面；然后是选择科目、输入数据的操作，通过“填写输入框（网页）”“点击控件（网页）”“输入热键”等组件，依次完成输入记账日期、调用凭证模板、输入借方辅助核算项、输入借方科目金额等操作；最后是根据业务自动判断的操作。由于职工薪酬类费用计提时的辅助核算与其他类费用计提差异较大，因此利用“条件分支”组件，判断是否属于福利费或职工教育经费报销；由于对公和对私支付的贷方科目辅助核算项内容不同，因此还需利用一个“条件分支”组件判断支付类别是否为对公；根据判断结果录入不同的辅助核算信息，完成辅助核算信息的录入后利用“通过剪贴方式输入（网页）”“输入热键”等组件实现贷方科目金额的录入和保存。

### （五）P04_退出财务云平台

资源3-5 费用计提机器人的退出财务云平台子流程大图

“P04_退出财务云平台”子流程是实现“退出财务云平台”操作的流程，如图3-9所示。本流程利用“点击控件（网页）”和“输入热键”组件完成财务云平台的退出，再利用“获取窗口”“输入热键”等组件关闭已打开的业务数据表格。

图3-8　费用计提机器人的编制记账凭证子流程

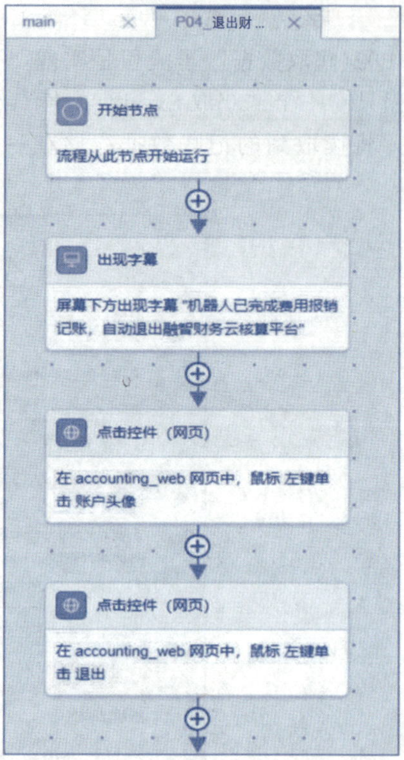


图3-9　费用计提机器人的退出财务云平台子流程

## 操作步骤

费用计提机器人应用的操作步骤总体上分为两个环节，分别是费用计提业务数据采集、费用计提机器人运行与审核。其中，费用计提机器人运行与审核包括下载并打开费用计提机器人应用程序、运行费用计提机器人、审核费用计提机器人工作结果。

## 相关知识3-3

企业发生的费用报销业务活动与企业经营管理关系密切，安平市融创建材制造有限公司是专门从事建筑材料生产、销售的有限责任公司，企业部门设置与发生的费用种类对应见表3-3。

表3-3　费用种类表

| 序号 | 费用类型 | 费用发生的部门 | 会计科目 |
|---|---|---|---|
| 1 | 广告费 | 销售部 | 销售费用 |
| 2 | 包装费 | 销售部 | 销售费用 |
| 3 | 办公费 | 总经办/人力资源部/质检部/财务部/采购部/仓储部/销售部 | 管理费用 |
|  |  | 一车间/二车间/三车间/维修车间 | 制造费用 |
| 4 | 差旅费 | 总经办/人力资源部/质检部/财务部/采购部/仓储部/销售部/一车间/二车间/三车间/维修车间 | 管理费用 |

续表

<table>
<tr><th>序号</th><th>费用类型</th><th>费用发生的部门</th><th>会计科目</th></tr>
<tr><td>5</td><td>业务招待费</td><td>总经办/人力资源部/质检部/财务部/采购部/仓储部/销售部/一车间/二车间/三车间/维修车间</td><td>管理费用</td></tr>
<tr><td>6</td><td>劳保费</td><td>总经办/人力资源部/质检部/财务部/采购部/仓储部/销售部/一车间/二车间/三车间/维修车间</td><td>管理费用</td></tr>
<tr><td>7</td><td>修理费</td><td>总经办/人力资源部/质检部/财务部/采购部/仓储部/销售部/一车间/二车间/三车间/维修车间</td><td>管理费用</td></tr>
<tr><td rowspan="2">8</td><td rowspan="2">水电费</td><td>总经办</td><td>管理费用</td></tr>
<tr><td>维修车间</td><td>制造费用</td></tr>
<tr><td>9</td><td>福利费</td><td>总经办/人力资源部/质检部/财务部/采购部/仓储部/销售部/一车间/二车间/三车间/维修车间</td><td>应付职工薪酬</td></tr>
<tr><td>10</td><td>职工教育经费</td><td>总经办/人力资源部/质检部/财务部/采购部/仓储部/销售部/一车间/二车间/三车间/维修车间</td><td>应付职工薪酬</td></tr>
<tr><td rowspan="3">11</td><td rowspan="3">其他</td><td>总经办/人力资源部/质检部/财务部/采购部/仓储部</td><td>管理费用</td></tr>
<tr><td>销售部</td><td>销售费用</td></tr>
<tr><td>一车间/二车间/三车间/维修车间</td><td>制造费用</td></tr>
</table>

需要说明的是，费用核算在会计制度中仅针对一级核算科目有说明和要求，二级明细核算科目往往根据企业内部管理核算要求设置，并不完全一致。

## 一、费用计提业务的数据采集

报销业务中，费用报销人员首先要在OA系统中申请报销，经过审批后，才能进入到费用计提业务流程中。

步骤❶：登录“财务机器人应用与开发实践平台（http：//frad.chinaive.com/）”，然后点击报销业务机器人下面的【费用计提机器人的应用任务】进入任务详情，仔细阅读任务介绍和仿真案例后，点击【选择业务】并勾选需要处理的业务，并点击【完成】。

报销业务的纸质发票在收到时就已通过手机拍照或扫描等方式完成了发票图像采集，采集的发票图像经过OCR技术文字识别后将发票信息结构化存储在数据库中。如果是电子发票，则可省略图像采集和OCR文字识别这两个步骤。OA系统通过数据端口可以直接调用数据库的发票信息，因此在OA系统申请报销时可以根据选择的业务，直接调用发票。

步骤❷：在弹出的“选择业务”窗口点击【确定】，将新建的业务设置为“可采集数据业务”，然后可以点击“业务数据”下的【导出】将所创建的业务数据下载到本地查看和核对。

## 二、费用计提机器人的运行与审核

微课3-4

费用计提机器人的运行与审核

### （一）下载并打开费用计提机器人

步骤❶：在费用计提机器人的应用任务“已选任务”列表中，下载费用计提机器人应用程序。

步骤❷：在RPA编辑器中打开下载的费用计提机器人应用程序，进入费用计提机器人程序的运行与调试界面。

### （二）运行费用计提机器人

步骤❶：关闭其他无关软件，然后运行费用计提机器人应用程序。

步骤❷：观察费用计提机器人的运行情况，若费用计提机器人运行异常中止，可检查各组件右上角是否有异常提示，或者进入日志面板查看运行记录，根据提示信息对运行环境或程序进行优化调整后再运行。

### （三）审核费用计提机器人工作结果

步骤❶：打开财务云会计核算平台（http：//fz.chinaive.com/kjhs/），进入“安平市融创建材制作有限公司”账簿，并依次点击【凭证】【查看凭证】，选择费用计提的日期，检查相应日期的报销凭证是否编制成功，如图3-10所示。

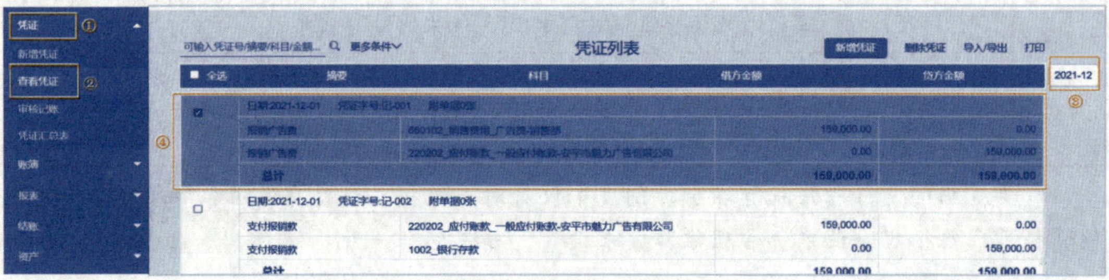


图3-10 审核凭证是否编制成功

步骤❷：检查已登记入账的凭证中的摘要、科目、金额等信息是否正确，如图3-11所示。

| | | | | |
|---|---|---|---|---|
| ☐ | 日期:2021-12-01 凭证字号:记-001 附单据0张 | | | |
| | 报销广告费 | 660102_销售费用_广告费-销售部 | 159,000.00 | 0.00 |
| | 报销广告费 | 220202 应付账款_一般应付账款-安平市魅力广告有限公司 | 0.00 | 159,000.00 |
| | 总计 | | 159,000.00 | 159,000.00 |

图3-11 审核凭证明细

## 价值提升3-1

**陈卓：在方寸屏幕中“建”高楼**

经过80分钟的理论测试和6小时的现场实操建模，第一次参加由共青团中央、人力资源和社会保障部主办的国家级一类大赛“振兴杯”全国青年职业技能大赛（职工组）的陈卓一举斩获金奖。

陈卓角逐的建筑信息模型（BIM）赛项涉及建筑、结构、机电、市政等工程领域的理论知识和实操技能。今年26岁的陈卓，是一名年轻的工程师，也是中国建筑第三工程局有限公司（以下简称“中建三局”）雄安新区容西安置房及配套设施项目BIM负责人。“我没有选择脱岗备赛，而是以工代训，在日常工作中磨炼建模能力。”陈卓说，这份荣誉是对他工作的肯定，并将激励他继续努力，为建筑业信息化发展贡献力量。

**“差之毫厘，谬以千里”**

2020年10月起，陈卓参与中建三局承建的珠海横琴科学城（一期）项目建设，担任BIM负责人。这个建筑面积超115万平方米的建筑工程，是全国最大房建类EPC项目，面积大、工期紧，管理难度可见一斑。“第一次作为项目BIM负责人，我压力很大。”陈卓说，“BIM具有协同性、可视性、模拟性等优势，我觉得用好这个工具，对超大型项目管理一定能起到很大的推进作用。”

为了实现BIM技术优势的最大化，陈卓在条件艰苦的施工现场进行了大量的实地查看，掌握施工现场的每一处细节，以便尽可能提升模型的精准性。同时，他十分注重项目团队合作，组织各部门及时面对面交流，知晓各自工作内容，群策群力，思考如何通过BIM技术优化传统施工。

在陈卓和项目团队的努力下，施工场地规划部署变得更高效。“应用BIM技术，结构施工阶段提前15天完成。”陈卓介绍，通过三维图纸审核，减少设计问题372处，完善了15份技术方案，有效提高施工可行性和安全性。

横琴科学城（一期）项目优质履约让陈卓信心倍增，也激励他在建筑施工领域探索BIM技术应用的更多可能性。随后，陈卓被任命为另一项目BIM负责人，但这次的工作却不顺利。

“项目情况比较复杂，之前学的一些知识突然就派不上用场了。”陈卓说，是打退堂鼓还是啃“硬骨头”，他只能二选一。陈卓选择留下来，为了尽快适应项目的工作环境，他开始反复研究项目的保密细则和要求。要让成千上万的管线、材料有序排列，就必须对细节进行精准把控。“差之毫厘，谬以千里。一个小错误，就可能影响整个工程项目。”陈卓事后说。

**“必须思考新办法解决问题”**

2023年，陈卓主动请缨担任中建三局雄安新区容西安置房项目BIM负责人。作为雄安新区的重大民生工程，该项目建设标准高、关注度高。不仅如此，陈卓负责的BIM部门还需配合政府部门搭建数字孪生系统。这对陈卓来说，又是一次挑战。“我喜欢学习与挑战，这个过程让我不断变强。”经过学习、研究，陈卓发现新BIM平台的建模要求与以往有很大出入，如果沿用以往经验会导致效率降低。

“必须思考新办法解决问题。在一条条比对雄安BIM标准和平台规则后，我慢慢探索编写了Dynamo程序。”陈卓运用了一套新方法，该程序实现了自动计算并修正参数的功能，有效保障了项目建模的高速度和高质量。

如今，捧回金奖的陈卓回到工作岗位上，继续参与BIM相关的课题研究。“作为新时代青年和建筑从业者，我希望自己有朝一日能成为BIM专家，为建筑行业迈向数字化、实现转型升级贡献光和热。”

案例来源：吴纯新．陈卓：在方寸屏幕中“建”高楼［EB/OL］．［2023-11-20］．https：//www.xuexi.cn/lgpage/detail/index.html？ id=6483122830545580816&amp； item_id=6483122830545580816．有删改

# 任务2　费用付款机器人的应用

## 任务描述

资源3-6

费用付款机器人应用的业务素材

2021年12月1日，安平市融创建材制造有限公司与安平市魅力广告有限公司达成协议，当月在安平市电视台播放为期15天的电视广告，广告费用金额为159 000元。财务部刘东对该业务已完成登记入账，在获得批准后通过网上银行进行付款。

## 任务分析

微课3-5

费用付款机器人工作流程

### 一、费用付款机器人的流程分析

根据企业的内部控制制度，报销业务需要在费用计提后申请费用付款，得到审批后才能通过网银进行支付，并完成网银转账记账凭证的编制，费用付款机器人的工作流程如图3-12所示。

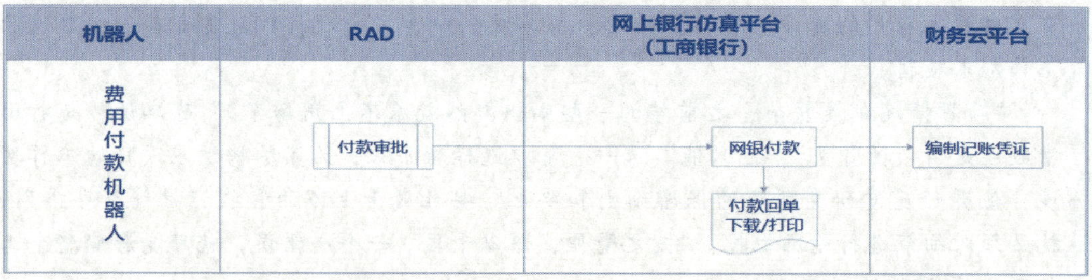


图3-12　费用付款机器人的工作流程

报销费用支付是费用报销业务的延续，核心工作包括两个部分：在网银平台进行转账支付、在财务云平台编制记账凭证。

### 相关知识3-4

通过对会计工作的梳理，我们可以发现，很大一部分会计工作可以划分成一个个的模块，部分模块是相同的，然后通过不同模块的组合就可以构成一个完整的工作领域。例如，报销业务中的费用付款工作，前文提到过其核心工作分别是通过网银平台进行转账支付和在财务云平台编制记账凭证，而通过网银平台进行的转账支付工作在很多其他领域的工作中也会涉及，如工资发放、缴纳税费、支付货款等，因此财务机器人的开发可以将可划分的业务做成一个个独立的模块，不同的财务机器人模块按需组合，然后适当进行调整，形成一个新的财务机器人。例如，将网银转账模块和编制记账凭证模块进行组合，就形成了费用付款机器人，这种模块化开发的模式能大大降低财务机器人的开发成本，也使得不同财务机器人实现高度的一致性，为后续的运维工作带来极大的便利。

## 二、费用付款机器人的数据分析

根据费用付款机器人的工作流程，分析费用付款业务中财务机器人的数据在不同平台的项目及对应关系，见表3-4。

表3-4 费用付款机器人的数据分析

| 序号 | 数据项目 | 业务数据 | 数据来源 | | | 财务机器人工作环境 | |
|---|---|---|---|---|---|---|---|
| 说明 | | | OA系统 | | | 网上银行 | 财务云平台 |
| | | | 直接填写 | 选择填写 | 自动生成 | 逐笔支付 | 填制凭证 |
| 1 | 收款人名称 | 安平市魅力广告有限公司 | √ | | | 收款单位 | 借方辅助账（供应商） |
| 2 | 款项用途 | 广告费 | | √ | | 汇款用途 | |
| 3 | 付款金额 | 159 000 | √ | | | 汇款金额 | 借方金额/贷方金额 |
| 4 | 结算方式 | 网银 | | √ | | | |
| 5 | 支付类别 | 对公 | | √ | | 选择转账汇款模块 | |
| 6 | 开户报销 | 工行安平市支行 | √ | | | 收款报销 | |
| 7 | 报销账号 | 822680009808905 | √ | | | 收款账号 | |
| 8 | 申请人 | 刘东 | | √ | | | |
| 9 | 申请部门 | 财务部 | | √ | | | |
| 10 | 申请日期 | 2021-12-01 | √ | | | | |
| 11 | 部门负责人 | 周宇 | | | √ | | |
| 12 | 审批时间 | 2021-12-01 | | | √ | | |
| 13 | 公司负责人 | 李宏 | | | √ | | |
| 14 | 审批时间 | 2021-12-01 | | | √ | | 记账日期 |
| 15 | 模板凭证编号 | 901 | | | | | 选择模板-编号 |

## 三、费用付款机器人的程序分析

微课3-6
费用付款机器人的程序分析

费用付款机器人的应用程序由main流程和9个子流程组成，其中9个子流程分别是：P00_打开数据表格、P01_登录工行网银、P02_获取数据、P03_逐笔付款、P04_查询付款信息、P05_退出工行网银、P06_登录财务云平台、P07_编制记账凭证、P08_退出财务云平台。

其中，子流程P01、P02、P03、P04、P05的组合用于实现网银付款，与“网银付款机器人”程序一样，此处不再详细介绍，子流程P06、P07、P08的组合用于实现网银付款业务的记账凭证编制。

### （一）main（主流程）

资源3-7
费用付款机器人的主流程大图

main流程的界面如图3-13所示，其通过“按照次数循环”组件循环其包含的子流程和组件以实现批量处理业务，用于完成记账凭证编制工作的部分介绍如下：

（1）通过“P06_登录财务云平台”子流程打开并登录财务云会计核算平台。

（2）通过“按照次数循环”组件，循环执行“P02_获取数据”和“P07_编制记账凭证”子流程进行记账凭证编制。

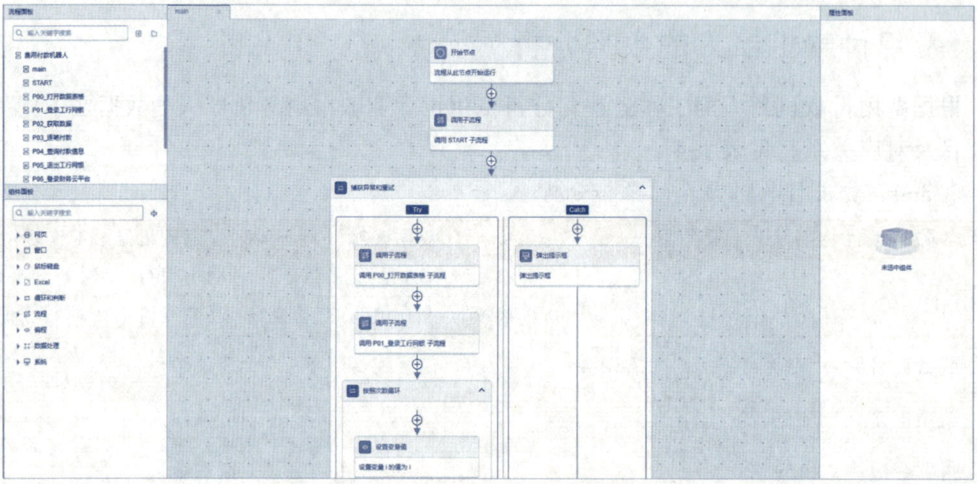


图 3-13　费用付款机器人的主流程界面

（3）通过“P08_退出财务云平台”子流程退出财务云会计核算平台并关闭已打开的业务数据文件。

资源 3-8

费用付款机器人的登录财务云平台子流程大图

## （二）P06_登录财务云平台

“P06_登录财务云平台”子流程是实现登录财务云会计核算平台操作的流程，如图 3-14 所示。本流程通过“打开新网页”组件打开财务云平台，然后通过“填写输入框（网页）”和“点击控件（网页）”等组件完成财务云平台的登录。

## （三）P07_编制记账凭证

“P07_编制记账凭证”子流程是实现编制记账凭证操作的流程，如图 3-15 所示。本流程与任务 1 费用计提机器人的“P03_编制记账凭证流程”类似，但由于费用付款所调用的会计凭证模板的借方科目为往来科目、贷方科目为“银行存款”科目，因此不需要考虑借贷方科目是否属于“福利费”“职工教育经费”，故无须开发该类条件判断程序。

资源 3-9

费用付款机器人的编制记账凭证子流程大图

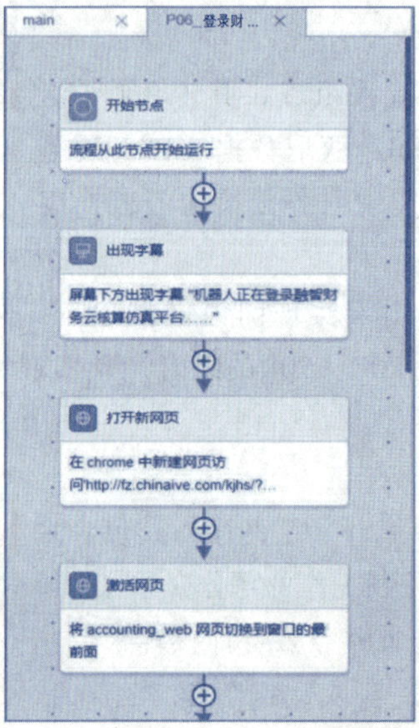


图 3-14　费用付款机器人的登录财务云平台子流程

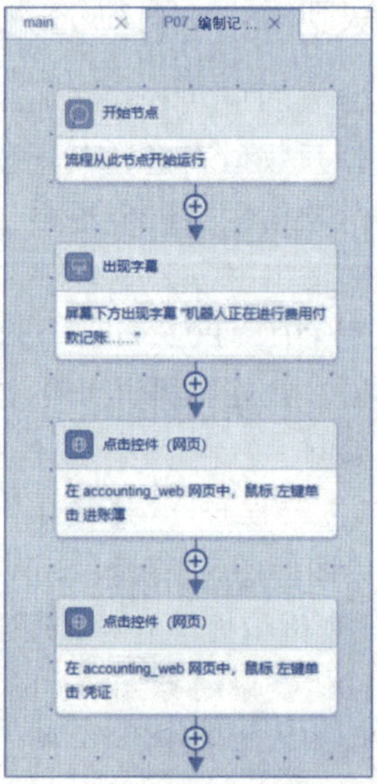


图 3-15　费用付款机器人的编制记账凭证子流程

### （四）P08_退出财务云平台

资源3-10

费用付款机器人的退出财务云平台子流程大图

“P08_退出财务云平台”子流程是实现退出财务云平台操作的流程，如图3-16所示。本流程的主要功能为退出财务云平台并关闭已打开的数据表格。

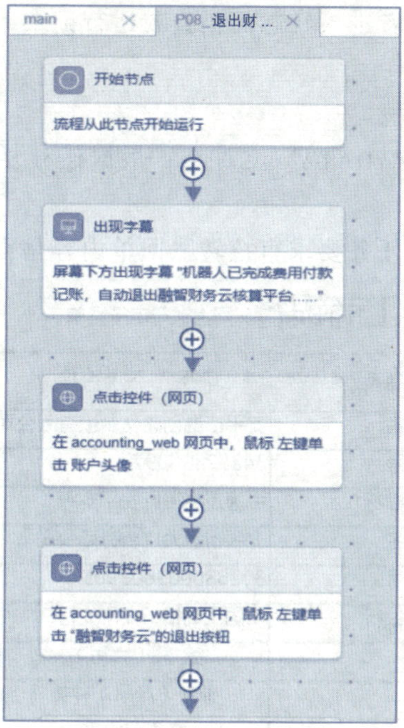


图3-16　费用付款机器人的退出财务云平台子流程

## 操作步骤

## 一、费用付款业务的数据采集

由于费用报销的编制记账凭证工作和费用付款工作存在一定的时间差，基于财务工作的严谨性，应当对之前采集的费用付款数据进行审核，以确保费用支付的准确性。费用报销审批通过后，财务人员会根据资金使用计划在OA系统提交费用付款申请。

微课3-7

费用付款机器人的运行与审核

步骤❶：登录“财务机器人应用与开发实践平台（http：//frad.chinaive.com/）”，然后点击报销业务机器人下面的【费用付款机器人的应用任务】进入任务详情，仔细阅读任务介绍和仿真案例后，点击【选择业务】并勾选需要处理的业务，并点击【完成】。

步骤❷：在弹出的“选择业务”窗口点击【确定】，将新建的业务设置为“可采集数据业务”，然后可以点击“业务数据”下的【导出】将所创建的业务数据下载到本地查看和核对。

## 二、费用付款机器人的运行与审核

### （一）下载并打开费用付款机器人

步骤❶：进入“机器人应用与开发实践平台”，下载费用付款机器人应用程序。

步骤❷：在“阿里云RPA编辑器”中打开下载的费用付款机器人应用程序。

### （二）运行费用付款机器人

步骤❶：关闭其他无关软件，然后运行费用付款机器人应用程序。

步骤❷：观察费用付款机器人的运行情况。如费用付款机器人运行异常中止，可检查各组件右上角是否有异常提示，或者进入日志面板查看运行记录，根据提示信息对运行环境或程序进行优化调整后再运行。

### （三）审核费用付款机器人工作结果

步骤❶：打开电脑中“C：\RPADATA”文件夹，根据任务要求，审核文件夹中存放的转账回单数量和名称是否正确。

步骤❷：依次打开回单，按照任务要求审核转账回单内容是否正确，如图3-17所示。

**中国工商银行** 网上银行电子回单

电子回单号码：8906266239Z801928　打印日期：2021-11-19

<table>
<tr><td rowspan="3">付款人</td><td>户名</td><td colspan="3">安平市融创建材制造有限公司</td></tr>
<tr><td>账号</td><td colspan="3">34897898097</td></tr>
<tr><td>开户银行</td><td colspan="3">中国工商银行安平支行</td></tr>
<tr><td rowspan="3">收款人</td><td>户名</td><td colspan="3">安平市魅力广告有限公司</td></tr>
<tr><td>账号</td><td colspan="3">822680009808905</td></tr>
<tr><td>开户银行</td><td colspan="3">中国工商银行安平支行</td></tr>
<tr><td>金 额</td><td>¥ 159000.00</td><td>金 额（大写）</td><td colspan="2">人民币 壹拾伍萬玖仟圆整</td></tr>
<tr><td>摘 要</td><td>付款</td><td>业务（产品）种类</td><td colspan="2">付款</td></tr>
<tr><td>用 途</td><td>广告费</td><td>交易流水号</td><td colspan="2">980397161152</td></tr>
<tr><td></td><td colspan="4">备注：<br>产品名称：回单管理 费用名称：自助打印回单 应付金额：<br>实收金额：付款渠道：企网 业务发生日期：2021-12-01<br>业务发生账号：34897898097<br>验证码：360414587</td></tr>
<tr><td>记账网点</td><td>101</td><td>记账柜员 222</td><td>记账日期</td><td>2021-12-01</td></tr>
</table>

图3-17　审核转账回单内容

步骤❸：打开财务云平台（http：//fz.chinaive.com/kjhs/），进入“安平市融创建材制造有限公司”账簿，并依次点击【凭证】【查看凭证】，选择费用付款的日期，检查相应日期的付款凭证是否编制成功，如图3-18所示。

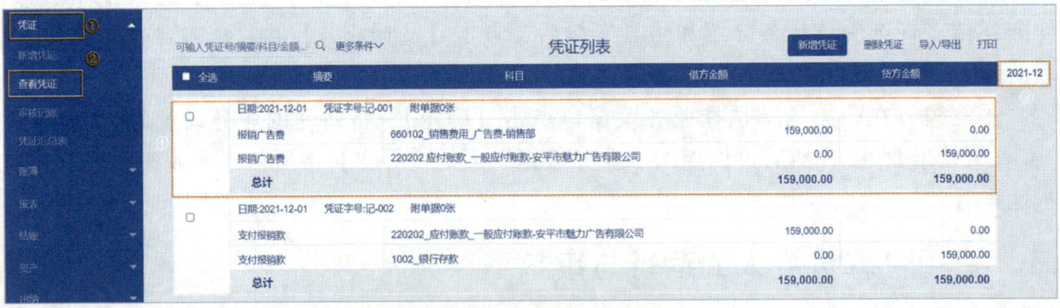


图3-18　审核凭证是否编制成功

步骤❹：检查已登记入账的凭证中的摘要、科目、金额等信息是否正确。

# 模块2 记账凭证编制机器人的开发

## 业务描述

资源3-11

记账凭证编制机器人开发素材

2021年12月15日，会计刘东收到以下费用报销单据：

（1）2021年12月10日，销售部余静报销差旅费1 000元，同日出纳通过网上银行完成报销款支付。

（2）2021年12月11日，财务部邹红报销办公用品费200元，12月12日出纳通过网上银行完成报销款支付。

（3）2021年12月12日，质检部李玲报销印刷费1 200元，12月14日出纳通过网上银行完成报销款支付。

会计刘东需要根据费用报销单在财务云平台编制上述业务的记账凭证，存在大量重复操作。刘东准备采用财务机器人从Excel表中读取数据后，在财务软件中编制记账凭证的方式来提高工作的效率。

## 任务1 记账凭证编制机器人的开发准备

### 任务描述

记账凭证编制机器人的开发，要先做好开发准备，开发准备工作包括明确任务、需求分析、程序设计三个方面。

### 操作步骤

#### 一、明确任务

步骤❶：确定任务名称。任务名称即开发记账凭证编制机器人。

步骤❷：识别开发背景。财务人员因工作需要经常登录财务云会计核算平台完成记账凭证编制的操作。为提高记账凭证编制的效率，需要开发一款财务机器人，功能为自动登录财务云会计核算平台并完成记账凭证编制。

步骤❸：明确开发要求。按照开发案例的要求，参照设计方案，完成财务机器人开发并成功运行。

#### 二、需求分析

需求分析是机器人开发项目中最重要的准备工作。开发人员经过对业务深入细致、全面的调研和分析，按照财务人员在业务中的操作步骤和规则，整理形成能够准确表述且包含机器人开发所需的数据规格、步骤流程、分支判断、循环条件等信息的设计方案（文档），才可顺利地开展机器人的开发。

### （一）调研记账凭证编制业务工作流程

通过访谈、观察等调研方法梳理记账凭证编制业务的工作流程为：

（1）打开并登录财务云会计核算平台。

（2）进入账套后，根据记账业务数据，填写借贷方科目或选择凭证模板、完成记账凭证编制。

（3）退出财务云会计核算平台。

### （二）绘制记账凭证编制业务工作流程图

根据记账凭证编制工作流程，进行标准化梳理，绘制的工作流程图如图3-19所示。

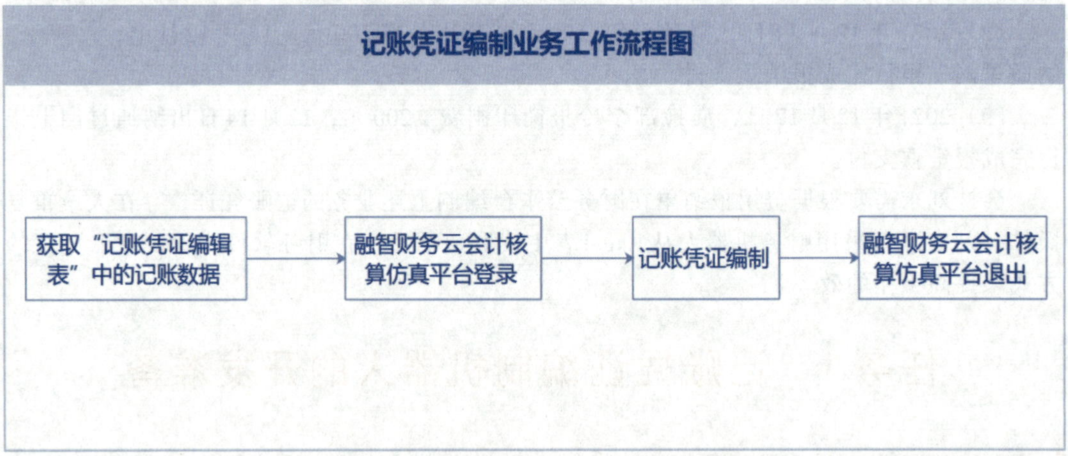


图3-19　记账凭证编制业务工作流程图

### （三）梳理记账凭证编制机器人工作流程

微课3-8

记账凭证编制机器人的工作流程

根据图3-19，明确记账凭证编制机器人的工作流程为：

（1）获取“记账凭证编辑表”中的记账数据，打开并登录财务云会计核算平台。

（2）登录财务云会计核算平台进入账套后，根据记账业务数据，填写借贷方科目、金额等信息，完成记账凭证编制；或者选择凭证模板，通过调用平台系统预置的凭证模板，快速完成记账凭证编制工作。

（3）退出财务云会计核算平台。

### （四）绘制记账凭证编制机器人开发流程图

根据记账凭证编制机器人的工作流程，结合财务机器人的开发方式，可以制订记账凭证机器人的设计方案，其中机器人的开发流程图如图3-20所示。

资源3-12

记账凭证编制机器人的设计方案

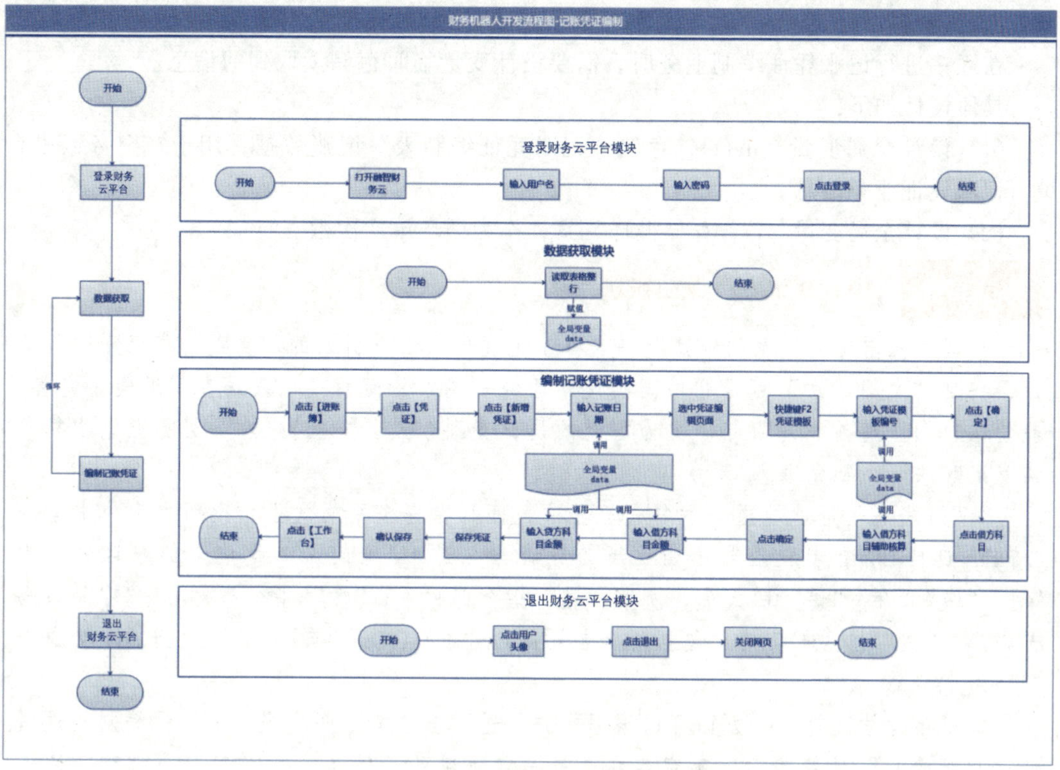


图3-20 记账凭证编制机器人开发流程图

## 三、程序设计

### （一）模块设计

记账凭证编制机器人应用程序划分为登录财务云平台、获取数据、编制记账凭证、退出财务云平台四个模块，划分依据见表3-5。

表3-5 模块设计表

| 序号 | 模块名 | 划分依据 |
|---|---|---|
| 1 | 登录财务云平台 | 财务云平台登录为各类财务云平台操作的基础步骤，具有极强的标准性和复用性 |
| 2 | 获取数据 | 获取的数据用于财务云平台登录及记账凭证编制环节调用 |
| 3 | 编制记账凭证 | 较为独立完整 |
| 4 | 退出财务云平台 | 财务云平台退出为各类财务云平台操作结束后的统一步骤，具有极强的标准性和复用性 |

### （二）循环设计

为逐一对记账数据进行记账凭证编制，需在每笔业务编制结束后，跳至下一笔业务继续编制，直至全部业务记账完毕。

因此，需要对记账凭证编制完整流程设计循环，从登录财务云平台开始循环，直至全部业务记账完成结束循环。

### （三）变量设计

在逐一进行记账凭证编制业务时，需要设计变量临时存储读取到的信息。

具体设计如下：

（1）设计全局变量（data），存储“记账凭证编制表”记账数据，用于在财务云平台填写记账凭证业务信息。

（2）设计全局变量（i），存储循环元素，作为循环单次次数。

**德技兼修　中式簿记——龙门账法**

我国古代出现的“龙门账法”一点都不比现代从西方引入的“复式借贷记账法”落后，并且“龙门账法”可是在中国明代就已经出现了，而西式记账法直到近代才完善，我们在时间上超前了几百年。更为重要的是，直到今天，“龙门账法”实际上比“复式借贷记账法”还要先进。

“龙门账法”是地地道道的复式记账法，而且在资金平衡式上，比西方奉为圭臬的“资产=负债+所有者权益”平衡式更为完善与先进。“龙门账”是把全部账目划分为“进”“缴”“存”“该”四大类，所谓“进”指全部收入；“缴”指全部支出；“存”指全部资产；“该”指全部负债（包括所有者权益）。“进”“缴”“存”“该”之间的平衡式为“进-缴=存-该”。

每年年终结账时，一方面可以根据有关“进”与“缴”两类账目的记录编制“进缴表（利润表）”计算差额，确定盈亏；另一方面还可以根据有关“存”与“该”两类账目的记录编制“存该表（资产负债表）”，计算差额；两者计算确定的差额应当相等。当时，我们的祖先实在是聪明，把这种双轨计算盈亏并核对账目的方法叫作“合龙门”。

“龙门账”直到今天还是很先进的，它将西方两表（资产负债表、利润表）计算盈亏的平衡式合并在一起了，即“进（收入）-缴（费用）=存（资产）-该（负债和所有者权益）”，可是我们从西方的“资产=负债+所有者权益”的平衡式，是看不到会计主体自行积累的“盈利”，这个等式是有问题的，是不科学的。

尽管西方会计学者后来将“收入-费用”扩展到“资产=负债+所有者权益”的后面，即“资产=负债+所有者权益+（收入-费用）”，但它体现不出双轨计算盈亏的特点，达不到“合龙门”的层次和效果，很多会计人员不得不围绕“未分配利润”数额去调来调去，直到“调”平衡了，合的也是一个假龙门。

龙门账法中的“进-缴=存-该”是中国特色的会计平衡式，实账户（存、该）与虚账户（进、缴）并存，反映了会计对象的整体，克服了西方会计平衡式见实不见虚，见虚不见实，只能反映会计对象局部的缺陷。

资料来源：马靖昊．牛！中国老祖宗发明的“龙门账法”！［EB/OL］．［2020-07-07］．https://maimai.cn/article/detail? fid=1497133509&efid=9UJsRPiWkfe-SnEVXDUFbQ.有删改．

# 任务2　记账凭证编制机器人的程序开发

## 任务描述

基于模块2任务1所做的开发准备，完成记账凭证编制机器人的具体开发，该任务主要涉及新建工程、子流程开发、主流程开发等操作。

### 相关知识3-5

实际业务中，OA系统所导出的报销审批记录不会标注所需调用凭证模板编号，因此，可以在“填写输入框（网页）”组件中，通过编辑表达式，使用“字典”来完成凭证模板编号的填写。

字典是一系列键与值对应的组合关系，可理解为通过符合规则的“键”调用其对应的“值”，“键”可以是数字、字符串（文本内容）甚至元组（行数据），阿里云RPA开发中，常用的字典语法如下：

{key1：value1，key2：value1}［data］

其中，“key1”是一个键，“value1”是一个值，“key1：value1”是一个键值对，键和值中间用“:”分割，每个键值对用“,”分割，所有的键值对包括在大括号“{}”中。

“{}”后的［data］，表示用［data］查询所有的键值对。当data为“key1”时，输出“valua1”；当data为“key2”时，输出“valua2”。

例如：在“调用模板”对话框的输入框中录入对应的凭证模板编号，可以选择“输入内容”为编辑表达式，表达式为：

{'销售部办公费'：'701'，'财务部办公费'：'701'，'质检部办公费'：'701'，

'销售部差旅费'：'702'，'财务部差旅费'：'702'，'质检部差旅费'：'702'，

'销售部其他'：'703'，'财务部其他'：'704'，'质检部其他'：'704'}

［data［2］+data［1］］

以记账凭证编辑表中第一条数据为例，［data［2］+data［1］］为“销售部差旅费”，对应输出记账凭证编号为“702”。

## 操作步骤

微课3-9

记账凭证编制机器人的开发演示

### 一、新建工程及流程

步骤❶：在RAD平台里进入“记账凭证编制机器人的开发任务”，点击【选择业务】，勾选要处理的业务，然后点击【完成】，在弹出的窗口中点击【确定】，将该业务设置成“可采集数据业务”，然后在“已选业务”列表中点击新创建业务“业务数据”的【导出】，将业务数据导出到“C：\RPADATA”文件夹中备用。

步骤❷：按照“记账凭证编制机器人”设计方案的规划，首先在开发软件中“新建工程”，命名为“记账凭证编制机器人”。

步骤❸：在开发软件的流程面板中，逐个创建以下4个子流程：P01_登录财务云平台、P02_获取数据、P03_编制记账凭证、P04_退出财务云平台。

资源3-13

记账凭证编制机器人的登录财务云平台子流程大图

步骤❹：在各个子流程的“开始节点”打开调试日志，通过日志记录机器人程序的运行过程，日志可以帮助我们查找问题，并辅助测评。

## 二、子流程开发

### （一）P01_登录财务云平台

“P01_登录财务云平台”子流程的开发步骤见表3-6，对应的控件捕获位置如图3-21所示。

表3-6　P01_登录财务云平台子流程开发步骤

| 业务流程 | | 开发步骤 | |
|---|---|---|---|
| 序号 | 操作步骤 | 添加组件 | 设置属性 |
| ① | 打开“报销记账业务数据表”，打开融智财务云会计核算仿真平台 | 启动Excel | 输入属性：<br>选择“Excel对象”：选择“Excel文件路径”：“C：\RPADATA\报销记账业务数据表.xls”，点击【打开】；<br>输出属性：<br>将“Excel对象”变量名称改为：bxjz_excel |
| | | 激活Sheet页 | 输入属性：<br>选择“已打开的Excel对象”为：bxjz_excel变量；<br>设置“Sheet页名称”为：“报销记账”；<br>输出属性：<br>点击添加全局变量，将变量名称命名为：bxjz_sheet；<br>选择变量类型为：“Sheet对象”，点击【确定】；<br>选择“Excel Sheet对象”为：bxjz_sheet变量 |
| | | 打开新网页 | 输入属性：<br>录入“打开网址”内容：“http：//fz.chinaive.com/kjhs/”；<br>选择“浏览器类型”为：Chrome；<br>输出属性：<br>点击添加全局变量，将变量名称命名为：accounting_web；<br>选择变量类型为：“浏览器对象”，点击【确定】；<br>选择“浏览器对象”为：accounting_web变量 |
| ② | 调用浏览器工具栏菜单 | 输入热键 | 输入属性：<br>录入“按键组合”内容为：!{space} |
| ③ | 窗口最大化 | 输入热键 | 输入属性：<br>录入“按键组合”内容为：x |

续表

| 业务流程 | | 开发步骤 | |
|---|---|---|---|
| 序号 | 操作步骤 | 添加组件 | 设置属性 |
| ④ | 按 RAD 平台登录账号录入【用户名】 | 填写输入框（网页） | 输入属性：<br>选择“已打开的浏览器对象”为：accounting_web变量；<br>在目标控件中捕捉新控件，拾取用户名输入框，将该控件命名为：“用户名输入框”，点击【保存】；<br>点击“输入内容”输入框，<br>点击新增流程变量，将变量名称命名为：user，<br>设置默认值为：××× （其中×××使用RAD平台登录账号代替），点击【确定】；<br>设置输入方式为：“覆盖输入” |
| ⑤ | 按 RAD 平台登录密码录入【密码】 | 填写输入框（网页） | 输入属性：<br>选择“已打开的浏览器对象”为：accounting_web变量；<br>在目标控件中捕捉新控件，拾取密码输入框，将该控件命名为：“密码输入框”，点击【保存】；<br>点击“输入内容”输入框，<br>点击新增流程变量，将变量名称命名为：password，<br>设置默认值为：××× （其中×××使用RAD平台登录密码代替），点击【确定】；<br>设置输入方式为：“覆盖输入” |
| ⑥ | 点击【登录】 | 点击控件（网页） | 输入属性：<br>选择“已打开的浏览器对象”为：accounting_web变量；<br>在目标控件中捕捉新控件，拾取【登录】，将该控件命名为：“登录”，点击【保存】；<br>设置模拟点击为：“是” |

图3-21　P01_登录财务云平台子流程控件捕获位置

## （二）P02_获取数据

“P02_获取数据”子流程的开发步骤见表3-7：

表3-7　P02_获取数据子流程开发步骤

| 业务流程 | 开发步骤 | |
|---|---|---|
| 操作步骤 | 添加组件 | 设置属性 |
| 获取“报销记账业务数据表”中的记账数据 | 获取Excel行的值 | 输入属性：<br>选择“已打开的Sheet对象”为“bxjz_sheet”；行号：2；<br>输出属性：<br>点击添加全局变量，将变量名称命名为：data，选择变量类型为：“列表”，点击【确定】；<br>选择“行数据变量名称”为：data变量 |

## （三）P03_编制记账凭证

在“P03_编制记账凭证”子流程中，开发“编制记账凭证”程序。

步骤❶：点击【进账簿】【新增凭证】，具体操作步骤见表3-8，对应的控件捕获位置1如图3-22所示，对应的控件捕获位置2如图3-23所示。

表3-8　新增凭证开发步骤

| 业务流程 | | 开发步骤 | |
|---|---|---|---|
| 序号 | 操作步骤 | 添加组件 | 设置属性 |
| ① | 点击账户信息栏【进账簿】 | 点击控件（网页） | 输入属性：<br>选择“已打开的浏览器对象”为：accounting_web变量；<br>在目标控件中捕捉新控件，拾取【进账簿】，将该控件命名为：“进账簿”，点击【保存】；<br>设置模拟点击为：“是” |
| ② | 点击左侧功能栏【凭证】 | 点击控件（网页） | 输入属性：<br>选择“已打开的浏览器对象”为：accounting_web变量；<br>在目标控件中捕捉新控件，拾取【凭证】，将该控件命名为：“凭证”，点击【保存】；<br>设置模拟点击为：“是” |
| ③ | 点击左侧功能栏【新增凭证】 | 点击控件（网页） | 输入属性：<br>选择“已打开的浏览器对象”为：accounting_web变量；<br>在目标控件中捕捉新控件，拾取【新增凭证】，将该控件命名为：“新增凭证”，点击【保存】；<br>设置模拟点击为：“是” |

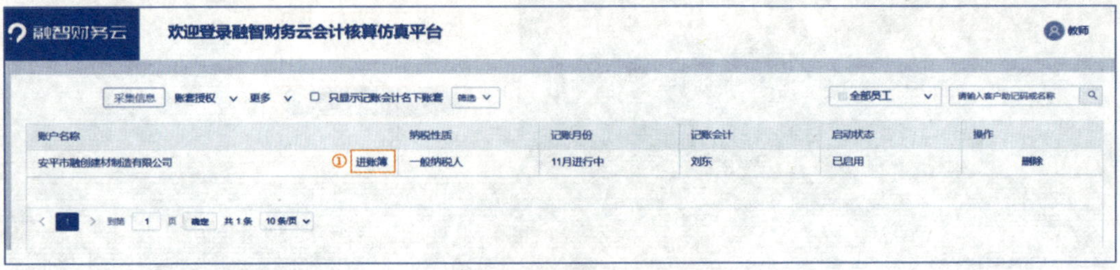


图3-22　新增凭证控件捕获位置1

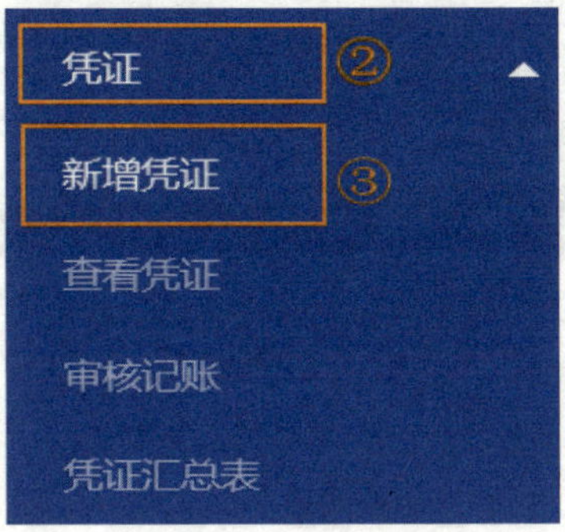


图3-23 新增凭证控件捕获位置2

步骤❷：录入记账日期，调用模板生成凭证，具体操作步骤见表3-9，对应的控件捕获位置如图3-24所示。

表3-9 录入记账日期，调用模板生成凭证开发步骤

| 业务流程 | | 开发步骤 | |
|---|---|---|---|
| 序号 | 操作步骤 | 添加组件 | 设置属性 |
| ④ | 输入记账日期 | 填写输入框（网页） | 输入属性：<br>选择“已打开的浏览器对象”为：accounting_web变量；<br>在目标控件中捕捉新控件，拾取日期输入框，将该控件命名为：“日期输入框”，点击【保存】；<br>选择“输入内容”为编辑表达式，表达式为：data［0］；<br>设置输入方式为：“覆盖输入” |
| ⑤ | 选中凭证编辑页面 | 点击控件（网页） | 输入属性：<br>选择“已打开的浏览器对象”为：accounting_web变量；<br>在目标控件中捕捉新控件，拾取【记账凭证】，将该控件命名为：“记账凭证”，点击【保存】；<br>设置模拟点击为：“是” |
| ⑥ | 用快捷键F2，打开“调用模板”对话框 | 输入热键 | 输入属性：<br>录入“按键组合”内容为：{F2} |
| ⑦ | 根据“报销记账业务数据表”中的“凭证模板号”，在“调用模板”对话框的输入框中录入对应的凭证模板编号 | 填写输入框（网页） | 输入属性：<br>选择“已打开的浏览器对象”为：accounting_web变量；<br>在目标控件中捕捉新控件，拾取模板编号输入框，将该控件命名为：“模板编号输入框”，点击【保存】；<br>选择“输入内容”为编辑表达式，表达式为：data［4］；<br>设置输入方式为：“覆盖输入” |
| ⑧ | 点击“调用模板”对话框的【确定】生成报销凭证 | 点击控件（网页） | 输入属性：<br>选择“已打开的浏览器对象”为：accounting_web变量；<br>在目标控件中捕捉新控件，拾取“调用模板对话框”的【确定】按钮，将该控件命名为：“‘调用模板’对话框的确定按钮”，点击【保存】；<br>设置模拟点击为：“是” |

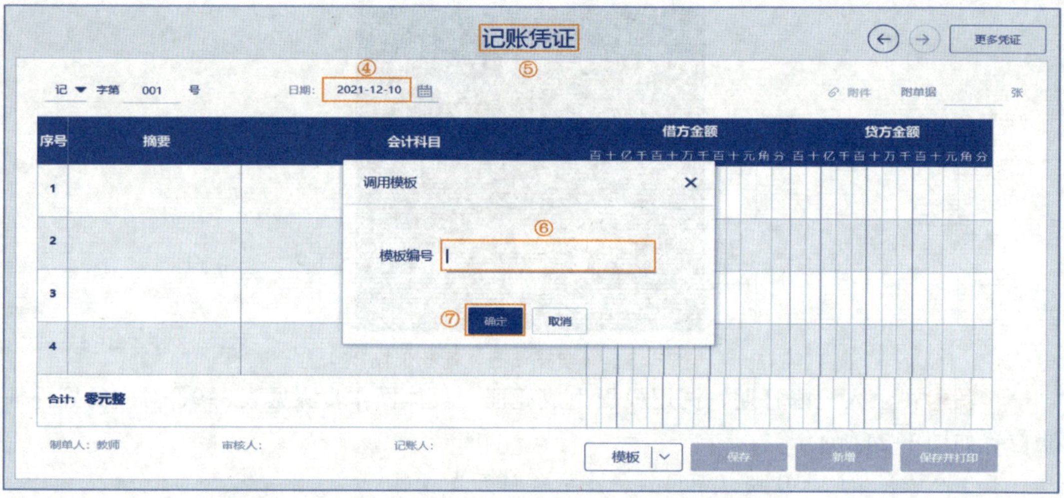


图3-24 录入记账日期，调用模板生成凭证控件捕获位置

步骤❸：录入辅助项及借贷方金额，具体操作步骤见表3-10，对应的控件捕获位置如图3-25所示。

表3-10 录入辅助项及借贷方金额开发步骤

<table>
<tr><th colspan="2">业务流程</th><th colspan="2">开发步骤</th></tr>
<tr><th>序号</th><th>操作步骤</th><th>添加组件</th><th>设置属性</th></tr>
<tr><td>⑨</td><td>点击借方会计科目输入框，弹出辅助项对话框</td><td>点击控件（网页）</td><td>输入属性：<br>选择“已打开的浏览器对象”为：accounting_web变量；<br>在目标控件中捕捉新控件，拾取借方会计科目输入框，将该控件命名为：“借方会计科目输入框”，点击【保存】；<br>设置模拟点击为：“是”</td></tr>
<tr><td rowspan="2">⑩</td><td rowspan="2">在部门辅助核算输入框中，录入“报销记账业务数据表”中的经办部门</td><td>填写输入框（网页）</td><td>输入属性：<br>选择“已打开的浏览器对象”为：accounting_web变量；<br>在目标控件中捕捉新控件，拾取部门辅助核算输入框，将该控件命名为：“部门辅助核算输入框”，点击【保存】；<br>选择“输入内容”为编辑表达式，表达式为：data[2]；<br>设置输入方式为：“覆盖输入”</td></tr>
<tr><td>输入热键</td><td>输入属性：<br>录入“按键组合”内容为：{ENTER}</td></tr>
<tr><td>⑪</td><td>点击【确定】，部门录入成功</td><td>点击控件（网页）</td><td>输入属性：<br>选择“已打开的浏览器对象”为：accounting_web变量；<br>在目标控件中捕捉新控件，拾取“部门辅助核算对话框”的【确定】按钮，将该控件命名为：“‘部门辅助核算’对话框的确定按钮”，点击【保存】；<br>设置模拟点击为：“是”</td></tr>
</table>

续表

| 业务流程 | | 开发步骤 | |
|---|---|---|---|
| 序号 | 操作步骤 | 添加组件 | 设置属性 |
| ⑫ | 在“借方金额”输入框中，填入“报销记账业务数据表”中的金额 | 填写输入框（网页） | 输入属性：<br>选择“已打开的浏览器对象”为：accounting_web变量；<br>在目标控件中捕捉新控件，拾取借方金额输入框，将该控件命名为：“借方金额输入框”，点击【保存】；<br>选择“输入内容”为编辑表达式，表达式为：data[3]；<br>设置输入方式为：“覆盖输入” |
| ⑬ | 将鼠标光标定位在“贷方金额”输入框中，填入“报销记账业务数据表”中的金额 | 点击控件（网页） | 输入属性：<br>选择“已打开的浏览器对象”为：accounting_web变量；<br>在目标控件中捕捉新控件，拾取贷方金额栏，将该控件命名为：“贷方金额栏”，点击【保存】；<br>设置模拟点击为：“是” |
| | | 填写输入框（网页） | 输入属性：<br>选择“已打开的浏览器对象”为：accounting_web变量；<br>在目标控件中捕捉新控件，拾取贷方金额输入框，将该控件命名为：“贷方金额输入框”，点击【保存】；<br>选择“输入内容”为编辑表达式，表达式为：data[3]；<br>设置输入方式为：“覆盖输入” |

图3-25 录入辅助项及借贷方金额控件捕获位置

步骤❹：保存凭证，具体操作步骤见表3-11，对应的控件捕获位置如图3-26所示。

表3-11　保存凭证开发步骤

| 业务流程 | | 开发步骤 | |
|---|---|---|---|
| 序号 | 操作步骤 | 添加组件 | 设置属性 |
| ⑭ | 点击右下角【保存】，保存编制好的报销凭证 | 点击控件（网页） | 输入属性：<br>选择“已打开的浏览器对象”为：accounting_web变量；<br>在目标控件中捕捉新控件，拾取【保存】，将该控件命名为：“保存”，点击【保存】；<br>设置模拟点击为：“是” |
| ⑮ | 点击【确定】，报销凭证保存成功 | 点击控件（网页） | 输入属性：<br>选择“已打开的浏览器对象”为：accounting_web变量；<br>在目标控件中捕捉新控件，拾取“保存凭证对话框”的【确定】按钮，将该控件命名为：“‘保存凭证’”对话框的确定按钮”，点击【保存】；<br>设置模拟点击为：“是” |
| ⑯ | 点击【工作台】，回到融智财务云初始页面 | 点击控件（网页） | 输入属性：<br>选择“已打开的浏览器对象”为：accounting_web变量；<br>在目标控件中捕捉新控件，拾取【工作台】，将该控件命名为：“工作台”，点击【保存】；<br>设置模拟点击为：“是” |

图3-26　保存凭证控件捕获位置

### （四）P04_退出财务云平台

在“P04_退出财务云平台”子流程中，开发财务云平台退出及关闭浏览器功能，具体操作步骤见表3-12。

资源3-14

记账凭证编制机器人的编制记账凭证子流程大图

表3-12 P04_退出财务云平台子流程开发步骤

| 业务流程 | | 开发步骤 | |
|---|---|---|---|
| 序号 | 操作步骤 | 添加组件 | 设置属性 |
| ① | 点击【账户头像】，显示退出按钮 | 点击控件（网页） | 输入属性：<br>选择“已打开的浏览器对象”为：accounting_web变量；<br>在目标控件中捕捉新控件，拾取页面右上角【账户头像】，将该控件命名为：“账户头像”，点击【保存】；<br>设置模拟点击为：“是” |
| ② | 点击【退出】，关闭融智财务云会计核算仿真平台系统 | 点击控件（网页） | 输入属性：<br>选择“已打开的浏览器对象”为：accounting_web变量；<br>在目标控件中捕捉新控件，拾取【退出】，将该控件命名为：“退出”，点击【保存】；<br>设置模拟点击为：“是” |
| ③ | 用快捷键Ctrl+w，关闭网页 | 输入热键 | 输入属性：<br>录入“按键组合”内容为：^{w} |
| ④ | 关闭“报销记账业务数据表” | 获取窗口 | 输入属性：<br>设置“窗口标题”为：“报销记账业务数据表”；<br>输出属性：<br>将“窗口对象”变量名称改为：bxjz_win |
| | | 激活窗口 | 输入属性：<br>选择“已打开的窗口对象”为：bxjz_win变量 |
| | | 输入热键 | 输入属性：<br>录入“按键组合”内容为：! {F4} |

## 三、main（主流程）开发

资源3-15

记账凭证编制机器人的退出财务云平台子流程大图

在main流程中，添加所有子流程，并添加循环；需调整循环关联组件获取数据流程中的“获取Excel行的值”组件的目标属性，循环示意图如图3-27所示。

图3-27 主流程循环示意图

记账凭证编制机器人主流程循环的开发步骤见表3-13。

表3-13 记账凭证编制机器人主流程循环的开发步骤

| 序号 | 添加组件 | 设置属性 |
| --- | --- | --- |
| ① | 添加“调用子流程”组件 | 选择“子流程名称”为：“P01_登录财务云平台” |
| ② | 添加“按照次数循环”组件 | 输入属性：<br>设置循环起始值：“2”；循环结束值：“4”；步长值：“1”<br>输出属性：<br>点击添加全局变量，将变量名称命名为：“i”，选择变量类型为：“数字”，点击【确定】<br>选择“每次循环项”为：i变量 |
| ③ | 添加“设置变量值”组件（在“按照次数循环”组件内添加） | 输入属性：<br>选择“变量”为：i变量<br>选择“变量值”为编辑表达式，表达式为：“i”，点击【确定】<br>添加“调用子流程”组件，选择“子流程名称”为：“P02_获取数据”；<br>添加“调用子流程”组件，选择“子流程名称”为：“P03_编制记账凭证” |
| ④ | 添加“调用子流程”组件（在“按照次数循环”组件外添加） | 选择“子流程名称”为：“P04_退出财务云平台” |
| ⑤ | 添加“弹出提示框”组件 | 输入属性：<br>设置“提示内容”为：“记账凭证编制机器人运行成功，感谢使用!”；<br>设置“是否等待用户确认”为：“否”；<br>设置“提示自动关闭时间（秒）”为：“3” |
| ⑥ | 调整“获取Excel行的值”组件 | 调整P02_获取数据子流程中的“获取Excel行的值”组件，修改“输入属性”中的行号为：i变量 |

# 任务3 记账凭证编制机器人的测试

资源3-16

记账凭证编制机器人的主流程大图

## 任务描述

记账凭证编制机器人开发完成后，需要设计测试用例进行测试，观察和审核机器人的运行情况和运行结果，从而发现问题，进一步调试和优化机器人。

## 操作步骤

### 一、创建记账凭证编制机器人测试用例

步骤❶：明确测试目标。根据记账凭证编制机器人的开发目标和实际使用场景，确定

测试目标为：检验记账凭证编制机器人的工作正确率、环境适应能力。

步骤❷：确定测试环境。根据记账凭证编制机器人的使用场景，确定测试环境为财务云平台，网址为：http：//fz.chinaive.com/kjhs/。

步骤❸：设计输入数据。根据企业实际的记账凭证编制业务需求，编写输入数据，见表3-14：

表3-14　输入数据

| 日期 | 费用类型 | 经办部门 | 金额（元） | 凭证模板号 |
| --- | --- | --- | --- | --- |
| 2021-12-10 | 差旅费 | 销售部 | 1 000 | 702 |
| 2021-12-11 | 办公费 | 财务部 | 200 | 701 |
| 2021-12-12 | 办公费 | 质检部 | 1 200 | 701 |

步骤❹：确定预期结果。根据记账凭证编制机器人的开发目标和实际使用需求，确定机器人的预期结果是：

完成输入数据的3笔记账业务，在财务云平台能查询到相关凭证记录，摘要、会计科目、借方金额、贷方金额等信息完全正确。

## 二、执行记账凭证编制机器人测试用例

步骤❶：关闭计算机运行的其他无关软件，确保网络正常。

步骤❷：执行测试用例，在测试过程中应当仔细观察和记录记账凭证编制机器人的运行情况，如图3-28所示，运行报错时要及时保存日志面板的错误提示。

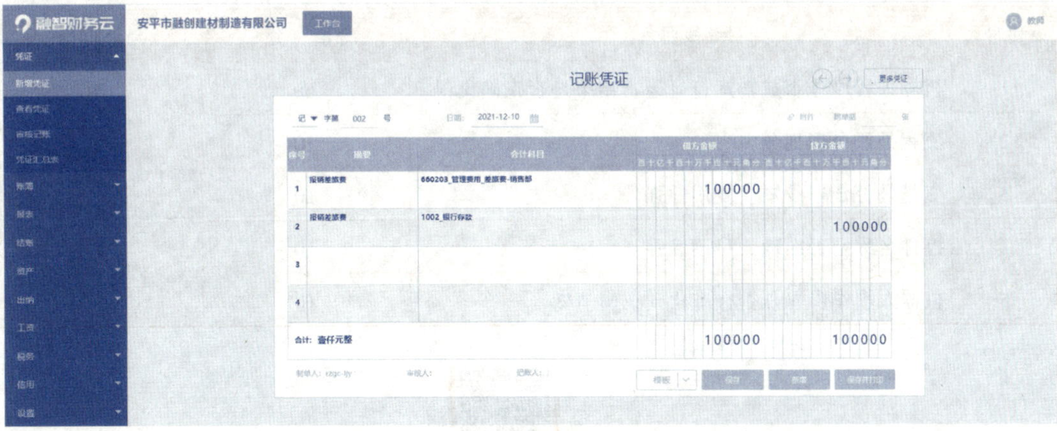


图3-28　记账凭证编制机器人的测试运行记录

步骤❸：记账凭证编制机器人运行完成后，登录财务云平台，查询凭证，审核机器人工作是否完全正确，如图3-29所示。

图3-29　审核记账凭证编制机器人的运行结果

## 三、调整和优化

测试人员应当利用测试用例反复进行测试，必要时应模拟可能出现的极端情况进行测试，如网络拥堵、程序崩溃等，根据测试出现的异常及时对机器人进行调整和优化，并做好相关记录。

# 业务训练

【开发题】请上传开发完成的“记账凭证编制机器人”程序压缩文件和运行成功的全屏截图，并简要介绍设计与开发思路，评分标准见表3-15。

表3-15　评分标准

| 序号 | 考核要求 | 分值（分） | 判分标准 |
|---|---|---|---|
| 1 | 机器人程序能否成功运行且运行结果是否正确无误 | 60 | 第1项不合格，第2～5项0分 |
| 2 | 流程是否合理划分 | 10 | |
| 3 | 变量是否合理设置、复用性强 | 10 | |
| 4 | 控件名称是否准确、可读性强 | 10 | |
| 5 | 机器人操作步骤是否标准化、逻辑清晰 | 10 | |

拓展3-1

项目3的后续更新

# 项目4

## 薪酬业务机器人

## 项目目标

### 知识学习目标：

1. 掌握工资表编制机器人的业务流程和特点；
2. 掌握工资分摊记账机器人的业务流程和特点；
3. 掌握网银工资发放业务需求分析的要点；
4. 掌握网银工资发放机器人的开发知识。

### 技能训练目标：

1. 能熟练应用和审核工资表编制机器人；
2. 能熟练应用和审核工资分摊记账机器人；
3. 能准确绘制网银工资发放机器人的开发流程图；
4. 能熟练应用变量、按照次数循环、获取Excel行的值等组件；
5. 能根据机器人软硬件环境熟练调整组件的执行前置延时、后置延时等属性；
6. 能独立完成网银工资发放机器人的开发和测试。

### 素质素养目标：

1. 培育艰苦奋斗、勇于创新的劳模精神。
2. 树立忠于职守、乐于奉献的职业道德。

## 工作任务

### 本项目应完成的工作任务：

1. 利用工资表编制机器人完成工资表的编制；
2. 利用工资分摊记账机器人完成工资分摊记账；
3. 绘制网银工资发放机器人的开发流程图；
4. 网银工资发放机器人的开发和测试。

### 完成以上工作任务应提交的标志性成果：

1. 2021年12月工资表；
2. 工资发放的转账回单；
3. 工资分摊记账凭证；
4. 网银工资发放机器人的开发流程图；

5. 网银工资发放机器人的开发应用程序。

## 业务场景

企业的财务部、人力资源部等部门的工作环境，主要参与者包括出纳、总账会计、工资核算专员等。

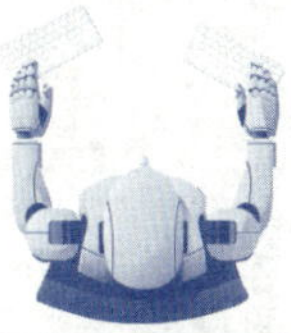

# 模块1　薪酬业务机器人的应用

## 业务描述

微课4-1

薪酬业务和薪酬业务机器人

薪酬业务涉及企业的每一个员工的切身利益，其重要性不言而喻。薪酬业务中的工资发放和分摊记账是财务部门的常规工作，且具有涉及的人员多、会计科目多、手续烦琐等特点，极易发生错误，随着财务机器人的引入，薪酬业务的工作效率大大提高。

## 任务1　工资表编制机器人的应用

## 任务描述

2021年12月31日，人事主管赵利需要根据各部门提交的绩效考勤表（如图4-1所示）、累计应收和扣款等数据，计算职工工资并编制工资表，模板如图4-2所示。

名称

- 财务部2021年12月绩效考勤表
- 采购部2021年12月绩效考勤表
- 仓储部2021年12月绩效考勤表
- 二车间2021年12月绩效考勤表
- 人力资源部2021年12月绩效考勤表
- 三车间2021年12月绩效考勤表
- 维修车间2021年12月绩效考勤表
- 销售部2021年12月绩效考勤表
- 一车间2021年12月绩效考勤表
- 质检部2021年12月绩效考勤表
- 总经办2021年12月绩效考勤表

图4-1　2021年12月各部门绩效考勤表

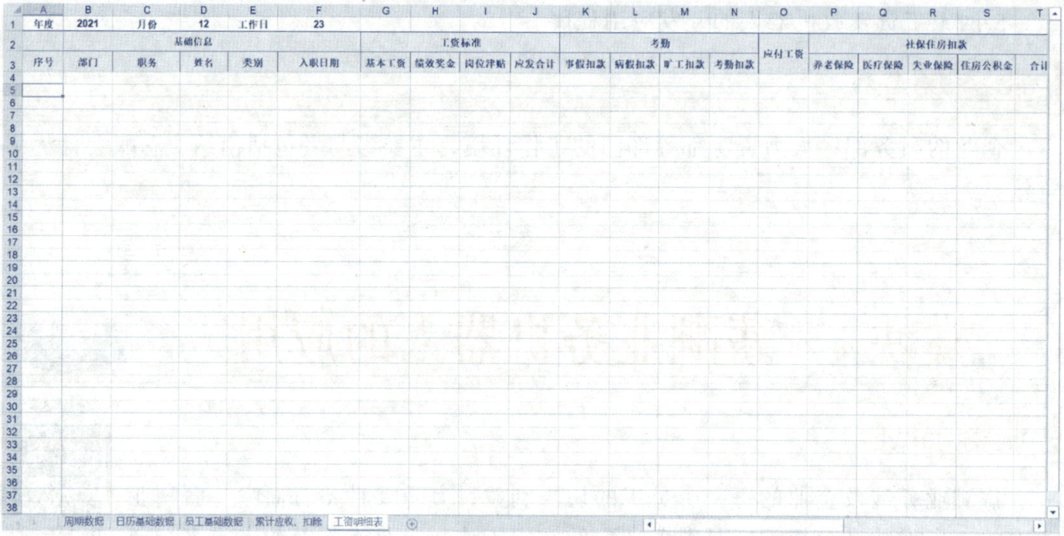


图 4-2　工资表模板

# 任务分析

微课 4-2 工资表编制机器人的工作流程

## 一、工资表编制机器人的流程分析

根据企业薪酬业务的流程，引入财务机器人后，将薪酬业务分为工资表编制机器人和工资分摊记账机器人，其中工资表编制机器人实现的功能是根据各部门绩效考勤、累计应收和扣款等数据，计算职工工资并编制工资表。工资表编制机器人在信息系统中的工作流程如图 4-3 所示。

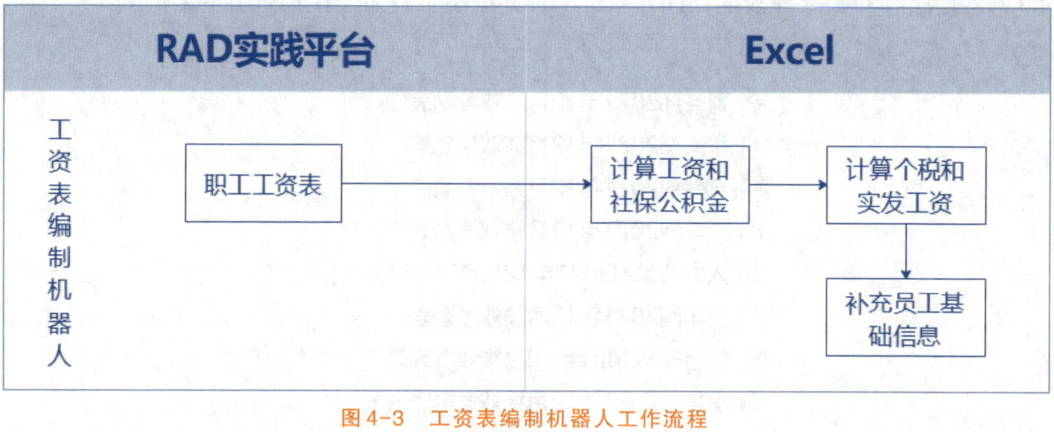


图 4-3　工资表编制机器人工作流程

## 二、工资表编制机器人的数据分析

根据任务的要求，结合工资表编制机器人的工作流程，梳理工资表编制机器人的数据逻辑关系，具体见表 4-1。

表4-1 工资表编制机器人的数据逻辑关系

| 序号 | 数据来源 | | | | 财务机器人工作环境 |
| --- | --- | --- | --- | --- | --- |
| 说明 | 各部门绩效考勤表 | | 工资表编制模板 | | Excel |
| | 绩效 | 考勤 | 累计应收、扣除 | 员工基础数据 | |
| 1 | 部门 | | | | 部门 |
| 2 | 职务 | | | | 职务 |
| 3 | 姓名 | | | | 姓名 |
| 4 | 基本工资 | | | | 基本工资 |
| 5 | 绩效奖金 | | | | 绩效奖金 |
| 6 | 岗位津贴 | | | | 岗位津贴 |
| 7 | | 休假天数 | | | |
| 8 | | 事假天数 | | | 事假扣款 |
| 9 | | 病假天数 | | | 病假扣款 |
| 10 | | 旷工天数 | | | 旷工扣款 |
| 11 | | 迟到早退次数 | | | 考勤扣款 |
| 12 | | | 应付工资小计 | | 个人所得税 |
| 13 | | | 三险一金小计 | | 个人所得税 |
| 14 | | | 专项附加扣除小计 | | 个人所得税 |
| 15 | | | | 类别 | 类别 |
| 16 | | | | 入职日期 | 入职日期 |
| 17 | | | | 证照号码 | 证照号码 |
| 18 | | | | 手机号码 | 手机号码 |
| 19 | | | | 是否股东 | 是否股东 |
| 20 | | | | 是否残疾 | 是否残疾 |
| 21 | | | | 是否烈属 | 是否烈属 |
| 22 | | | | 是否孤老 | 是否孤老 |
| 23 | | | | 是否雇员 | 是否雇员 |
| 24 | | | | 国籍（地区） | 国籍（地区） |

## 三、工资表编制机器人的程序分析

微课 4-3
工资表编制机器人的程序分析

### （一）main（主流程）

工资表编制机器人主要由main流程和五个子流程组成，五个子流程分别是：“P00_打开业务数据表”、“P01_计算工资和社保公积金”、“P02_计算个税和实发工资”、“P03_补充员工基础信息”和“P04_保存工资表”。

资源 4-1
工资表编制机器人主流程大图

如图4-4所示，main流程先通过“P00_打开业务数据表”流程打开工资表编制模板；然后通过“P01_计算工资和社保公积金”流程统计各部门绩效考勤数据，并计算职工工资和社保公积金；再通过“P02_计算个税和实发工资”流程计算个人所得税和实发工资；最后通过“P03_补充员工基础信息”和“P04_保存工资表”流程，补充工资表中的员工基础信息并对工资表进行规范命名和保存。

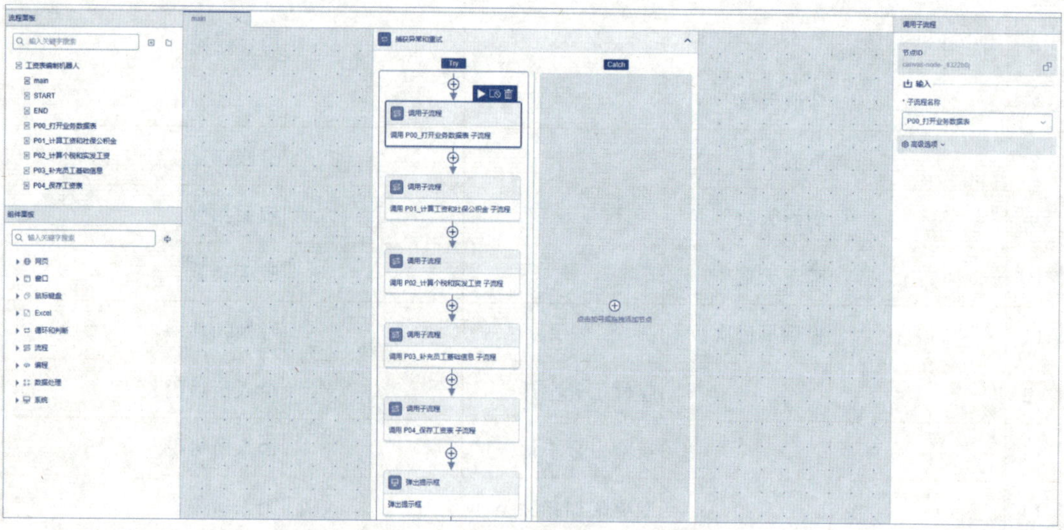


图4-4 工资表编制机器人主流程界面

### （二）P01_计算工资和社保公积金

资源 4-2
计算工资和社保公积金子流程大图

人事将收集的各部门绩效考勤表存放在“2021年12月绩效考勤表”文件夹中，“P01_计算工资和社保公积金”子流程将本年累计应付工资、三险一金和专项附加扣除记录在“工资表编制模板”中的“累计应收、扣除”Sheet页中，将员工入职日期、证照号码等基础信息记录在“工资表编制模板”中的“员工基础数据”Sheet页中。

机器人通过“获取文件列表”组件，获取文件夹中的各文件列表，如图4-5和图4-6所示。然后机器人通过“循环列表内容”组件，依次打开列表中的文件，获取文件中的绩效数据，用于填写“工资明细表”中的“部门”“职务”“姓名”“基本工资”“绩效奖金”和“岗位津贴”；获取文件中的考勤数据，用于填写“工资明细表”中的“事假扣款”“病假扣款”“旷工扣款”和“考勤扣款”。

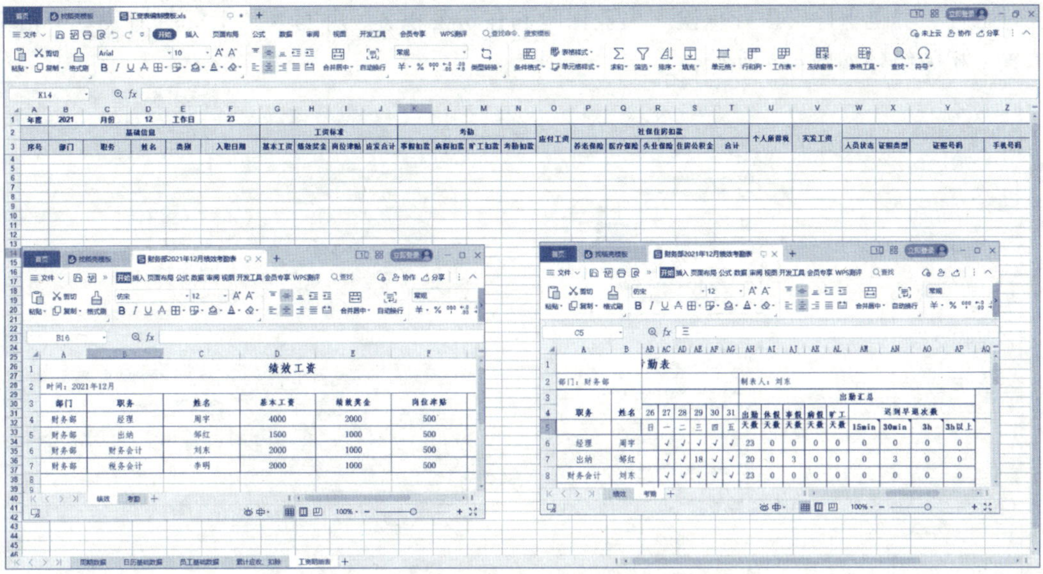

图4-5 工资表编制机器人的绩效工资数据

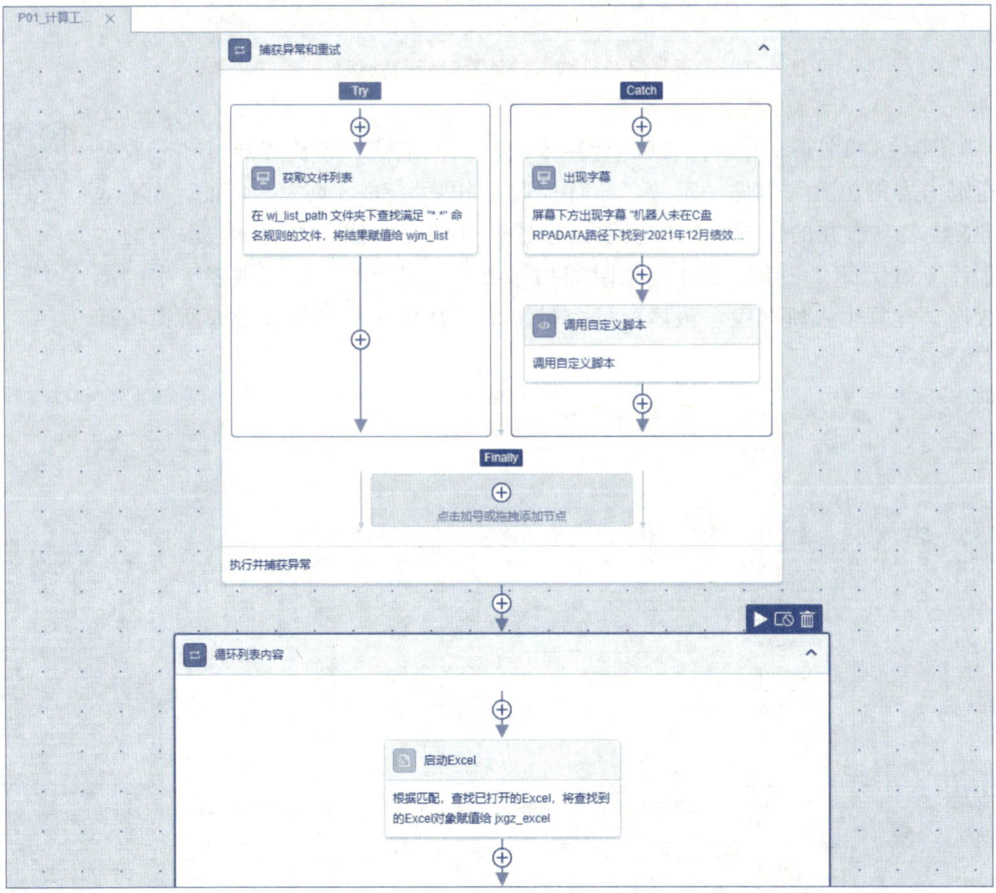


图4-6 工资表编制机器人的计算工资和社保公积金子流程1

再接着机器人通过“获取Excel行的值”组件，获取“工资表编制模板”表格中“工资明细表”Sheet页的行数据，然后通过“写入Excel单元格”组件运用获取到的数据计算应付工资、养老保险、医疗保险、失业保险和住房公积金，并写入“工资明细表”中相应位置。相关组件如图 4-7 所示。

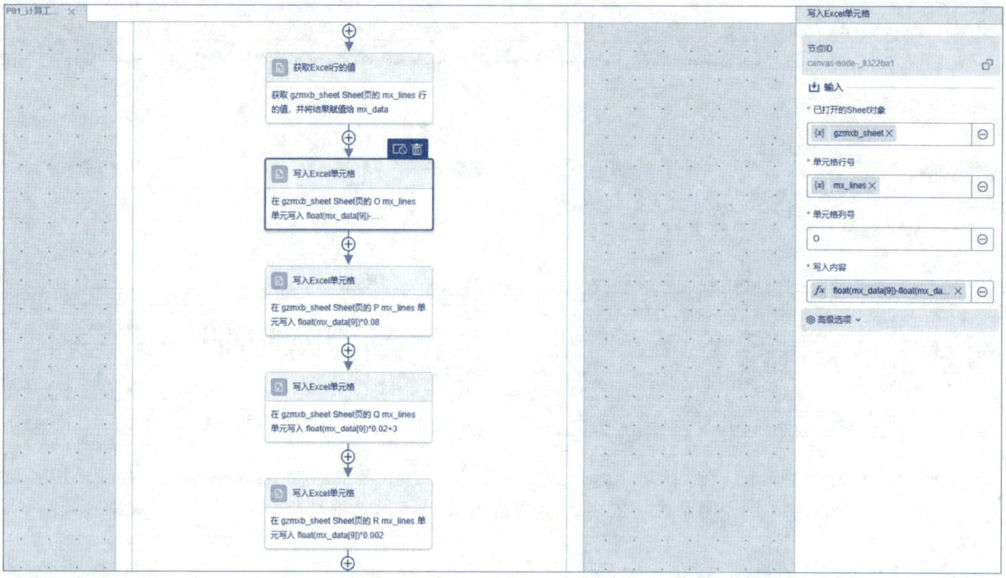


图 4-7 工资表编制机器人的计算工资和社保公积金子流程 2

### （三）P02_计算个税和实发工资

资源 4-3

计算个税和实发工资子流程大图

如图 4-8 和图 4-9 所示，“P02_计算个税和实发工资”子流程通过“获取列表指定内容的位置”组件，定位“累计应收、扣除”Sheet 页中相应的“部门&职务&姓名”所在的位置，然后获取该位置所处的行的值，再通过获取到的本年累计应付工资、三险一金和专项附加扣除数据，以及“工资明细表”中的本月数据，计算个人所得税，最后根据应付工资、社保住房扣款和个人所得税计算实发工资。

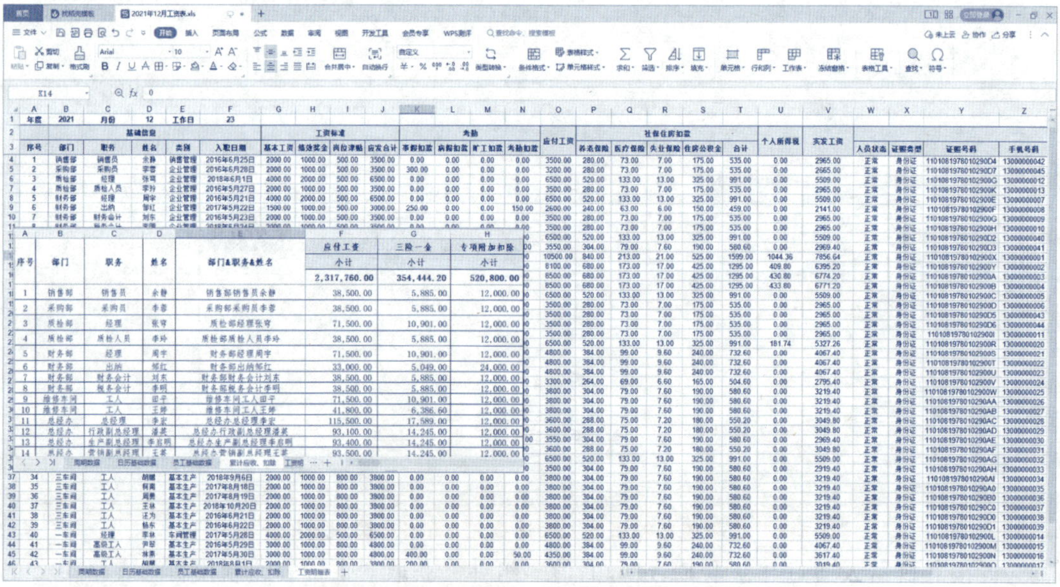

图 4-8 工资表编制机器人计算个人所得税

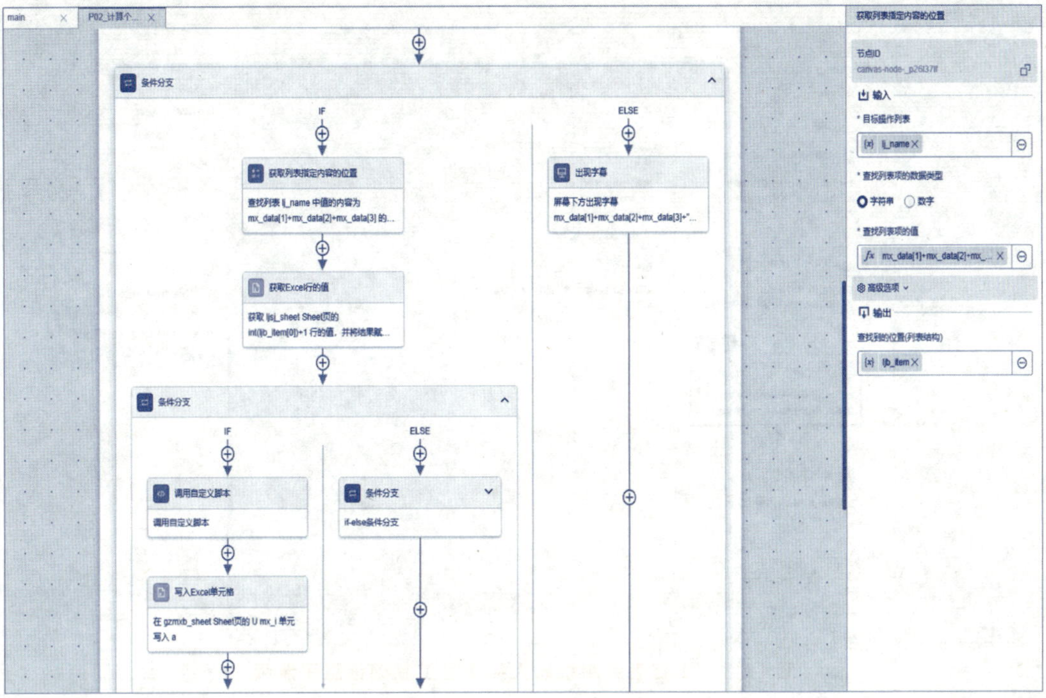


图4-9　工资表编制机器人计算个税和实发工资子流程

## （四）P03_补充员工基础信息

资源4-4

补充员工基础信息子流程

“P03_补充员工基础信息”子流程利用组件获取“员工基础数据”Sheet页中的类别、入职日期、证照号码、手机号码、国籍等数据后，将相关数据写入“工资明细表”Sheet页中相应位置，如图4-10、图4-11所示。

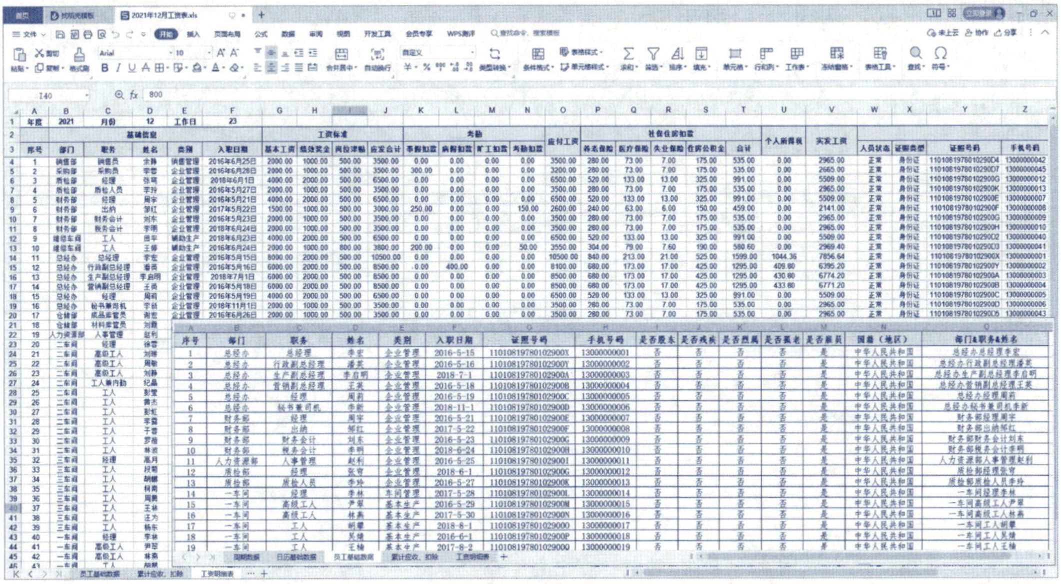

图4-10　工资表编制机器人填写员工基础信息

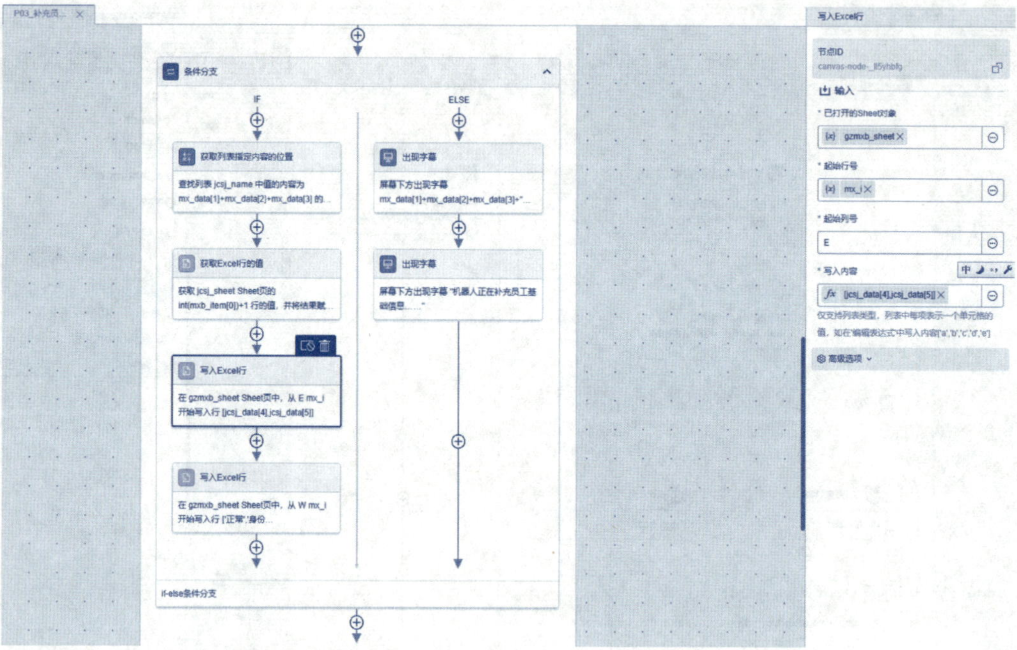


图 4-11　工资表编制机器人补充员工基础信息子流程

## （五）P04_保存工资表

“P04_保存工资表”子流程通过组件在“另存为”窗口中的文件名输入框内，写入文件的保存路径和名称以保存编制好的工资表。工资表编制机器人实现上述功能的方式是先通过“设置剪贴板内容”组件，将文件路径和名称存储到电脑剪贴板上，然后通过“输入热键”组件执行快捷键Ctrl+v，将指定内容粘贴到目标位置，如图4-12所示。

资源4-5

保存工资表子流程大图

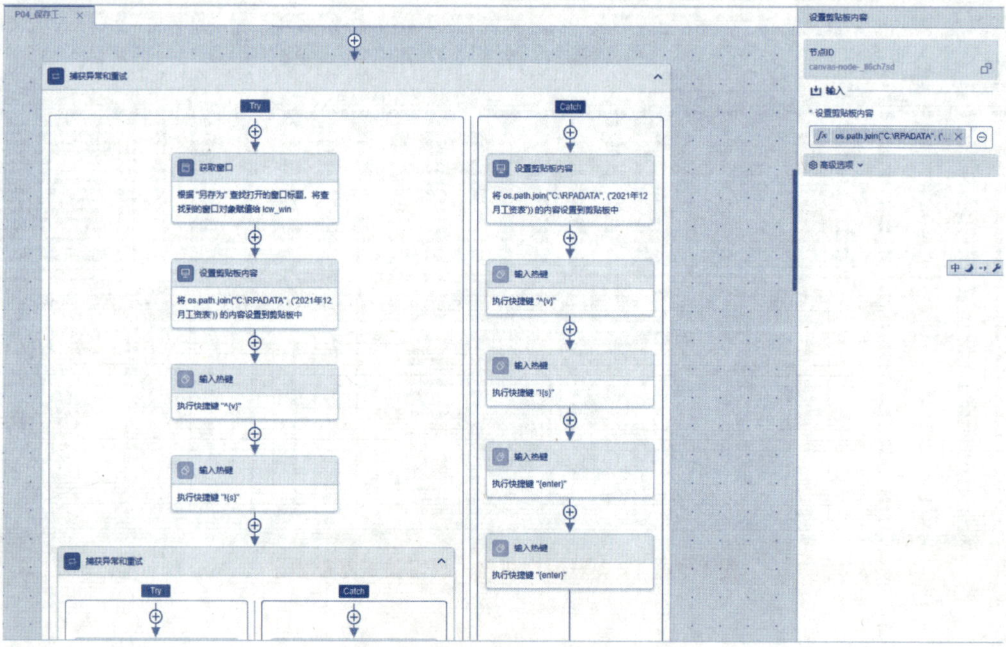


图 4-12　工资表编制机器人保存工资表子流程

# 操作步骤

## 一、工资表编制的数据采集

微课4-4

工资表编制机器人的运行与审核

步骤❶：登录“财务机器人应用与开发实践平台（http：//frad.chinaive.com/）”，然后点击薪酬业务机器人下面的【工资表编制机器人的应用任务】进入任务详情，仔细阅读任务介绍和仿真案例后，点击【选择业务】并勾选需要处理的业务，并点击【完成】。

步骤❷：在弹出的“选择业务”窗口点击【确定】，将新建的业务设置为“可采集数据业务”，然后可以点击“业务数据”下的【导出】将所创建的业务数据下载到本地查看和核对。

## 二、工资表编制机器人的运行与审核

### （一）下载并打开工资表编制机器人

步骤❶：在工资表编制机器人的应用任务“已选业务”列表中，下载工资表编制机器人应用程序。

步骤❷：在RPA编辑器中打开下载的工资表编制机器人应用程序，进入机器人程序的运行与调试界面。

### （二）运行工资表编制机器人

步骤❶：关闭其他无关软件，然后运行工资表编制机器人。

步骤❷：观察和记录工资表编制机器人的运行情况，判断每一步是否运行正确，及时记录异常情况，以便后续对机器人进行调整和维护。

### （三）审核工资表编制机器人运行结果

运行完成后，在“C：\RPADATA”目录下打开“2021年12月工资表.xlsx”，检查工资表数据是否已成功写入。工资表编制机器人完成工资表编制这个模块的工作后，在后续任务中还需对工资进行分摊记账，因此工资表编制机器人的工作质量会对后续工作造成影响。企业财务工作通常是环环相扣的，因此我们要做好每一步的工作，否则小小的工作失误可能会带来难以估量的重大错误。

## 价值提升4-1

### 闯入“误区”的女“焊”子

“女性不适合干电焊，真的只是一个误区。”9月2日，中车株洲车辆厂电焊技师易冉登上大国工匠论坛，这位“80后”姑娘凭借精湛技艺，在男人堆里成为“明星”。

“十个焊工九个黑，全身上下都是灰。”易冉坦言，高温、高强度的工作让刚参加工作的她打起退堂鼓，正准备退出时，厂里组队参加湖南省株洲市电焊工大赛，按照组委会规定，参赛队员中必须有一名年轻队员，这个名额就落在了易冉头上。

易冉硬着头皮参加了一周的强化训练，没想到，训练试件从最差的Ⅳ级片，一跃达到最完美的Ⅰ级片，最终以气体保护焊第三名的好成绩成功“出道”，厂里认定她是个“好苗子”。易冉信心大增，决定留下来好好干。有心人，天不负。2011年10月，易冉被选中与另外三名男队员一起远赴德国参加“嘉克—LVM杯”国际焊接比赛。

在德国，没有女性从事电焊，赛场上出现一个柔弱的中国女孩，令德国同行感到惊奇。而易冉的出色表现，让组委会专门为她颁发了唯一的“特别奖”。她参赛的立焊、平焊板作品获德国DVS证书并被公开展示。易冉也因此获得了“电焊花木兰”称号。

在结构复杂的澳大利亚PN煤车试制攻关时，易冉采用小月牙形的摆动手法，解决了该车由于结构特殊无法进行反面清根的难题，提效4倍，创效百万元；担任中梁电焊班班长时，一举攻克了NX70A平车中梁“七字铁”焊缝开裂质量缺陷居高不下的难题，中梁班组一次交验合格率从39.73%提升到96.3%。易冉事后总结，电焊工不能满足于熟能生巧，技术熟练了以后更需要加强学习和思考。

案例来源：刘奕楠，曹娴，彭雅惠．易冉：闯入“误区”的女“焊”子［EB/OL］．[2022-09-08]. https: //www. xuexi. cn/lgpage/detail/index. html? id=14022553226677313489& item_id=14022553226677313489.

# 任务2　工资分摊记账机器人的应用

## 任务描述

在任务1中，2021年12月31日，财务部邹红根据人力资源部赵利的工资发放申请，通过工资发放机器人完成了工资发放工作，取得了工资发放的转账回单，财务部刘东接下来需要针对该笔业务利用财务机器人在U8-ERP中编制相关记账凭证。

## 任务分析

微课4-5

工资分摊记账机器人的工作流程

### 一、工资分摊记账机器人的流程分析

工资分摊记账机器人实现的功能是根据工资数据，在会计核算平台分摊记账，包括：计提工资、计提单位部分社保公积金、计提福利费、计提工会经费和职工教育经费等。工资分摊记账机器人在信息系统中的工作流程如图4-13所示。

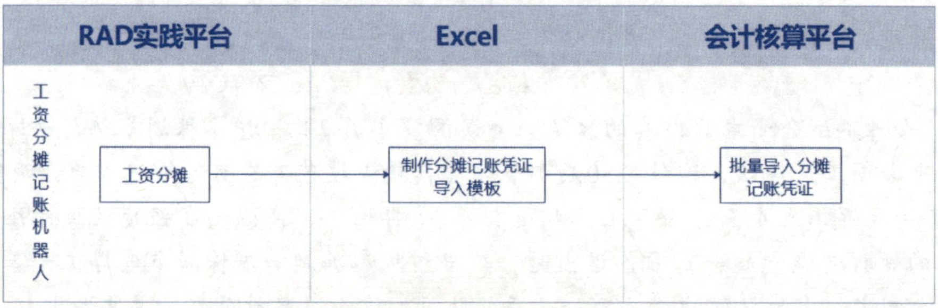


图4-13　工资分摊记账的工作流程

## 相关知识4-1

### 薪酬业务活动内容

一般企业发生的薪酬业务活动，按照核算口径分类，主要包括以下几类：

1.工资、奖金及津贴

工资、奖金及津贴是指雇主或者法定用人单位依据法律规定、行业规定、与职工之间的约定，以货币形式对职工的劳动所支付的报酬，薪酬发放的周期有多种形式，最常见的是月薪。在会计核算时，根据应付工资金额，分部门分科目计入成本费用类科目的借方，贷方通过“应付职工薪酬”科目核算。发放工资时，扣除代扣代缴个税、社会保险费、住房公积金等后，通过网上银行代发工资，通过“应付职工薪酬”科目的借方转出。相关会计分录如下：

（1）计提工资、奖金及津贴：

借：基本生产成本——直接人工

　　辅助生产成本——直接人工

　　销售费用——职工薪酬

　　管理费用——职工薪酬

　贷：应付职工薪酬——工资、奖金、津贴和补贴

（2）发放工资、奖金及津贴：

借：应付职工薪酬——工资、奖金、津贴和补贴

　贷：银行存款

　　　应交税费——代扣个人所得税

　　　其他应收款——代扣员工社会保险费

　　　其他应收款——代扣员工住房公积金

2.职工福利费

职工福利费主要用于职工的医药费、职工因公负伤赴外地就医路费、职工生活困难补助、职工活动费用等。企业以不超过工资总额14%的比例提取职工福利费，借记成本费用类科目，贷记“应付职工薪酬”科目；实际发生报销时，借记“应付职工薪酬”科目，贷记“银行存款”科目。关于薪酬业务中职工福利费计提的账务处理，将实际发生报销时的网银付款及账务处理纳入报销业务活动中，相关会计分录如下：

（1）计提职工福利费：

借：基本生产成本——直接人工

　　辅助生产成本——直接人工

　　销售费用——职工薪酬

　　管理费用——职工薪酬

　贷：应付职工薪酬——非货币性福利

（2）发生职工福利费，报销支付：

借：应付职工薪酬——非货币性福利

　贷：银行存款

3.职工教育经费

职工教育经费是企业按工资总额的一定比例提取用于职工教育事业的一项费用，是企业为职工学习先进技术和提高文化水平而支付的费用。职工不但有取得劳动报酬、享有集体福利的权利，还有接受岗位培训、继续教育的权利，为此需要一定的教育经费。根据《关于企业职工教育经费税前扣除政策的通知》（财税〔2018〕51号）的规定，企业发生的职工教育经费支出，不超过工资薪金总额8%的部分，准予在计算企业所得税应纳税所得额时扣除；超过部分，准予在以后纳税年度结转扣除。职工教育经费的提取和使用均通过“应付职工薪酬”科目进行核算，且财务核算原则、薪酬业务范围参同职工福利费。相关会计分录如下：

（1）计提职工教育经费：

借：基本生产成本——直接人工

　　辅助生产成本——直接人工

　　销售费用——职工薪酬

　　管理费用——职工薪酬

　贷：应付职工薪酬——职工教育经费

（2）发生职工教育经费，报销支付：

借：应付职工薪酬——职工教育经费

　贷：银行存款

4.工会经费

工会经费是企业按照工资总额的2%，向工会组织缴纳的经费，属于强制性、无偿性、固定性的义务。部分地区已经开始由税务机关代收工会经费。工会经费的提取和缴纳通过“应付职工薪酬”科目进行核算。财务核算原则、薪酬业务范围参同职工福利费。相关会计分录如下：

（1）计提工会经费：

借：基本生产成本——直接人工

　　辅助生产成本——直接人工

　　销售费用——职工薪酬

　　管理费用——职工薪酬

　贷：应付职工薪酬——工会经费

（2）向工会组织缴付工会经费：

借：应付职工薪酬——工会经费

　贷：银行存款

需要说明的是，薪酬业务的内容、形式、成本费用核算要求，各企业略有差异，本项目采用一般企业涉及的薪酬业务活动以及会计科目设计进行设置。

## 二、工资分摊记账机器人的数据分析

根据任务的要求，结合工资分摊记账机器人的工作流程，梳理工资分摊记账机器人的数据逻辑关系，具体见表4-2。

表4-2　工资分摊记账机器人的数据逻辑关系

| 序号 | 数据来源 | 财务机器人工作环境 | |
|---|---|---|---|
| 说明 | 工资分摊记账表 | Excel（凭证导入模板） | 会计核算平台 |
| 1 | 类别 | 科目编码 | 会计科目 |
| 2 | 部门 | 科目编码/部门 | 会计科目/借方辅助项 |
| 3 | 应发合计 | 借方金额/贷方金额 | 借方金额/贷方金额 |
| 4 | 应付工资 | 借方金额/贷方金额 | 借方金额/贷方金额 |
| 5 | 养老保险 | 借方金额/贷方金额 | 借方金额/贷方金额 |
| 6 | 医疗保险 | 借方金额/贷方金额 | 借方金额/贷方金额 |
| 7 | 失业保险 | 借方金额/贷方金额 | 借方金额/贷方金额 |
| 8 | 住房公积金 | 借方金额/贷方金额 | 借方金额/贷方金额 |
| 9 | 个人所得税 | 借方金额/贷方金额 | 借方金额/贷方金额 |
| 10 | 实发工资 | 借方金额/贷方金额 | 借方金额/贷方金额 |

## 三、工资分摊记账机器人的程序分析

微课4-6
工资分摊记账机器人的程序分析

### （一）main（主流程）

工资分摊记账机器人主要由main流程和五个子流程组成，五个子流程分别是："P00_打开业务数据表"、"P01_编制凭证导入模板"、"P02_登录会计核算平台"、"P03_批量导入记账凭证"和"P04_退出会计核算平台"。

资源4-6
工资分摊记账机器人主流程大图

如图4-14所示，main流程先通过"P00_打开业务数据表"打开"2021年12月工资分摊记账"和"凭证导入模板"，然后通过"P01_编制凭证导入模板"编制"2021年12月分摊记账凭证导入模板"，再通过"P02_登录会计核算平台"、"P03_批量导入记账凭证"和"P04_退出会计核算平台"，在会计核算平台批量导入分摊记账凭证后，退出会计核算平台。

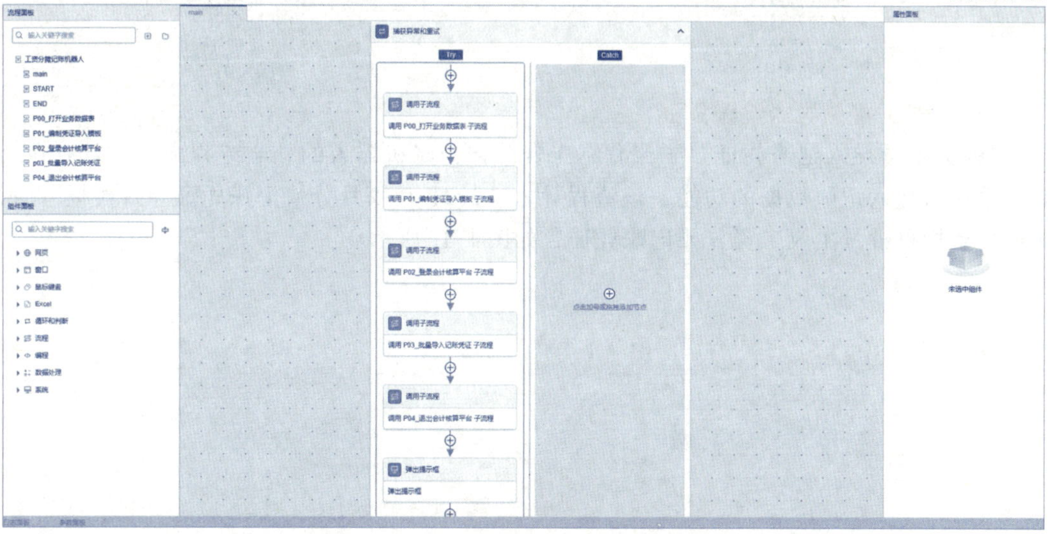


图4-14　工资分摊记账机器人主流程界面

### （二）P01_编制凭证导入模板

“P01_编制凭证导入模板”子流程是工资分摊记账机器人的核心流程之一，该流程先通过“获取Excel区域的值”组件，读取“2021年12月工资分摊记账”中的数据，然后对数据进行加工处理后，写入“凭证导入模板”，生成“2021年12月分摊记账凭证导入模板”，如图4-15所示。

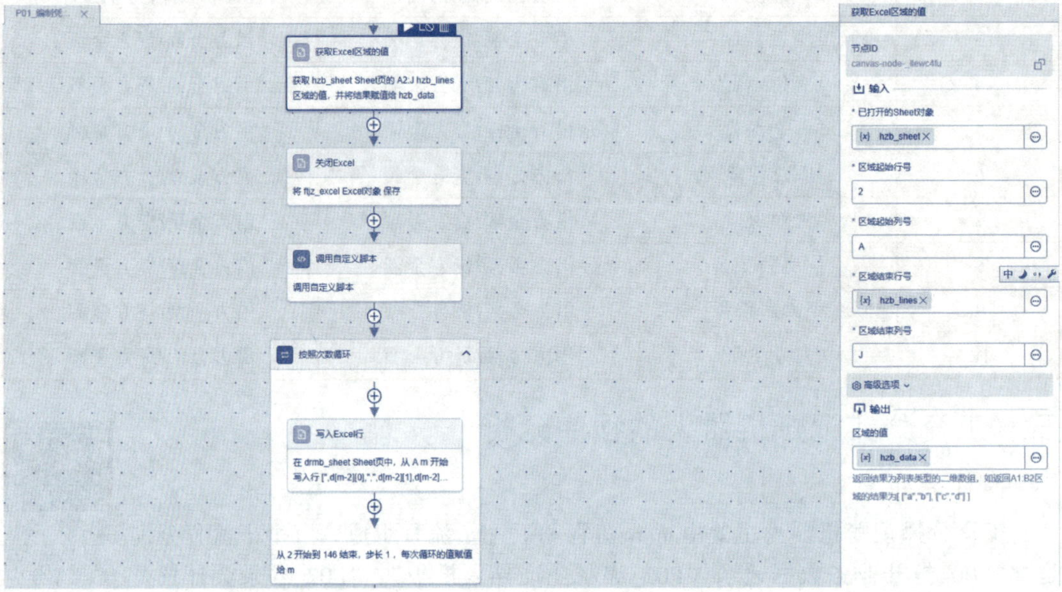


图4-15　工资分摊记账机器人编制凭证导入模板子流程

资源4-7

工资分摊记账机器人的编制凭证导入模板子流程大图

资源4-8

工资分摊记账机器人的批量导入记账凭证子流程大图

### （三）P03_批量导入记账凭证

“P03_批量导入记账凭证”子流程是工资分摊记账机器人的核心流程之一，具有在会计核算平台导入记账数据的功能，该流程导入“2021年12月分摊记账凭证导入模板”后，记账平台即可批量生成工资分摊记账凭证，如图4-16所示。

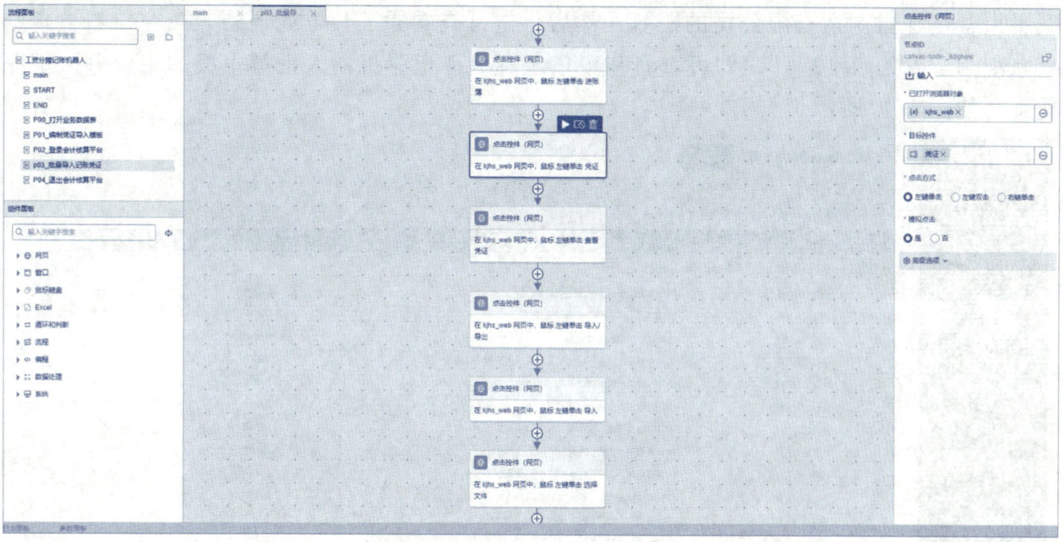

图4-16　工资分摊记账机器人批量导入记账凭证子流程

## 操作步骤

### 一、工资分摊记账的数据采集

步骤❶：登录“财务机器人应用与开发实践平台（http：//frad.chinaive.com/）”，然后点击薪酬业务机器人下面的【工资分摊记账机器人的应用任务】进入任务详情，仔细阅读任务介绍和仿真案例后，点击【选择业务】并勾选需要处理的业务，并点击【完成】。

步骤❷：在弹出的“选择业务”窗口点击【确定】，将新建的业务设置为“可采集数据业务”，然后可以点击“业务数据”下的【导出】将所创建的业务数据下载到本地查看和核对。

微课4-7

工资分摊记账机器人的运行与审核

### 二、工资分摊记账机器人的运行与审核

#### （一）下载和打开工资分摊记账机器人

步骤❶：在工资分摊记账机器人的应用任务“已选任务”列表中，下载工资分摊记账机器人应用程序。

步骤❷：在RPA编辑器中打开下载的工资分摊记账机器人应用程序，进入机器人程序的运行与调试界面。

#### （二）运行工资分摊记账机器人

步骤❶：关闭其他无关软件，然后运行工资分摊记账机器人。

步骤❷：观察工资分摊记账机器人的运行情况，如有异常，记录异常信息，以便后续对其进行调整和维护。

#### （三）审核工资分摊记账机器人的工作结果

工资分摊记账机器人的工作结果是在会计核算平台中生成正确的工资分摊记账凭证，审核的内容为凭证是否生成、科目是否正确、金额是否正确等。

步骤❶：登录会计核算仿真平台：http：//fz.chinaive.com/kjhs/，点击【进账簿】进入

安平市融创建材制造有限公司的账簿，然后点击【查看凭证】，“凭证列表”窗口右上角选择账期为“2021年12月”，即可查看和审核工资分摊记账机器人批量生成的工资分摊记账凭证，如图4-17所示。

图4-17　审核记账凭证数量和类型

步骤❷：在“凭证列表”界面，双击任意一张凭证，即可查看记账凭证详情，审核凭证详情是否正确，如图4-18所示：

图4-18　审核凭证详情

若发现有误，可以手动修改记账凭证，或者是分析出错的原因，调试机器人的相关组件，使其能够正确处理业务。

**德技兼修**　**会计大咖的传奇人生**

现在说起四大，我们往往会想到普华永道、德勤、毕马威、安永，100年前中国也有自己的“四大”，即立信、公信、正则、徐永祚（后改名正明）。徐永祚会计师事务所是新中国成立前上海乃至在全国规模最大、声誉最著的会计师事务所之一。

徐永祚（1893–1961），又名玉书，浙江海宁人。先后以优异的成绩毕业于浙江高等学堂和上海神州大学经济科。徐永祚曾任上海证券交易所会计科长，也是徐永祚会计师事务所创始人。用今天的话说，徐永祚就是当年会计界的大咖。

徐永祚最为家喻户晓的功绩就是改良中式簿记了，外行人可能不知道其意义，但对业内人士来说，这是一个重大改进。当时，上海工商业户除少数大型企业外，基本沿用我国传统的“上收下付”的记账方法，结算不清、报表反映不全面，无法适应时代发展。徐永祚认为中式簿记基础牢固，而西式簿记理论比较深奥，一时难以被接受。因此，徐永祚在长时间的深入研究和反复试验后，提出改良大纲，编著了《改良中式簿记》一书。此外，徐永祚于1935年出版《改良中式簿记实例》，用于指导实践，推广中式会计改良。这一改良理论，引发了当时会计界的一场激烈论战。

推广改良中式簿记，徐永祚是认真的。1933年，他创办了《会计杂志》月刊，刊发“改良中式簿记专号”，介绍基本理论与方法，同时开设会计训练班，并应上海市商会之请，发表演讲，举办改良中式账簿表单展览，还利用当时比较先进的无线电广播方式，向全上海市宣讲推行改良中式簿记问题，形成了广泛的社会影响。

徐永祚的改良中式簿记颇受工商企业欢迎，纷纷采用，其所创收付记账法，在新中国成立后税算会计、商业会计中沿用至20世纪90年代，推动会计向合理化、科学化前进了一步。

徐永祚还有一颗拳拳爱国之心。1937年，徐永祚参加了抗敌后援会，义务担任总会计，为捐献的财物立账管理，做到账册、证件齐全，进出账目清楚，并及时送到抗日部队，还派人负责检查、监督，后被日军关押审讯50余天，经知名人士多方营救出狱。徐永祚旧居还曾经是上海中共地下党重要文件的寄送地址，存放过刘少奇委托的上海总工会的查账案卷。

资料来源：佚名．感受老房子的魅力，解锁会计大咖的传奇人生！[EB/OL]．[2022-09-16]．https：//www.thepaper.cn/newsDetail_forward_19940896.有删改．

# 模块2　网银工资发放机器人的开发

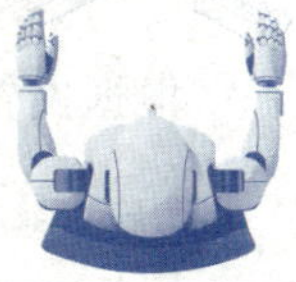

## 业务描述

资源4-9

网银工资发放机器人开发素材

2021年11月30日，出纳邹红收到人力资源部转来的11月员工实发工资信息表，共计20人，总金额92 290元，要求当天代发工资，并下载银行付款回单。邹红需要根据“员工实发工资信息表”“银行代发工资表（模板）”文件填制“银行代发工资表”，通过财务机器人在网上银行完成代发工资操作，最后下载保存银行付款回单。

邹红准备使用财务机器人，从“员工实发工资信息表”中取数填入“银行代发工资表（模板）”中，再完成网上银行代发工资操作，以提高工作的效率和效果。开发环境中网银平台网址为：http：//fz.chinaive.com/wsyh/? username=××× （其中×××为RAD平台登录账号）；网银平台U盾登录密码为：123456；其他相关文档可扫码下载。

# 任务1　网银工资发放机器人的开发准备

## 任务描述

网银工资发放机器人的开发，要先做好开发准备，开发准备工作包括明确任务、需求分析、程序设计三个方面。

## 操作步骤

### 一、明确任务

步骤❶：确定任务名称。任务名称即开发网银工资发放机器人。

步骤❷：识别开发背景。出纳邹红需要根据“员工实发工资信息表”“银行代发工资表（模板）”文件填制“银行代发工资表.xlsx”文件，然后通过财务机器人在网上银行完成代发工资操作。

步骤❸：明确任务要求。按照开发任务的要求，参照设计方案，完成财务机器人开发并成功运行。

### 二、需求分析

#### （一）梳理网银工资发放业务工作流程

微课4-8

网银工资发放机器人的工作流程

通过访谈法和观察法等方法，明确财务人员进行网银工资发放的主要操作流程为：登录工商银行网银平台，下载“银行代发工资表（模板）”，然后将人力资源部提供的薪酬信息，按需填入“银行代发工资表（模板）”中，填写完成后，再上传至工商银行网银平台。

#### （二）绘制网银工资发放业务工作流程图

根据网银工资发放业务工作流程，绘制其工作流程图，如图4-19所示。

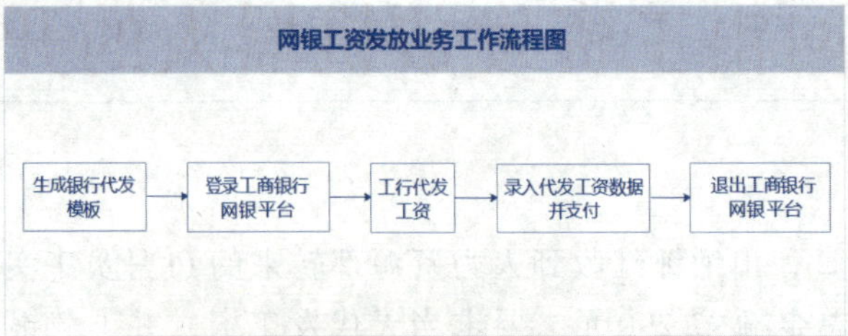


图4-19　网银工资发放业务工作流程图

#### （三）梳理网银工资发放机器人工作流程

根据工作流程图，明确网银工资发放机器人的工作流程为：

（1）生成银行代发工资模板表格。

（2）登录工商银行网银平台。

（3）进入工商银行网银代发工资并上传银行代发工资模板表格，录入代发工资数据，然后点击支付。

（4）退出工商银行网银平台。

### （四）绘制网银工资发放机器人开发流程图

根据网银工资发放机器人工作流程，制订网银工资发放机器人设计方案，其中开发流程图如图4-20所示。

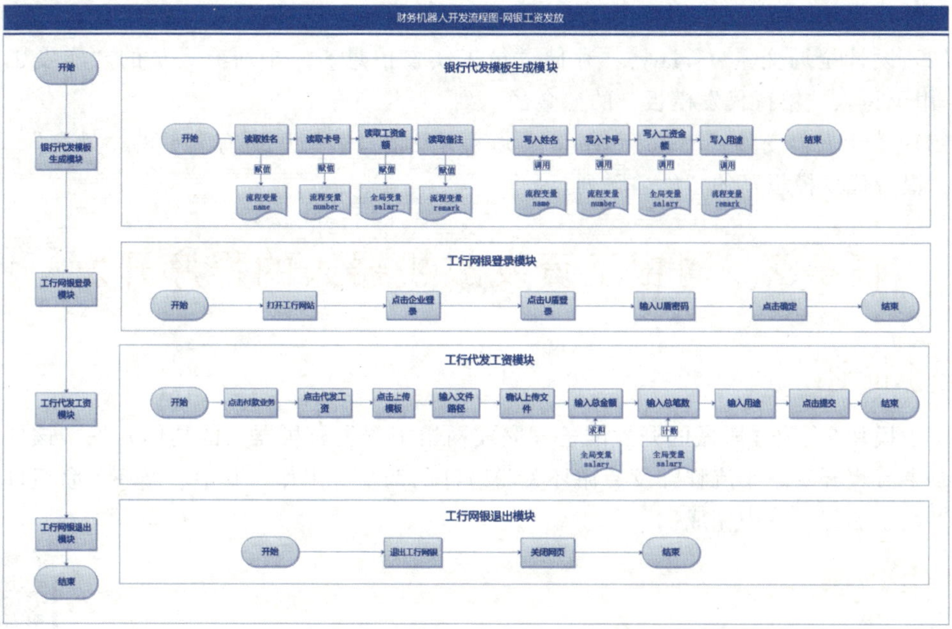


图4-20　网银工资发放机器人开发流程图

## 三、程序设计

资源4-10

网银工资发放机器人的设计方案

### （一）模块设计

根据网银工资发放的自动化流程设计，机器人程序划分为银行代发模板生成、工行网银登录、工行代发工资、工行网银退出四个功能模块，划分依据见表4-3。

表4-3　模块设计表

| 序号 | 模块名 | 划分依据 |
| --- | --- | --- |
| 1 | 银行代发模板生成 | 生成的银行代发模板需要在工行代发工资环节调用 |
| 2 | 工行网银登录 | 为各类网银业务操作的基础步骤，具有极强的标准性和复用性 |
| 3 | 工行代发工资 | 较为独立完整 |
| 4 | 工行网银退出 | 为各类网银操作结束后的统一步骤，具有极强的标准性和复用性 |

### （二）循环设计

为了逐一将“员工实发信息表”中的账号、实发工资金额、姓名写入“银行代发模板”，需在每个人员的工资信息写入结束后，跳转至下一员工继续写入，直至“员工实发信息表”中所有人员的工资信息全部写入“银行代发模板”，因此需要在“银行代发模板”生成时设计循环，从读取“员工实发信息表”中单个人员的工资信息开始循环，直至写入完成后结束循环。

（三）变量设计

将“员工实发信息表”中的账号、实发工资金额、姓名写入“银行代发模板”时，需要设计变量临时存储读取到的信息，具体设计如下：

（1）设计流程变量（number），存储“员工实发信息表”中所有人员的“账号”，用于写入“银行代发模板”的“个人账号”列。

（2）设计全局变量（salary），存储“员工实发信息表”中所有人员的“实发工资金额”，用于写入“银行代发模板”的“金额”列。

（3）设计流程变量（name），存储“员工实发信息表”中所有人员的“姓名”，用于写入“银行代发模板”的“姓名”列。

# 任务2　网银工资发放机器人的程序开发

## 任务描述

基于模块2任务1所做的开发准备，完成网银工资发放机器人的具体开发，该任务主要涉及主流程开发、子流程开发、循环关联组件的调整等工作，其中，循环关联组件的调整可以在子流程开发中完成。

## 操作步骤

微课4-9

网银工资发放机器人的开发演示

### 一、main流程开发

步骤❶：按照“网银工资发放机器人”设计方案的规划，首先在开发软件中“新建工程”，命名为：“网银工资发放机器人”。

步骤❷：在main流程中，逐个添加四个子流程，分别是：P01_生成银行代发模板、P02_登录工行网银、P03_代发工资、P04_退出工行网银，如图4-21所示。

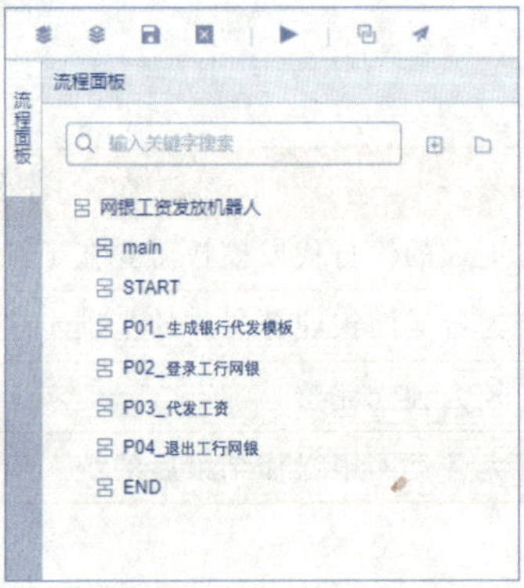


图4-21　创建子流程

## 二、子流程开发

### （一）P01_生成银行代发模板

“P01_生成银行代发模板”子流程完成的工作任务是从“员工实发信息表”中取数填入“银行代发模板”中，如图4-22所示，开发步骤见表4-4，开发效果图如图4-23所示。

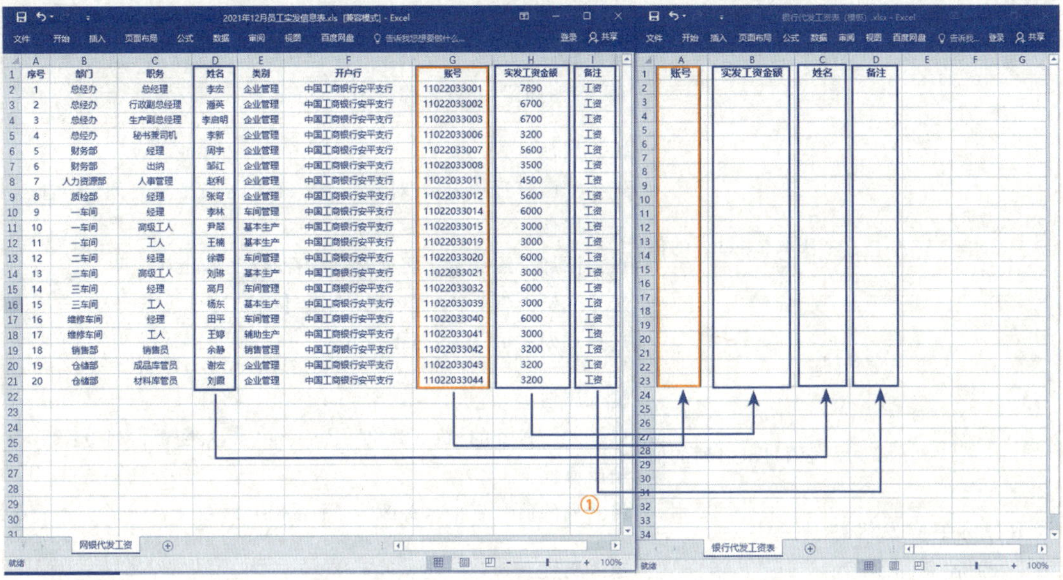

图4-22　银行代发模板生成

表4-4　P01_生成银行代发模板子流程开发步骤

| 业务流程 | 开发步骤 | |
|---|---|---|
| 操作步骤 | 添加组件 | 设置属性 |
| 读取“员工实发信息表”的信息并写入“银行代发模板”对应位置 | 启动Excel | 输入属性：<br>选择“Excel文件路径”为：“C：\RPADATA\2021年12月员工实发信息表.xls”，点击【打开】；<br>输出属性：<br>将“Excel对象”变量名称改为：sfxxb_excel； |
| 读取“员工实发信息表”的信息并写入“银行代发模板”对应位置 | 激活Sheet页 | 输入属性：<br>选择“已打开的Excel对象”为：sfxxb_excel变量；<br>设置“Sheet页名称”为：“网银代发工资”；<br>输出属性：<br>将“Excel Sheet对象”变量名称改为：sfgz_sheet |
| 读取“员工实发信息表”的信息并写入“银行代发模板”对应位置 | 获取Excel列的值 | 输入属性：<br>选择“已打开的Sheet对象”为：sfgz_sheet变量；列号：D；<br>输出属性：<br>将“列的值”变量名称改为：name |

续表

| 业务流程 | 开发步骤 | |
|---|---|---|
| 操作步骤 | 添加组件 | 设置属性 |
| 读取“员工实发信息表”的信息并写入“银行代发模板”对应位置 | 获取Excel列的值 | 输入属性：<br>选择“已打开的Sheet对象”为：sfgz_sheet变量；列号：G；<br>输出属性：<br>将“列的值”变量名称改为：number |
| | 获取Excel列的值 | 输入属性：<br>选择“已打开的Sheet对象”为：sfgz_sheet变量；列号：H；<br>输出属性：<br>点击添加全局变量，将变量名称命名为：salary；<br>选择变量类型为：“列表”，点击【确定】；<br>选择“列的值”为：salary变量 |
| | 获取Excel列的值 | 输入属性：<br>选择“已打开的Sheet对象”为：sfgz_sheet变量；列号：I；<br>输出属性：<br>将“列的值”变量名称改为：remark |
| | 获取窗口 | 输入属性：<br>设置“窗口标题”为：“员工实发信息表”；<br>输出属性：<br>将“窗口对象”变量名称改为sfxxb_win，点击【确定】 |
| | 激活窗口 | 输入属性：<br>选择“已打开的窗口对象”为：sfxxb_win变量 |
| | 输入热键 | 输入属性：<br>录入“按键组合”内容为：! {F4} |
| | 启动Excel | 输入属性：<br>设置启动方式为：“新建Excel”；<br>点击添加全局变量，将变量名称命名为：import_excel_path；<br>选择变量类型为：“字符串”，设置默认值为：“C：\RPADATA\银行代发工资表（模板）.xlsx”，点击【确定】；<br>选择“新建Excel文件路径”为：import_excel_path变量；<br>输出属性：<br>将“Excel对象”变量名称改为：dfgzb_excel |
| 读取“员工实发信息表”的信息并写入“银行代发模板”对应位置 | 重命名Sheet页 | 输入属性：<br>选择“已打开的Excel对象”为：dfgzb_excel变量；<br>录入“旧Sheet页名称”为：Sheet1；<br>设置“新Sheet页名称”为：“银行代发工资表” |

续表

| 业务流程 | 开发步骤 | |
|---|---|---|
| 操作步骤 | 添加组件 | 设置属性 |
| 读取“员工实发信息表”的信息并写入“银行代发模板”对应位置 | 激活Sheet页 | 输入属性：<br>选择“已打开的Excel对象”为：dfgzb_excel变量；<br>设置“Sheet页名称”为：“银行代发工资表”；<br>输出属性：<br>将“Excel Sheet对象”变量名称改为：dfgzb_sheet |
| | 写入Excel列 | 输入属性：<br>选择“已打开的Sheet对象”为：dfgzb_sheet变量；<br>起始行号：“1”，起始列号：“A”；<br>选择“写入内容”为：number变量；<br>选择高级选项中“是否保存Excel”为：“是” |
| | 写入Excel列 | 输入属性：<br>选择“已打开的Sheet对象”为：dfgzb_sheet变量；<br>起始行号：“1”，起始列号：“B”；<br>选择“写入内容”为：salary变量；<br>选择高级选项中“是否保存Excel”为：“是” |
| | 写入Excel列 | 输入属性：<br>选择“已打开的Sheet对象”为：dfgzb_sheet变量；<br>起始行号：“1”，起始列号：“C”；<br>选择“写入内容”为：name变量；<br>选择高级选项中“是否保存Excel”为：“是” |
| | 写入Excel列 | 输入属性：<br>选择“已打开的Sheet对象”为：dfgzb_sheet变量；<br>起始行号：“1”，起始列号：“D”；<br>选择“写入内容”为：remark变量；<br>选择高级选项中“是否保存Excel”为：“是” |
| | 获取窗口 | 输入属性：<br>设置“窗口标题”为：“银行代发工资表”；<br>输出属性：<br>将“窗口对象”变量名称改为：dfgzb_win，点击【确定】 |
| | 激活窗口 | 输入属性：<br>选择“已打开的窗口对象”为：dfgzb_win变量 |
| | 输入热键 | 输入属性：<br>录入“按键组合”内容为：! {F4} |

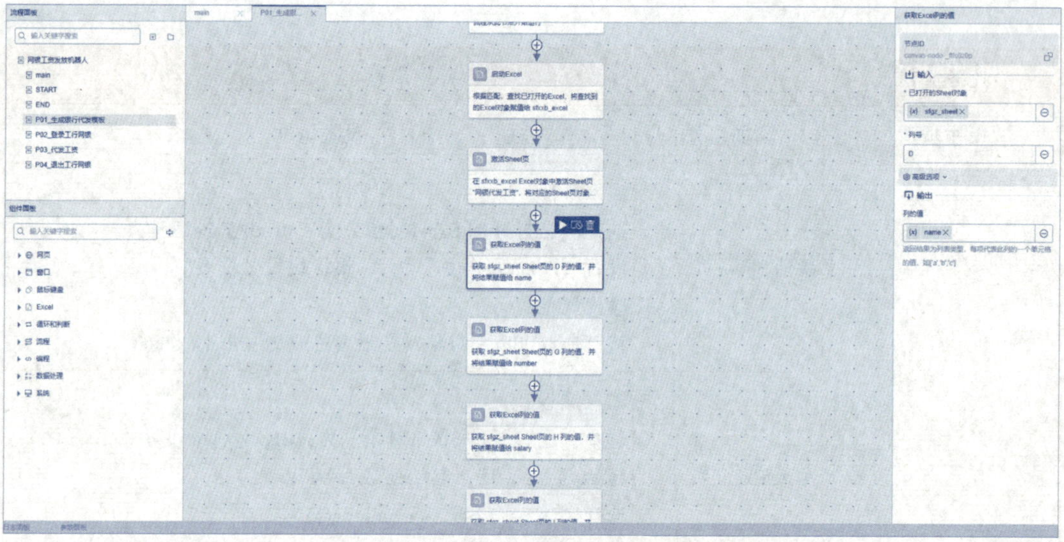

图4-23　P01_生成银行代发模板子流程开发效果图

开发银行代发模板生成流程时，以下两个组件需要注意：

（1）“获取Excel列的值”组件用于读取Excel文件中指定的某一列的值，并将读取到的内容作为列表返回。使用“获取Excel列的值”组件时，先填选已打开的Sheet对象，并输入要读取的列号。运行之后，程序会在指定的Sheet页上，读取指定的某一列的值，并将此值保存在输出属性“列的值”中，修改“列的值”变量名称，以便其他组件调用。

资源4-11

银行代发模板生成子流程大图

（2）“写入Excel列”组件用于对Excel文件指定某一列进行数据写入，使用“写入Excel列”组件时，先填选已打开的Sheet对象，并输入待写入列的起始单元格行号和列号，在写入内容中，选择编辑表达式，表达式格式为：["A1", "B1", "C1"]。运行之后，程序会从起始单元格开始，在指定列写入一列数据。

## （二）P02_登录工行网银

“P02_登录工行网银”子流程能够实现机器人自动登录工商银行网上银行平台，开发步骤见表4-5，控件捕获位置如图4-24和图4-25所示，开发效果图如图4-26所示。

表4-5　P02_登录工行网银子流程开发步骤

| 业务流程 | | 开发步骤 | |
|---|---|---|---|
| 序号 | 操作步骤 | 添加组件 | 设置属性 |
| ① | 在浏览器打开网页 | 打开新网页 | 输入属性：<br>点击“打开网址”输入框，<br>点击新增流程变量，将变量名称命名为：bank_path；<br>设置默认值为：<br>“http://fz.chinaive.com/wsyh/?username=×××”（其中×××使用RAD平台登录账号代替），点击【确定】；<br>选择“浏览器类型”为：Chrome<br>输出属性：<br>点击添加全局变量，将变量名称命名为：bank_web；<br>选择变量类型为：“浏览器对象”，点击【确定】；<br>选择“浏览器对象”为：bank_web变量 |

续表

| 业务流程 | | 开发步骤 | |
|---|---|---|---|
| 序号 | 操作步骤 | 添加组件 | 设置属性 |
| ② | 调用浏览器工具栏菜单 | 输入热键 | 输入属性：<br>录入“按键组合”内容为：! {space} |
| ③ | 窗口最大化 | 输入热键 | 输入属性：<br>录入“按键组合”内容为：x |
| ④ | 点击左侧功能栏【企业网上银行登录】 | 点击控件（网页） | 输入属性：<br>选择“已打开的浏览器对象”为：bank_web变量；<br>在目标控件中捕捉新控件，拾取【企业网上银行登录】，将该控件命名为：“企业网上银行登录”，点击【保存】；<br>设置“模拟点击”为：“是” |
| ⑤ | 点击右侧功能栏【U盾登录】 | 点击控件（网页） | 输入属性：<br>选择“已打开的浏览器对象”为：bank_web变量；<br>在目标控件中捕捉新控件，拾取【U盾登录】，将该控件命名为：“U盾登录”，点击【保存】；<br>设置“模拟点击”为：“是” |
| ⑥ | 输入用户对应的U盾密码 | 填写输入框（网页） | 输入属性：<br>选择“已打开的浏览器对象”为：bank_web变量；<br>在目标控件中捕捉新控件，拾取U盾密码输入框，将该控件命名为：“U盾密码输入框”，点击【保存】；<br>点击“输入内容”输入框，点击新增流程变量，将变量名称命名为：bank_key，设置默认值为：“123456”，点击【确定】；<br>设置输入方式为：“覆盖输入” |
| ⑦ | 点击【确定】进行登录 | 点击控件（网页） | 输入属性：<br>选择“已打开的浏览器对象”为：bank_web变量；<br>在目标控件中捕捉新控件，拾取【确定】，将该控件命名为：“确定”，点击【保存】；<br>设置模拟点击为：“是” |

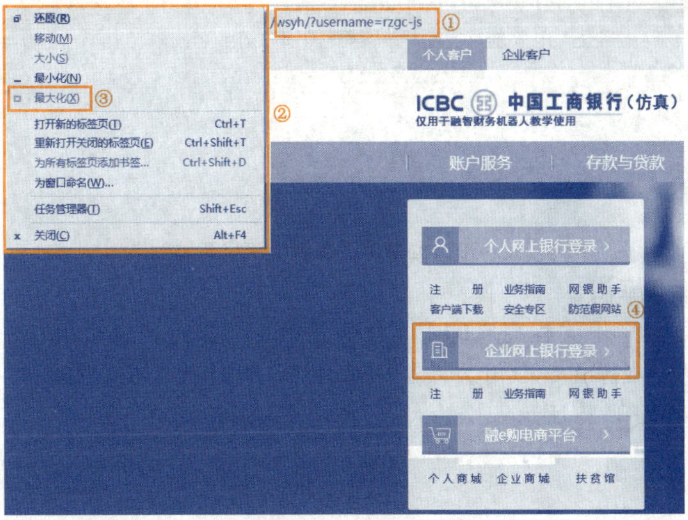


图4-24　P02_登录工行网银子流程控件捕获位置1

图4-25　P02_登录工行网银子流程控件捕获位置2

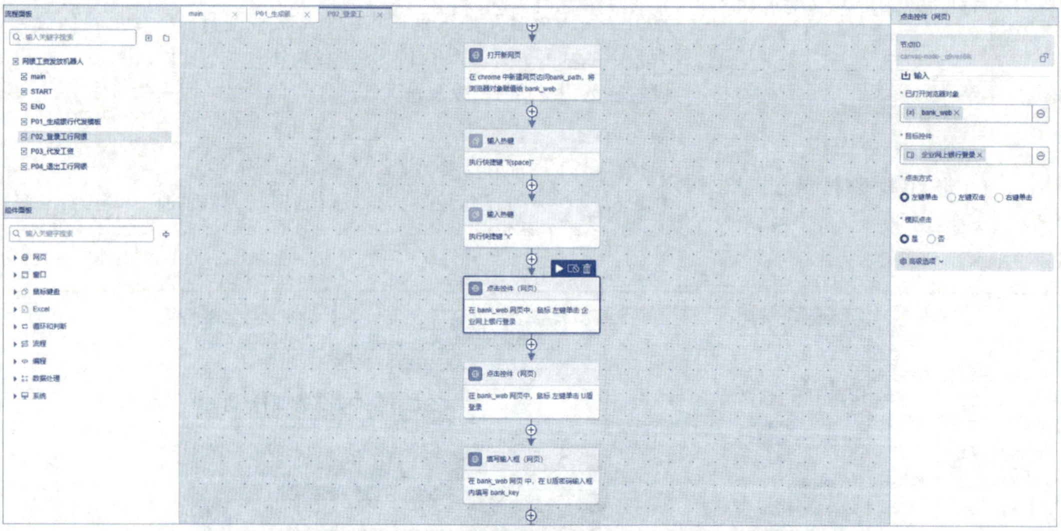

图4-26　P02_登录工行网银子流程开发效果图

### （三）P03_代发工资

资源4-12

登录工行网银子流程大图

“P03_代发工资”子流程完成的工作任务是根据“银行代发模板”中的工资信息进行代发工资操作。其开发步骤见表4-6，控件捕获位置如图4-27所示，开发效果图如图4-28所示。

表4-6　P03_代发工资子流程开发步骤

| 业务流程 | | 开发步骤 | |
|---|---|---|---|
| 序号 | 操作步骤 | 添加组件 | 设置属性 |
| ① | 点击上方功能栏【付款业务】 | 点击控件（网页） | 输入属性：<br>选择“已打开的浏览器对象”为：bank_web变量；<br>在目标控件中捕捉新控件，拾取【付款业务】，将该控件命名为：“付款业务”，点击【保存】；<br>设置“模拟点击”为：“是” |
| ② | 点击左侧功能栏【代发工资】 | 点击控件（网页） | 输入属性：<br>选择“已打开的浏览器对象”为：bank_web变量；<br>在目标控件中捕捉新控件，拾取【代发工资】，将该控件命名为：“代发工资”，点击【保存】；<br>设置“模拟点击”为：“是” |
| ③ | 点击【上传文件】右侧的输入框 | 点击控件（网页） | 输入属性：<br>选择“已打开的浏览器对象”为：bank_web变量；<br>在目标控件中捕捉新控件，拾取【上传文件】右侧的输入框，将该控件命名为：“上传文件”，点击【保存】；<br>设置“模拟点击”为：“是” |
| ④ | 获取“选择要加载的文件”窗口 | 获取窗口 | 输入属性：<br>设置“窗口标题”为：“打开”；<br>输出属性：<br>将“窗口对象”变量名称改为：open_dialog，点击【确定】 |
| | 输入要加载的文件名 | 通过剪贴方式输入（窗口） | 输入属性：<br>选择“已打开的窗口对象”为：open_dialog变量；<br>在目标控件中捕捉新控件，拾取文件名输入框，将该控件命名为：“文件名输入框”，点击【保存】；<br>选择“输入内容”为：import_excel_path变量；<br>设置“输入方式”为：“覆盖输入” |
| ⑤ | 打开要加载的文件 | 点击控件（窗口） | 输入属性：<br>选择“已打开的窗口对象”为：open_dialog变量；<br>在目标控件中捕捉新控件，拾取【打开】，将该控件命名为：“打开”，点击【保存】；<br>设置“模拟点击”为：“是” |
| ⑥ | 在总金额右侧的输入框中录入实发工资总额 | 填写输入框（网页） | 输入属性：<br>选择“已打开的浏览器对象”为：bank_web变量；<br>在目标控件中捕捉新控件，拾取总金额输入框，将该控件命名为：“总金额输入框”，点击【保存】；<br>选择“输入内容”为编辑表达式，表达式为：str（sum（［float（a）for a in salary［1:］］））；<br>设置“输入方式”为：“覆盖输入” |

续表

| 业务流程 | | 开发步骤 | |
|---|---|---|---|
| 序号 | 操作步骤 | 添加组件 | 设置属性 |
| ⑦ | 在总笔数右侧的输入框中录入实发工资总笔数 | 填写输入框（网页） | 输入属性：<br>选择“已打开的浏览器对象”为：bank_web变量；<br>在目标控件中捕捉新控件，拾取总笔数输入框，将该控件命名为：“总笔数输入框”，点击【保存】；<br>选择“输入内容”为编辑表达式，表达式为：str（len（salary）-1）；<br>设置“输入方式”为：“覆盖输入” |
| ⑧ | 在用途右侧的输入框中录入“工资” | 填写输入框（网页） | 输入属性：<br>选择“已打开的浏览器对象”为：bank_web变量；<br>在目标控件中捕捉新控件，拾取用途输入框，将该控件命名为：“用途输入框”，点击【保存】；<br>录入“输入内容”为：“工资”<br>设置“输入方式”为：“覆盖输入” |
| ⑨ | 点击【提交】，代发工资 | 点击控件（网页） | 输入属性：<br>选择“已打开的浏览器对象”为：bank_web变量；<br>在目标控件中捕捉新控件，拾取【提交】，将该控件命名为：“提交”，点击【保存】；<br>设置“模拟点击”为：“是” |

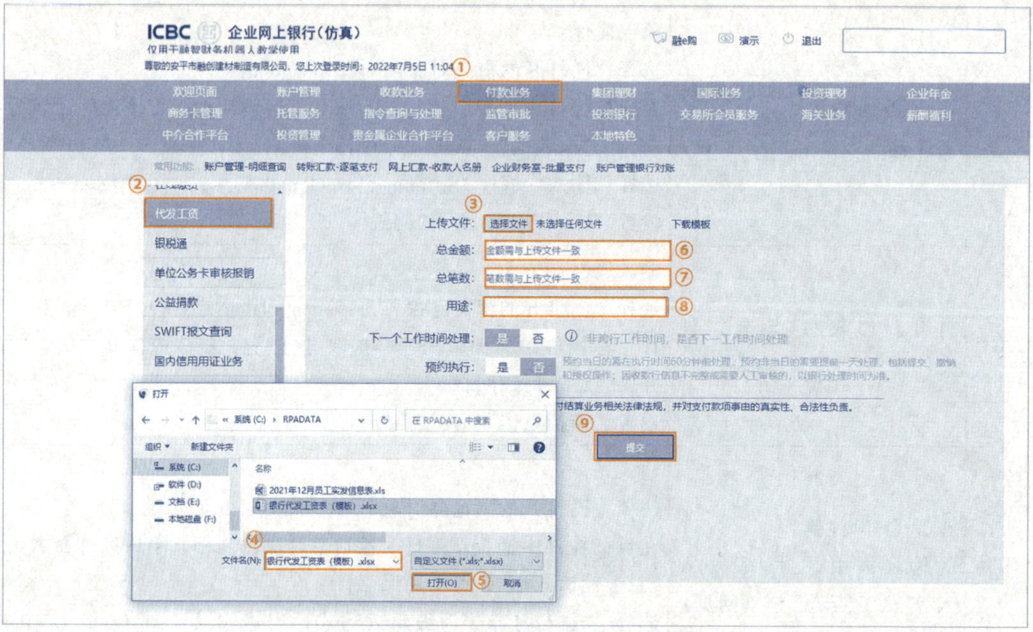


图4-27　P03_代发工资子流程控件捕获位置

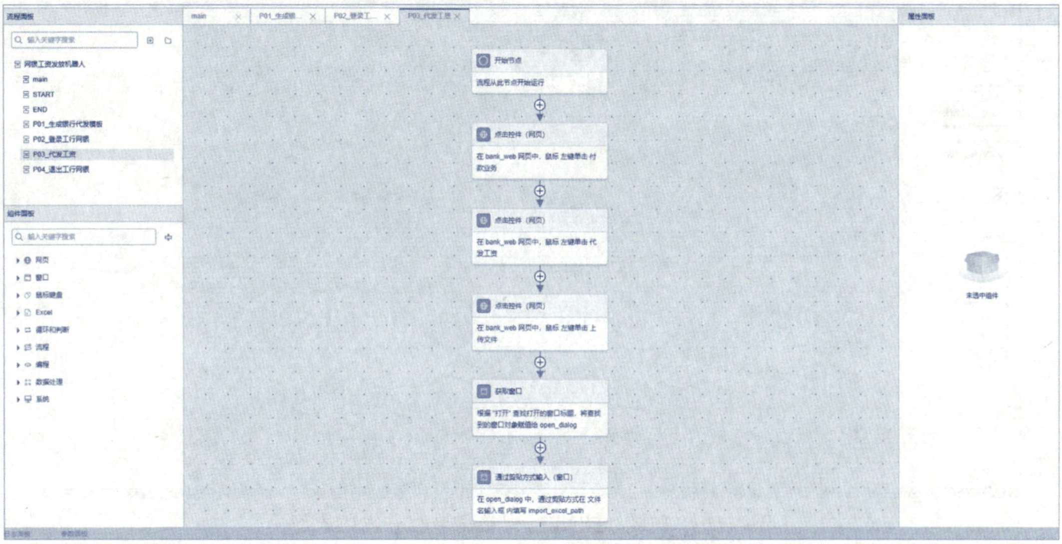

图 4-28 P03_代发工资子流程开发效果图

开发工行代发工资流程时，需要注意以下两点：

（1）表达式 str（sum（［float（a） for a in salary［1:］］））：

“salary［1:］”表示取“salary”列表中第一项以后，即第二项开始的数据；“［float（a） for a in salary［1:］］”表示将 salary［1:］中的数据依次循环转换为浮点数，生成一个新的浮点数列表；

“sum（）函数”表示求和，求新浮点数列表的和；

“str（）函数”表示将求得的和转换为文本格式。

（2）表达式 str（len（salary）-1）：

“len（salary）”表示“salary”列表中的数据个数；

“len（salary）-1”表示“salary”列表中的数据个数减 1；

“str（）函数”表示将求得的差转换为文本格式。

### （四）P04_退出工行网银

“P04_退出工行网银”子流程完成的工作是退出工商银行网上银行平台。该流程的开发步骤见表4-7，开发效果图如图4-29所示。

资源 4-13

代发工资子流程大图

表 4-7 P04_退出工行网银子流程开发步骤

| 业务流程 | | 开发步骤 | |
|---|---|---|---|
| 序号 | 操作步骤 | 添加组件 | 设置属性 |
| ① | 点击右上方【退出】 | 点击控件（网页） | 输入属性：<br>选择“已打开的浏览器对象”为：bank_web 变量；<br>在目标控件中捕捉新控件，拾取页面右上角的【退出】，将该控件命名为：“退出”，点击【保存】；<br>设置“模拟点击”为：“是” |
| ② | 用快捷键 Ctrl+w，关闭工行网银 | 输入热键 | 输入属性：<br>录入“按键组合”内容为：^{w} |

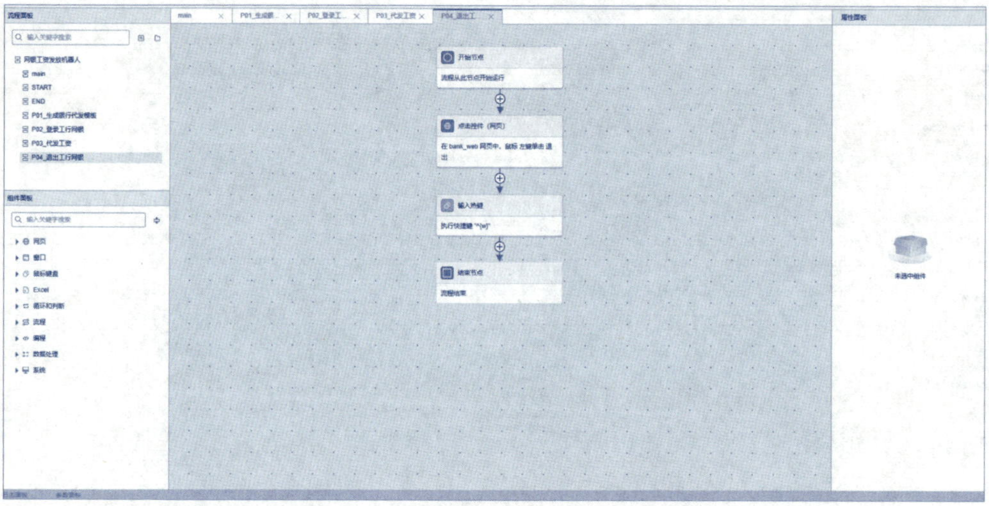

图4-29　P04_退出工行网银子流程开发效果图

## 三、模块组装

资源4-14

网银工资发放机器人主流程大图

在main流程中，添加所有子流程。

开发步骤如下：

步骤❶：添加“调用子流程”组件，选择“子流程名称”为“P01_生成银行代发模板”。

步骤❷：添加“调用子流程”组件，选择“子流程名称”为“P02_登录工行网银”。

步骤❸：添加“调用子流程”组件，选择“子流程名称”为“P03_代发工资”。

步骤❹：添加“调用子流程”组件，选择“子流程名称”为“P04_退出工行网银”。

步骤❺：添加“弹出提示框”组件，输入属性中设置“提示内容”为“网银工资发放机器人运行成功，感谢使用!”，设置“是否等待用户确认”为“否”，设置“提示自动关闭时间（秒）”为“3”。

main流程最终的开发效果图如图4-30所示：

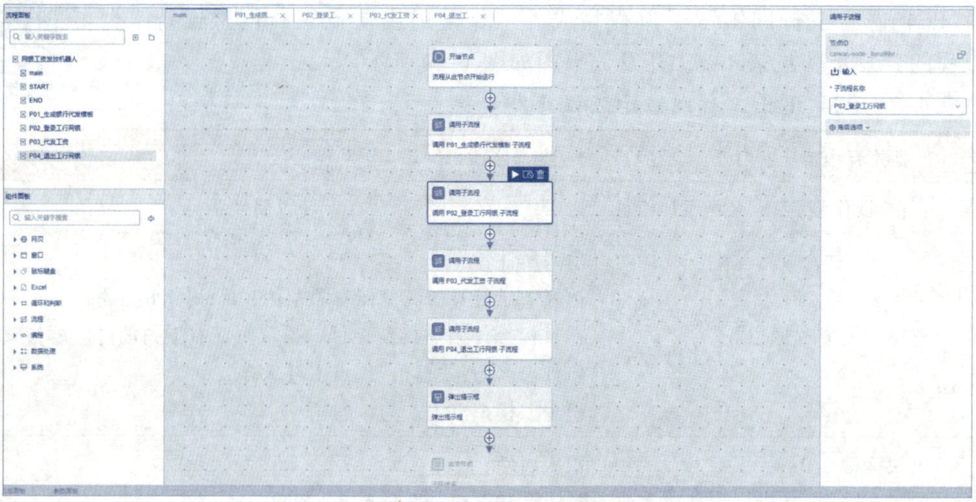

图4-30　main流程开发效果图

# 任务3　网银工资发放机器人的测试

## 任务描述

网银工资发放机器人开发完成后，还需要对其进行测试，在测试中发现潜在的问题，通过测试后才能将其投入使用。测试环节的工作主要有编制测试用例、执行测试用例、调整和优化机器人等。

## 操作步骤

### 一、编制测试用例

步骤❶：明确测试目标。网银工资发放机器人的使用场景较少，正常情况下每月只执行一次，但因其涉及的是金钱往来，且关系到全体职工的利益，故其重要性不言而喻。根据网银工资发放机器人的使用场景和要求，确定测试目标为确保网银工资发放机器人的工作正确率达到100%，以及具有较强的环境适应能力。

步骤❷：确定测试环境。根据网银工资发放机器人的使用场景，确定测试环境为工商银行网上银行平台，网址为：http：//fz.chinaive.com/wsyh/? username=×××（×××为登录RAD平台的用户名），U盾登录密码为：123456。

步骤❸：设计输入数据。根据融智建材工资发放的业务需求，编写网银工资发放机器人的输入数据，具体见表4-8。

表4-8　网银工资发放机器人测试输入数据　单位：元

| 序号 | 部门 | 职务 | 姓名 | 类别 | 开户行 | 账号 | 实发工资金额 |
|---|---|---|---|---|---|---|---|
| 1 | 总经办 | 总经理 | 李宏 | 企业管理 | 中国工商银行安平支行 | 11022033001 | 7 890.00 |
| 2 | 总经办 | 行政副总经理 | 潘英 | 企业管理 | 中国工商银行安平支行 | 11022033002 | 6 700.00 |
| 3 | 总经办 | 生产副总经理 | 李启明 | 企业管理 | 中国工商银行安平支行 | 11022033003 | 6 700.00 |
| 4 | 总经办 | 秘书兼司机 | 李新 | 企业管理 | 中国工商银行安平支行 | 11022033006 | 3 200.00 |
| 5 | 财务部 | 经理 | 周宇 | 企业管理 | 中国工商银行安平支行 | 11022033007 | 5 600.00 |
| 6 | 财务部 | 出纳 | 邹红 | 企业管理 | 中国工商银行安平支行 | 11022033008 | 3 500.00 |
| 7 | 人力资源部 | 人事管理 | 赵利 | 企业管理 | 中国工商银行安平支行 | 11022033011 | 4 500.00 |
| 8 | 质检部 | 经理 | 张穹 | 企业管理 | 中国工商银行安平支行 | 11022033012 | 5 600.00 |
| 9 | 一车间 | 经理 | 李林 | 车间管理 | 中国工商银行安平支行 | 11022033014 | 6 000.00 |
| 10 | 一车间 | 高级工人 | 尹翠 | 基本生产 | 中国工商银行安平支行 | 11022033015 | 3 000.00 |
| 11 | 一车间 | 工人 | 王楠 | 基本生产 | 中国工商银行安平支行 | 11022033019 | 3 000.00 |
| 12 | 二车间 | 经理 | 徐蓉 | 车间管理 | 中国工商银行安平支行 | 11022033020 | 6 000.00 |
| 13 | 二车间 | 高级工人 | 刘琳 | 基本生产 | 中国工商银行安平支行 | 11022033021 | 3 000.00 |

续表

| 序号 | 部门 | 职务 | 姓名 | 类别 | 开户行 | 账号 | 实发工资金额 |
|---|---|---|---|---|---|---|---|
| 14 | 三车间 | 经理 | 高月 | 车间管理 | 中国工商银行安平支行 | 11022033032 | 6 000.00 |
| 15 | 三车间 | 工人 | 杨东 | 基本生产 | 中国工商银行安平支行 | 11022033039 | 3 000.00 |
| 16 | 维修车间 | 经理 | 田平 | 车间管理 | 中国工商银行安平支行 | 11022033040 | 6 000.00 |
| 17 | 维修车间 | 工人 | 王婷 | 辅助生产 | 中国工商银行安平支行 | 11022033041 | 3 000.00 |
| 18 | 销售部 | 销售员 | 余静 | 销售管理 | 中国工商银行安平支行 | 11022033042 | 3 200.00 |
| 19 | 仓储部 | 成品库管员 | 谢宏 | 企业管理 | 中国工商银行安平支行 | 11022033043 | 3 200.00 |
| 20 | 仓储部 | 材料库管员 | 刘霞 | 企业管理 | 中国工商银行安平支行 | 11022033044 | 3 200.00 |

步骤❹：确定预期结果。根据网银工资发放机器人的开发目标和实际使用需求，确定测试用例的预期结果为能利用网银平台的“代发工资”功能完成输入数据的工资代发操作，完成后能在网银平台交易明细中查询到相关记录，且收款人、收款账号、金额、用途等信息完全正确。

## 二、执行测试用例

新开发的财务机器人在实际使用场景中成功应用前，需要反复测试，而且要不断变换输入数据进行测试，有需要时还需在不同的使用环境中进行测试，例如不同的网络环境、计算机运行速度都有可能会影响到财务机器人的运行。对于网银工资发放机器人，变换输入数据可以通过只改变转账金额，或者是工资发放人数等方式来快速变换输入数据，以节约编制测试用例的时间和成本。

步骤❶：按照开发要求，将“11月员工实发信息表.xlsx”和“银行代发工资表（模板）.xlsx”保存到“C：\RPADATA”路径下。

步骤❷：关闭无关软件，确保计算机网络连接正常，然后执行测试用例。在测试过程中应当仔细观察和记录网银工资发放机器人的运行情况，运行报错时要及时保存运行控制台报的错误代码，如图4-31所示。

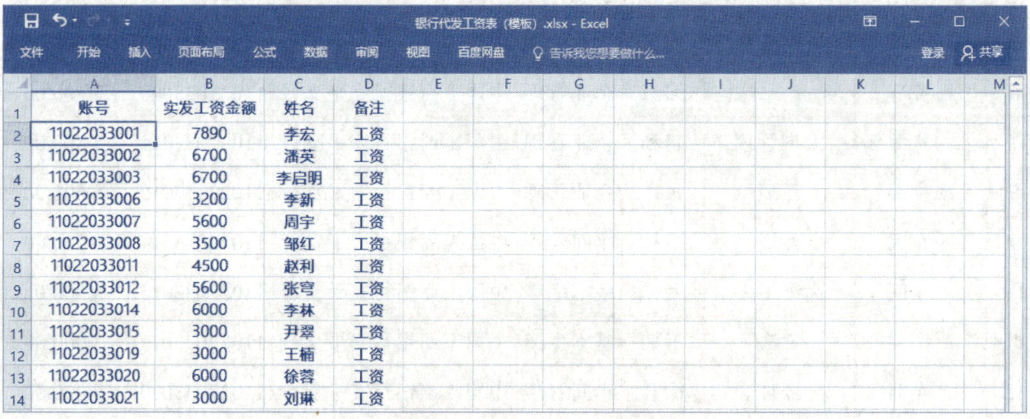

| 账号 | 实发工资金额 | 姓名 | 备注 |
|---|---|---|---|
| 11022033001 | 7890 | 李宏 | 工资 |
| 11022033002 | 6700 | 潘英 | 工资 |
| 11022033003 | 6700 | 李启明 | 工资 |
| 11022033006 | 3200 | 李新 | 工资 |
| 11022033007 | 5600 | 周宇 | 工资 |
| 11022033008 | 3500 | 邹红 | 工资 |
| 11022033011 | 4500 | 赵利 | 工资 |
| 11022033012 | 5600 | 张穹 | 工资 |
| 11022033014 | 6000 | 李林 | 工资 |
| 11022033015 | 3000 | 尹翠 | 工资 |
| 11022033019 | 3000 | 王楠 | 工资 |
| 11022033020 | 6000 | 徐蓉 | 工资 |
| 11022033021 | 3000 | 刘琳 | 工资 |

图4-31 网银工资发放机器人的测试运行记录

步骤❸：网银工资发放机器人运行完成后，打开“C：\RPADATA”路径下的“银行代发工资表（模板）.xlsx”，审核其填写是否完全正确，如图4-32所示。

| 账号 | 实发工资金额 | 姓名 | 备注 |
|---|---|---|---|
| 11022033001 | 7890 | 李宏 | 工资 |
| 11022033002 | 6700 | 潘英 | 工资 |
| 11022033003 | 6700 | 李启明 | 工资 |
| 11022033006 | 3200 | 李新 | 工资 |
| 11022033007 | 5600 | 周宇 | 工资 |
| 11022033008 | 3500 | 邹红 | 工资 |
| 11022033011 | 4500 | 赵利 | 工资 |
| 11022033012 | 5600 | 张穹 | 工资 |
| 11022033014 | 6000 | 李林 | 工资 |
| 11022033015 | 3000 | 尹翠 | 工资 |
| 11022033019 | 3000 | 王楠 | 工资 |
| 11022033020 | 6000 | 徐蓉 | 工资 |
| 11022033021 | 3000 | 刘琳 | 工资 |
| 11022033032 | 6000 | 高月 | 工资 |
| 11022033039 | 3000 | 杨东 | 工资 |
| 11022033040 | 6000 | 田平 | 工资 |
| 11022033041 | 3000 | 王婷 | 工资 |
| 11022033042 | 3200 | 余静 | 工资 |
| 11022033043 | 3200 | 谢宏 | 工资 |
| 11022033044 | 3200 | 刘霞 | 工资 |

图4-32 审核银行代发工资表（模板）

步骤❹：登录网银查询账户的交易明细，审核其代发工资操作是否正确，如图4-33所示。

图4-33 审核网银平台代发工资交易明细

## 三、调整和优化

在网银工资发放机器人的开发过程中，难度最大的就是“P03_代发工资”流程开发时，利用“填写输入框（网页）”组件，在工行网银仿真平台中写入工资“总金额”时，使用了［float（a）for a in salary［1:］］表达式，该表达式的核心内容实际为一个For循环，循环将前序组件读取的“员工实发信息表”中“实发工资金额”整列数据除表头以外的其他数据逐个转变为可进行数学运算的“浮点数”格式，其中的“a”为临时生成并使用的流程变量。在使用该表达式时比较容易出错，开发者应当根据开发步骤，利用边开发边测试的方法加强对该表达式的理解，也可尝试手动调整“员工实发信息表”，删除表头后调整“实发工资金额”整列数据为数字格式，待机器人整体运行成功后，再复原表格并引入该表达式，逐步调试，循序渐进地加强理解并掌握该表达式。

此外，由于网络的不确定性，涉及网银系统的部分操作有可能会出现刷新过慢的情况，导致机器人找不到特定的拾取元素，首先应通过多次的测试以发现这些潜在的风险点，再通过对相关组件的前置延时或者后置延时等属性进行调整，以规避风险，必要时还可设置“捕获异常和重试”组件，用于异常情况的处理。

## 业务训练

【开发题】开发“网银工资发放机器人增强版”，在模块二开发的“网银工资发放机器人”的基础上，增加下载代发工资银行回单到“C：\RPADATA”路径下的功能，完成后请上传开发完成的“网银工资发放机器人增强版”程序压缩文件和运行成功的全屏截图，并简要介绍设计与开发思路，评分标准见表4-9。

表4-9 评分标准

<table>
<tr><th>序号</th><th>考核要求</th><th>分值（分）</th><th>判分标准</th></tr>
<tr><td>1</td><td>机器人程序能否成功运行且运行结果是否正确无误</td><td>60</td><td rowspan="5">第1项不合格，第2~5项0分</td></tr>
<tr><td>2</td><td>模块（流程）是否合理划分</td><td>10</td></tr>
<tr><td>3</td><td>变量是否合理设置、复用性强</td><td>10</td></tr>
<tr><td>4</td><td>控件名称是否完整、可读性强</td><td>10</td></tr>
<tr><td>5</td><td>组件排列是否合理、逻辑清晰</td><td>10</td></tr>
</table>

拓展4-1

项目4的后续更新

# 项目 5

## 销售业务机器人

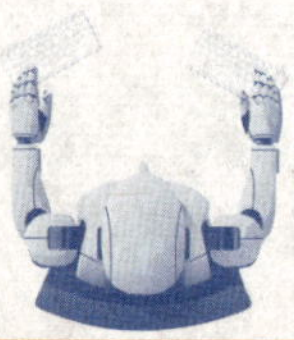

## 项目目标

### 知识学习目标：

1. 掌握销售合同机器人的业务流程和特点；
2. 掌握销售发货机器人的业务流程和特点；
3. 掌握销售收款查询机器人的业务流程和特点；
4. 理解发票批量开具业务需求分析的要点；
5. 掌握发票批量开具机器人的开发知识。

### 技能训练目标：

1. 熟练应用和审核销售合同机器人；
2. 熟练应用和审核销售发货机器人；
3. 熟练应用和审核销售收款查询机器人；
4. 能准确绘制发票批量开具机器人开发流程图；
5. 能准确完成发票批量开具机器人的流程设计、变量设计、条件设计、循环设计；
6. 能独立完成发票批量开具机器人的开发和测试。

### 素质素养目标：

1. 形成认真负责的态度、持之以恒的精神。
2. 养成严谨仔细、一丝不苟的工作作风。

## 工作任务

### 本项目应完成的工作任务：

1. 利用销售合同机器人完成ERP仿真平台中的销售订单录入；
2. 利用销售发货机器人完成ERP仿真平台中的出库单录入；
3. 利用销售收款查询机器人完成销售收款查询，对已经确认款项收到的情况，在ERP仿真平台中完成收款单；
4. 绘制发票批量开具机器人的开发流程图；
5. 发票批量开具机器人的开发和测试。

### 完成以上工作任务应提交的标志性成果：

1. 成功在ERP仿真平台中录入销售订单、出库单、收款单；

2. 成功在工行网银仿真平台查询销售收款回单；

3. 成功在国家税务总局电子税务局仿真平台批量开具发票。

## 业务场景

销售与收款循环是所有企业最重要的业务活动，是企业创造经营收入的主要业务活动，并与生产与存货循环相关联。销售业务主要涉及销售部门、仓储部门、财务部门。

# 模块1　销售业务机器人的应用

## 业务描述

微课5-1

销售业务和销售业务机器人

企业产品或商品在对外出售时，引起的签署销售合同、开具发票、发出产品、确认收款等一系列业务活动，称为销售业务。销售业务是企业最重要的业务活动之一，是企业获取收入、创造利润的基础，具有高频率、多流程、跨平台的特点。

销售业务发生前后，财务人员按照企业销售业务工作流程和内部控制管理制度的规定，需要通过对业务活动数据的收集、整理，在ERP、财务软件、增值税发票开具平台、网上银行中完成销售合同（订单）录入、发票开具、产品发出、销售款收回等业务处理和账务处理。财务机器人的引入，可以降低财务部门的工作压力，在节约人力资源的同时，使业务记录更加及时准确，为企业的精细化管理提供基础。

### 相关知识5-1

**销售业务活动**

销售与收款循环是所有企业最重要的业务活动，是企业创造经营收入的主要业务活动，并与生产与存货循环相关联，其活动示意图如图5-1所示。

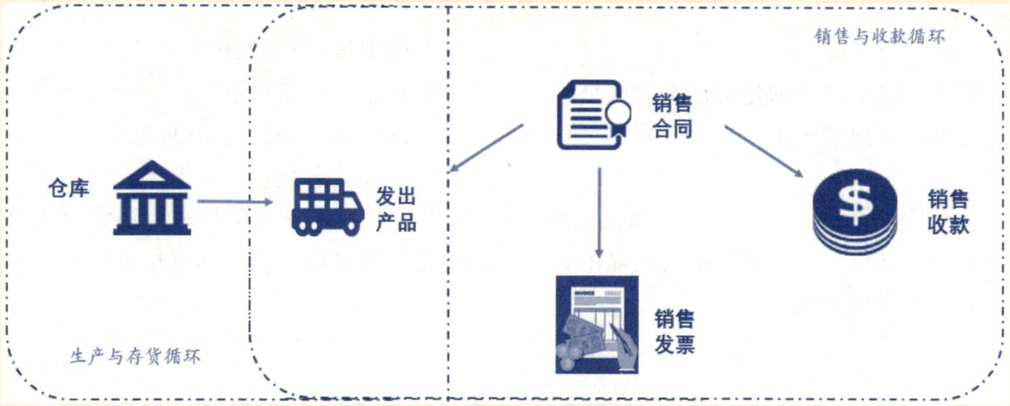


图5-1　销售业务活动示意图

销售业务的主要活动如下：

1. 销售部门根据客户需求，签署销售合同或销售订单，作为销售业务活动的起点——

销售订单；

2. 销售部门根据经签署的销售合同或销售订单，安排仓储部门对外发出产品——销售发货；

3. 销售部门根据销售合同的约定，提供开具发票申请和开具发票的信息，提交开票申请，财务部门根据审批完成的开票申请完成对外增值税发票的开具——销售开票；

4. 财务部门根据销售部门反馈的收款信息，在网上银行查询收款到账情况，并反馈给销售部门——销售收款。

# 任务1　销售合同机器人的应用

## 任务描述

安平市融创建材制造有限公司总经理李宏十分重视销售工作。主管销售工作的副总王英，不仅擅长沟通而且很有开拓精神，在她的带领下销售部门的业绩稳步提升。

2021年12月2日上午，王英刚到办公室就接到天地建筑工程有限公司胡总的电话，其需要为安平市的A工程项目订购一批生态木材产品。当天销售部余静与天地建筑工程有限公司李承商定并签订购销合同（合同号为X211201），合同内容为销售生态木材产品500张，价格为310元/张（不含税金额），销售方负责送货至项目工地，货款两清。余静提交合同签署审批流程，获得审批后，双方签订销售合同。

2021年12月3日上午，销售部余静提交物资出库流程通知仓库发货，同时提交销售发票开具申请通知财务开具增值税专用发票，下午货物从成品库发出，余静负责安排本公司货车运输交货，交完货后对方公司通过网银支付货款，公司出纳在网上银行查询到这笔收款，并下载银行收款回单。

财务部需要利用财务机器人处理该业务，该业务的销售合同如下，相关单据如图5-2、图5-3、图5-4、图5-5、图5-6所示。

**销售合同**

合同编号：X211201

甲方：安平市融创建材制造有限公司　　签订地点：安平市

乙方：天地建筑工程有限公司　　签订日期：2021年12月2日

经办人：余静

本合同根据《中华人民共和国民法典》《中华人民共和国产品质量法》制定，主要用于材料备品备件、辅料等低值易耗品的订货，经双方友好协商，一致同意按下列条款签订本合同（传真件有效）。

一、产品名称、数量、价格（见表5-1）

表5-1　产品名称、数量、价格

| 序号 | 品名 | 规格（mm） | 单位 | 数量（套） | 折合数量（套） | 单价（元/套） | 总价（元） | 交货时间 | 备注 |
|---|---|---|---|---|---|---|---|---|---|
| 1 | 生态木材 | | 张 | 500 | 500 | 310 | 155 000 | 2021.12.3 | |
| 2 | | | | | | | | | |
| 3 | | | | | | | | | |
| 4 | | | | | | | | | |
| 5 | | | | | | | | | |
| 6 | | | | | | | | | |
| 7 | | | | | | | | | |
| 税额（税率：13%）（人民币小写） | | | | | | | 20 150.00 | | |
| 合计总金额（不含税）（人民币小写） | | | | | | | 155 000.00 | | |
| 合计总金额（含税）（人民币小写） | | | | | | | 175 150.00 | | |
| 合计总金额（含税）（人民币大写） | | | | | | | 壹拾柒万伍仟壹佰伍拾元整 | | |

二、质量要求

2.1　产品符合国家相关标准及行业规定。

2.2　依据工程施工需要、采购合同要求，确保产品质量。

三、交货地点

安平市华北路12号A工程项目地。

四、付款方式

4.1　货到1日内付款。

4.2　合同生效后甲方安排将合同规定的货物发送到指定的地点，现场验收合格，并将全额发票提供给乙方。

五、运输方式

5.1　甲方应使用适合运输和搬运的包装并采取必要的保护措施，确保合同货物安全到达乙方指定现场，危险化学品的包装与运输应遵守《危险化学品安全管理条例》的相关规定。

5.2　运费及保险费由甲方承担。

六、违约责任

6.1　乙方如在接到甲方销售合同后2天内不回签给甲方，本合同自动作废。

6.2　合同生效后，除经双方友好协商且有书面协议外，任何一方都不得擅自解除本合同，若任何一方擅自解除本合同，须向另一方支付合同总价10%的违约金。

6.3　若甲方不能按合同规定的时间交付货物，每逾期一天，甲方向乙方支付合同总价0.5%的违约金，一旦违约事件发生，甲方需在收到乙方索赔通知书30天内，将违约金电汇给乙方，或者乙方有权书面通知甲方后将违约金直接从合同款中扣除。

七、检验标准、方法

7.1　货物抵达目的地后，乙方对货物进行检验，如发现货物的规格、数量、质量与合同规定不符，乙方可以选择换货或退货，且由此给乙方造成的所有损失全部由甲方承担。

7.2　货物抵达现场后，甲方应提供与实际数量相符的发货清单，并经乙方收货人员确认签字后方可生效，生效后的发货清单将作为最终结算的凭证。

八、甲方交货时需提供以下资料

①产品发货单2联（客户联）；②全额发票。

九、解决合同纠纷方式

双方因执行本合同发生的或者与本合同有关的一切争议，经友好协商解决不了的，应提交安宁市仲裁委员会进行仲裁，仲裁费用由败诉方承担。

十、合同成立

本合同一式两份，双方各执一份，具有同等法律效力，自双方签字盖章之日起生效（传真件有效）。

| | |
|---|---|
| 甲方：安平市融创建材制造有限公司 | 乙方：天地建筑工程有限公司 |
| 地址：安平市新兴开发区和平路100号 | 地址：沁江路263号 |
| 联系电话：073-89981231 | 联系电话：073-86543211 |
| 传真：073-89981231 | 传真：073-86543211 |
| 授权代表（签名）：余静 | 授权代表（签名）：李承 |
| 开户银行：中国工商银行安平支行 | 开户银行：中行沁江支行 |
| 开户账号：34897898097 | 开户账号：363457834578237 |

安平增值税专用发票

此联不作报销、扣税凭证使用

发票代码：0660213040
发票号码：23067901
开票日期：2021年12月3日

| | | | |
|---|---|---|---|
| 购买方 | 名　称：天地建筑工程有限公司<br>纳税人识别号：90321001999432111R<br>地址、电话：沁江路263号 073-86543211<br>开户行及账号：中行沁江支行 363457834578237 | 密码区 | 61<1>+5>9+3/<*-71<+>-65->21<br>30-/816/927+36>1/*617</7*+4<br>-23*025+8<927420>8309>+7>41<br>+<65329/080/-23-71<5*037<>9 |

| 货物或应税劳务、服务名称 | 规格型号 | 单位 | 数量 | 单价 | 金额 | 税率 | 税额 |
|---|---|---|---|---|---|---|---|
| *木制品*生态木材 | 标准版 | 张 | 500 | 310.0000 | 155000.00 | 13% | 20150.00 |
| 合　计 | | | | | ¥155000.00 | | ¥20150.00 |
| 价税合计（大写） | ⓧ壹拾柒万伍仟壹佰伍拾元整 | | | | （小写）¥175150.00 | | |

| | | | |
|---|---|---|---|
| 销售方 | 名　称：安平市融创建材制造有限公司<br>纳税人识别号：92345709XE8798WQ25<br>地址、电话：安平市新兴开发区和平路100号073-89981231<br>开户行及账号：中国工商银行安平支行34897898097 | 备注 | 安平市融创建材制造有限公司 92345709XE8798WQ25 发票专用章 |

收款人：邹红　　复核：李明　　开票人：刘东　　销售方：（章）

税总货劳函［2021］125号 安平安全印刷有限公司

第一联：记账联 销售方记账凭证

图5-2　增值税专用发票（记账联）

安平增值税专用发票

国家税务总局

抵扣联

发票代码：0660213040
发票号码：23067901
开票日期：2021年12月3日

购买方
名　　称：天地建筑工程有限公司
纳税人识别号：90321001999432111R
地 址、电 话：沁江路263号 073-86543211
开户行及账号：中行沁江支行 363457834578237

密码区
61<1>+5>9+3/<*-71<+>-65->21
30-/816/927+36>1/*617</7*+4
-23*025+8<927420>8309>+7>41
+<65329/080/-23-71<5*037<>9

| 货物或应税劳务、服务名称 | 规格型号 | 单位 | 数量 | 单价 | 金额 | 税率 | 税额 |
|---|---|---|---|---|---|---|---|
| *木制品*生态木材 | 标准版 | 份 | 500 | 310.0000 | 155000.00 | 13% | 20150.00 |
| 合　计 | | | | | ¥155000.00 | | ¥20150.00 |

价税合计（大写）　ⓧ壹拾柒万伍仟壹佰伍拾元整　（小写）¥175150.00

销售方
名　　称：安平市融创建材制造有限公司
纳税人识别号：92345709XE8798WQ25
地 址、电 话：安平市新兴开发区和平路100号073-89981231
开户行及账号：中国工商银行安平支行34897898097

备注　安平市融创建材制造有限公司 92345709XE8798WQ25 发票专用章

收款人：邹红　复核：李明　开票人：刘东　销售方：(章)

税总货劳函〔2021〕125号 安平安全印刷有限公司

第二联：抵扣联 购买方扣税凭证

图5-3　增值税专用发票（抵扣联）

安平增值税专用发票

国家税务总局

发票联

发票代码：0660213040
发票号码：23067901
开票日期：2021年12月3日

购买方
名　　称：天地建筑工程有限公司
纳税人识别号：90321001999432111R
地 址、电 话：沁江路263号 073-86543211
开户行及账号：中行沁江支行 363457834578237

密码区
61<1>+5>9+3/<*-71<+>-65->21
30-/816/927+36>1/*617</7*+4
-23*025+8<927420>8309>+7>41
+<65329/080/-23-71<5*037<>9

| 货物或应税劳务、服务名称 | 规格型号 | 单位 | 数量 | 单价 | 金额 | 税率 | 税额 |
|---|---|---|---|---|---|---|---|
| *木制品*生态木材 | 标准版 | 张 | 500 | 310.0000 | 155000.00 | 13% | 20150.00 |
| 合　计 | | | | | ¥155000.00 | | ¥20150.00 |

价税合计（大写）　ⓧ壹拾柒万伍仟壹佰伍拾元整　（小写）¥175150.00

销售方
名　　称：安平市融创建材制造有限公司
纳税人识别号：92345709XE8798WQ25
地 址、电 话：安平市新兴开发区和平路100号073-89981231
开户行及账号：中国工商银行安平支行34897898097

备注　安平市融创建材制造有限公司 92345709XE8798WQ25 发票专用章

收款人：邹红　复核：李明　开票人：刘东　销售方：(章)

税总货劳函〔2021〕125号 安平安全印刷有限公司

第三联：发票联 购买方记账凭证

图5-4　增值税专用发票（发票联）

安平市融创建材制造有限公司 发货单

购货单位：天地建筑工程有限公司　2021年12月03日　编号：20211201

| 产品名称 | 产品型号 | 单位 | 数量 | 单价 | 金额 | 备注 |
|---|---|---|---|---|---|---|
| 生态木材 | 标准版 | 张 | 500 | 310 | 155000.00 | 不含税价格 |
| | | | | | | |
| | | | | | | |
| | | | | | | |
| 合计 | | | | | 155000.00 | |

安平市融创建材制造有限公司 销售部

仓库管理员：谢宏　销售部负责人：王英　销售员：余静

图5-5　发货单

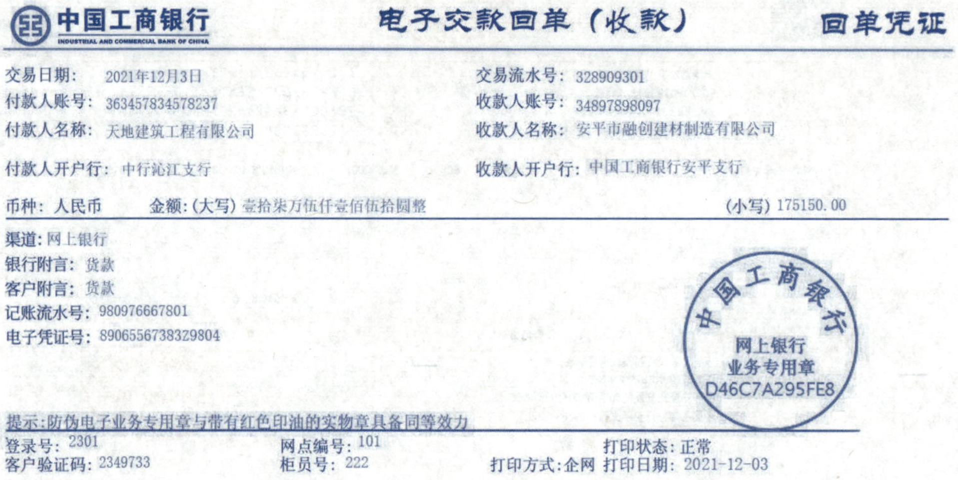

中国工商银行 INDUSTRIAL AND COMMERCIAL BANK OF CHINA　　电子交款回单（收款）　　回单凭证

交易日期：2021年12月3日　　交易流水号：328909301

付款人账号：363457834578237　　收款人账号：34897898097

付款人名称：天地建筑工程有限公司　　收款人名称：安平市融创建材制造有限公司

付款人开户行：中行沁江支行　　收款人开户行：中国工商银行安平支行

币种：人民币　　金额：(大写) 壹拾柒万伍仟壹佰伍拾圆整　　(小写) 175150.00

渠道：网上银行

银行附言：货款

客户附言：货款

记账流水号：980976667801

电子凭证号：8906556738329804

中国工商银行 网上银行 业务专用章 D46C7A295FE8

提示：防伪电子业务专用章与带有红色印油的实物章具备同等效力

登录号：2301　　网点编号：101　　打印状态：正常

客户验证码：2349733　　柜员号：222　　打印方式：企网　　打印日期：2021-12-03

图 5-6　银行收款回单

# 任务分析

微课 5-2

销售合同机器人的工作流程

## 一、销售合同机器人的流程分析

按照企业的销售管理制度，销售业务均应签订销售合同，因此企业会签订大量的销售合同，这些合同都需要录入到ERP系统中，作为ERP系统的业务起点。而销售合同机器人便可以完成这样的录入工作，其工作流程如图5-7所示。

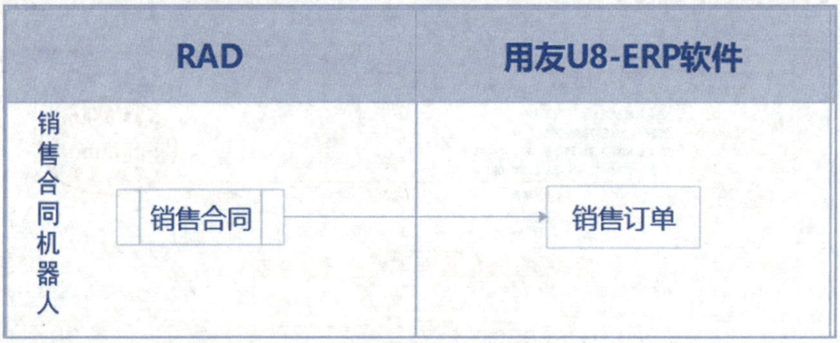


图 5-7　销售合同机器人工作流程

## 二、销售合同机器人的数据分析

根据销售合同机器人的工作流程，分析其各环节之间的数据关系，以任务描述为例，销售合同机器人的数据逻辑关系见表5-2。

表5-2 销售合同机器人的数据逻辑关系

| 序号 | 数据项目 | 业务数据 | 数据来源 | | | 财务机器人运行环境 |
|---|---|---|---|---|---|---|
| 说明 | 名称 | 业务一 | OA系统（RAD） | | | 融智云ERP仿真平台 |
| | | | 直接填写 | 选择填写 | 自动生成 | 销售订单 |
| 1 | 合同编号 | X211201 | √ | | | 订单号 |
| 2 | 客户名称 | 天地建筑工程有限公司 | | √ | | 客户简称 |
| 3 | 业务类型 | 普通销售 | | √ | | 业务类型 |
| 4 | 销售类型 | 直接销售 | | √ | | 销售类型 |
| 5 | 产品名称 | 生态木材 | | √ | | 存货名称 |
| 6 | 存货编码 | 101 | | | √ | 存货编码 |
| 7 | 数量 | 500 | √ | | | 数量 |
| 8 | 单位 | 张 | | | √ | 主计量 |
| 9 | 不含税单价 | 310 | √ | | | 无税单价 |
| 10 | 税率/征收率 | 13% | | √ | | 税率 |
| 11 | 总金额 | 175150 | | | √ | 价税合计 |
| 12 | 交货日期 | 2021-12-03 | √ | | | 预发货日期 |
| 13 | 申请人 | 余静 | | √ | | 业务员 |
| 14 | 申请部门 | 销售部 | | √ | | 销售部门 |
| 15 | 申请日期 | 2021-12-02 | √ | | | |
| 16 | 部门负责人 | 王英 | | | √ | |
| 17 | 审批日期 | 2021-12-02 | | | √ | |
| 18 | 公司负责人 | 李宏 | | | √ | |
| 19 | 审批日期 | 2021-12-02 | | | √ | 登录日期/订单日期 |
| 20 | 附件 | 销售合同 | √ | | | |

## 相关知识5-2

关于销售业务机器人的数据，有以下几点需要注意：

1.销售业务机器人中数据来源包括两类，分别是OA系统中申请审批的数据与根据申请审批的数据和逻辑关系在RAD中自动生成的数据。

2.OA系统中申请审批的数据包括三类，首先是申请单直接填写的数据（含关联生成和自动计算的数据），例如“不含税单价”，直接填写310，“税率”选择13%，“单位”根据“产品名称”生态木材关联生成“张”，“总金额”根据“不含税单价”×“数量”×（1+“税率”）的计算关系式，自动计算结果为175 150；其次是申请单选择填写的数据（在可选择范围内选择填写数据），例如“产品名称”，是在生态木材、拼合木钢板等可选产品内选择填写；最后是申请审批流程自动生成的数据，例如“合同编号”是按照申请销售合同的顺序，在OA系统中自动赋予的编号。

3.OA系统与运行环境平台存在各自的填写顺序逻辑，例如，OA系统中是根据“产品名称”生成“存货编码”，但在U8-ERP中是根据“存货编码”生成“存货名称”。

## 三、销售合同机器人的程序分析

微课5-3
销售合同机器人的程序分析

### （一）main（主流程）

销售合同机器人主流程界面如图5-8所示，销售合同机器人的main流程包含五个子流程，分别是“P00_打开数据表”“P01_登录ERP”“P02_获取数据”“P03_销售订单”“P04_退出ERP”。

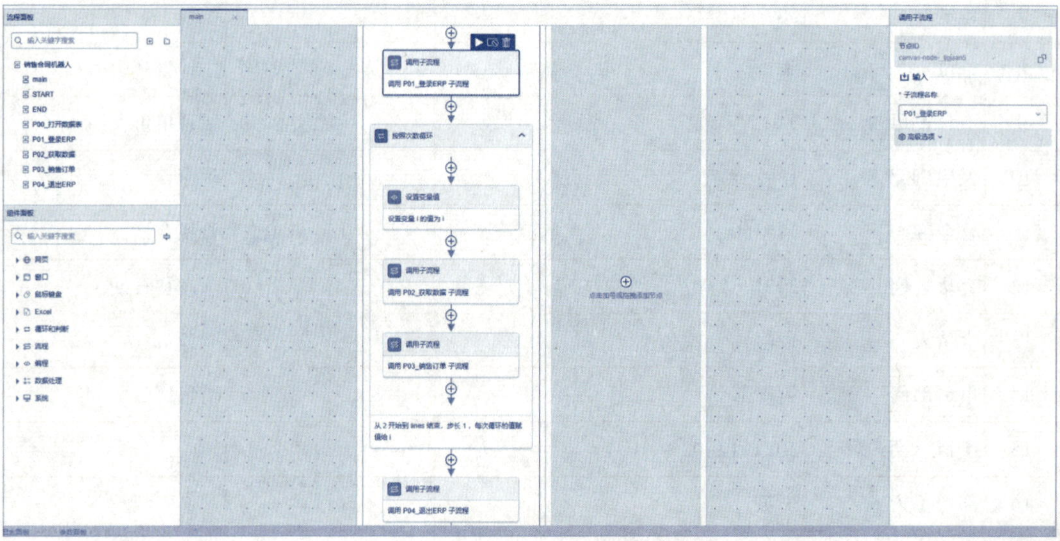


图5-8 销售合同机器人主流程界面

资源5-1
销售合同机器人的主流程大图

main流程先通过“P00_打开数据表”和“P01_登录ERP”打开业务数据表并登录融智云ERP仿真平台；然后通过“按照次数循环”组件，循环执行“P02_获取数据”“P03_销售订单”；循环完成后执行“P04_退出ERP”流程。

### （二）P01_登录ERP

该流程完成的工作是打开ERP仿真平台，录入公司编号、用户名和密码后，登录ERP仿真平台，如图5-9所示。

资源5-2
销售合同机器人的登录ERP子流程大图

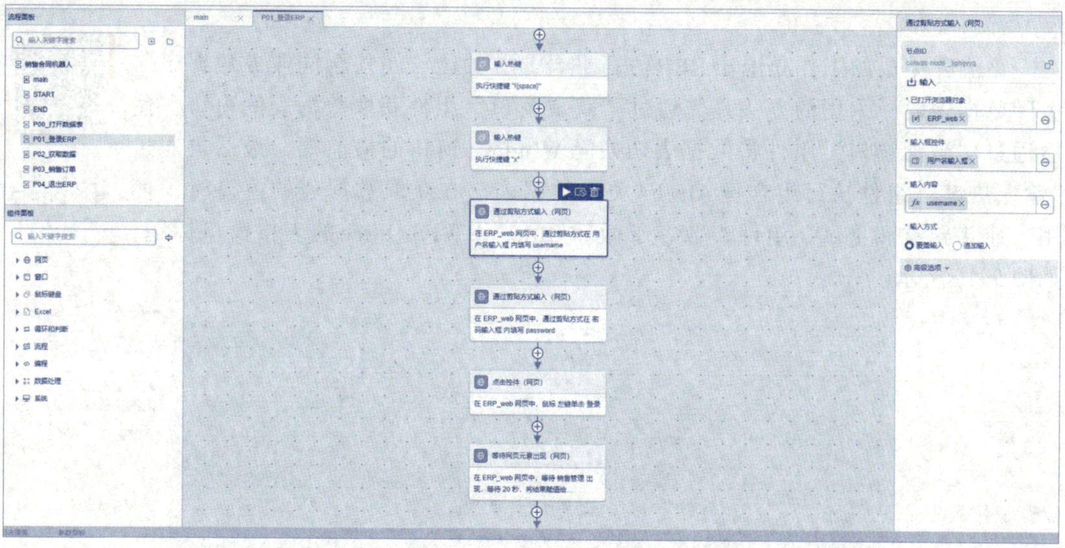

图5-9　销售合同机器人登录ERP子流程

## （三）P03_销售订单

资源5-3

销售合同机器人的销售订单子流程大图

该流程是销售合同机器人的核心流程，该流程完成的工作是在ERP仿真平台“销售管理”模块下的“销售开单”界面，录入销售订单，销售订单的录入依据是企业跟客户签订的销售合同，录入的信息主要有销售编号、仓库、客户、产品名称和编号、销售数量、销售单价等，如图5-10所示。机器人录入并创建销售订单后，会将处理结果记录到“销售合同业务数据表”中，处理结果包括“创建成功”“创建失败”“编号×××已存在”等。

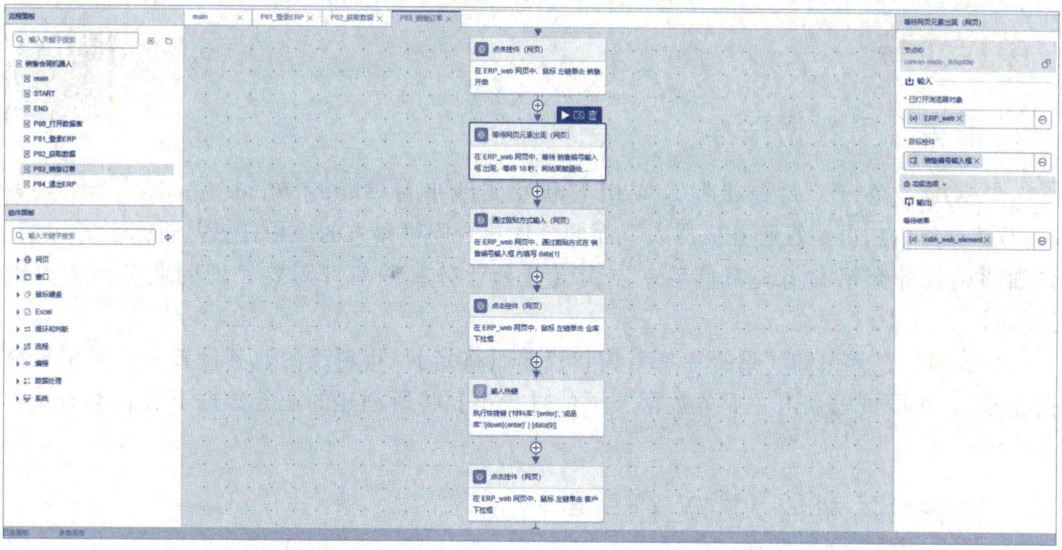

图5-10　销售合同机器人销售订单子流程

### （四）P04_退出ERP

资源5-4

销售合同机器人的退出ERP子流程大图

该流程完成的工作是退出ERP仿真平台，并关闭“销售合同业务数据表”。关闭数据表时，采用的方法是先通过“获取窗口”组件获取数据表的窗口，然后通过“激活窗口”组件将数据表切换至Windows窗口的最前端，最后再通过“输入热键”组件执行组合键Alt+F4关闭数据表。在获取数据表的窗口时，使用“捕获异常和重试”组件，兼容了微软Office和WPS Office的表格窗口标题，如图5-11所示。

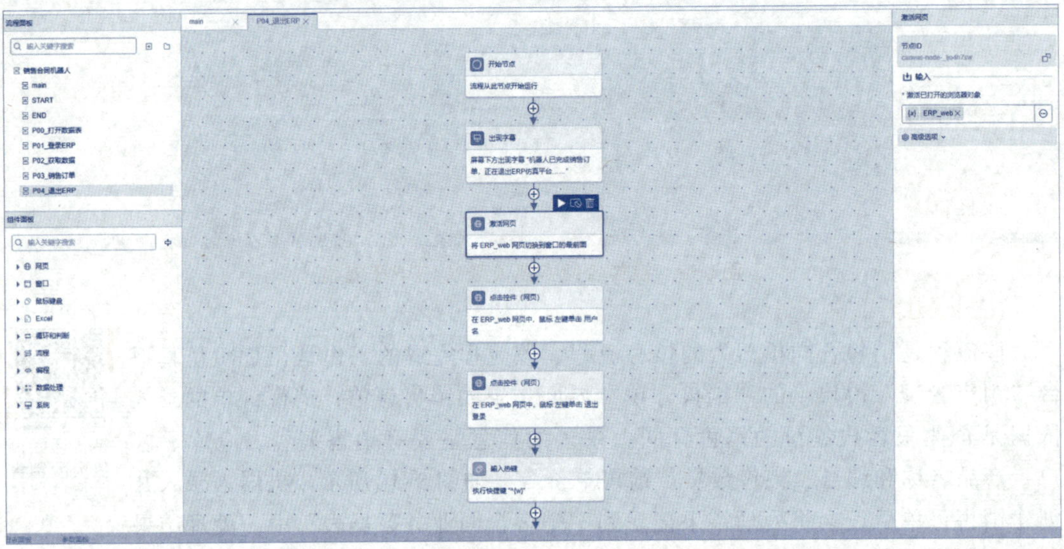


图5-11　销售合同机器人退出ERP子流程

## 操作步骤

微课5-4

销售合同机器人的运行与审核

### 一、销售合同数据采集

**步骤❶：**登录“财务机器人应用与开发实践平台（http：//frad.chinaive.com/）”，然后点击销售业务机器人下面的【销售合同机器人的应用任务】进入任务详情，仔细阅读任务介绍和仿真案例后，点击【选择业务】并勾选需要处理的业务，并点击【完成】。

**步骤❷：**在弹出的“选择业务”窗口点击【确定】，将新建的业务设置为“可采集数据业务”，然后可以点击“业务数据”下的【导出】将所创建的业务数据下载到本地查看和核对。

### 二、销售合同机器人的运行与审核

#### （一）下载并打开销售合同机器人

**步骤❶：**在销售合同机器人的应用任务“已选任务”列表中，下载销售合同机器人应用程序。

**步骤❷：**在RPA编辑器中打开下载的销售合同机器人应用程序，进入机器人程序的运行与调试界面。

## （二）运行销售合同机器人

步骤❶：关闭其他无关软件，运行销售合同机器人。

步骤❷：观察销售合同机器人的运行情况，如有异常，记录异常信息，以便后续对机器人进行调整和维护。

## （三）审核销售合同机器人工作结果

步骤❶：打开“C：\RPADATA”路径下的“【自动下载】销售合同业务数据表”，查看业务的处理结果是否登记为“创建成功”，如图5-12所示。

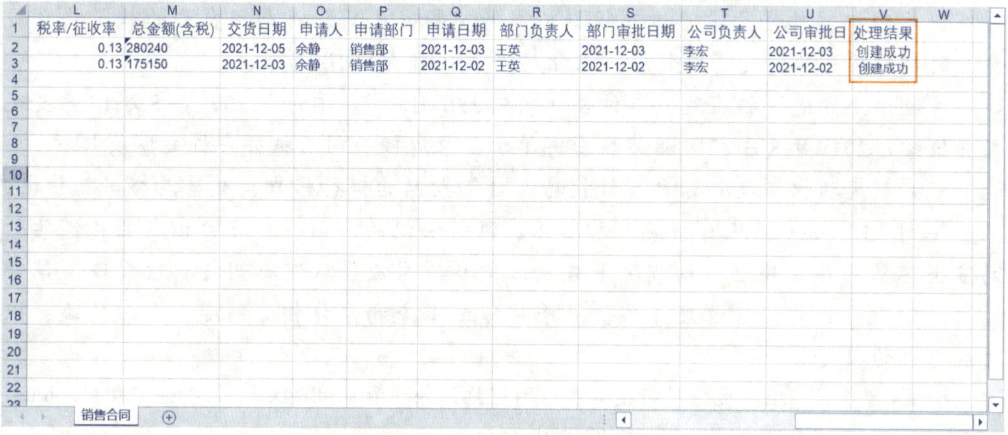

| 税率/征收率 | 总金额(含税) | 交货日期 | 申请人 | 申请部门 | 申请日期 | 部门负责人 | 部门审批日期 | 公司负责人 | 公司审批日 | 处理结果 |
|---|---|---|---|---|---|---|---|---|---|---|
| 0.13 | 280240 | 2021-12-05 | 余静 | 销售部 | 2021-12-03 | 王英 | 2021-12-03 | 李宏 | 2021-12-03 | 创建成功 |
| 0.13 | 175150 | 2021-12-03 | 余静 | 销售部 | 2021-12-02 | 王英 | 2021-12-02 | 李宏 | 2021-12-02 | 创建成功 |



图5-12 审核销售合同业务数据表

步骤❷：登录融智云ERP平台，依次点击【销售管理】【销售记录】，按照任务要求，审核销售合同录入的销售订单各项明细是否正确，如图5-13所示。

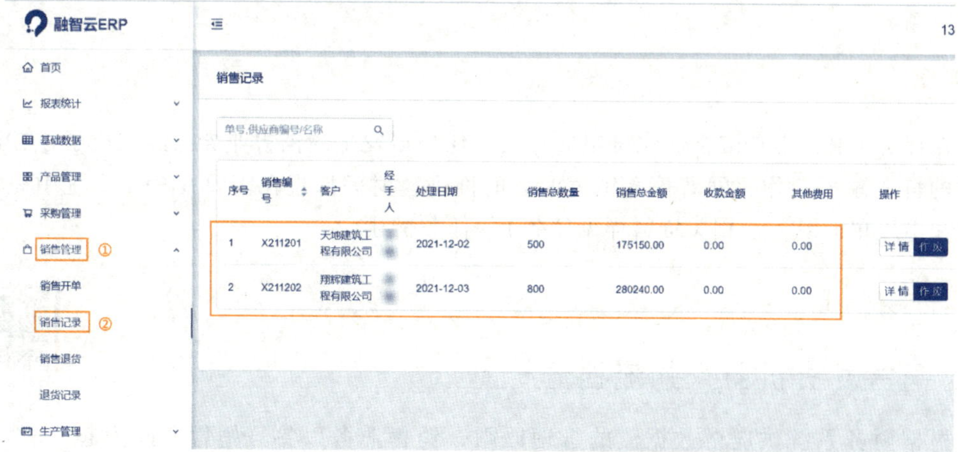


图5-13 审核销售合同机器人工作结果

### 价值提升5-1

**销售业务中的“细节决定成败”**

骆某于2018年5月份入职东莞市某家具有限公司（以下简称“家具公司”或“公司”），任职销售跟单业务员，工作渐渐上手后，其便动起了歪脑筋。2019年3月份，骆某利用职务上的便利开始“布局”。

据调查，每次客户确定下单后，骆某会按照客户订单需求在家具公司系统中做好销售单（所注收款账户为其个人控制的账户），待客户打款至上述账户后，骆某再根据客户所需货物的不同，采用以下两种不同的方式实现侵占：

第一种：客户所需货物可以找到工厂代加工的，此时，骆某会直接把系统中的销售单删掉，然后委托代加工厂生产假冒产品（贴上“家具公司”商标）发货给客户。据统计，骆某用此方式共侵占公司货款126 419元。

第二种：客户所需货物无法找到工厂代加工的，骆某则会在确认客户货款到账后，在公司系统中制作发货单下达发货指令，待货物发出后，再利用自己的权限将系统中相应的销售单删掉、发货单作废，以此共侵占公司货款109 594元。

通过以上方式，骆某致使单位合计损失236 013元。单位于2019年8月14日发现问题并报案，2019年8月23日骆某应受害单位要求返回公司后被公安机关抓获归案。

骆某利用职权，欺骗客户将货款转入自己控制的银行账户，并篡改公司销售记录，从中牟利20多万元，既有骆某心术不正、漠视法纪的原因，也反映出企业在销售管理的多个环节均存在缺陷。细节决定成败，家具公司应当从完善销售收款管理、销售系统权限管理、销售发货管理等角度入手，仔细审查和修订相关制度，查漏补缺，以免造成更大的损失。

案例来源：吴颖杰．业务员暗度陈仓，销售款落入私囊！［EB/OL］．［2020-02-07］．https://www.163.com/dy/article/G2913D4J0519R487.html.

# 任务2　销售发货机器人的应用

## 任务描述

在任务1中，安平市融创建材制造有限责任公司发生的销售业务已经完成了在ERP系统中的订单录入工作，随着该笔销售业务的推进，财务部现在需要在ERP系统中完成发货单和出库单的录入。相关资料详见任务1的任务描述。

## 任务分析

微课5-5

销售发货机器人的工作流程

### 一、销售发货机器人的流程分析

根据财务系统供应链数据流的管理原则，销售业务以签订销售合同为起点，销售合同一经签订，则应在系统中录入销售订单，随着备货等工作的完成，应当开出发货单以备发货，货物发出时应当有销售出库单，相关单据都是会计记账的原始凭证，均应同步到财务系统当中，销售发货机器人的引入就是替代人工来完成这些工作。

根据销售业务活动的流程和销售业务机器人的划分，销售发货机器人在信息系统中的工作流程如图5-14所示。

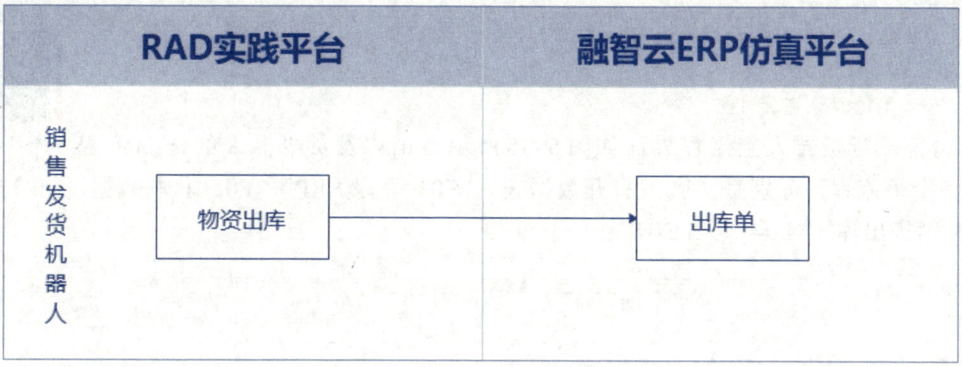


图5-14 销售发货机器人工作流程

## 二、销售发货机器人的数据分析

结合销售发货机器人工作流程图，分析销售业务中销售发货机器人的数据逻辑关系，以本项目的任务2为例，销售发货机器人的数据关系见表5-3。

表5-3 销售发货机器人的数据逻辑关系

| 序号 | 数据项目 | 业务数据 | 数据来源 | | | 财务机器人运行环境 | |
|---|---|---|---|---|---|---|---|
| 说明 | 名称 | 业务一 | OA系统（RAD） | | | 融智云ERP仿真平台 | |
| | | | 直接填写 | 选择填写 | 自动生成 | 发货单 | 销售出库单 |
| 1 | 合同编号 | X211201 | | √ | | 订单号/发货单号 | |
| 2 | 客户名称 | 天地建筑工程有限公司 | | | √ | 客户 | 客户 |
| 3 | 产品名称 | 生态木材 | | √ | | | |
| 4 | 存货编码 | 101 | | | √ | | |
| 5 | 数量 | 500 | √ | | | 数量 | |
| 6 | 单位 | 张 | | | √ | | |
| 7 | 仓库名称 | 成品库 | | √ | | 仓库名称 | |
| 8 | 仓库编号 | 100 | | | √ | 仓库编号 | |
| 9 | 发货日期 | 2021-12-03 | √ | | | 发货日期 | |
| 10 | 申请人 | 余静 | | √ | | | |
| 11 | 申请部门 | 销售部 | | √ | | | |
| 12 | 申请日期 | 2021-12-03 | √ | | | | |
| 13 | 部门负责人 | 王英 | | | √ | | |
| 14 | 审批日期 | 2021-12-03 | | | √ | | |
| 15 | 公司负责人 | 李宏 | | | √ | | |
| 16 | 审批日期 | 2021-12-03 | | | √ | | |
| 17 | 附件 | 发货单 | √ | | | 登录日期 | |

## 三、销售发货机器人的程序分析

微课5-6
销售发货机器人的程序分析

### （一）main（主流程）

销售发货机器人主流程界面如图5-15所示，销售发货机器人的main流程包含5个子流程，分别是“P00_打开数据表”“P01_登录ERP”“P02_获取数据”“P03_销售出库”“P04_退出ERP”。

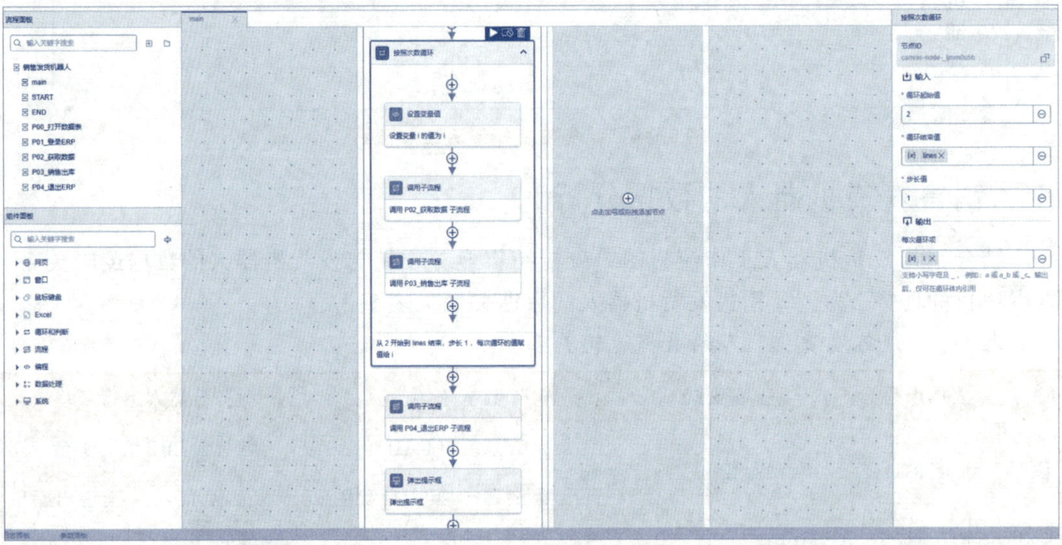

图5-15　销售发货机器人主流程界面

资源5-5
销售发货机器人的主流程大图

资源5-6
销售发货机器人的销售出库子流程大图

main流程主要通过“按照次数循环”组件，循环执行“P02_获取数据”和“P03_销售出库”，循环完成后执行“P04_退出ERP”流程。

销售发货机器人中的“P00_打开数据表”“P01_登录ERP”“P02_获取数据”“P04_退出ERP”在前序任务中已有具体介绍，此处不再赘述。

### （二）P03_销售出库

该流程是销售发货机器人的核心流程，该流程完成的工作是先找到ERP仿真平台“库存管理”模块下的“出库任务”功能，然后在“出库通知单”界面，根据销售单据编号找到需要填写出库单的任务，核对出库数量后创建出库单，如图5-16所示。机器人创建出库单后，会将处理结果记录到“销售发货业务数据表”中，处理结果包括“创建成功”“出库单不存在或被处理过”等。

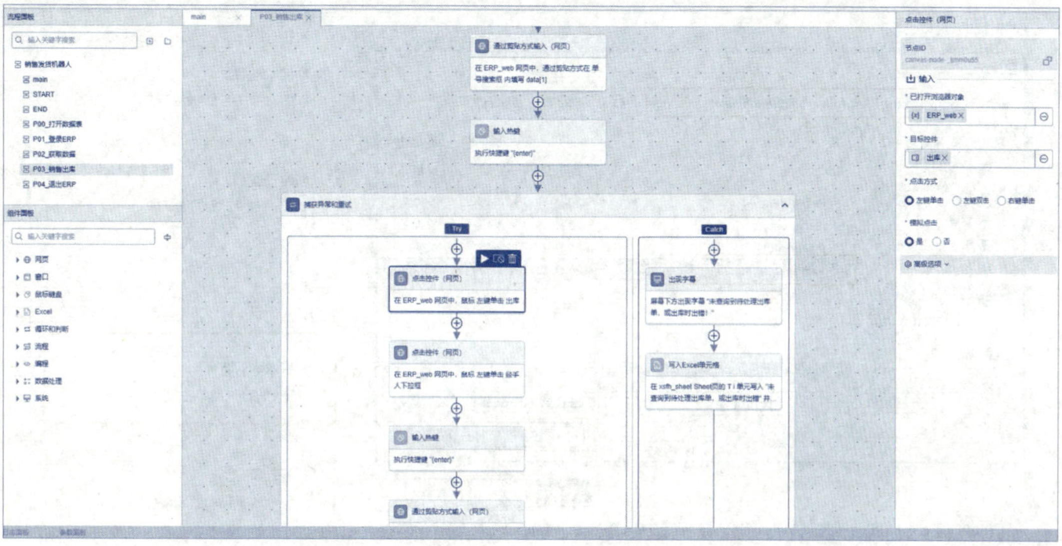

图5-16　销售发货机器人销售出库子流程

## 操作步骤

微课5-7

销售发货机器人的运行与审核

### 一、销售发货数据采集

步骤❶：登录“财务机器人应用与开发实践平台（http://frad.chinaive.com/）”，然后点击销售业务机器人下面的【销售发货机器人的应用任务】进入任务详情，仔细阅读任务介绍和仿真案例后，点击【选择业务】并勾选需要处理的业务，并点击【完成】。

步骤❷：在弹出的“选择业务”窗口点击【确定】，将新建的业务设置为“可采集数据业务”，然后可以点击“业务数据”下的【导出】将所创建的业务数据下载到本地查看和核对。

### 二、销售发货机器人的运行与审核

#### （一）下载并打开销售发货机器人

步骤❶：在销售发货机器人的应用任务“已选任务”列表中，下载销售发货机器人应用程序。

步骤❷：在RPA编辑器中打开下载的销售发货机器人应用程序，进入程序的运行与调试界面，如图5-17、图5-18所示。

#### （二）运行销售发货机器人

步骤❶：关闭其他无关软件，然后运行销售发货机器人。

步骤❷：观察销售发货机器人的运行情况，如有异常，记录异常信息，以便后续对机器人进行调整和维护。

#### （三）审核销售发货机器人工作结果

步骤❶：打开“C:\RPADATA”路径下的“【自动下载】销售发货业务数据表”，查看业务的处理结果是否登记为“创建成功”，如图5-19所示。

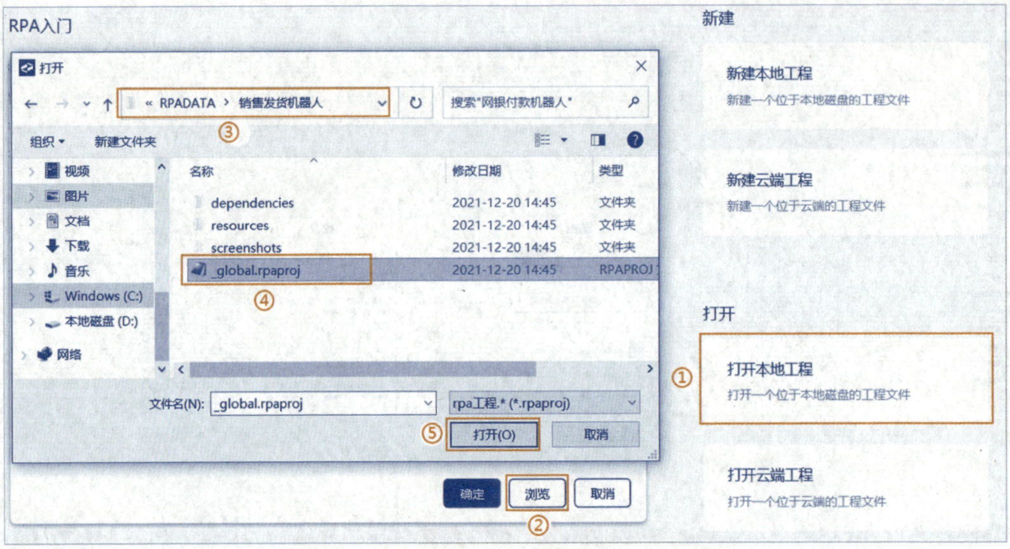


图5-17　打开销售发货机器人应用程序

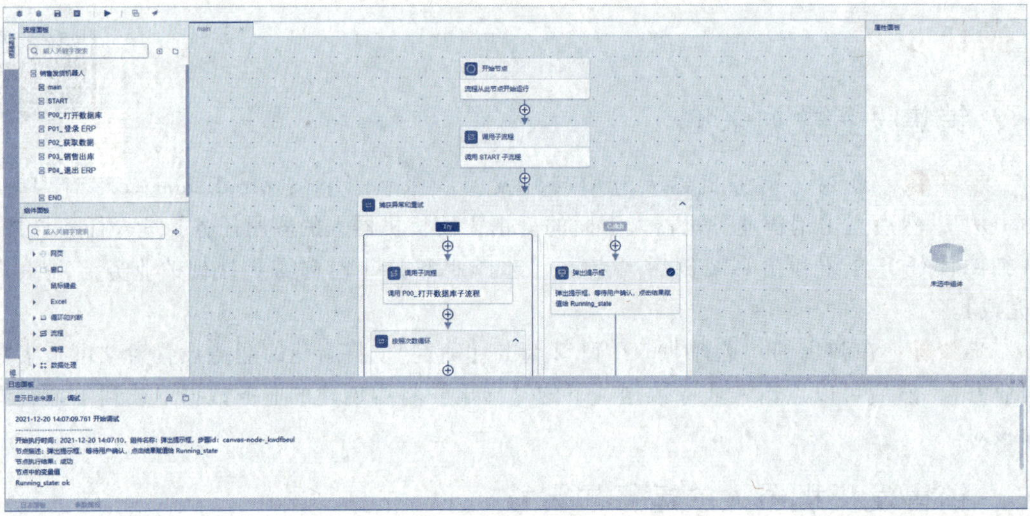

图5-18　销售发货机器人运行与调试界面

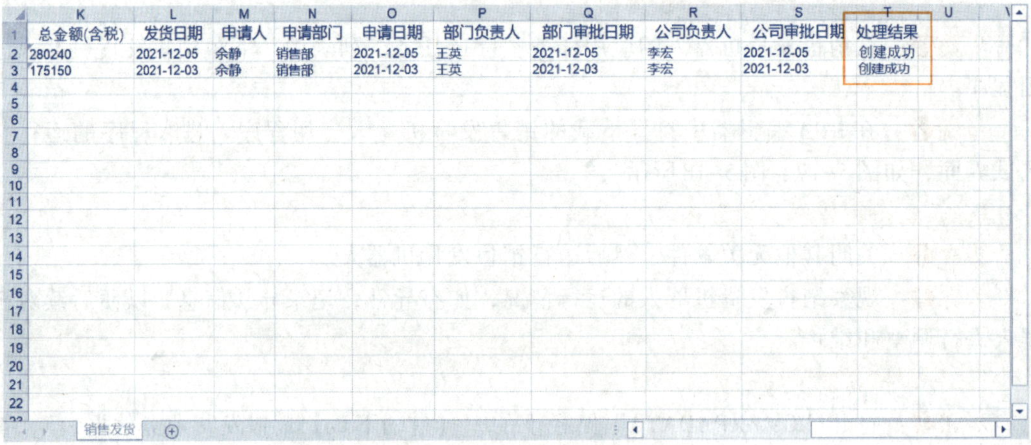

| | K | L | M | N | O | P | Q | R | S | T |
|---|---|---|---|---|---|---|---|---|---|---|
| 1 | 总金额(含税) | 发货日期 | 申请人 | 申请部门 | 申请日期 | 部门负责人 | 部门审批日期 | 公司负责人 | 公司审批日期 | 处理结果 |
| 2 | 280240 | 2021-12-05 | 余静 | 销售部 | 2021-12-05 | 王英 | 2021-12-05 | 李宏 | 2021-12-05 | 创建成功 |
| 3 | 175150 | 2021-12-03 | 余静 | 销售部 | 2021-12-03 | 王英 | 2021-12-03 | 李宏 | 2021-12-03 | 创建成功 |



图5-19　审核销售发货业务数据表

步骤❷：登录融智云ERP平台，依次点击【库存管理】【出库任务】【出库记录】，然后可以点击发货单的【详情】按钮进入详情页，按照任务要求，审核销售发货录入的出库记录各项明细是否正确，如图5-20所示。

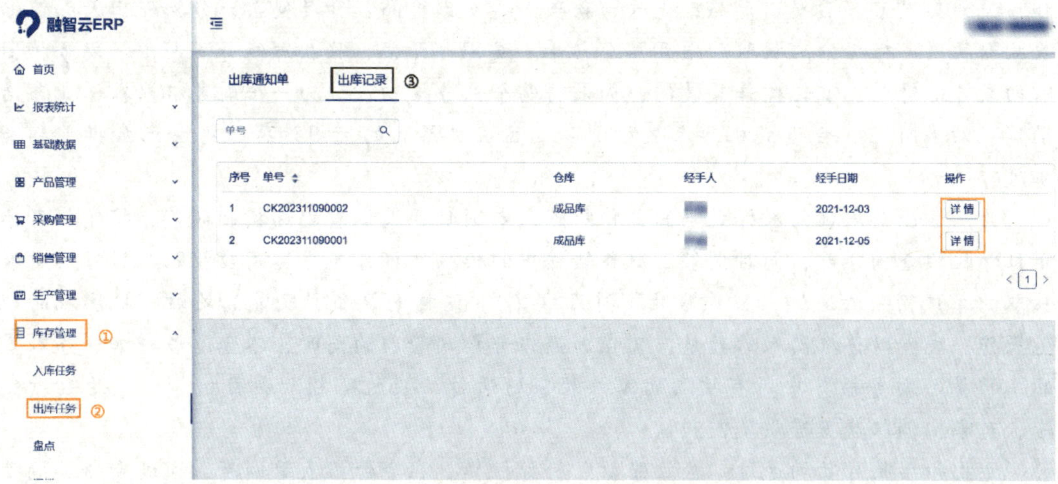


图5-20　审核销售合同机器人工作结果

# 任务3　销售收款查询机器人的应用

## 任务描述

从财务工作的视角，销售业务的流程是签订销售合同—录入销售合同—生成销售发货单、生成销售出库单—开具发票—销售收款，因此完成了销售发货及开具发票以后的下一步工作便是销售收款，安平市融创建材制造有限公司财务部发票专员邹红接下来需要对2021年12月2日的销售业务利用财务机器人完成销售收款查询工作。

## 任务分析

微课5-8

销售收款查询机器人的工作流程

### 一、销售收款查询机器人的流程分析

由于网银平台独立于企业内部的各项系统，无法与ERP系统实现数据互通，因此在网上银行查询收款并下载收款回单后，还需在ERP系统中创建收款单，随后在ERP系统中根据创建的收款单生成收款相应的记账凭证。根据销售业务活动的流程和销售业务机器人的划分，销售收款查询机器人在信息系统中的工作流程如图5-21所示。

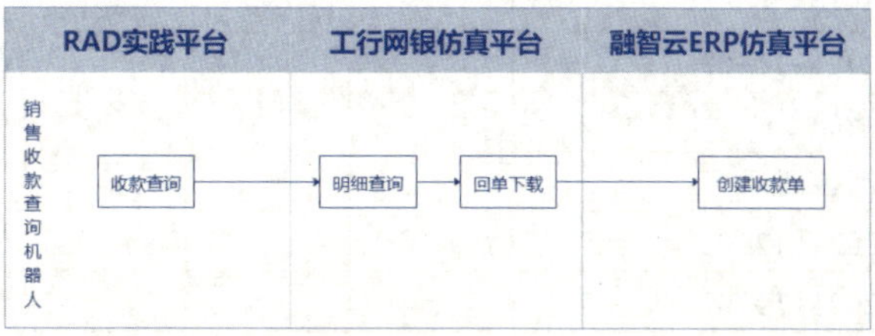


图5-21　销售收款查询机器人工作流程图

## 相关知识5-3

在实际工作中，销售部门发出产品、开具发票、收取款项，往往存在多种情况，例如，先开具发票，后发出产品；先收取款项，后发出产品、开具发票；分批发出产品、分次收取款项，根据分次收取款项开具发票等。发货、开票、收款可能并不同步。财务机器人的设计是针对标准化操作开展的，如果将两个业务活动设计为一个财务机器人，业务活动情况的多样化，会造成机器人数量过多，且在机器人的使用选择上也会增加操作判断难度。

为了适应财务机器人模式下的工作特点，本项目通过调整内部控制环节，将销售开票审批和收款查询分离，同时调整了财务软件中的模板凭证，充分运用应收账款科目（所有收取的客户款项均通过“应收账款”科目核算）。这样的调整，既能满足财务机器人的规范操作，减少财务机器人的数量，又在加强内部控制管理的同时，不会过多增加业务人员的工作量。财务核算中所有收取的客户款项均通过“应收账款”科目核算，也为后续查账、对账、调取数据提供了便利。

先收和后收货款均通过“应收账款”科目核算，在会计报表编制时，通过重分类调整即可。这样既不会造成会计模板增加、一个客户在两个科目中同时存在，又满足了真实资产负债的报表要求。

## 二、销售收款查询机器人的数据分析

结合销售收款查询机器人工作流程图，分析销售业务中销售收款查询机器人的数据逻辑关系，以本项目的任务为例，销售收款查询机器人的数据逻辑关系见表5-4。

表5-4　销售收款查询机器人的数据逻辑关系

| 序号 | 数据项目名称 | 案例数据举例 | 数据来源 | | | 财务机器人运行环境 | |
|---|---|---|---|---|---|---|---|
| 说明 | | 案例一 | OA系统（RAD） | | | 网上银行 | 融智云ERP仿真平台 |
| | | | 直接填写 | 选择填写 | 自动生成 | 明细查询 | 收款单录入 |
| 1 | 付款方名称 | 天地建筑工程有限公司 | √ | | | | 客户 |
| 2 | 付款账号 | 363457834578237 | √ | | | 对方账号 | |
| 3 | 合同编号 | X211201 | | √ | | | |
| 4 | 发票号码 | 23067901 | | √ | | | |
| 5 | 转账金额 | 175150 | √ | | | 交易金额 | 付款金额 |
| 6 | 结算方式 | 网银 | | √ | | | |
| 7 | 到账日期 | 2021-12-03 | √ | | | 查询期间 | |
| 8 | 申请人 | 余静 | | √ | | | |
| 9 | 申请部门 | 销售部 | | √ | | | |
| 10 | 申请日期 | 2021-12-03 | √ | | | 登录日期 | 处理日期 |
| 11 | 确认到账日期 | 2021-12-03 | | | | | |
| 12 | 附件 | 收款回单 | | | | | |

## 三、销售收款查询机器人的程序分析

微课5-9

销售收款查询机器人的程序分析

### （一）main（主流程）

销售收款查询机器人主流程界面如图5-22所示，销售收款查询机器人的main流程包含八个子流程，分别是“P00_打开数据表”“P01_登录网银”“P02_获取数据”“P03_收款查询”“P04_退出网银”“P05_登录ERP”“P06_销售收款”和“P07_退出ERP”。

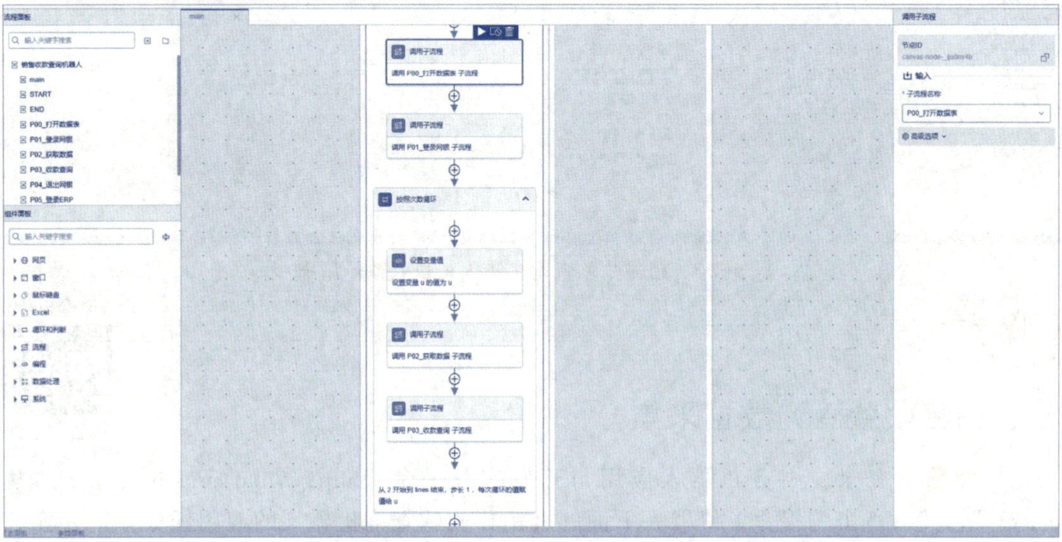

图5-22　销售收款查询机器人主流程界面

资源5-7

销售收款查询机器人主流程大图

main流程有两个循环，第一个循环执行“P02_获取数据”和“P03_收款查询”后，再退出循环执行“P04_退出网银”；第二个循环执行“P02_获取数据”和“P06_销售收款”后，再退出循环执行“P07_退出ERP”。其中“P02_获取数据”子流程被调用了两次。

销售收款查询机器人中的“P00_打开数据表”“P01_登录网银”“P02_获取数据”“P03_收款查询”“P04_退出网银”“P05_登录ERP”“P07_退出ERP”子流程在前序任务中已有具体介绍，此处不再赘述。

### （二）P06_销售收款

资源5-8

销售收款子流程大图

“P06_销售收款”子流程是销售收款查询机器人的核心流程之一，该流程完成的工作是在“财务管理”模块下的“收款”界面，新增收款单，并在填写客户、结算账户、付款金额等数据后，完成创建收款单，解决网银系统和ERP系统之间数据不互通的问题，如图5-23所示。机器人创建收款单后，会将处理结果记录到“销售收款查询业务数据表”中，处理结果包括“创建成功”“创建失败”等。

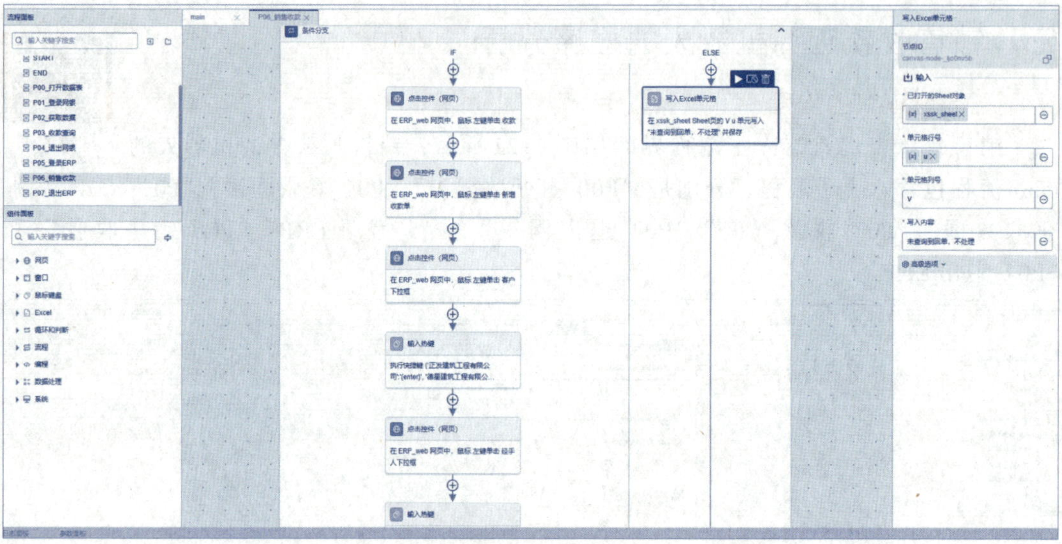


图5-23　销售收款查询机器人销售收款子流程

## 操作步骤

微课5-10

销售收款查询机器人的运行与审核

### 一、销售收款查询数据采集

步骤❶：登录“财务机器人应用与开发实践平台（http://frad.chinaive.com/）”，然后点击销售业务机器人下面的【销售收款查询机器人的应用任务】进入任务详情，仔细阅读任务介绍和仿真案例后，点击【选择业务】并勾选需要处理的业务，并点击【完成】。

步骤❷：在弹出的“选择业务”窗口点击【确定】，将新建的业务设置为“可采集数据业务”，然后可以点击“业务数据”下的【导出】将所创建的业务数据下载到本地查看和核对。

### 二、销售收款查询机器人的运行与审核

#### （一）下载并打开销售收款查询机器人

步骤❶：在销售收款查询机器人的应用任务“已选任务”列表中，下载销售收款查询机器人应用程序。

步骤❷：在RPA编辑器中打开下载的销售收款查询机器人应用程序，进入机器人程序的运行与调试界面。

#### （二）运行销售收款查询机器人

步骤❶：关闭其他无关软件，然后运行销售收款查询机器人。

步骤❷：观察销售收款查询机器人的运行情况，如有异常，记录异常信息，以便后续对机器人进行调整和维护。

#### （三）审核销售收款查询机器人工作结果

步骤❶：打开“C：\RPADATA”路径下的“【自动下载】收款查询业务数据表”，查看业务的处理结果是否登记为“创建成功”，如图5-24所示：

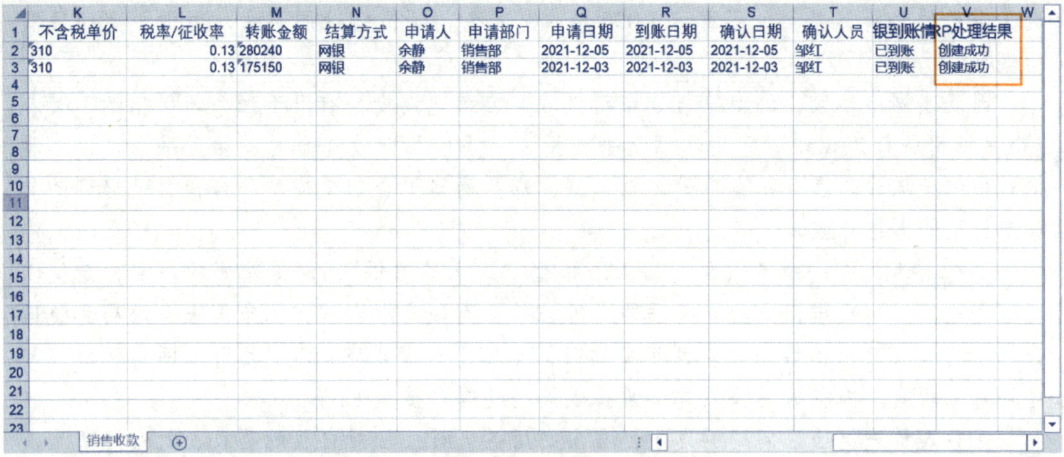


图 5-24　审核销售收款查询业务数据表

步骤❷：登录融智云ERP平台，依次点击【财务管理】【收款】，然后可以点击收款单的【详情】按钮进入详情页，按照任务要求，审核销售收款单录入的各项明细是否正确，如图5-25所示。

图 5-25　审核销售收款查询机器人录入的收款单详情

## 德技兼修　挪用公款"借鸡生蛋"，结果却"鸡飞蛋打"

财务人员违纪违法典型案例中，有一些人有财会知识背景，自以为有经济头脑，企图"借鸡生蛋"，将挪用、贪污的公款用于炒股、购买理财产品、投资实业等，结果却"鸡飞蛋打"得不偿失。

浙江省永康市下园朱农贸综合市场开发服务部原出纳胡春洁以发工资、退押金、退摊位费等名义，先后12次挪用单位资金2 074万余元用于投资，亏损高达1 800多万元，直到案发时账户中只剩下200多万元。

为了炒股，浙江省建德市委统战部原部务会议成员兼会计戚秀娟采取蚂蚁搬家的方式挪用公款，先后83次作案，单笔金额从千余元到十万元不等。她将128万余元公款放进了自己的口袋，甚至为了骗取1 000元的慰问金，不惜编造同事亲人去世、生病住院的谎言。

因沉迷网络炒股，湖南省吉首市新兴城乡公路建设投资有限责任公司原出纳彭某花7个月挪用公款776.52万元用于网络平台投资。当她想回收资金时，相关平台均以各种借口拒绝她取钱。直到报案后她才意识到，那些网络平台都是虚拟平台，自己遇到的其实是典型的网络诈骗。

更有甚者，有的财务人员一门心思指望“天上掉馅饼”，深陷赌博的泥沼，赌徒心理驱使他们一次次铤而走险，将手伸向了公款。例如，湖南省常德市国土资源局武陵区分局原副股长兼出纳姚正斌在两年多的时间里挪用公款4 484.83万元用于网络赌博，却输得一无所有。因犯挪用公款罪，姚正斌被判处有期徒刑12年。

财务人员违纪违法问题的发生，与个别财务人员放松对自我的要求、对法纪毫无敬畏之心有关。无论是跟钱打交道，还是跟账打交道，爱岗敬业、廉洁自律都是财务人员必须遵守的职业操守。

资料来源：于露. 14起财务人员违纪违法问题案例分析［EB/OL］.［2021-05-28］. https: //www.ccdi.gov.cn/yaowen/202105/t20210528_242759.html.有删改.

# 模块2　发票批量开具机器人的开发

## 业务描述

安平市融创建材制造有限公司2021年12月发生了几笔销售业务，财务部发票开具人员邹红根据OA审批通过的开票申请及开票信息，计划开发一个“发票批量开具机器人”在“国家税务总局电子税务局仿真平台”中导入开票模板，批量开具发票。相关信息如下：

1. 财务部邹红收到经OA审批的七笔开票申请，开票信息见表5-5。

表5-5　开票业务数据表　　　　金额单位：元

| 序号 | 发票类型 | 购货方名称 | 货物或应税劳务、服务名称 | 规格型号 | 单位 | 数量 | 单价（不含税） | 金额（不含税） |
|---|---|---|---|---|---|---|---|---|
| 1 | 增值税专用发票 | 天地建筑工程有限公司 | *木制品*生态木材 | 标准版 | 张 | 100 | 310 | 31 000.00 |
| 2 | 增值税专用发票 | 翔辉建筑工程有限公司 | *金属及非金属制品*拼合木钢板 | 1.2cm | 张 | 200 | 480 | 96 000.00 |
| 3 | 增值税专用发票 | 兴海建筑工程有限公司 | *金属及非金属制品*拼合木钢板 | 1.2cm | 张 | 500 | 480 | 240 000.00 |
| 4 | 增值税专用发票 | 天地建筑工程有限公司 | *木制品*生态木材 | 标准版 | 张 | 600 | 310 | 186 000.00 |
| 5 | 普通发票 | 兴海建筑工程有限公司 | *木制品*生态木材 | 标准版 | 张 | 350 | 310 | 108 500.00 |

续表

| 序号 | 发票类型 | 购货方名称 | 货物或应税劳务、服务名称 | 规格型号 | 单位 | 数量 | 单价（不含税） | 金额（不含税） |
|---|---|---|---|---|---|---|---|---|
| 6 | 增值税专用发票 | 德星建筑工程有限公司 | *木制品*生态木材 | 标准版 | 张 | 250 | 310 | 77 500.00 |
| 7 | 增值税专用发票 | 正发建筑工程有限公司 | *金属及非金属制品*拼合木钢板 | 1.2cm | 张 | 1 000 | 480 | 480 000.00 |

2. 安平市融创建材制造有限公司开票的客户信息见表5-6。

表5-6　安平市融创建材制造有限公司客户开票信息

| 序号 | 购货方名称 | 纳税人识别号 | 地址（专票必填） | 电话（专票必填） | 开户行（专票必填） | 账号（专票必填） |
|---|---|---|---|---|---|---|
| 1 | 天地建筑工程有限公司 | 90321001999432111R | 沁江路263号 | 073-86543211 | 中行沁江支行 | 363457834578237 |
| 2 | 翔辉建筑工程有限公司 | 90321001991832523X | 安平路238号 | 073-85563218 | 工行安平市支行营业部 | 822680785332650 |
| 3 | 兴海建筑工程有限公司 | 90321001891832526C | 昌河路852号 | 073-86523222 | 工行昌河支行 | 835858423578912 |
| 4 | 德星建筑工程有限公司 | 90321001691832525C | 清江路567号 | 073-87513212 | 中行清江支行 | 535858423576389 |
| 5 | 正发建筑工程有限公司 | 90321001791832532T | 通锦路356号 | 073-83583215 | 农行通锦市支行 | 535858223578983 |

3. 安平市融创建材制造有限公司开票的产品信息见表5-7。

表5-7　安平市融创建材制造有限公司开票产品信息　　金额单位：元

| 序号 | 货物或应税劳务、服务名称 | 商品征收品目编码 | 规格型号 | 单位 | 单价（不含税） | 税率 |
|---|---|---|---|---|---|---|
| 1 | *木制品*生态木材 | 1050105000000000000 | 标准版 | 张 | 310 | 13% |
| 2 | *金属及非金属制品*拼合木钢板 | 1080000000000000000 | 1.2cm | 张 | 480 | 13% |

4. “国家税务总局电子税务局仿真平台”的“导入开票模板”，如图5-26所示。

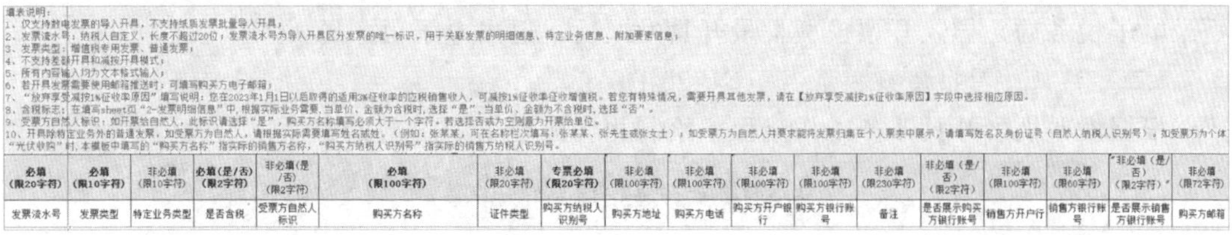
填表说明：
1、仅支持数电发票的导入开具，不支持纸质发票批量导入开具；
2、发票流水号：纳税人自定义，长度不超过20位；发票流水号为导入开具区分发票的唯一标识，用于关联发票的明细信息、特定业务信息、附加要素信息；
3、发票类型：增值税专用发票、普通发票；
4、不支持差额开具和减按开具模式；
5、所有内容输入均为文本格式输入；
6、若开具发票需要使用邮箱推送时：可填写购买方电子邮箱；
7、“放弃享受减按1%征收率原因”填写说明：您在2023年1月1日以后取得的适用3%征收率的应税销售收入，可减按1%征收率征收增值税。若您有特殊情况，需要开具其他发票，请在【放弃享受减按1%征收率原因】字段中选择相应原因。
8、含税标志：在填写sheet页“2-发票明细信息”中，根据实际业务需要，当单价、金额为含税时，选择“是”，当单价、金额为不含税时，选择“否”。
9、受票方自然人标识：如开票给自然人，此标识请选择“是”，购买方名称填写必须大于一个字符。若选择否或为空则意为开票给单位。
10、开具除特定业务外的普通发票，如受票方为自然人，请根据实际需要填写姓名或姓。（例如：张某某，可在名称栏次填写：张某某、张先生或张女士），如受票方为自然人并要求能将发票归集在个人票夹中展示，请填写姓名及身份证号（自然人纳税人识别号）。如受票方为个体
“光伏收购”时，本模板中填写的“购买方名称”指实际的销售方名称，“购买方纳税人识别号”指实际的销售方纳税人识别号。

| 必填（限20字符） | 必填（限10字符） | 非必填（限10字符） | 必填(是/否)（限2字符） | 非必填(是/否)（限2字符） | 必填（限100字符） | 非必填（限20字符） | 专票必填（限20字符） | 非必填（限100字符） | 非必填（限100字符） | 非必填（限100字符） | 非必填（限100字符） | 非必填（限230字符） | 非必填（是/否）（限2字符） | 非必填（限100字符） | 非必填（限60字符） | "非必填（是/否）（限2字符）" | 非必填（限72字符） |
|---|---|---|---|---|---|---|---|---|---|---|---|---|---|---|---|---|---|
| 发票流水号 | 发票类型 | 特定业务类型 | 是否含税 | 受票方自然人标识 | 购买方名称 | 证件类型 | 购买方纳税人识别号 | 购买方地址 | 购买方电话 | 购买方开户银行 | 购买方银行账号 | 备注 | 是否展示购买方银行账号 | 销售方开户行 | 销售方银行账号 | 是否展示销售方银行账号 | 购买方邮箱 |

图5-26　导入开票模板

# 任务1　发票批量开具机器人的开发准备

## 任务描述

资源5-9
发票批量开具机器人开发素材

发票批量开具机器人的开发，要先做好开发准备，开发准备工作包括明确任务、需求分析、程序设计三个方面。

## 操作步骤

### 一、明确任务

步骤❶：确定任务名称。任务名称即开发发票批量开具机器人。

步骤❷：识别开发背景。财务部财务人员日常需要根据OA中审批通过的增值税发票开具申请信息，在电子税务局完成发票开具。该项工作发生频繁，且枯燥易错，财务部准备开发财务机器人，自动登录电子税务局批量开具发票。

步骤❸：明确开发要求。根据开发任务，明确开发应注意以下要求：

1. 国家税务总局电子税务局仿真平台的信息如下：

网址：http://fz.chinaive.com/dzswj/?username=×××（其中×××使用RAD平台登录账号代替）

账号：rcjc

密码：123456

2. 机器人自动处理业务数据，自动进入国家税务总局电子税务局仿真平台批量开具发票；

3. 要求将国家税务总局电子税务局仿真平台的网址和账号密码，以及开发者的RAD平台登录账号直接写入程序中；

4. 绘制开发流程图，完成机器人开发并成功运行。

### 二、需求分析

#### （一）梳理发票批量开具业务工作流程

根据调研，明确发票批量开具业务的工作流程为：首先制作“导入开票模板”，然后登录电子税务局，导入开票模板批量开具发票后，退出电子税务局。

#### （二）绘制发票批量开具业务工作流程图

根据发票批量开具业务工作流程，绘制相应流程图如图5-27所示。

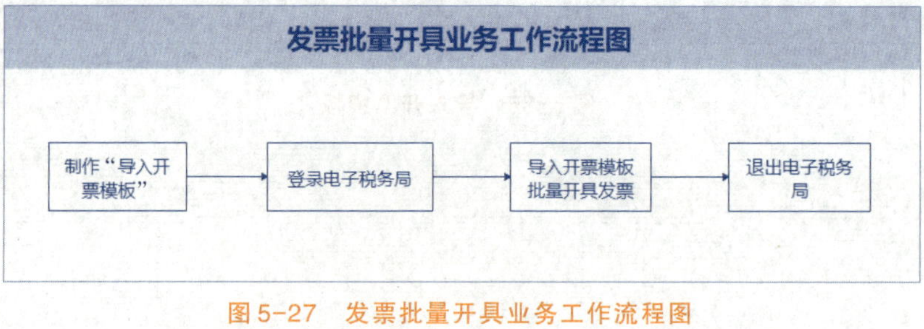


图5-27　发票批量开具业务工作流程图

### （三）梳理发票批量开具机器人工作流程

根据工作流程图，明确发票批量开具机器人的工作流程为：

1. 打开业务数据表；
2. 制作“导入开票模板”；
3. 关闭业务数据表；
4. 登录国家税务总局电子税务局仿真平台；
5. 在电子税务局仿真平台批量开具发票；
6. 退出电子税务局仿真平台。

微课5-11
发票批量开具机器人的工作流程

### （四）绘制发票批量开具机器人的开发流程图

根据发票批量开具机器人的工作流程，编制发票批量开具机器人设计方案，其中开发流程图如图5-28所示：

资源5-10
发票批量开具机器人设计方案

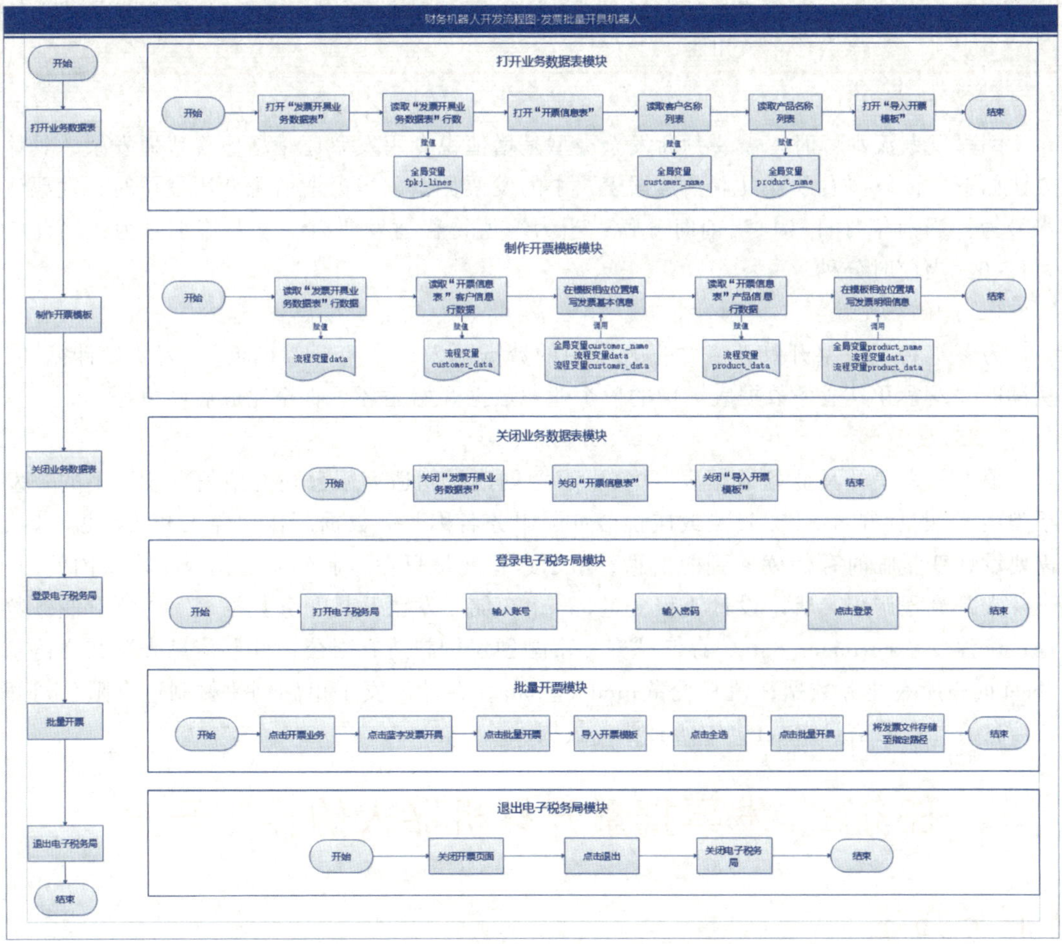


图5-28　发票批量开具机器人开发流程图

## 三、程序设计

根据发票批量开具机器人开发流程图，程序设计分为四个方面，分别是模块设计、判断设计、循环设计、变量设计。

### （一）模块设计

发票批量开具机器人模块设计见表5-8。

表5-8 发票批量开具机器人模块设计

| 序号 | 模块名 | 划分依据 |
|---|---|---|
| 1 | 打开业务数据表 | 打开业务数据表为各类业务的基础步骤，具备极强的标准性和复用性 |
| 2 | 制作开票模板 | 制作批量开票的模板，具有一定的独立性 |
| 3 | 关闭业务数据表 | 关闭业务数据表为各类业务的基础步骤，具备极强的标准性和复用性 |
| 4 | 登录电子税务局 | 登录电子税务局为各类发票业务的基础步骤，具备极强的标准性和复用性 |
| 5 | 批量开票 | 导入开票模板批量开具发票，具有一定的独立性 |
| 6 | 退出电子税务局 | 退出电子税务局为各类发票业务结束后的统一步骤，具备极强的标准性和复用性 |

### （二）判断设计

编写发票流水号时，需要判断发票类型是增值税专用发票还是增值税普通发票，具体方法如下：读取“发票开具业务数据表”中的发票类型，当为增值税专用发票时，发票流水号为：当前年月日+01+当前时分秒；当为增值税普通发票时，发票流水号为：当前年月日+02+当前时分秒。

### （三）循环设计

为逐笔将“发票开具业务数据表”中的数据写入“导入开票模板”，需要设计循环，从读取“发票开具业务数据表”中的单个业务数据开始循环，直至完成后结束循环。

### （四）变量设计

根据“发票开具业务数据表”“安平市融创建材制造有限公司开票信息表”中的“发票类型”“购货方名称”“货物或应税劳务、服务名称”等数据制作“导入开票模板”时，需要设计变量临时存储读取到的信息，由于这些变量只在“制作开票模板”模块内使用，不涉及跨流程调用，所以设计流程变量data，存储“发票开具业务数据表”中所有业务数据；流程变量customer_data，存储“安平市融创建材制造有限公司开票信息表”客户信息Sheet页中所有业务数据；流程变量product_data，存储“安平市融创建材制造有限公司开票信息表”产品信息Sheet页中所有业务数据。

# 任务2　发票批量开具机器人的程序开发

## 任务描述

根据任务1所做的发票批量开具机器人的开发准备，完成机器人的开发，主要涉及的工作为主流程开发和子流程开发，判断设计、循环设计、变量设计在主流程和子流程开发过程中完成。

## 操作步骤

微课5-12

发票批量开具机器人的开发演示

### 一、main流程开发

步骤❶：在RAD平台中进入“发票批量开具机器人的开发任务”，点击【选择业务】，勾选要处理的业务，然后点击【完成】，在弹出的窗口中点击【确定】，将该业务设置成“可采集数据业务”，然后在“已选业务”列表中点击新创建业务“业务数据”的【导出】，将业务数据导出到“C：\RPADATA”文件夹中备用。

步骤❷：按照“发票批量开具机器人”设计方案的规划，首先在开发软件中“新建工程”，命名为：“发票批量开具机器人”。

步骤❸：在main流程中，逐个添加六个子流程，分别是：P01_打开业务数据表、P02_制作开票模板、P03_关闭业务数据表、P04_登录电子税务局、P05_批量开票、P06_退出电子税务局，如图5-29所示。

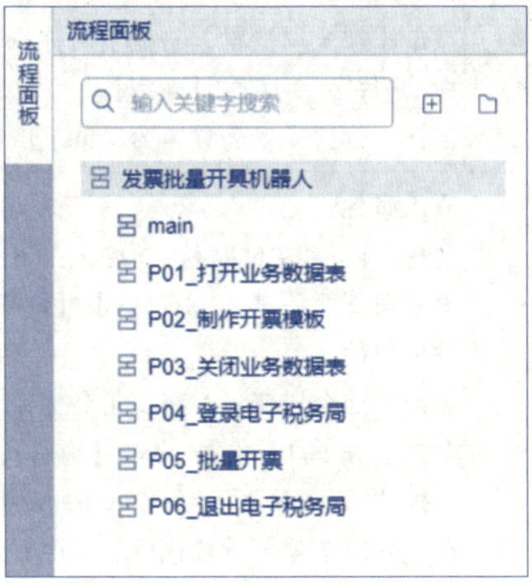


图5-29 创建子流程

### 二、子流程开发

#### （一）P01_打开业务数据表子流程

“P01_打开业务数据表”子流程的开发步骤见表5-9，子流程开发效果图如图5-30所示。

表5-9 “P01_打开业务数据表”子流程开发步骤

| 业务流程 | | 开发步骤 | |
|---|---|---|---|
| 序号 | 操作步骤 | 添加组件 | 设置属性 |
| ① | 打开“发票开具业务数据表”，获取数据行数 | 启动Excel | 输入属性：<br>选择“Excel文件路径”为：C：\RPADATA\发票开具业务数据表.xls，点击【打开】；<br>输出属性：<br>点击添加全局变量，将变量名称命名为：fpkj_excel，选择变量类型为：“Excel对象”，点击【确定】；<br>选择“Excel对象”为：fpkj_excel变量 |

续表

<table>
<tr><th colspan="2">业务流程</th><th colspan="2">开发步骤</th></tr>
<tr><th>序号</th><th>操作步骤</th><th>添加组件</th><th>设置属性</th></tr>
<tr><td rowspan="2">①</td><td rowspan="2">打开“发票开具业务数据表”，获取数据行数</td><td>激活Sheet页</td><td>输入属性：<br>选择“已打开的Excel对象”为：fpkj_excel变量；<br>设置“Sheet页名称”为：发票开具；<br>输出属性：<br>点击添加全局变量，将变量名称命名为：fpkj_sheet，选择变量类型为：“Sheet对象”，点击【确定】；<br>选择“Excel Sheet对象”为：fpkj_sheet变量</td></tr>
<tr><td>获取Excel的行数</td><td>输入属性：<br>选择“已打开的Sheet对象”为：fpkj_sheet变量；<br>输出属性：<br>点击添加全局变量，将变量名称命名为：fpkj_lines，选择变量类型为：“数字”，点击【确定】；<br>选择“行数变量名称”为：fpkj_lines变量</td></tr>
<tr><td rowspan="3">②</td><td rowspan="3">打开“安平市融创建材制造有限公司开票信息表”，获取“客户信息”Sheet页中的客户名称</td><td>启动Excel</td><td>输入属性：<br>选择“Excel文件路径”为：C：\RPADATA\安平市融创建材制造有限公司开票信息表.xls，点击【打开】；<br>输出属性：<br>点击添加全局变量，将变量名称命名为：kpxxb_excel，选择变量类型为：“Excel对象”，点击【确定】；<br>选择“Excel对象”为：kpxxb_excel变量；<br>在“高级选项”设置执行前延迟1到3秒</td></tr>
<tr><td>激活Sheet页</td><td>输入属性：<br>选择“已打开的Excel对象”为：kpxxb_excel变量；<br>设置“Sheet页名称”为：客户信息；<br>输出属性：<br>点击添加全局变量，将变量名称命名为：khxx_sheet，选择变量类型为：“Sheet对象”，点击【确定】；<br>选择“Excel Sheet对象”为：khxx_sheet变量</td></tr>
<tr><td>获取Excel列的值</td><td>输入属性：<br>选择“已打开的Sheet对象”为：khxx_sheet变量；<br>设置列号为：B；<br>输出属性：<br>点击添加全局变量，将变量名称命名为：customer_name，选择变量类型为：“列表”，点击【确定】；<br>选择“列的值”为：customer_name变量</td></tr>
</table>

续表

| 业务流程 | | 开发步骤 | |
|---|---|---|---|
| 序号 | 操作步骤 | 添加组件 | 设置属性 |
| ③ | 获取“产品信息”Sheet页中的产品名称 | 激活Sheet页 | 输入属性：<br>选择“已打开的Excel对象”为：kpxxb_excel变量；<br>设置“Sheet页名称”为：产品信息；<br>输出属性：<br>点击添加全局变量，将变量名称命名为：cpxx_sheet，选择变量类型为：“Sheet对象”，点击【确定】；<br>选择“Excel Sheet对象”为：cpxx_sheet变量 |
| | | 获取Excel列的值 | 输入属性：<br>选择“已打开的Sheet对象”：cpxx_sheet变量；<br>设置列号为：B；<br>输出属性：<br>点击添加全局变量，将变量名称命名为：product_name，选择变量类型为：“列表”，点击【确定】；<br>选择“列的值”为：product_name变量 |
| ④ | 打开“导入开票模板” | 启动Excel | 输入属性：<br>点击添加全局变量，将变量名称命名为：kpmb_excel_path，选择变量类型为：“字符串”，设置默认值为：C：\RPADATA\导入开票模板.xls；<br>点击添加全局变量，将变量名称命名为：kpmb_excel，选择变量类型为：“Excel对象”，点击【确定】；<br>选择“Excel对象”为：kemb_excel变量；<br>输出属性：<br>将“Excel对象”变量名称改为：kpmb_excel；<br>在“高级选项”设置执行前延迟1到3秒 |

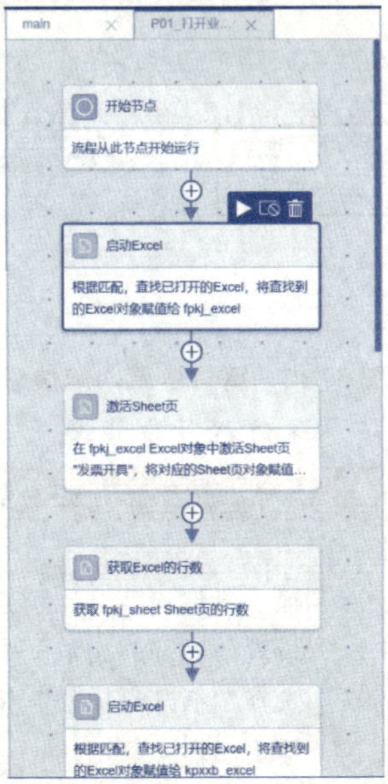


图5-30　打开业务数据表子流程开发效果图

资源5-11

打开业务数据表子流程开发效果图大图

## （二）P02_制作开票模板子流程

“P02_制作开票模板”子流程的数据处理过程如图5-31和图5-32所示，开发步骤见表5-10，开发效果图如图5-33所示。

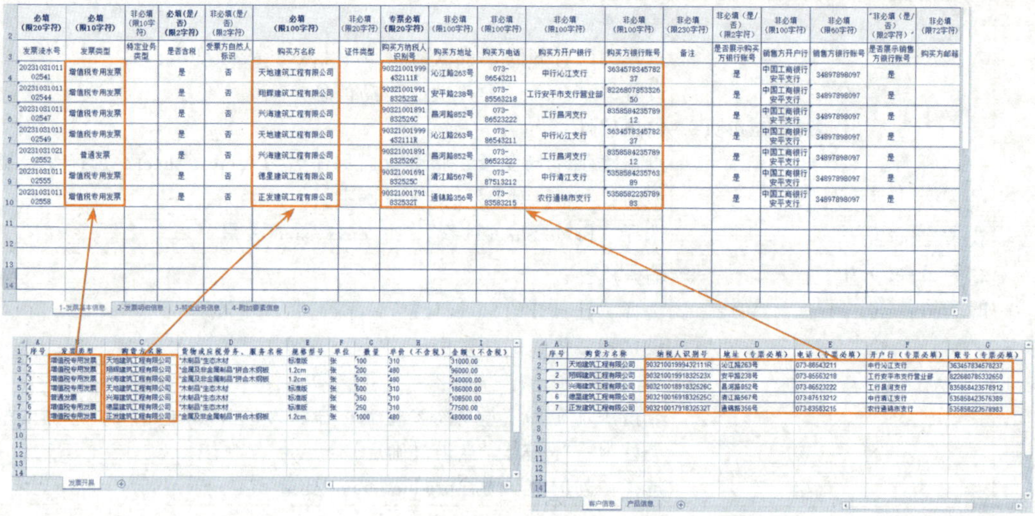

图5-31 填写发票基本信息

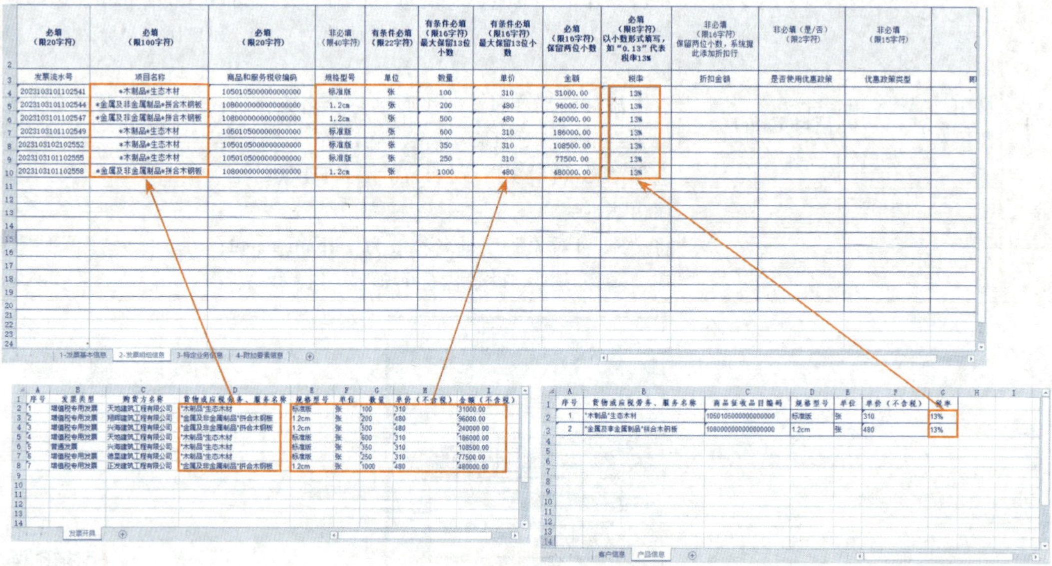

图5-32 填写发票明细信息

表5-10 “P02_制作开票模板”子流程开发步骤

| 业务流程 | | 开发步骤 | |
|---|---|---|---|
| 序号 | 操作步骤 | 添加组件 | 设置属性 |
| ① | 根据“发票开具业务数据表”的数据行数，设置循环 | 按照次数循环 | 输入属性：<br>设置“循环起始值”为：2；<br>选择“循环结束值”为：fpkj_lines变量，步长值：1；<br>输出属性：<br>将“每次循环项”变量名称改为：i |

续表

<table>
<tr><th colspan="2">业务流程</th><th colspan="2">开发步骤</th></tr>
<tr><th>序号</th><th>操作步骤</th><th>添加组件</th><th>设置属性</th></tr>
<tr><td rowspan="2">②</td><td rowspan="2">“发票开具业务数据表”的行数据</td><td colspan="2">在“按照次数循环”组件内</td></tr>
<tr><td>获取Excel行的值</td><td>输入属性：<br>选择“已打开的Sheet对象”为：fpkj_sheet；<br>选择行号为：i变量；<br>输出属性：<br>将“行数据变量名称”变量名称改为：data</td></tr>
<tr><td rowspan="2">③</td><td rowspan="2">将“导入开票模板”中“1-发票基本信息”Sheet页中的数据区域格式设置为文本</td><td>激活Sheet页</td><td>输入属性：<br>选择“已打开的Excel对象”为：kpmb_excel变量；<br>设置“Sheet页名称”为：1-发票基本信息；<br>输出属性：<br>将“Excel Sheet对象”变量名称改为：fpjbxx_sheet</td></tr>
<tr><td>设置Excel区域格式</td><td>输入属性：<br>选择“已打开的Sheet对象”为：fpjbxx_sheet变量；<br>设置“区域起始行号”为：3；<br>设置“区域起始列号”为：A；<br>选择“区域结束行号”为编辑表达式，表达式为：int（fpkj_lines）+2；<br>设置“区域结束列号”为：Z；<br>选择“区域的数字格式”为：@</td></tr>
<tr><td rowspan="2">④</td><td rowspan="2">获取当前日期和时分秒，用于编写发票流水号</td><td>获取当前时间和日期</td><td>输入属性：<br>设置时间格式为：YYYYMMDD；<br>输出属性：<br>将“时间变量名称”改为：v_datetime</td></tr>
<tr><td>获取当前时间和日期</td><td>输入属性：<br>设置时间格式为：HHMMSS；<br>输出属性：<br>将“时间变量名称”改为：v_time</td></tr>
<tr><td rowspan="5">⑤</td><td rowspan="5">在“1-发票基本信息”Sheet页中，编写发票流水号，需区分专票和普票</td><td>条件分支</td><td>输入属性：<br>点击“设置IF条件”，选择“使用表达式编辑”，表达式为：data[1]=='增值税专用发票'</td></tr>
<tr><td colspan="2">连接“条件分支”组件“IF”分支</td></tr>
<tr><td>写入Excel单元格</td><td>输入属性：<br>选择“已打开的Sheet对象”为：fpjbxx_sheet变量；<br>选择“单元格行号”为编辑表达式，表达式为：int（i）+2；<br>设置“单元格列号”为：A；<br>选择“写入内容”为编辑表达式，表达式为：v_datetime+'01'+v_time；<br>在“高级选项”设置“是否保存Excel”为：是</td></tr>
<tr><td colspan="2">连接“条件分支”组件“ELSE”分支</td></tr>
<tr><td>写入Excel单元格</td><td>输入属性：<br>选择“已打开的Sheet对象”为：fpjbxx_sheet变量；<br>选择“单元格行号”为编辑表达式，表达式为：int（i）+2；<br>设置“单元格列号”为：A；<br>选择“写入内容”为编辑表达式，表达式为：v_datetime+'02'+v_time；<br>在“高级选项”设置“是否保存Excel”为：是</td></tr>
</table>

续表

| 业务流程 | | 开发步骤 | |
|---|---|---|---|
| 序号 | 操作步骤 | 添加组件 | 设置属性 |
| ⑥ | 根据“购货方名称”，定位“安平市融创建材制造有限公司开票信息表”中“客户信息”Sheet页的行位置，并获取相应的行数据 | 在“条件分支”组件外 | |
| | | 获取列表指定内容的位置 | 输入属性：<br>选择“目标操作列表”为：customer_name变量；<br>设置“查找列表项的数据类型”为：字符串；<br>选择“查找列表项的值”为编辑表达式，表达式为：data[2]；<br>将“查找到的位置（列表结构）”变量名称改为：customer_item |
| | | 获取Excel行的值 | 输入属性：<br>选择“已打开的Sheet对象”为：khxx_sheet变量；<br>选择行号为编辑表达式，表达式为：int（customer_item[0]）+1；<br>输出属性：<br>将“行数据变量名称”变量名称改为：customer_data |
| ⑦ | 在“导入开票模板”中写入发票基本信息 | 写入Excel行 | 输入属性：<br>选择“已打开的Sheet对象”为：fpjbxx_sheet变量；<br>选择行号为编辑表达式，表达式为：int（i）+2；<br>设置“起始列号”为：B；<br>选择“写入内容”为编辑表达式，表达式为：<br>[data[1]，''，'是'，'否'，customer_data[1]，''，customer_data[2]，customer_data[3]，customer_data[4]，customer_data[5]，customer_data[6]]；<br>在“高级选项”设置“是否保存Excel”为：是 |
| | | 写入Excel行 | 输入属性：<br>选择“已打开的Sheet对象”为：fpjbxx_sheet变量；<br>选择行号为编辑表达式，表达式为：int（i）+2；<br>设置“起始列号”为：N；<br>选择“写入内容”为编辑表达式，表达式为：<br>['是'，'中国工商银行安平支行'，'34897898097'，'是']；<br>在“高级选项”设置“是否保存Excel”为：是 |
| ⑧ | 将“导入开票模板”中“2-发票明细信息”Sheet页中的数据区域格式设置为文本 | 激活Sheet页 | 输入属性：<br>选择“已打开的Excel对象”为：kpmb_excel变量；<br>设置“Sheet页名称”为：2-发票明细信息；<br>输出属性：<br>将“Excel Sheet对象”变量名称改为：fpmxxx_sheet |
| | | 设置Excel区域格式 | 输入属性：<br>选择“已打开的Sheet对象”为：fpmxxx_sheet变量；<br>设置“区域起始行号”为：3；<br>设置“区域起始列号”为：A；<br>选择“区域结束行号”为编辑表达式，表达式为：int（fpkj_lines）+2；<br>设置“区域结束列号”为：M；<br>选择“区域的数字格式”为：@ |

续表

| 业务流程 | | 开发步骤 | |
| --- | --- | --- | --- |
| 序号 | 操作步骤 | 添加组件 | 设置属性 |
| ⑨ | 在“2-发票明细信息”Sheet页中，编写发票流水号，需区分专票和普票 | 条件分支 | 输入属性：<br>点击“设置IF条件”，选择“使用表达式编辑”，表达式为：data[1]=='增值税专用发票' |
| | | 连接“条件分支”组件“IF”分支 | |
| | | 写入Excel单元格 | 输入属性：<br>选择“已打开的Sheet对象”为：fpmxxx_sheet变量；<br>选择“单元格行号”为编辑表达式，表达式为：int（i）+2；<br>设置“单元格列号”为：A；<br>选择“写入内容”为编辑表达式，表达式为：v_datetime+'01'+v_time；<br>在“高级选项”设置“是否保存Excel”为：是 |
| | | 连接“条件分支”组件“ELSE”分支 | |
| | | 写入Excel单元格 | 输入属性：<br>选择“已打开的Sheet对象”为：fpmxxx_sheet变量；<br>选择“单元格行号”为编辑表达式，表达式为：int（i）+2；<br>设置“单元格列号”为：A；<br>选择“写入内容”为编辑表达式，表达式为：v_datetime+'02'+v_time；<br>在“高级选项”设置“是否保存Excel”为：是 |
| ⑩ | 根据“货物或应税劳务、服务名称”，定位“安平市融创建材制造有限公司开票信息表”中“产品信息”Sheet页的行位置，并获取相应的行数据 | 在“条件分支”组件外 | |
| | | 获取列表指定内容的位置 | 输入属性：<br>选择“目标操作列表”为：product_name变量；<br>设置“查找列表项的数据类型”为：字符串；<br>选择“查找列表项的值”为编辑表达式，表达式为：data[3]；<br>将“查找到的位置（列表结构）”变量名称改为：product_item |
| | | 获取Excel行的值 | 输入属性：<br>选择“已打开的Sheet对象”为：cpxx_sheet变量；<br>选择行号为编辑表达式，表达式为：int（product_item[0]）+1；<br>输出属性：<br>将“行数据变量名称”变量名称改为：product_data |
| | | 写入Excel行 | 输入属性：<br>选择“已打开的Sheet对象”为：fpmxxx_sheet变量；<br>选择行号为编辑表达式，表达式为：int（i）+2；<br>设置“起始列号”为：B；<br>选择“写入内容”为编辑表达式，表达式为：<br>[data[3]，product_data[2]，data[4]，data[5]，data[6]，data[7]，data[8]，product_data[6]]；<br>在“高级选项”设置“是否保存Excel”为：是 |
| | | 循环结束 | |

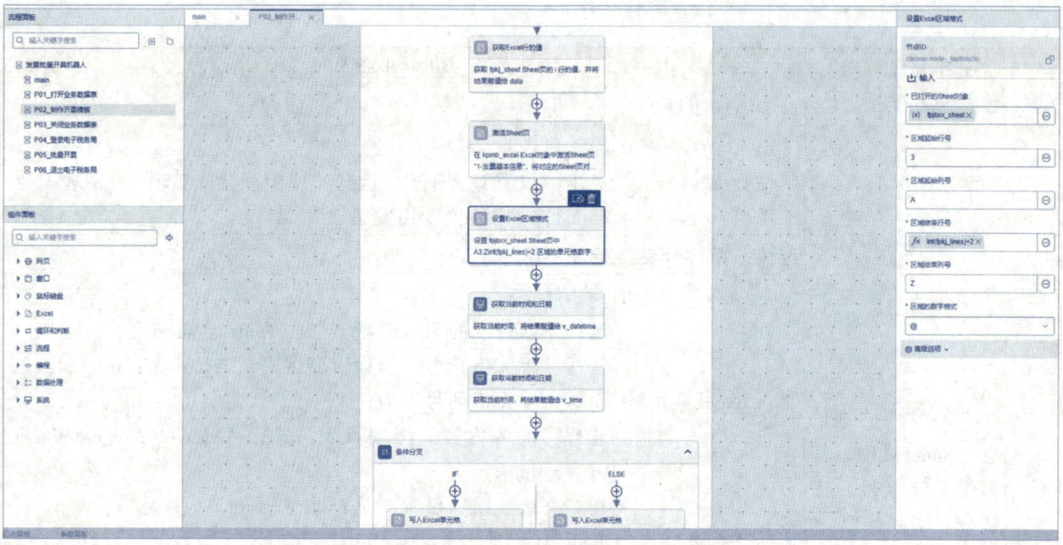

图5-33　制作开票模板子流程开发效果图

资源5-12

制作开票模板子流程开发效果图大图

# 相关知识5-4

## 发票批量开具机器人“P02_制作开票模板”子流程开发相关知识

1. "设置Excel区域格式"组件

该组件用于设置指定区域的格式，步骤③和⑧中"设置Excel区域格式"组件的“区域结束行号”为表达式：int（fpkj_lines）+2。

其中int（）函数用于向下取整最接近的整数，例如int（10.5）等于10，int（-10.5）等于-11。

2. “获取列表指定内容的位置”组件

该组件用于查找列表中指定内容项的索引。其中“查找列表项的值”是指要查找的指定内容，定位指定内容在“目标操作列表”的位置，并将定位到的位置存储至“查找到的位置（列表结构）”变量中。

例如步骤⑥和⑩中“获取列表指定内容的位置”组件：

（1）“目标操作列”分别是customer_name和product_name变量，这两个变量分别存储的是《安平市融创建材制造有限公司开票信息表》中的“购货方名称”和“货物或应税劳务、服务名称”；

（2）“查找列表项的值”分别是表达式data[2]和data[3]，分别表示《发票开具业务数据表》中的“购货方名称”和“货物或应税劳务、服务名称”；

（3）通过“购货方名称”和“货物或应税劳务、服务名称”定位的位置，分别存储在customer_item和product_item变量中。

3. 发票流水号生成规则

发票流水号自动生成，生成规则为：YYYYMMDDAAHHMMSS，其中YYYYMMDD为采集数据当前年月日；AA为发票类型，专票填写01，普票填写02；HHMMSS为采集数据当前时分秒。

例如步骤⑨中，如果是增值税专用发票，“写入Excel单元格”的表达式为：

v_datetime+'01'+v_time；如果是普通发票，“写入Excel单元格”的表达式为：v_datetime+'02'+v_time。其中v_datetime是通过“获取当前时间和日期”组件获取的当前年月日，v_time是获取的当前时分秒。

4. “写入Excel行”组件

该组件用于在Excel中写入行数据，仅支持列表类型，列表中每项表示一个单元格的值，如在编辑表达式中写入内容['a'，'b'，'c'，'d‘，'e']，如果写入的单元格内容为文本内容，需要加引号；如果为变量，则不加引号；如果为空值，直接写引号，引号内不写内容。

例如步骤⑦中“写入Excel行”组件，写入的内容为表达式：[data[1]，''，'是'，'否'，customer_data[1]，''，customer_data[2]，customer_data[3]，customer_data[4]，customer_data[5]，customer_data[6]]，其中data[1]、customer_data[1]等是变量，不加引号；“是”和“否”是文本内容，要加引号；''则表示在相应单元格内写入空值。

### （三）P03_关闭业务数据表子流程

“P03_关闭业务数据表”子流程的开发步骤见表5-11，开发效果图如图5-34所示。

表5-11 “P03_关闭业务数据表”子流程开发步骤

| 业务流程 | | 开发步骤 | |
|---|---|---|---|
| 序号 | 操作步骤 | 添加组件 | 设置属性 |
| ① | 关闭“发票开具业务数据表” | 关闭Excel | 输入属性：<br>选择“已打开的Excel对象”为：fpkj_excel变量 |
| ② | 关闭“安平市融创建材制造有限公司开票信息表” | 关闭Excel | 输入属性：<br>选择“已打开的Excel对象”为：kpxxb_excel变量 |
| ③ | 关闭“导入开票模板” | 获取窗口 | 输入属性：<br>录入“窗口标题”内容为：“导入开票模板”（若为WPS用户，请写为“WPS”，需注意区分大小写）；<br>输出属性：<br>将“窗口对象”变量名称改为：drkpmb_win |
| | | 激活窗口 | 输入属性：<br>选择“已打开的窗口对象”为：drkpmb_win变量 |
| | | 输入热键 | 输入属性：<br>录入“按键组合”内容为：!{F4}；<br>在“高级选项”设置执行前延迟1到2秒 |

### （四）P04_登录电子税务局子流程

“P04_登录电子税务局”子流程的开发步骤见表5-12，对应的控件捕获界面如图5-35和图5-36所示，开发效果图如图5-37所示。

资源5-13

关闭业务数据表子流程开发效果图大图

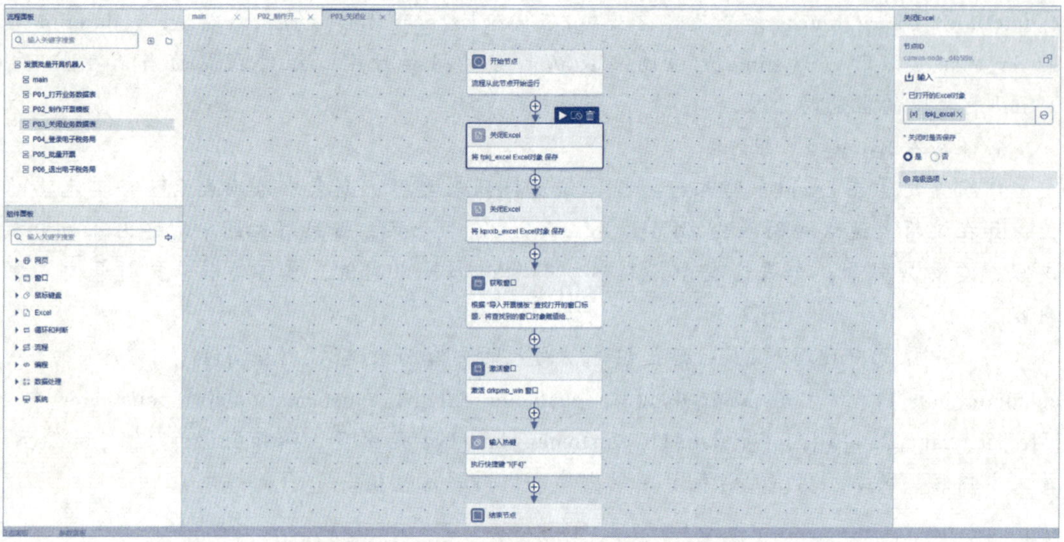

图5-34 关闭业务数据表子流程开发效果图

表5-12 “P04_登录电子税务局”子流程开发步骤

| 业务流程 | | 开发步骤 | |
|---|---|---|---|
| 序号 | 操作步骤 | 添加组件 | 设置属性 |
| ① | 打开国家税务总局电子税务局仿真平台 | 打开新网页 | 输入属性：<br>录入“打开网址”内容：http://fz.chinaive.com/dzswj/?user-name=×××（其中×××使用RAD平台登录账号代替），点击【确定】；<br>选择“浏览器类型”为：Chrome；<br>输出属性：<br>点击添加全局变量，将变量名称命名为：swj_web，选择变量类型为：“浏览器对象”，点击【确定】；<br>选择“浏览器对象”为：swj_web变量 |
| ② | 调用浏览器工具栏菜单 | 输入热键 | 输入属性：<br>录入“按键组合”内容为：!{space}；<br>在“高级选项”设置执行前延迟2到3秒 |
| ③ | 窗口最大化 | 输入热键 | 输入属性：<br>录入“按键组合”内容为：x；<br>在“高级选项”设置执行前延迟1到2秒 |
| ④ | 点击【登录头像】 | 点击控件（网页） | 输入属性：<br>选择“已打开的浏览器对象”为：swj_web变量；<br>在目标控件中捕捉新控件，拾取【登录头像】，将该控件命名为：“登录头像”，点击【保存】；<br>设置模拟点击为：“是” |

续表

| 业务流程 | | 开发步骤 | |
|---|---|---|---|
| 序号 | 操作步骤 | 添加组件 | 设置属性 |
| ⑤ | 输入账号 | 通过剪贴方式输入（网页） | 输入属性：<br>选择“已打开的浏览器对象”为：swj_web变量；<br>在目标控件中捕捉新控件，拾取账号输入框，将该控件命名为：“账号输入框”，点击【保存】；<br>录入“输入内容”为：rcjc；<br>设置输入方式为：“覆盖输入”；<br>在“高级选项”设置执行后延迟0.5到1秒 |
| ⑥ | 输入个人用户密码 | 填写输入框（网页） | 输入属性：<br>选择“已打开的浏览器对象”为：swj_web变量；<br>在目标控件中捕捉新控件，拾取密码输入框，将该控件命名为：“密码输入框”，点击【保存】；<br>点击“输入内容”输入框，<br>点击【新增流程变量】，将变量名称命名为：password，<br>设置默认值：123456，点击【确定】；<br>设置输入方式为：“覆盖输入” |
| ⑦ | 点击【登录】 | 点击控件（网页） | 输入属性：<br>选择“已打开的浏览器对象”为：swj_web变量；<br>在目标控件中捕捉新控件，拾取【登录】，将该控件命名为：“登录”，点击【保存】；<br>设置模拟点击为：“是” |

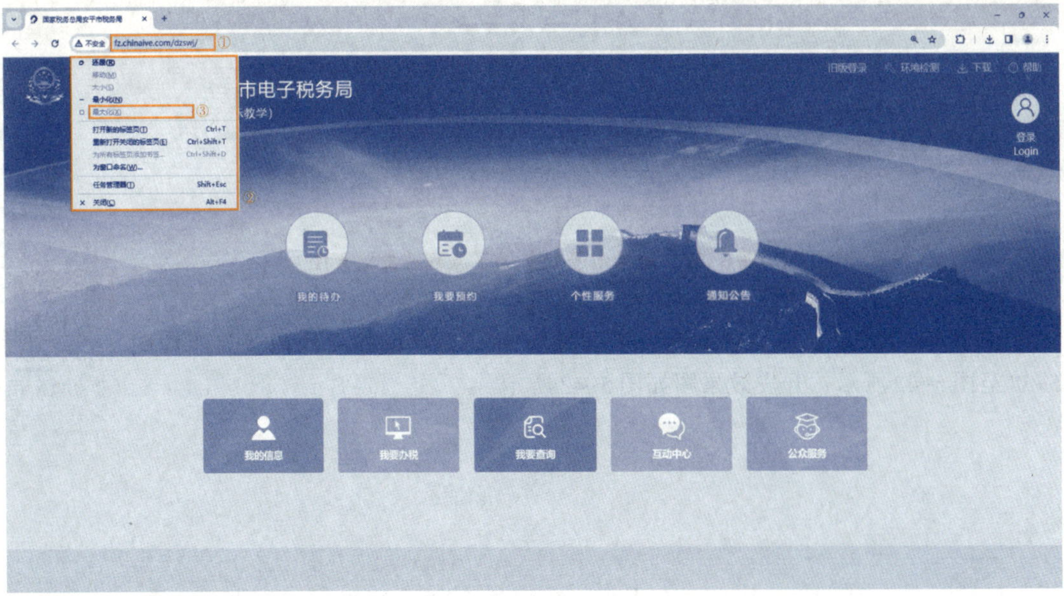


图5-35　登录电子税务局子流程控件捕获位置1

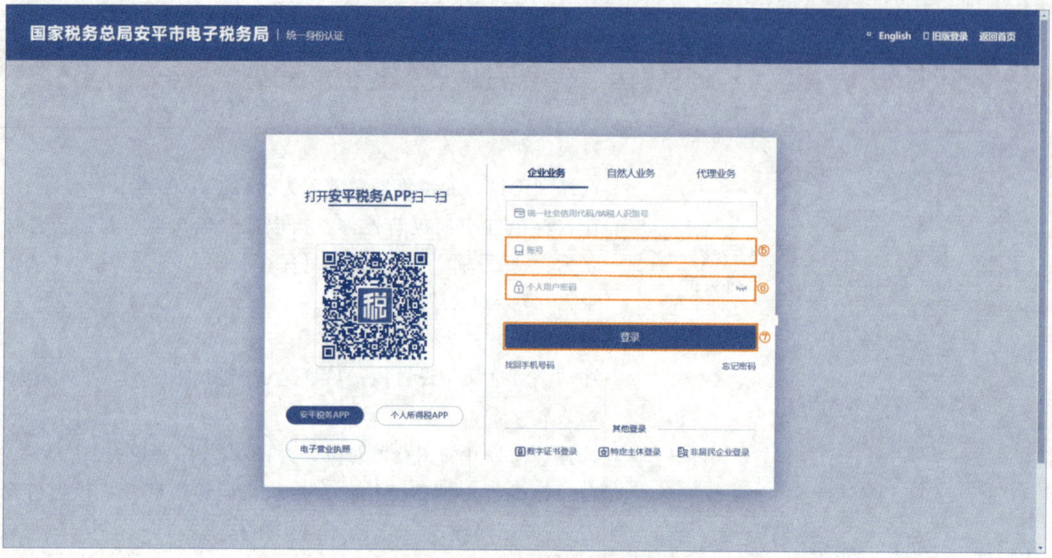


图5-36　登录电子税务局子流程控件捕获位置2

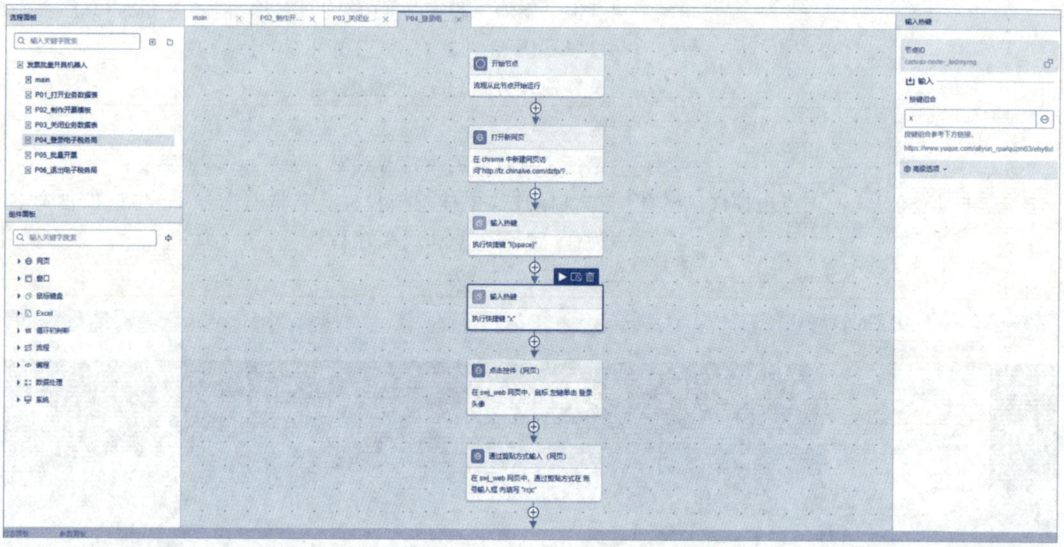


图5-37　登录电子税务局子流程开发效果图

资源5-14

登录电子税务局子流程开发效果图大图

## （五）P05_批量开票子流程

"P05_批量开票"子流程的开发步骤见表5-13，对应的控件捕获界面如图5-38至图5-42所示，开发效果图如图5-43所示。

表5-13 “P05_批量开票”子流程开发步骤

| 业务流程 | | 开发步骤 | |
|---|---|---|---|
| 序号 | 操作步骤 | 添加组件 | 设置属性 |
| ① | 点击【开票业务】 | 点击控件（网页） | 输入属性：<br>选择“已打开的浏览器对象”为：swj_web变量；<br>在目标控件中捕捉新控件，拾取【开票业务】，将该控件命名为：“开票业务”，点击【保存】；<br>设置模拟点击为：“是” |
| ② | 获取开票页面，点击【蓝字发票开具】 | 获取已打开网页 | 输入属性：<br>选择“浏览器类型”为：Chrome；<br>选择“查找方式”为：URL；<br>设置“查找内容”为：http://fz.chinaive.com/dzswj/billingSer-vice；<br>选择“查找规则”为：包含；<br>输出属性：<br>将“浏览器对象”变量名称改为：kp_web |
| | | 点击控件（网页） | 输入属性：<br>选择“已打开的浏览器对象”为：kp_web变量；<br>在目标控件中捕捉新控件，拾取【蓝字发票开具】，编辑控件，取消勾选“title”属性，勾选“url”属性，然后将该控件命名为：“蓝字发票开具”，点击【保存】；<br>设置模拟点击为：“是” |
| ③ | 点击【批量开票】 | 点击控件（网页） | 输入属性：<br>选择“已打开的浏览器对象”为：kp_web变量；<br>在目标控件中捕捉新控件，拾取【批量开票】，将该控件命名为：“批量开票”，点击【保存】；<br>设置模拟点击为：“是” |
| ④ | 点击【选择文件】 | 点击控件（网页） | 输入属性：<br>选择“已打开的浏览器对象”为：kp_web变量；<br>在目标控件中捕捉新控件，拾取【选择文件】，将该控件命名为：“选择文件”，点击【保存】；<br>设置模拟点击为：“是” |
| ⑤ | 在“打开”窗口输入《导入开票模板》路径，并导入模板 | 获取窗口 | 输入属性：<br>录入“窗口标题”内容为：打开；<br>输出属性：<br>将“窗口对象”变量名称改为：dk_win |
| | | 通过剪贴方式输入（窗口） | 输入属性：<br>选择“窗口对象”为：dk_win变量；<br>在目标控件中捕捉新控件，拾取【文件名输入框】，将该控件命名为：“文件名输入框”，点击【保存】；<br>选择“输入内容”为：kpmb_excel_path变量；<br>设置输入方式为：“覆盖输入”；<br>在“高级选项”设置执行后延迟0.5到1秒 |
| | | 输入热键 | 输入属性：<br>录入“按键组合”内容为：!{o}；<br>在“高级选项”设置执行前延迟1到2秒 |

续表

| 业务流程 | | 开发步骤 | |
|---|---|---|---|
| 序号 | 操作步骤 | 添加组件 | 设置属性 |
| ⑥ | 等待4到10秒，开票数据全部导入成功后，再点击【全选】 | 点击控件（网页） | 输入属性：<br>选择“已打开的浏览器对象”为：kp_web变量；<br>在目标控件中捕捉新控件，拾取【全选】，将该控件命名为：“全选”，点击【保存】；设置模拟点击为：“是”；<br>在“高级选项”设置执行前延迟4到10秒 |
| ⑦ | 点击【批量开具】 | 点击控件（网页） | 输入属性：<br>选择“已打开的浏览器对象”为：kp_web变量；<br>在目标控件中捕捉新控件，拾取【批量开具】，将该控件命名为：“批量开具”，点击【保存】；<br>设置模拟点击为：“是” |
| ⑧ | 点击【确定】 | 点击控件（网页） | 输入属性：<br>选择“已打开的浏览器对象”为：kp_web变量；<br>在目标控件中捕捉新控件，拾取【确定】，将该控件命名为：“批量开具确定按钮”，点击【保存】；<br>设置模拟点击为：“是” |
| ⑨ | 点击【下载开具结果】 | 点击控件（网页） | 输入属性：<br>选择“已打开的浏览器对象”为：kp_web变量；<br>在目标控件中捕捉新控件，拾取【下载开具结果】，将该控件命名为：“下载开具结果”，点击【保存】；<br>设置模拟点击为：“是” |
| ⑩ | 获取当前时分秒，用于对发票文件命名，输入发票文件的保存路径后，将发票文件保存至指定位置 | 获取当前时间和日期 | 输入属性：<br>选择“时间格式”为：HHMMSS；<br>输出属性：<br>将“时间变量名称”改为：c_time |
| | | 获取窗口 | 输入属性：<br>录入“窗口标题”内容为：另存为；<br>输出属性：<br>将“窗口对象”变量名称改为：lcw_win |
| | | 通过剪贴方式输入（窗口） | 输入属性：<br>选择“窗口对象”为：lcw_win变量；<br>在目标控件中捕捉新控件，拾取【文件名输入框】，编辑控件，取消勾选“value”属性，然后将该控件命名为：“另存为文件名输入框”，点击【保存】；<br>选择“输入内容”为编辑表达式，表达式为：<br>os. path. join（"C：\RPADATA"，（'批量发票开具'+str（c_time）））；<br>设置输入方式为：“覆盖输入”；<br>在“高级选项”设置执行后延迟0.5到1秒 |
| | | 输入热键 | 输入属性：<br>录入“按键组合”内容为：!{s}；<br>在“高级选项”设置执行前延迟1到2秒 |

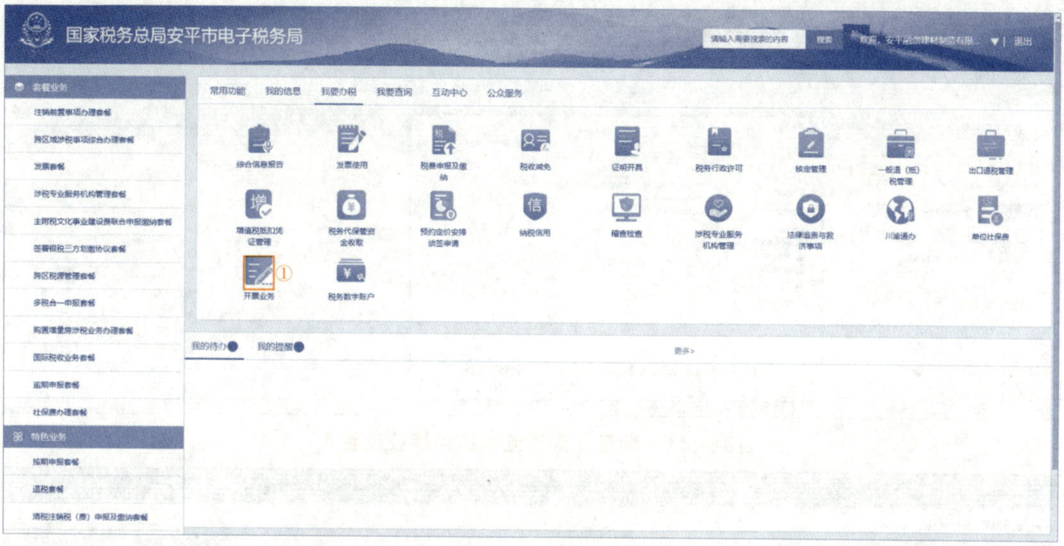


图 5-38　批量开票子流程控件捕获位置 1

图 5-39　批量开票子流程控件捕获位置 2

图 5-40　批量开票子流程控件捕获位置 3

资源 5-15

批量开票子流程开发效果图大图

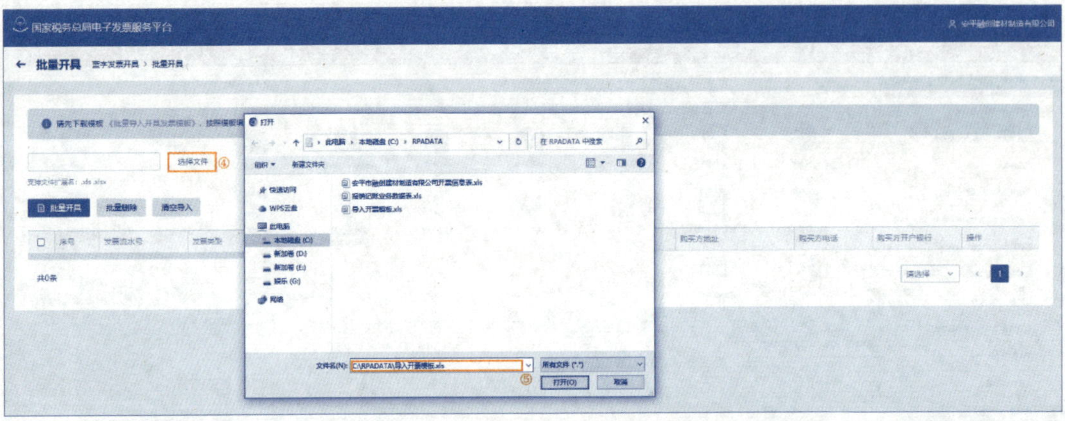


图 5-41 批量开票子流程控件捕获位置 4

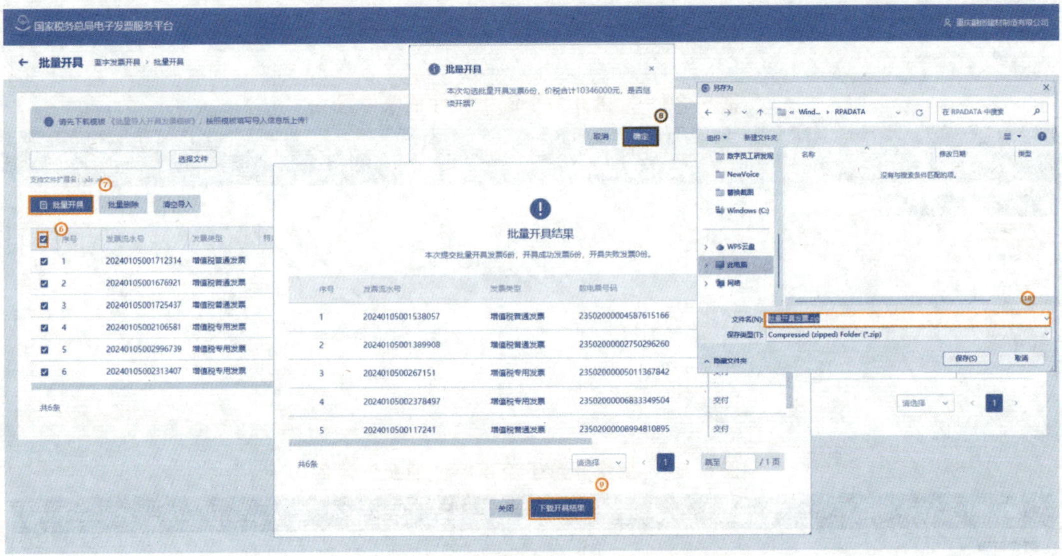


图 5-42 批量开票子流程控件捕获位置 5

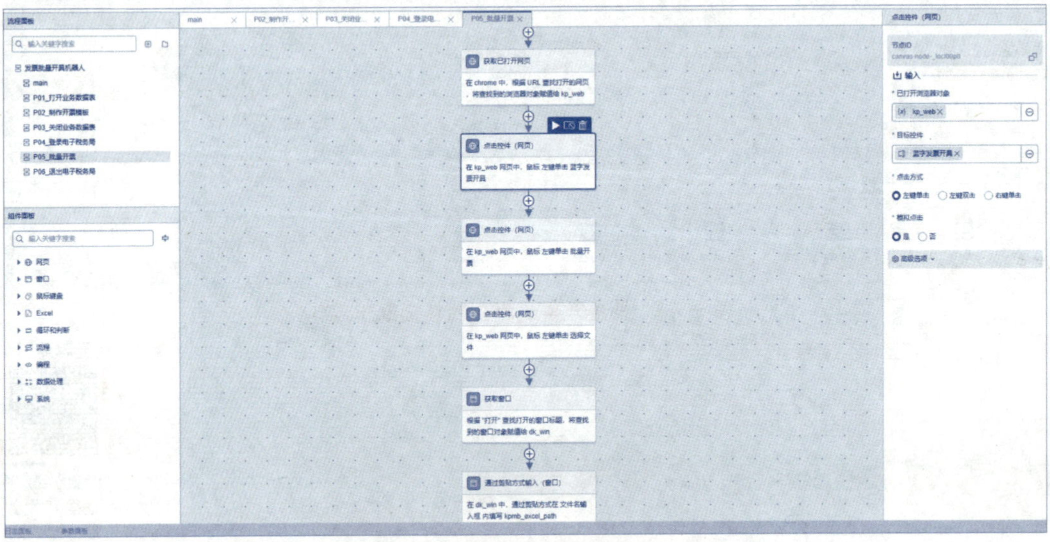


图 5-43 批量开票子流程开发效果图

## 相关知识5-5

### 批量开票子流程开发相关知识

1. 步骤②中捕捉的“蓝字发票开具”控件，默认是通过title属性定位开票业务页面，由于电子税务局仿真平台的开票业务页面和首页页面的title一样，所以通过网址url定位更精准。设置控件属性的方法为：点击【编辑控件】，选中【列表】的第一层，然后取消勾选title属性，勾选url属性，如图5-44所示。

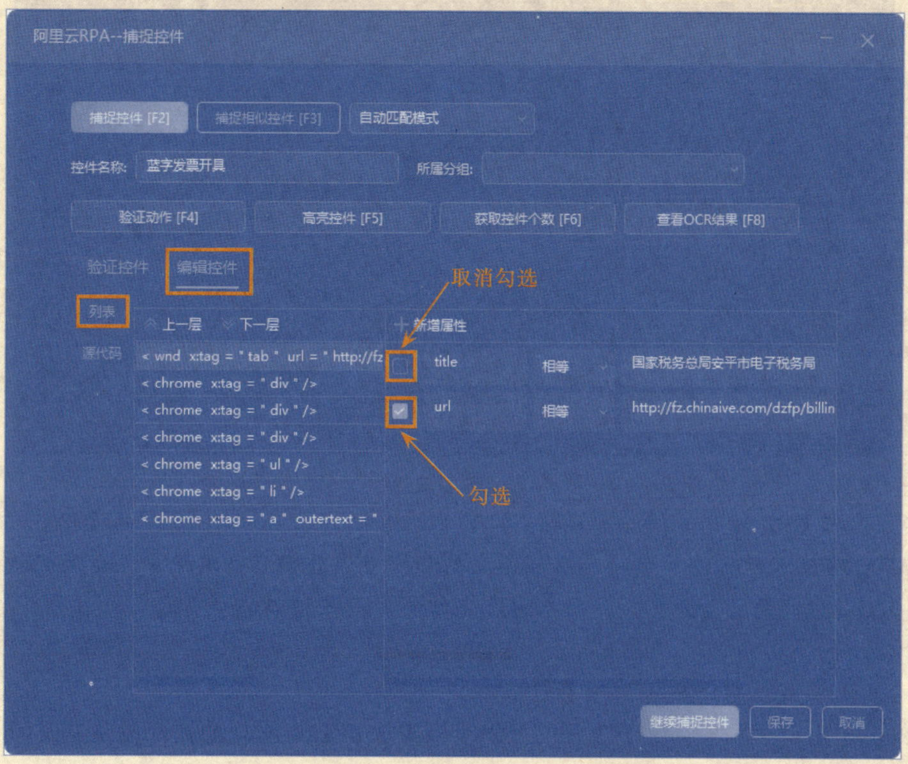


图5-44 “蓝字发票开具”控件属性设置

2. 步骤⑧中捕捉的“另存为文件名输入框”控件，默认将value属性用于定位，但是value存的是“另存为文件名输入框”中的默认值“批量开具发票.zip”，如果多次下载，默认值可能自动变为“批量开具发票（1）.zip”和“批量开具发票（2）.zip”……由于value属性的值可能会发生变化，用该属性定位可能导致定位不准确，所以取消勾选value属性。设置控件属性的方法为：点击【编辑控件】，选中【列表】的最后一层，然后取消勾选value属性，如图5-45所示。

3. os.path.join（）函数用于拼接路径名，可以连接两个或更多的路径名，语法结构为：os.path.join（path1，path2，…），其中path1是初始路径；path2是需要拼接在其后的路径，即初始路径文件夹下的文件或文件夹。

例如，步骤⑧中的os.path.join（"C：\RPADATA"，（'批量发票开具'+str（c_time）））,其中：

（1）"C：\RPADATA"：是指初始路径，由于"C：\RPADATA"是文本内容，所以在表达式中需要用英文格式的单引号或双引号引起来；

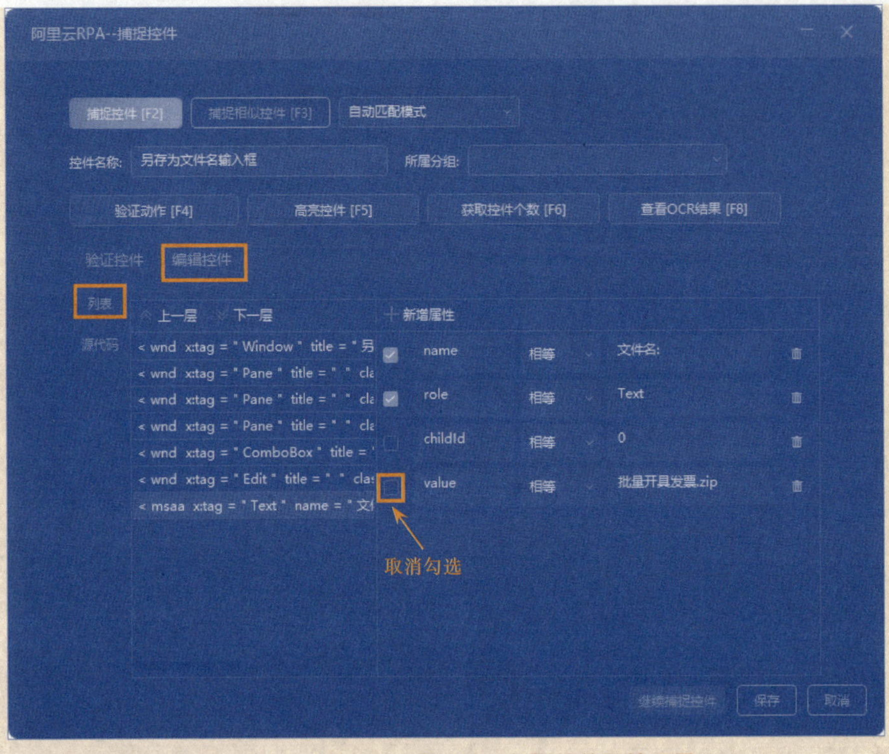


图5-45 “另存为文件名输入框”控件属性设置

(2)('批量发票开具'+str(c_time)):是指初始路径文件夹下的文件，即"C:\RPADATA"路径下的文件。该拼接路径是文本和变量混合内容，其中c_time是变量，不用引号引起来；“批量发票开具”是文本内容，需要用英文格式的单引号或双引号引起来。

## (六) P06_退出电子税务局子流程

“P06_退出电子税务局”子流程的开发步骤见表5-14，对应的控件捕获界面如图5-46所示，开发效果图如图5-47所示。

表5-14 “P06_退出电子税务局”子流程开发步骤

| 业务流程 | | 开发步骤 | |
|---|---|---|---|
| 序号 | 操作步骤 | 添加组件 | 设置属性 |
| ① | 关闭开票页面 | 输入热键 | 输入属性：<br>录入“按键组合”内容为：^{w};<br>在“高级选项”设置执行前延迟2到3秒 |
| ② | 点击电子税务局首页的【退出】 | 点击控件（网页） | 输入属性：<br>选择“已打开的浏览器对象”为：swj_web变量；<br>在目标控件中捕捉新控件，拾取【退出】，将该控件命名为：“退出”，点击【保存】；<br>设置模拟点击为：“是” |
| ③ | 关闭电子税务局首页 | 输入热键 | 输入属性：<br>录入“按键组合”内容为：^{w};<br>在“高级选项”设置执行前延迟1到2秒 |

图 5-46　退出电子税务局子流程控件捕获位置

图 5-47　退出电子税务局子流程开发效果图

## 三、模块组装

资源 5-16

退出电子税务局子流程开发效果图大图

在 main 流程中，添加所有子流程，开发步骤如下：

步骤 1：添加“调用子流程”组件，选择“子流程名称”为：P01_打开业务数据表。

步骤 2：添加“调用子流程”组件，选择“子流程名称”为：P02_制作开票模板。

步骤 3：添加“调用子流程”组件，选择“子流程名称”为：P03_关闭业务数据表。

步骤 4：添加“调用子流程”组件，选择“子流程名称”为：P04_登录电子税务局。

步骤5：添加“调用子流程”组件，选择“子流程名称”为：P05_批量开票。

步骤6：添加“调用子流程”组件，选择“子流程名称”为：P06_退出电子税务局。

步骤7：添加“弹出提示框”组件，在输入属性中设置“提示内容”为“发票批量开具机器人运行完毕，感谢使用!”，设置“是否等待用户确认”为“否”，设置“提示自动关闭时间（秒）”为3秒。

main流程最终的开发效果图如图5-48所示。

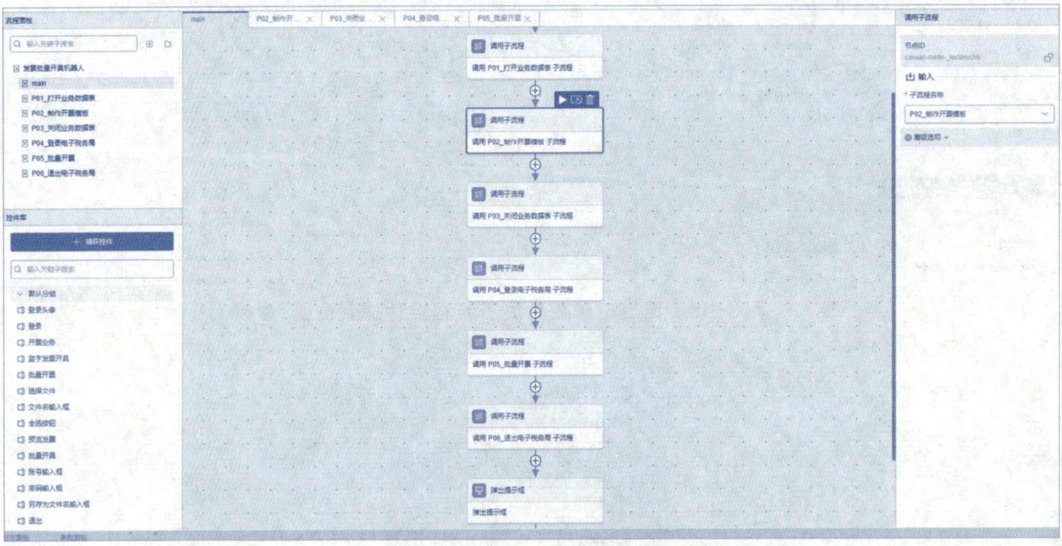

图5-48 main流程最终开发效果图

# 任务3 发票批量开具机器人的测试

## 任务描述

发票批量开具机器人的测试工作主要包括编制测试用例、执行测试用例、调整和优化。

## 操作步骤

### 一、编制测试用例

步骤❶：明确测试目标。根据发票批量开具机器人的开发目标和实际使用场景，确定测试目标为：发票批量开具机器人的工作正确率高、环境适应能力强。

步骤❷：确定测试环境。根据发票批量开具机器人的使用场景，确定测试环境为国家税务总局电子税务局仿真平台：http://fz.chinaive.com/dzfp/? username=×××（其中×××使用RAD平台登录账号代替），账号：rcjc，密码：123456。

步骤❸：设计输入数据。根据企业实际的发票批量开具业务需求，编写输入数据，见表5-15到表5-17以及如图5-49所示：

表 5-15　开票业务数据表

| 序号 | 发票类型 | 购货方名称 | 货物或应税劳务、服务名称 | 规格型号 | 单位 | 数量 | 单价（不含税） | 金额（不含税） |
|---|---|---|---|---|---|---|---|---|
| 1 | 增值税专用发票 | 天地建筑工程有限公司 | *木制品*生态木材 | 标准版 | 张 | 100 | 310 | 31 000.00 |
| 2 | 增值税专用发票 | 翔辉建筑工程有限公司 | *金属及非金属制品*拼合木钢板 | 1.2cm | 张 | 200 | 480 | 96 000.00 |
| 3 | 增值税专用发票 | 兴海建筑工程有限公司 | *金属及非金属制品*拼合木钢板 | 1.2cm | 张 | 500 | 480 | 240 000.00 |
| 4 | 增值税专用发票 | 天地建筑工程有限公司 | *木制品*生态木材 | 标准版 | 张 | 600 | 310 | 186 000.00 |
| 5 | 普通发票 | 兴海建筑工程有限公司 | *木制品*生态木材 | 标准版 | 张 | 350 | 310 | 108 500.00 |
| 6 | 增值税专用发票 | 德星建筑工程有限公司 | *木制品*生态木材 | 标准版 | 张 | 250 | 310 | 77 500.00 |
| 7 | 增值税专用发票 | 正发建筑工程有限公司 | *金属及非金属制品*拼合木钢板 | 1.2cm | 张 | 1 000 | 480 | 480 000.00 |

表 5-16　安平市融创建材制造有限公司客户开票信息

| 序号 | 购货方名称 | 纳税人识别号 | 地址（专票必填） | 电话（专票必填） | 开户行（专票必填） | 账号（专票必填） |
|---|---|---|---|---|---|---|
| 1 | 天地建筑工程有限公司 | 90321001999432111R | 沁江路263号 | 073-86543211 | 中行沁江支行 | 363457834578237 |
| 2 | 翔辉建筑工程有限公司 | 90321001991832523X | 安平路238号 | 073-85563218 | 工行安平市支行营业部 | 822680785332650 |
| 3 | 兴海建筑工程有限公司 | 90321001891832526C | 昌河路852号 | 073-86523222 | 工行昌河支行 | 835858423578912 |
| 4 | 德星建筑工程有限公司 | 90321001691832525C | 清江路567号 | 073-87513212 | 中行清江支行 | 535858423576389 |
| 5 | 正发建筑工程有限公司 | 90321001791832532T | 通锦路356号 | 073-83583215 | 农行通锦市支行 | 535858223578983 |

表 5-17　融创建材制造有限公司开票产品信息

| 序号 | 货物或应税劳务、服务名称 | 商品征收品目编码 | 规格型号 | 单位 | 单价（不含税） | 税率 |
|---|---|---|---|---|---|---|
| 1 | *木制品*生态木材 | 1050105000000000000 | 标准版 | 张 | 310 | 13% |
| 2 | *金属及非金属制品*拼合木钢板 | 1080000000000000000 | 1.2cm | 张 | 480 | 13% |

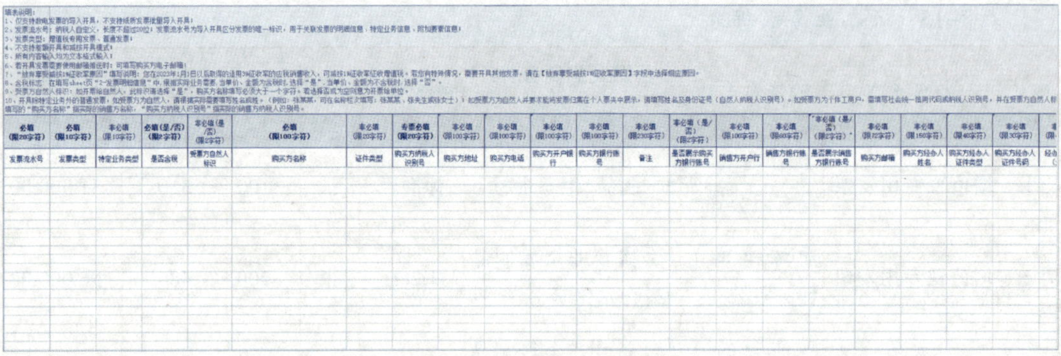

填表说明：
1、仅支持数电发票的导入开具，不支持纸质发票批量导入开具；
2、发票流水号：纳税人自定义，长度不超过20位；发票流水号为导入开具区分发票的唯一标识，用于关联发票的明细信息、特定业务信息、附加要素信息；
3、发票类型：增值税专用发票、普通发票；
4、不支持差额开具和减按开具模式；
5、所有内容输入均为文本格式输入；
6、若开具发票需要使用邮箱推送时：可填写购买方电子邮箱；

| 必填（限20字符） | 必填（限10字符） | 非必填（限10字符） | 必填（是/否）（限2字符） | 非必填（是/否）（限2字符） | 必填（限100字符） | 非必填（限20字符） | 专票必填（限20字符） | 非必填（限100字符） | 非必填（限100字符） | 非必填（限100字符） | 非必填（限100字符） | 非必填（限100字符） | 非必填（限230字符） | 非必填（是/否）（限2字符） | 非必填（限100字符） | 非必填（限60字符） | "非必填（是/否）（限2字符）" | 非必填（限72字符） | 非必填（限150字符） | 非必填（限40字符） | 非必填（限30字符） |
|---|---|---|---|---|---|---|---|---|---|---|---|---|---|---|---|---|---|---|---|---|---|
| 发票流水号 | 发票类型 | 特定业务类型 | 是否含税 | 受票方自然人标识 | 购买方名称 | 证件类型 | 购买方纳税人识别号 | 购买方地址 | 购买方电话 | 购买方开户银行 | 购买方银行账号 | 备注 | 是否展示购买方银行账号 | 销售方开户行 | 销售方银行账号 | 是否展示销售方银行账号 | 购买方邮箱 | 购买方经办人姓名 | 购买方经办人证件类型 | 购买方经办人证件号码 |

图5-49 导入开票模板

步骤❹：确定预期结果。根据发票批量开具机器人的开发目标和实际使用需求，确定机器人的预期结果是：能完成7笔输入数据的发票批量开具业务，对增值税专用发票和增值税普通发票判断正确，相关数据填写正确，能正常保存和退出。

## 二、执行测试用例

测试人员在测试过程中应当认真观察和记录财务机器人的运行情况，运行报错时要及时保存日志面板的错误代码，并根据观察记录的问题和错误代码有针对性地调整财务机器人的流程、组件或参数，使财务机器人达到开发目标。

步骤❶：关闭计算机运行的其他无关软件，确保网络正常，确认输入的数据存储在"C：\RPADATA"路径下，且文件名与"P01_打开业务数据表子流程"中"启动Excel"组件设置的文件名一致。

步骤❷：执行测试用例，在测试过程中应当仔细观察和记录发票批量开具机器人的运行情况，运行报错时要及时保存运行控制台的错误代码。

步骤❸：运行完成后，登录国家税务总局电子税务局仿真平台，依次点击【开票业务】、【蓝字发票开具】，再点击"最近开票"栏的【查看更多】，先检查开票的笔数是否正确，然后依次检查发票的详情信息是否正确。

## 三、调整和优化

根据测试用例，在真实的环境中对财务机器人进行运行测试，观察运行状态，并核对运行结果是否与预期一致，若有问题应采取措施对财务机器人进行修改，并在测试文档中进行记录。财务机器人的测试应当利用多份测试用例进行测试，或者是一份测试用例测试多次，在多次运行中发现一些不常出现的问题并进行优化。

# 业务训练

【应用题】扫码下载相关案例素材，完成2个拓展业务的销售业务系列机器人的应用。

【开发题】请上传开发完成的"发票批量开具机器人"程序压缩文件和运行成功的全屏截图，简要介绍设计与开发思路，并根据表5-18进行评判。

表5-18 评分标准

| 序号 | 考核要求 | 分值（分） | 判分标准 |
| --- | --- | --- | --- |
| 1 | 机器人程序能否成功运行且运行结果是否正确无误 | 60 | 第1项不合格，第2~5项0分 |
| 2 | 模块（流程）是否合理划分 | 10 | |
| 3 | 变量是否合理设置、复用性强 | 10 | |
| 4 | 控件名称是否完整、可读性强 | 10 | |
| 5 | 组件排列是否合理、逻辑清晰 | 10 | |

拓展5-1

项目5的
后续更新

# 项目6

## 纳税业务机器人

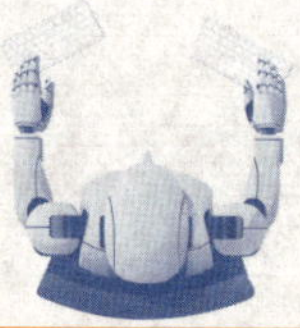

## 项目目标

### 知识学习目标：

1. 掌握增值税申报机器人的业务流程和特点；
2. 掌握企业所得税季报机器人的业务流程和特点；
3. 掌握个人所得税代扣代缴业务需求分析的要点；
4. 掌握个人所得税代扣代缴机器人的开发知识。

### 技能训练目标：

1. 能熟练应用和审核增值税申报机器人；
2. 能熟练应用和审核企业所得税季报机器人；
3. 能准确绘制个人所得税代扣代缴机器人开发流程图；
4. 能熟练应用个人所得税代扣代缴机器人的流程设计、变量设计、循环设计；
5. 能独立完成个人所得税代扣代缴机器人的开发和测试。

### 素质素养目标：

1. 树立遵守税务相关法律法规、依法诚信纳税的意识。
2. 理解和拥护国家税务政策。

## 工作任务

### 本项目应完成的工作任务：

1. 利用增值税申报机器人在综合纳税申报平台完成增值税申报；
2. 利用企业所得税季报机器人在综合纳税申报平台完成企业所得税季报；
3. 绘制个人所得税代扣代缴机器人的开发流程图；
4. 个人所得税代扣代缴机器人的开发和测试。

### 完成以上工作任务应提交的标志性成果：

1. 综合纳税申报平台的增值税申报记录；
2. 综合纳税申报平台的企业所得税季报记录；
3. 个人所得税代扣代缴机器人应用程序。

## 业务场景

税收是国家财政收入的主要构成部分，是国家经济建设和民生发展的基石，企业作为主要纳税人，其纳税业务的重要性不言而喻。纳税业务还是企业依法经营的重要方面，涉及的业务部门主要有采购部、销售部、财务部。

# 模块1 纳税业务机器人的应用

## 业务描述

微课6-1

纳税业务和纳税业务机器人

企业按照税务管理部门的要求，区分不同税种，在各自纳税期间内完成纳税申报表填写、申报、税款缴纳、报表查询及下载等操作处理。随着国家税务管理信息化平台的建设和完善，目前各税种纳税申报主要通过纳税申报信息化平台来完成，操作标准化、规范化，适合引入财务机器人来替代人工工作。

纳税业务机器人是按照企业财务部门纳税工作流程和税收政策法规，自动在各类纳税申报平台上完成增值税、城建税及教育费附加、企业所得税等税种的申报缴纳，与财务报表的填写申报等业务的财务机器人。纳税业务机器人的引入大大减轻了企业财务人员的工作压力，同时也提高了工作效率。企业财务人员需要熟练掌握纳税业务机器人的应用，以完成纳税工作。

根据税收法律法规，以及企业发生的经营活动行为，确定企业是否属于某个税种的纳税义务人或扣缴义务人，本项目涉及的税种是增值税、城建税及教育费附加、企业所得税（季度申报），是大部分企业纳税业务的主要内容。

### 相关知识6-1

本项目涉及的主要税种及相关纳税申报方面的政策如下：

1.增值税

增值税是以商品（含应税劳务）、应税服务、不动产和无形资产在流转过程中产生的增值额作为计税依据而征收的一种流转税。从计税原理上说，增值税是对商品生产、流通、劳务服务中多个环节的新增价值或商品的附加值征收的一种流转税，属于价外税。按照对增值税税目与融创建材公司经营范围的分析，企业销售的生态木材、拼合木钢板适用销售货物的税目，税率为13%，可以开具增值税专用发票，也可以开具增值税普通发票。融创建材公司是增值税一般纳税人，按月进行增值税纳税申报及税款缴纳，申报及缴纳期限为次月的15日前。目前，企业申报增值税是通过各省（自治区、直辖市）的电子税务局网站完成。

参见国家税务总局北京市电子税务局网站页面，如图6-1所示，通过“我要办税”栏目，在征期内办理纳税申报及税款缴纳手续。

增值税一般纳税人的增值税申报数据填写完毕后，在税务系统内会与发票系统数据形

图6-1 国家税务总局北京市电子税务局网站

成稽核关系，进行内部校验，若校验不通过，则无法完成纳税申报。其分别是：销售额和销项税额与增值税开票软件中的本期开票数据进行稽核校验；进项税额涉及的发票份数、税额与增值税发票综合服务平台中本期认证的票据数量及税额进行稽核校验。

发票开具与发票认证在发票业务机器人中进行操作，本项目仅涉及纳税申报操作部分，税务系统内的稽核逻辑和方式由税务信息化系统自行确定并完成，不涉及企业财务人员的操作。

2.城建税及教育费附加

城市维护建设税是以纳税人实际缴纳的增值税、消费税税额为计税依据，依法计征的一种税，分别与增值税、消费税同期进行纳税申报缴纳，用于加强城市维护建设。城建税的税率与企业所在地域有关，融创建材公司的适用税率是7%。

教育费附加是国家为扶持教育事业发展，计征用于教育的政府性基金，是由税务机关负责征收，同级教育部门统筹安排，同级财政部门监督管理，专门用于发展地方教育事业的预算外资金，是以纳税人实际缴纳的增值税、消费税税额为计算依据，依法计征的一种附加费，分别与增值税、消费税同期进行纳税申报缴纳。教育费附加费率是3%。

地方教育附加是指根据国家有关规定，为实施“科教兴省”战略，增加地方教育的资金投入，促进各省、自治区、直辖市教育事业发展，开征的一项地方政府性基金。其以纳税人实际缴纳的增值税、消费税税额为计算依据，分别与增值税、消费税同期进行纳税申报缴纳。地方教育附加费率是2%。

融创建材公司不属于消费税的纳税义务人，以其实际缴纳的增值税为计算依据，按月对城建税及教育费附加进行申报及缴纳，申报及缴纳期限为次月的15日前，申报及缴纳的渠道与增值税相同。

3.企业所得税

企业所得税是对我国境内的企业与其他取得收入的组织的生产经营所得和其他所得征收的一种所得税。企业所得税按年征收，按照季度或月度预缴，基本税率为25%（高新技术企业有15%的优惠税率，小微企业有期间优惠税收政策）。融创建材公司不是高新技术企业，所以适用基本税率25%，若其符合小微企业条件，可以通过填写申报表，享受税收优惠。融创建材公司的企业所得税按季度预缴，申报及缴纳期限为季度次月的15日前，按年度进行汇算清缴，汇算清缴期限为次年5月31日前。

企业所得税季度预缴时，需要填写“企业所得税月（季）度预缴纳税申报表（A类）”、企业财务报表（资产负债表、利润表、现金流量表）。申报表填写及税款缴纳的渠道同增值税。本项目时间点为2021年12月，故仅涉及2022年1月15日前完成的企业所得税季度纳税工作任务。

4. 个人所得税

个人所得税是国家对本国公民、居住在本国境内的个人的所得和境外个人来源于本国的所得征收的一种所得税。在中国境内有住所，或者无住所而一个纳税年度内在中国境内居住累计满一百八十三天的个人，为居民个人。居民个人从中国境内和境外取得的所得，依照法律的规定缴纳个人所得税。

在中国境内无住所又不居住，或者无住所而一个纳税年度内在中国境内居住累计不满一百八十三天的个人，为非居民个人。非居民个人从中国境内取得的所得，依照法律的规定缴纳个人所得税。

按照个人所得税法的规定，个体工商户、个人独资企业和合伙企业不用缴纳企业所得税，是个人所得税的纳税义务人。

融创建材公司是有限责任公司，不属于个人所得税的纳税义务人，但因为存在给员工发放工资薪金的情况，是个人所得税的法定扣缴义务人，需要在发放员工工资薪金时，代扣代缴个税，并完成个人所得税纳税申报及税款缴纳。

本项目中，融创建材公司主要涉及员工工资薪金的个人所得税的纳税申报和税款缴纳，且暂不涉及奖金。工资薪金个人所得税适用的是3%～45%的七级超额累进税率，免征额为60 000元/年。

目前，企业申报个人所得税可通过自然人电子税务局（扣缴端）完成，如图6-2所示：

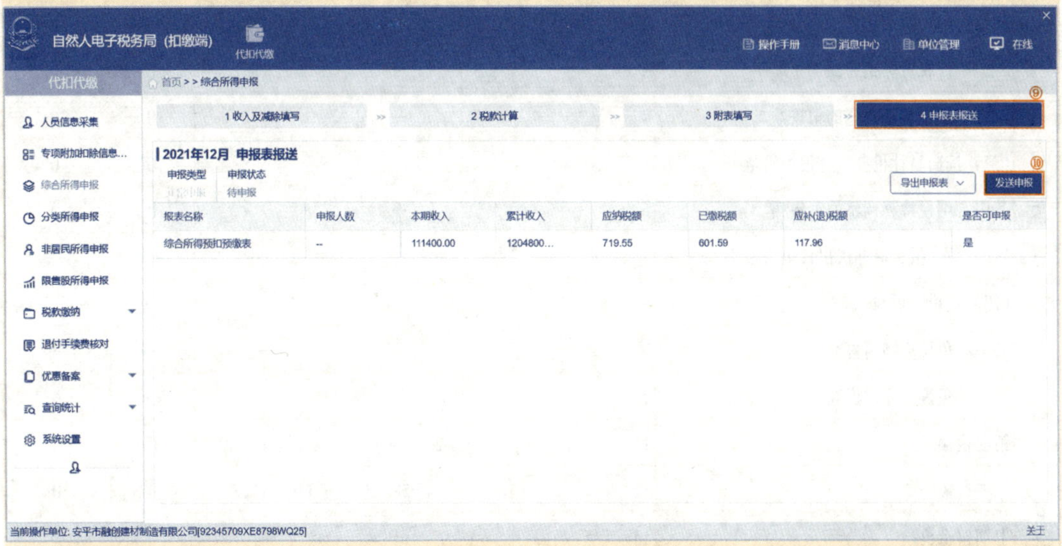


图6-2　自然人电子税务局（扣缴端）

# 任务1　增值税申报机器人的应用

## 任务描述

2022年1月10日，财务部赵明完成了2021年12月增值税及附加税费申报表的编制，见表6-1，接下来需要通过财务机器人在综合纳税申报平台上完成当月增值税及附加税费的报表填写、纳税申报、税款缴纳手续，并将申报结果截图保存到本地电脑。

表6-1　融创建材公司增值税及附加税费申报表

增值税及附加税费申报表

（一般纳税人适用）

根据国家税收法律法规及增值税相关规定制定本表。纳税人不论有无销售额，均应按税务机关核定的纳税期限填写本表，并向当地税务机关申报。

税款所属时间：自2021年12月1日至2021年12月31日　　　　填表日期：2022年1月10日

金额单位：元（列至角分）

| | | | | | | | |
|---|---|---|---|---|---|---|---|
| 纳税人识别号 | 9 2 3 4 5 7 0 9 X E 8 7 9 8 W Q 2 5 | | | 所属行业： | 制造业 | | |
| 纳税人名称 | 安平市融创建材制造有限公司（公章） | 法定代表人姓名 | 李宏 | 注册地址 | 安平市新兴开发区和平路100号 | 生产经营地址 | 安平市新兴开发区和平路100号 |
| 开户银行及账号 | 中国工商银行安平支行34897898097 | 登记注册类型 | 有限责任公司 | 电话号码 | 073-89981231 | | |

| 项目 | | 栏次 | 一般项目 | | 即征即退项目 | |
|---|---|---|---|---|---|---|
| | | | 本月数 | 本年累计 | 本月数 | 本年累计 |
| 销售额 | （一）按适用税率计税销售额 | 1 | 2 192 000.00 | 25 419 020.00 | 0 | 0 |
| | 其中：应税货物销售额 | 2 | 2 192 000.00 | 25 419 020.00 | 0 | 0 |
| | 应税劳务销售额 | 3 | — | — | 0 | 0 |
| | 纳税检查调整的销售额 | 4 | — | — | 0 | 0 |
| | （二）按简易计税办法计税销售额 | 5 | — | — | 0 | 0 |
| | 其中：纳税检查调整的销售额 | 6 | — | — | 0 | 0 |
| | （三）免、抵、退办法出口销售额 | 7 | — | — | — | — |
| | （四）免税销售额 | 8 | — | — | — | — |
| | 其中：免税货物销售额 | 9 | — | — | — | — |
| | 免税劳务销售额 | 10 | — | — | — | — |
| 税款计算 | 销项税额 | 11 | 284 960.00 | 3 304 472.60 | 0 | 0 |
| | 进项税额 | 12 | 146 580.00 | 3 018 342.60 | 0 | 0 |
| | 上期留抵税额 | 13 | — | — | 0 | — |
| | 进项税额转出 | 14 | — | — | 0 | 0 |
| | 免、抵、退应退税额 | 15 | — | — | — | — |

续表

| 项目 | | 栏次 | 一般项目 | | 即征即退项目 | |
|---|---|---|---|---|---|---|
| | | | 本月数 | 本年累计 | 本月数 | 本年累计 |
| 税款计算 | 按适用税率计算的纳税检查应补缴税额 | 16 | — | — | — | — |
| | 应抵扣税额合计 | 17=12+13-14-15+16 | 146 580.00 | — | 0 | — |
| | 实际抵扣税额 | 18（如17<11，则为17，否则为11） | 146 580.00 | 3 304 472.60 | 0 | 0 |
| | 应纳税额 | 19=11-18 | 138 380.00 | 286 130.00 | 0 | 0 |
| | 期末留抵税额 | 20=17-18 | — | — | 0 | — |
| | 简易计税办法计算的应纳税额 | 21 | — | — | 0 | 0 |
| | 按简易计税办法计算的纳税检查应补缴税额 | 22 | — | — | — | — |
| | 应纳税额减征额 | 23 | — | — | 0 | 0 |
| | 应纳税额合计 | 24=19+21-23 | 138 380.00 | 286 130.00 | 0 | 0 |
| 税款缴纳 | 期初未缴税额（多缴为负数） | 25 | 147 750.00 | 147 750.00 | 0 | 0 |
| | 实收出口开具专用缴款书退税额 | 26 | — | — | — | — |
| | 本期已缴税额 | 27=28+29+30+31 | 147 750.00 | 147 750.00 | 0 | 0 |
| | ①分次预缴税额 | 28 | — | — | | — |
| | ②出口开具专用缴款书预缴税额 | 29 | — | — | — | — |
| | ③本期缴纳上期应纳税额 | 30 | 147 750.00 | 147 750.00 | 0 | 0 |
| | ④本期缴纳欠缴税额 | 31 | — | — | 0 | 0 |
| | 期末未缴税额（多缴为负数） | 32=24+25+26-27 | 138 380.00 | 286 130.00 | 0 | 0 |
| | 其中：欠缴税额（≥0） | 33=25+26-27 | — | — | 0 | — |
| | 本期应补（退）税额 | 34＝24-28-29 | 138 380.00 | — | 0 | — |
| | 即征即退实际退税额 | 35 | — | — | 0 | 0 |
| | 期初未缴查补税额 | 36 | — | — | — | — |
| | 本期入库查补税额 | 37 | — | — | — | — |
| | 期末未缴查补税额 | 38=16+22+36-37 | — | — | — | — |
| 附加税费 | 城市维护建设税本期应补（退）税额 | 39 | 9 686.60 | | | |
| | 教育费附加本期应补（退）费额 | 40 | 4 151.40 | | | |
| | 地方教育附加本期应补（退）费额 | 41 | 2 767.60 | | | |

声明：此表是根据国家税收法律法规及相关规定填写的，本人（单位）对填报内容（及附带资料）的真实性、可靠性、完整性负责。

纳税人（签章）： 年 月 日

| | |
|---|---|
| 经办人：<br>经办人身份证号：<br>代理机构签章：<br>代理机构统一社会信用代码： | 受理人：<br><br><br>受理税务机关（章）： 受理日期： 年 月 日 |

# 任务分析

## 一、增值税申报机器人的流程分析

资源6-1

增值税申报机器人应用的业务素材

微课6-2

增值税申报机器人工作流程

根据增值税申报业务的流程和纳税业务机器人的划分，增值税申报机器人在信息系统中的工作流程如图6-3所示。

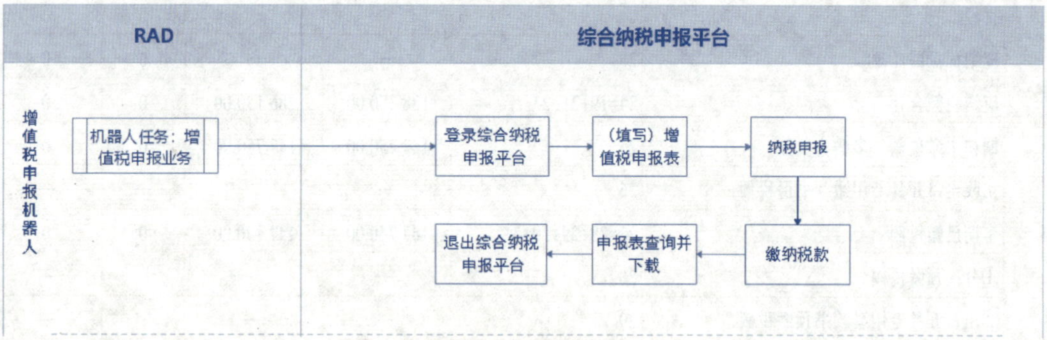


图6-3 增值税申报机器人工作流程

## 二、增值税申报机器人的数据分析

根据增值税申报机器人的工作流程，总结其业务活动所发生的时间、条件、平台、流程顺序等，以任务要求为例，分析增值税申报机器人的数据逻辑关系，见表6-2：

表6-2 增值税申报机器人的数据逻辑关系

| 序号 | 数据项目 | 业务数据 | 数据来源 | 财务机器人工作环境 |
|---|---|---|---|---|
| 说明 | 名称 | 业务一 | RAD | 综合纳税申报平台 |
| | | | 直接填写 | 按期申报/增值税 |
| 1 | 所属期间 | 2021年12月 | √ | |
| 2 | 业务名称 | 2021年12月增值税纳税申报 | √ | |
| 3 | 计划执行时间 | 2022-01-10 | √ | 纳税日期 |
| 4 | 申请人 | 赵明 | √ | |
| 5 | 申请部门 | 财务部 | √ | |
| 6 | 申请日期 | 2022-01-10 | √ | |
| 7 | 上传表格 | 2021年12月增值税及附加税费申报表 | | 申报表填写数据 |

## 三、增值税申报机器人的程序分析

微课6-3

增值税申报机器人的程序分析

### （一）main（主流程）

增值税申报机器人的main流程调用了4个子流程，分别是：P00_打开业务数据表、P01_登录电子税务局、P02_申报增值税、P03_退出综合纳税申报平台。

资源6-2

增值税申报机器人的主流程大图

增值税申报机器人的主流程界面如图6-4所示，main流程将依次串联各子流程，逐步完成在电子税务局综合纳税申报平台的登录、自动选择办税身份、进入综合纳税申报平台操作面板、选择增值税业务进行申报。综合纳税申报平台与税务局的增值税系统数据共享，因此能自动采集企业的增值税销项数据与已抵扣认证的进项数据，自动生成企业的增值税纳税申报表，增值税申报机器人在审核无误后点击【申报增值税】按钮进行申报，然后申报附加税费。增值税和附加税费的申报都完成后，还通过一个“截图”组件来截取查验结果图片，以申报成功的时间点命名并保存在计算机中。

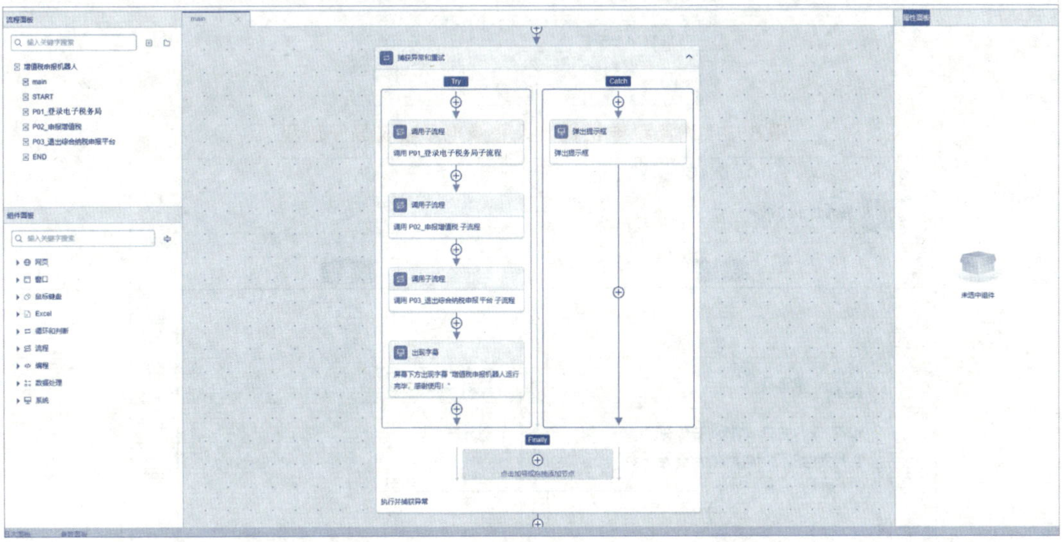


图6-4　增值税申报机器人的主流程界面

### （二）P01_登录电子税务局

资源6-3

增值税申报机器人的登录电子税务局子流程大图

如图6-5所示，“P01_登录电子税务局”子流程通过“打开新网页”、“点击控件（网页）”以及“通过剪贴方式输入（网页）”等组件，打开并完成综合纳税申报平台的登录。

### （三）P02_申报增值税

如图6-6所示，“P02_申报增值税”子流程通过一系列连续的“点击控件（网页）”组件，逐步完成增值税申报的相关操作，并且通过“获取窗口”“捕获异常”等组件，对Chrome浏览器自动弹出的密码保存提示进行容错处理，最后使用“网页截图”组件，将已完成的纳税申报结果进行截图保存。

资源6-4

增值税申报机器人的申报增值税子流程大图

### （四）P03_退出综合纳税申报平台

如图6-7所示，“P03_退出综合纳税申报平台”子流程”通过“激活网页”及“输入热键”等组件，完成综合纳税申报平台的退出操作。

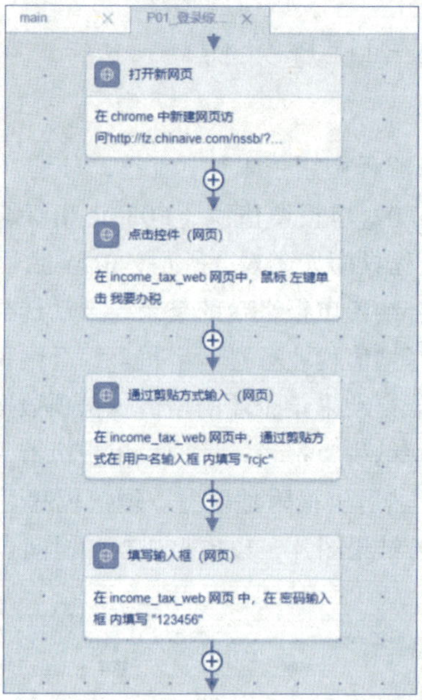


图6-5 增值税申报机器人登录电子税务局子流程

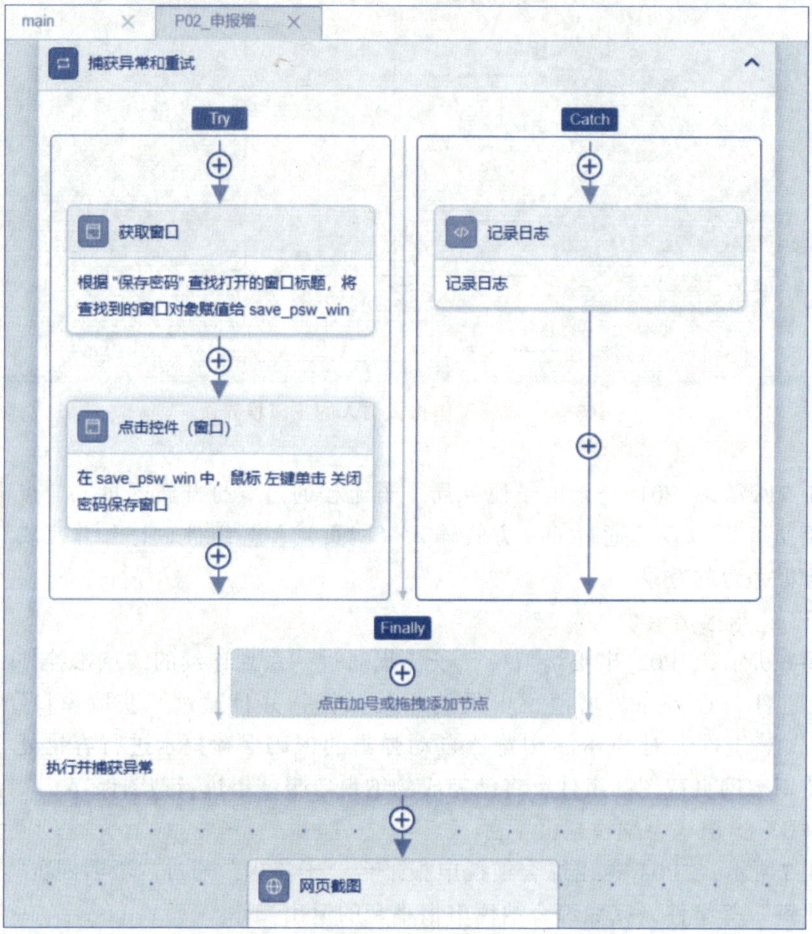


图6-6 增值税申报机器人申报增值税子流程

图6-7　增值税申报机器人退出综合纳税申报平台子流程

资源6-5

增值税申报机器人的退出综合纳税申报平台子流程大图

## 操作步骤

### 一、增值税申报的数据采集

步骤❶：登录“财务机器人应用与开发实践平台（http：//frad.chinaive.com/）”，然后点击纳税业务机器人下面的【增值税申报机器人的应用任务】进入任务详情，仔细阅读任务介绍和仿真案例后，点击【选择业务】并勾选需要处理的业务，点击【完成】。

步骤❷：在弹出的“选择业务”窗口点击【确定】，将新建的业务设置为“可采集数据业务”，然后可以点击“业务数据”下的【导出】，将所创建的业务数据下载到本地查看和核对。

## 二、增值税申报机器人的运行与审核

微课6-4

增值税申报机器人的运行与审核

### (一)下载并打开增值税申报机器人

步骤❶：在增值税申报机器人的应用任务“已选任务”列表中，下载增值税申报机器人应用程序。

步骤❷：在RPA编辑器中打开下载的增值税申报机器人应用程序，进入机器人程序的运行与调试界面。

### (二)运行增值税申报机器人

步骤❶：关闭无关软件，然后运行增值税申报机器人。

步骤❷：观察增值税申报机器人的运行情况，如有异常，记录异常信息，以便后续对机器人进行调整和维护。

### (三)审核增值税申报机器人工作结果

在“C：\RPADATA”查看是否存在增值税申报成功的截图，检查截图的命名是否为“公司名+年月+增值税申报结果+时分秒”，然后打开截图，审核增值税申报是否成功，如图6-8所示。

图6-8　审核增值税申报机器人工作结果

**德技兼修**　**税收远比我们想象的更加重要!**

自国家出现以来，税收一直是亘古不变的话题。西方有一句谚语说得好：“只有税收和死亡，是人生无法避免的两件大事。”税收是人类一生中必须经历的事情，是每位公民都需要履行的义务。

税收是指政府为了提供公共服务及公共财产，依照法律的规定，对个人或民间企业(法人)无偿征收货币或资源的总称。换言之，税收是国家为实现其职能，凭借政治权力，按照法律的规定，强制地、无偿地参与国民收入和社会产品的分配和再分配取得财政收入的一种形式。在我看来，相比于“税收无偿性”这一说法，我更倾向于将税收的本质视为一种有偿的契约关系。它是一种有偿的、正当的、稳定的征收财富的行为。从政府的角度，税收是提供公共服务所必须支付的成本；从纳税人的角度，它是支持国家稳定运行所必须支付的代价。人民将权力让渡给国家，使国家可以代为行使公共管理行为。为了对公共管理提供必要的支持，就有了税收制度。

现在，税收作为国家财政收入的主要来源和调节经济的重要杠杆，在保障政权运行、维护社会公平与稳定、促进经济发展等方面都具有十分重要的作用。

经济学大师亚当·斯密曾这样肯定税收的作用：一是给人民提供充足的收入或生计；二是给国家或社会提供充分的收入，使公务得以进行。中国古语有云：“税赋不丰，何以兴国；国家不兴，焉能富民。”税收对一个国家的重要性是不言而喻的。

一方面，税收是国家财政收入的主要支柱。纳税收入占据了财政收入的半壁江山，是国家主权的基本保障，无论是对外彰显国力，亦或是对内提供公共服务，都离不开税收。目前，我国税收已占国家财政收入的95%以上；在日本占91%；英国占96%；美国占98%。这说明，税收在各不同制度的国家里普遍存在，并且在国家财政收入中均占有重要地位。税收在保证国家重点经济建设、保证国家机器正常运转方面有着特别重要的意义。特别是，我国目前正在进行经济体制的改革与转换，更需要大量的财力作为改革的后盾；否则，财力分散很可能导致改革中途夭折，甚至影响国家政权的稳定。

另一方面，税收是维护社会公平稳定的基石。税收是社会财富与社会利益进行再分配的方式，是公民与政府之间权力让渡契约的体现，关系着国家社会的和谐稳定。从不同税种的功能来看，税收在分配领域发挥着不同的作用。如开征遗产税；个人所得税实行超额累进税率，高收入者适用高税率，低收入者适用低税率或不征税。在市场经济条件下，由市场决定的分配机制，不可避免地会拉大收入分配上的差距，客观上要求通过税收调节，能够公平分配收入，适当调节收入水平，缓解社会分配不公的矛盾，促进经济发展和社会稳定。

此外，税收对改善我国国民经济结构发挥着重要的作用。第一，促进产业结构合理化。税收涉及面广，通过合理设置税种，确定税率，可以扶持弱势产业，并对不良产业起到抑制作用，更好地实现国家的产业政策。第二，促进产品结构合理化。通过运用高低不同的税率，对不同产品之间的利润差别进行调节，促进我国产业结构合理化。第三，促进消费结构合理化。我国税收政策对生活必需品和奢侈品采取不同的税率，后者的税率远高于前者。这有利于抑制奢侈品消费，促进消费结构的合理化。

税收还可以监督经济活动，优化资源配置，调节需求总量等。总之，税收是国家财政收入的重要组成部分，对我国的经济发展起着重要的保障与调节作用。政府征税取得财政收入，按不同的用途进行规划，并将其用于国家发展。正所谓“取之于民，用之于民”，因此每个人都应当自觉纳税，杜绝偷税漏税，为我国的经济建设出一份力。此外，作为一种强制性的取得财富的手段，实现税收透明化，让纳税人明白税收的价值和意义也是政府的第一要务，是安邦立国的根本保证。

资料来源：佚名. 浅谈税收的重要性［EB/OL］.［2014-01-19］. https: //www.doc88.com/p-6631998345603.html? r=1.

# 任务2　企业所得税季报机器人的应用

## 任务描述

2022年1月10日，财务部赵明从会计刘东处获取第4季度财务报表，完成2021年第4季度企业所得税纳税申报表的编制，相关财务报表见表6-3、表6-4、表6-5和表6-6，需要通过财务机器人在综合纳税申报平台上完成当季度财务报表、企业所得税季报表的报表填写、纳税申报、税款缴纳手续，将申报结果截图保存到本地电脑。

表6-3　融创建材公司2021年12月31日资产负债表

资产负债表

会企01表

编制单位：安平市融创建材制造有限公司　　2021年12月31日　　单位：元

| 资　产 | 期末余额 | 上年年末余额 | 负债和所有者权益（或股东权益） | 期末余额 | 上年年末余额 |
|---|---|---|---|---|---|
| 流动资产： | | | 流动负债： | | |
| 货币资金 | 20 969 868.58 | 21 424 943.44 | 短期借款 | | |
| 交易性金融资产 | | | 交易性金融负债 | | |
| 应收票据 | 375 000.00 | | 应付票据 | | |
| 应收账款 | 2 442 401.80 | 5 125 914.79 | 应付账款 | 1 221 920.40 | 1 262 855.40 |
| 预付款项 | | | 预收款项 | | |
| 其他应收款 | 10 009.47 | 10 000.00 | 应付职工薪酬 | 31 422.00 | 2 520.00 |
| 存货 | 8 784 315.50 | 8 468 074.50 | 应交税费 | 156 878.14 | 475 213.51 |
| 一年内到期的非流动资产 | | | 其他应付款 | 160.00 | |
| 其他流动资产 | | | 一年内到期的非流动负债 | | |
| 流动资产合计 | 32 581 595.35 | 35 028 932.73 | 其他流动负债 | | |
| 非流动资产： | | | 流动负债合计 | 1 410 380.54 | 1 740 588.91 |
| 债权投资 | | | 非流动负债： | | |
| 其他债权投资 | | | 长期借款 | | 3 725 700.00 |
| 长期应收款 | | | 应付债券 | | |
| 长期股权投资 | 17 551 162.00 | 17 551 162.00 | 长期应付款 | | |
| 投资性房地产 | | | 预计负债 | | |
| 固定资产 | 3 245 753.50 | 3 006 554.50 | 递延所得税负债 | | |
| 在建工程 | 3 178 458.72 | 1 740 558.80 | 其他非流动负债 | | |
| 工程物资 | | | 非流动负债合计 | | 3 725 700.00 |
| 固定资产清理 | | | 负债合计 | 1 410 380.54 | 5 466 288.91 |
| 生产性生物资产 | | | 所有者权益（或股东权益）： | | |

续表

| 资 产 | 期末余额 | 上年年末余额 | 负债和所有者权益（或股东权益） | 期末余额 | 上年年末余额 |
|---|---|---|---|---|---|
| 油气资产 | | | 实收资本（或股本） | 50 000 000.00 | 50 000 000.00 |
| 无形资产 | 120 150.00 | 133 875.00 | 资本公积 | | |
| 开发支出 | | | 减：库存股 | | |
| 商誉 | | | 盈余公积 | 873 094.06 | 381 955.50 |
| 长期待摊费用 | | | 未分配利润 | 4 420 247.07 | 1 639 440.72 |
| 递延所得税资产 | 26 602.10 | 26 602.10 | 所有者权益（或股东权益）合计 | 55 293 341.13 | 52 021 396.22 |
| 其他非流动资产 | | | | | |
| 非流动资产合计 | 24 122 126.32 | 22 458 752.40 | | | |
| 资产总计 | 56 703 721.67 | 57 487 685.13 | 负债和所有者权益（或股东权益）总计 | 56 703 721.67 | 57 487 685.13 |

表6-4 融创建材公司2021年第4季度利润表

利润表

会企02表

编制单位：安平市融创建材制造有限公司　　2021年第4季度　　单位：元

| 项 目 | 本期金额 | 本年累计 |
|---|---|---|
| 一、营业收入 | 5 480 000.00 | 25 419 020.00 |
| 减：营业成本 | 4 600 000.00 | 16 819 017.50 |
| 税金及附加 | 41 487.70 | 80 715.58 |
| 销售费用 | 425 157.50 | 313 827.50 |
| 管理费用 | 437 355.00 | 3 649 975.50 |
| 财务费用 | −106 236.23 | 236 355.51 |
| 加：投资收益（损失以“−”号填列） | | |
| 其中：对联营企业和合营企业的投资收益 | | |
| 公允价值变动收益（损失以“−”号填列） | | |
| 资产减值损失（损失以“−”号填列） | | |
| 二、营业利润（亏损以“−”号填列） | 82 236.03 | 4 319 128.41 |
| 加：营业外收入 | | 82 500.00 |
| 减：营业外支出 | | 50 000.00 |
| 三、利润总额（亏损总额以“−”号填列） | 82 236.03 | 4 351 628.41 |
| 减：所得税费用 | | 1 079 683.50 |
| 四、净利润（净亏损以“−”号填列） | 82 236.03 | 3 271 944.91 |
| 五、每股收益： | | |
| （一）基本每股收益 | | |
| （二）稀释每股收益 | | |

表6-5 融创建材公司2021年第4季度现金流量表

现金流量表

会企03表

编制单位：安平市融创建材制造有限公司　　2021年第4季度　　单位：元

| 项　目 | 本期金额 | 本年累计 |
| --- | --- | --- |
| 一、经营活动产生的现金流量： | | |
| 销售商品、提供劳务收到的现金 | 6 192 400.00 | 29 723 520.00 |
| 收到的税费返还 | | |
| 收到其他与经营活动有关的现金 | 107 727.48 | 517 091.88 |
| 经营活动现金流入小计 | 6 300 127.48 | 30 240 611.88 |
| 购买商品、接受劳务支付的现金 | 4 212 495.34 | 21 875 645.82 |
| 支付给职工以及为职工支付的现金 | 708 567.53 | 3 401 124.12 |
| 支付的各项税费 | 904 465.23 | 4 341 433.08 |
| 支付其他与经营活动有关的现金 | 34 861.25 | 167 334.00 |
| 经营活动现金流出小计 | 5 860 389.35 | 29 785 537.02 |
| 经营活动产生的现金流量净额 | 439 738.13 | 455 074.86 |
| 二、投资活动产生的现金流量： | | |
| 收回投资收到的现金 | | |
| 取得投资收益收到的现金 | | |
| 处置固定资产、无形资产和其他长期资产收回的现金净额 | | |
| 处置子公司及其他营业单位收到的现金净额 | | |
| 收到其他与投资活动有关的现金 | | |
| 投资活动现金流入小计 | | |
| 购建固定资产、无形资产和其他长期资产支付的现金 | | |
| 投资支付的现金 | | |
| 取得子公司及其他营业单位支付的现金净额 | | |
| 支付其他与投资活动有关的现金 | | |
| 投资活动现金流出小计 | | |
| 投资活动产生的现金流量净额 | | |
| 三、筹资活动产生的现金流量： | | |
| 吸收投资收到的现金 | | |
| 取得借款收到的现金 | | |
| 收到其他与筹资活动有关的现金 | | |
| 筹资活动现金流入小计 | | |
| 偿还债务支付的现金 | | |
| 分配股利、利润或偿付利息支付的现金 | | |
| 支付其他与筹资活动有关的现金 | | |
| 筹资活动现金流出小计 | | |
| 筹资活动产生的现金流量净额 | | |
| 四、汇率变动对现金及现金等价物的影响 | | |
| 五、现金及现金等价物净增加额 | 439 738.13 | 455 074.86 |
| 加：期初现金及现金等价物余额 | 20 530 130.45 | 21 424 943.44 |
| 六、期末现金及现金等价物余额 | 20 969 868.58 | 21 880 018.30 |

表6-6 融创建材公司2021年第4季度企业所得税预缴纳税申报表

A200000 中华人民共和国企业所得税月（季）度预缴纳税申报表（A类）

税款所属期间：自2021年10月1日至2021年12月31日

纳税人识别号（统一社会信用代码）：92345709XE8798WQ25

纳税人名称：安平市融创建材制造有限公司 金额单位：人民币元（列至角分）

<table>
<tr><td>预缴方式</td><td colspan="2">☑ 按照实际利润额预缴</td><td>☐ 按照上一纳税年度应纳税所得额平均额预缴</td><td>☐ 按照税务机关确定的其他方法预缴</td></tr>
<tr><td>企业类型</td><td colspan="2">☑ 一般企业</td><td>☐ 跨地区经营汇总纳税企业总机构</td><td>☐ 跨地区经营汇总纳税企业分支机构</td></tr>
<tr><td colspan="5">预缴税款计算</td></tr>
<tr><td>行次</td><td colspan="3">项　目</td><td>本年累计金额</td></tr>
<tr><td>1</td><td colspan="3">营业收入</td><td>25 419 020.00</td></tr>
<tr><td>2</td><td colspan="3">营业成本</td><td>16 819 017.50</td></tr>
<tr><td>3</td><td colspan="3">利润总额</td><td>4 351 628.41</td></tr>
<tr><td>4</td><td colspan="3">加：特定业务计算的应纳税所得额</td><td></td></tr>
<tr><td>5</td><td colspan="3">减：不征税收入</td><td></td></tr>
<tr><td>6</td><td colspan="3">减：免税收入、减计收入、所得减免等优惠金额（填写A201010）</td><td></td></tr>
<tr><td>7</td><td colspan="3">减：固定资产加速折旧（扣除）调减额（填写A201020）</td><td>531 891.00</td></tr>
<tr><td>8</td><td colspan="3">减：弥补以前年度亏损</td><td></td></tr>
<tr><td>9</td><td colspan="3">实际利润额（3+4-5-6-7-8）\按照上一纳税年度应纳税所得额平均额确定的应纳税所得额</td><td>3 819 737.41</td></tr>
<tr><td>10</td><td colspan="3">税率</td><td>25%</td></tr>
<tr><td>11</td><td colspan="3">应纳所得税额（9×10）</td><td>954 934.35</td></tr>
<tr><td>12</td><td colspan="3">减：减免所得税额（填写A201030）</td><td></td></tr>
<tr><td>13</td><td colspan="3">减：实际已缴纳所得税额</td><td>1 079 683.50</td></tr>
<tr><td>14</td><td colspan="3">减：特定业务预缴（征）所得税额</td><td></td></tr>
<tr><td>15</td><td colspan="3">本期应补（退）所得税额（11-12-13-14）\税务机关确定的本期应纳所得税额</td><td>-124 749.15</td></tr>
<tr><td colspan="5">汇总纳税企业总分机构税款计算</td></tr>
<tr><td>16</td><td rowspan="4">总机构填报</td><td colspan="2">总机构本期分摊应补（退）所得税额（17+18+19）</td><td></td></tr>
<tr><td>17</td><td colspan="2">其中：总机构分摊应补（退）所得税额（15×总机构分摊比例__%）</td><td></td></tr>
<tr><td>18</td><td colspan="2">财政集中分配应补（退）所得税额（15×财政集中分配比例__%）</td><td></td></tr>
<tr><td>19</td><td colspan="2">总机构具有主体生产经营职能的部门分摊所得税额（15×全部分支机构分摊比例__%×总机构具有主体生产经营职能部门分摊比例__%）</td><td></td></tr>
</table>

续表

| 行次 | 项目 | | 本年累计金额 |
| --- | --- | --- | --- |
| 20 | 分支机构填报 | 分支机构本期分摊比例 | |
| 21 | | 分支机构本期分摊应补（退）所得税额 | |
| 附报信息 | | | |
| 小型微利企业 | □是 ☑否 | 科技型中小企业 | □是 ☑否 |
| 高新技术企业 | □是 ☑否 | 技术入股递延纳税事项 | □是 ☑否 |
| 期末从业人数 | 45 | | |
| 谨声明：此纳税申报表是根据《中华人民共和国企业所得税法》《中华人民共和国企业所得税法实施条例》以及有关税收政策和国家统一会计制度的规定填报的，是真实的、可靠的、完整的。<br>法定代表人（签章）：李宏　　2022年1月10日 | | | |
| 纳税人公章：<br>会计主管：<br>填表日期：　年　月　日 | 代理申报中介机构公章：<br>经办人：<br>经办人执业证件号码：<br>代理申报日期：　年　月　日 | | 主管税务机关受理专用章：<br>受理人：<br>受理日期：　年　月　日 |

国家税务总局监制

## 任务分析

### 一、企业所得税季报机器人的流程分析

资源6-6

企业所得税季报机器人应用的业务素材

微课6-5

企业所得税季报机器人的工作流程

企业所得税季报机器人涉及的平台有两个，分别是机器人应用与开发实践平台（RAD）和综合纳税申报平台，根据企业所得税季报业务流程和纳税业务机器人的划分，企业所得税季报机器人在两个信息系统中的工作流程如图6-9所示。

### 二、企业所得税季报机器人的数据分析

根据纳税业务中企业所得税季报机器人的业务活动发生时间、条件、平台、流程顺序，以任务描述为例，分析企业所得税季报机器人的数据逻辑关系见表6-7。

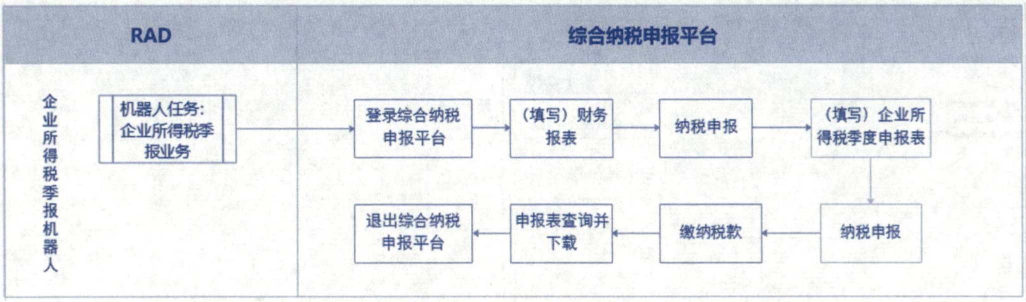


图6-9 企业所得税季报机器人工作流程

表6-7 企业所得税季报机器人数据逻辑关系分析

| 序号 | 数据项目 | 业务数据 | 数据来源 | 财务机器人工作环境 | |
|---|---|---|---|---|---|
| 说明 | 名称 | 业务二 | RAD | 综合纳税申报平台 | |
| | | | 直接填写 | 按期申报/财务报表 | 按期申报/企业所得税（季度） |
| 1 | 所属期间 | 2021年12月 | √ | | |
| 2 | 业务名称 | 2021年第4季度企业所得税季度纳税申报 | √ | 纳税日期 | |
| 3 | 计划执行日期 | 2022-01-10 | √ | | |
| 4 | 申请人 | 赵明 | √ | | |
| 5 | 申请日期 | 2022-01-10 | √ | | |
| 6 | 上传附件 | 2021年第4季度财务报表 | | 财务报表填写数据 | |
| 7 | 上传附件 | 2021年第4季度企业所得税季度申报表 | | | 申报表填写数据 |

## 三、企业所得税季报机器人的程序分析

资源6-7

企业所得税季报机器人主流程大图

### （一）main（主流程）

企业所得税季报机器人的main流程串联了3个子流程，分别是：P01_登录综合纳税申报平台、P02_申报企业所得税（企业所得税季报子流程）、P03_退出综合纳税申报平台。

企业所得税季报机器人主流程界面如图6-10所示，main流程将依次串联各子流程，逐步完成登录综合纳税申报平台、选择办税身份、进入“纳税申报及缴费”模块，然后按要求先进行财务报表报送，通过上传企业编制的财务报表，实现企业数据与综合纳税申报平台的对接，再通过上传“所得税月（季）度预缴纳税申报表”的方式进行企业所得税的季度申报，申报成功后通过一个“网页截图”组件来截取查验结果图片，以申报成功的时间点命名并保存在计算机中。

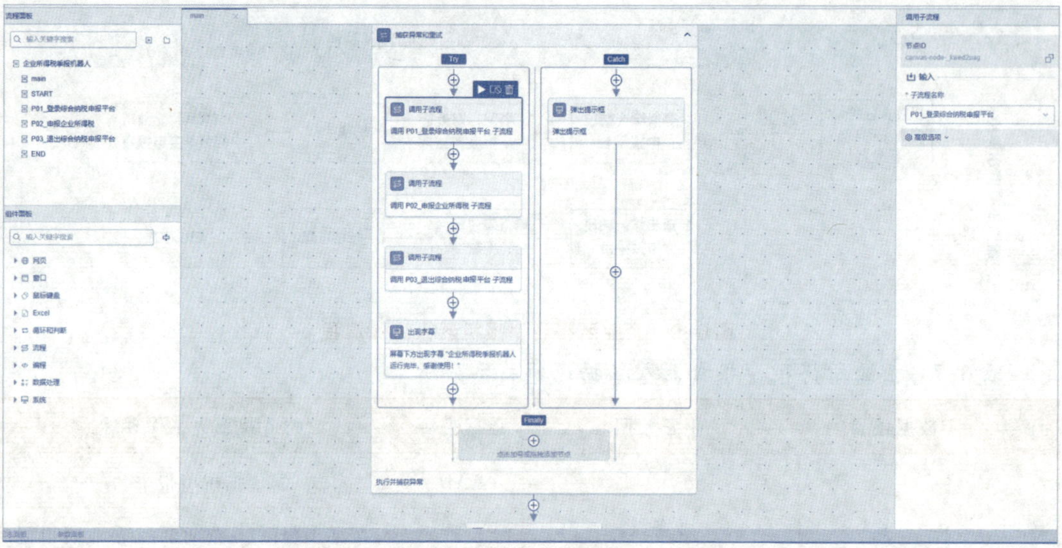


图 6-10　企业所得税季报机器人主流程界面

企业所得税季报机器人中的P01_登录综合纳税申报平台及P03_退出综合纳税申报平台与本项目任务1中增值税申报机器人的相关流程类似，此处不再赘述。

资源6-8

企业所得税季报机器人申报企业所得税子流程大图

## （二）P02_申报企业所得税

如图6-11所示，“P02_申报企业所得税”子流程通过“打开新网页”、“通过剪贴方式输入（窗口）”以及“点击控件（窗口）”等组件，进行企业财务报表及企业所得税季报表上传业务的执行，并且通过“条件循环”与“设置变量值”组件进行容错处理，确保可稳定完成企业所得税季报表及财务报表的上传。

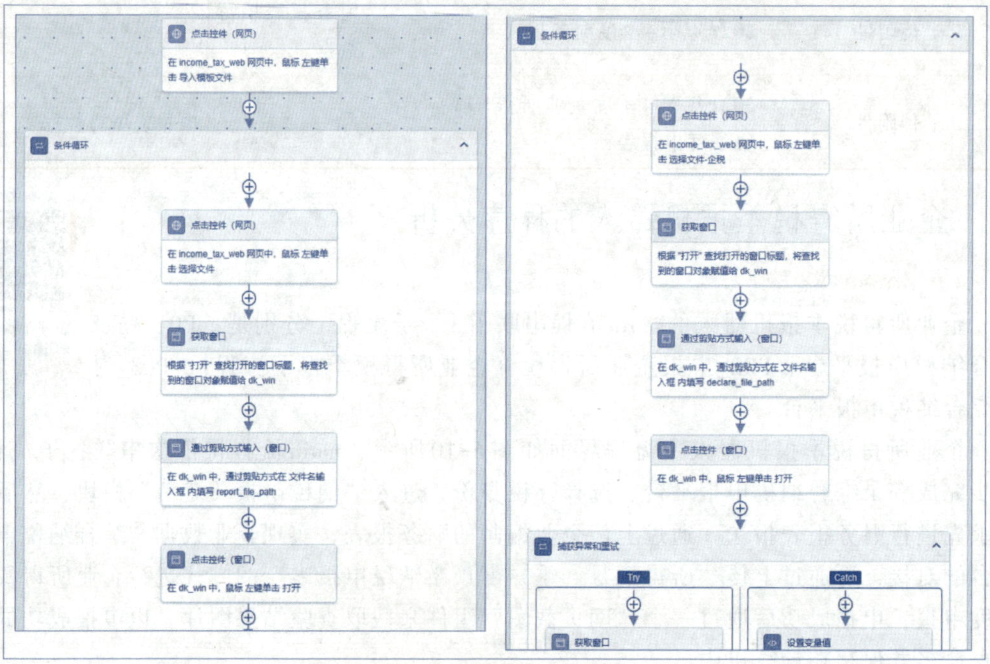


图 6-11　企业所得税季报机器人申报企业所得税子流程

微课6-6

企业所得税季报机器人的运行与审核

## 操作步骤

### 一、企业所得税季报业务的数据采集

步骤❶：登录“财务机器人应用与开发实践平台（http：//frad.chinaive.com/）”，然后点击项目6纳税业务机器人下面的【企业所得税季报机器人的应用任务】进入任务详情，仔细阅读任务介绍和仿真案例后，点击【选择业务】并勾选需要处理的业务，点击【完成】。

步骤❷：在弹出的“选择业务”窗口点击【确定】，将新建的业务设置为“可采集数据业务”，然后可以点击“业务数据”下的【导出】，将所创建的业务数据下载到本地查看和核对。

### 二、企业所得税季报机器人的运行与审核

#### （一）下载并打开企业所得税季报机器人

步骤❶：在企业所得税季报的应用任务“已选任务”列表中，下载企业所得税季报机器人应用程序。

步骤❷：在RPA编辑器中打开下载的企业所得税季报机器人应用程序，进入机器人程序的运行与调试界面，如图6-12所示。

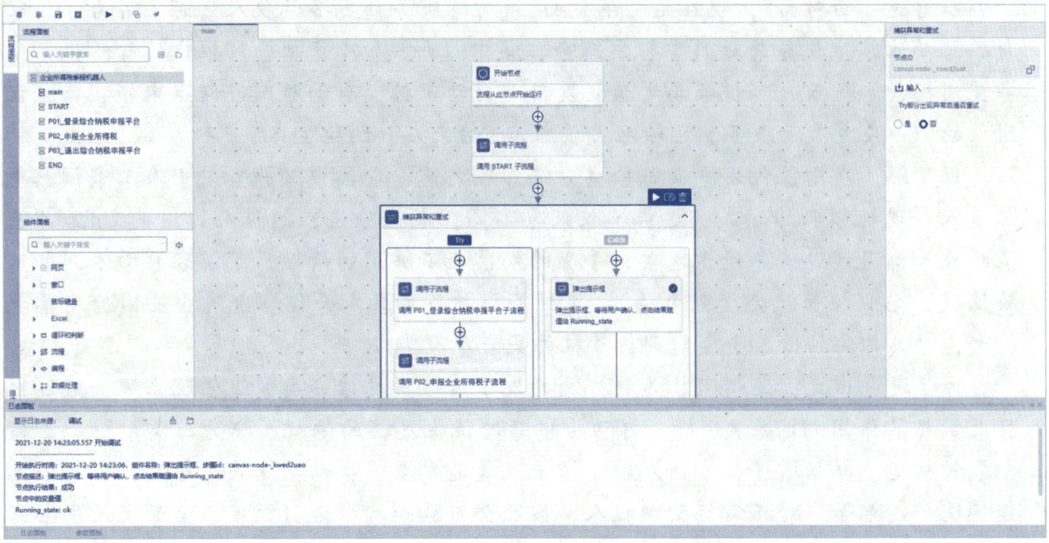


图6-12　企业所得税季报机器人运行和调试界面

#### （二）运行企业所得税季报机器人

步骤❶：关闭其他无关软件，然后运行企业所得税季报机器人。

步骤❷：观察企业所得税季报机器人的运行情况，如有异常，记录异常信息，以便后续对机器人进行调整和维护。

#### （三）审核企业所得税季报机器人工作结果

在“C：\RPADATA”查看是否存在企业所得税季报成功的截图，检查截图的命名是否为“公司名+年+季度+企业所得税季报结果+时分秒”，然后打开截图，审核企业所得税

季报是否成功，如图6-13所示。

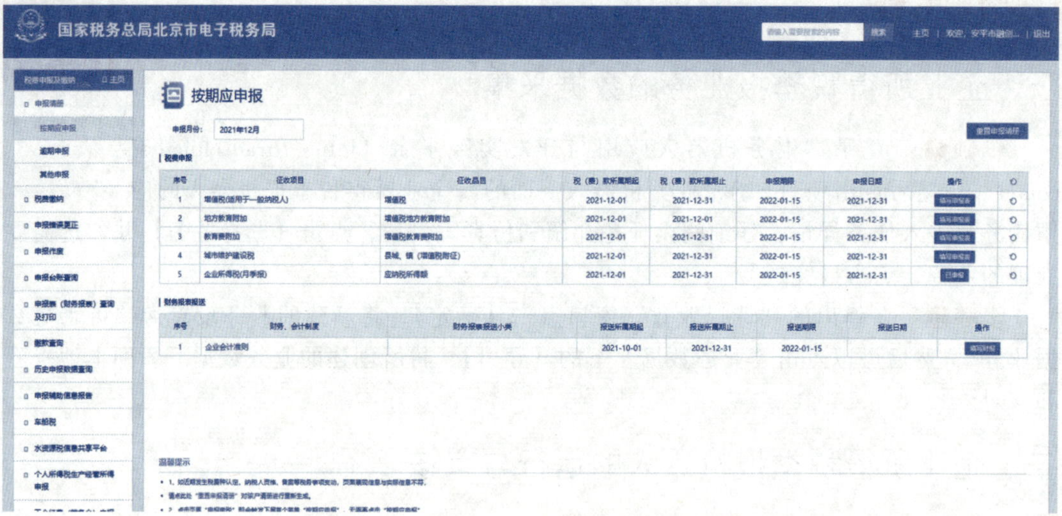


图6-13　审核企业所得税季报机器人工作结果

## 价值提升6-1

### 北京：增值税发票的智能化“一条龙”服务

以前是“面对面”，现在是“不见面”，智慧服务让更多纳税人省时又省力。国家税务总局北京市税务局近日举行发布会，集中推介5个可复制、可推广的智慧税务业务应用场景。目前，市税务局增值税发票“自动审批、自动验旧、网上申领、物流配送”的“一条龙”云服务，已精准覆盖本市180余万户纳税主体。

据了解，在增值税发票实行分类分级管理之前，发票申领一直采用人工审核、手工录入、现场领取的方式。这样不仅效率不高，也很难适应纳税人的用票变化。“很多纳税人都遇到过着急使用发票，手里的发票又不够用的情况，下游客户拿不到票不给结钱，企业经营就会受到影响。”市税务局相关负责人介绍，也有企业因为用票量较大，每月都要抽出人手专门到税务机关买好几次票。

为了避免出现上述情况，市税务局开发了增值税发票分类分级管理系统，通过税收大数据“信用+风险”分析，自动将申领增值税发票的纳税人分为三类六级，支持全票种核定，包括增值税专用发票、增值税普通发票、机动车销售统一发票、二手车销售统一发票等。对正常经营纳税人，按照全市统一标准进行核定，全面满足用票需求。正常经营纳税人增值税发票审批时间由以往最长的20个工作日缩短至即时办结。核定完成后，纳税人即可购买发票，由快递送票上门，足不出户就能领取发票。据介绍，“票e送”发票领用服务天天24小时不间断，最快上午申请，下午就能收到。目前，通过“票e送”领用发票在全部领用发票业务中的占比已经达到70%。

“纳税人发票领用的数量增加了，开发票的数量也大量增加，根据后台统计数据，全市纳税人每天的开票量已经由原来的100万张增长到现在的300多万张，发票验旧原有的运算方式已经很难支持。”该负责人介绍，为此市税务局在全国率先引入“流计算”技术，以便在数据获取过程中就开始进行计算，验旧速度由每秒55张大幅提升到10 000张。今年“双11”，正是这种技术，保障了本市大型商超和电商平台的大量开票。

除了增值税发票“一条龙”网上申领服务，此次发布会上，市税务局还详细推介了“定制e服务”打造专属税讯服务、“在线导办”实现远程实时交互、二手房交易“一分钟”智能算税和智能退税“一键式”自动到账等五大智能化办税应用场景。

以智能退税为例，依托大数据分析和人工智能技术，目前小额退税限额已由500元提升至5 000元，且在纳税人申请税务机关办理、国库银行退库的全过程取消纸质资料流转。在企业所得税汇算清缴过程中，系统自动预填可退税款，纳税人免填申请单、免提交申请资料，全市已有4.1万户企业所得税纳税人体验了一键退税。

基于“为人民服务”的初衷，各级行政部门在便民利民的路上不断推陈出新，随着我国智能化、信息化技术的快速发展，未来会有更多的创新服务模式向公众开放。

案例来源：陈雪柠. 北京：增值税发票一条龙网上申领，二手房一分钟智能算税［EB/OL］.［2021-12-06］. https://baijiahao.baidu.com/s?id=1718363723233299075&wfr=spider&for=pc. 有删改.

# 模块2　个人所得税代扣代缴机器人的开发

## 业务描述

2022年1月10日，会计刘东需编制“人员信息采集表”“专项附加扣除信息采集表”“正常工资薪金所得表”文件，然后在自然人电子税务局（扣缴端）完成个税计算、申报及代扣代缴工作，最后导出单位申报记录，人力资源部的资料显示当月增加一名新员工高月。

资源6-9

个人所得税代扣代缴机器人开发素材

刘东准备开发一个个人所得税代扣代缴机器人用于该项工作，通过财务机器人实现自动将修改好的“人员信息采集表”“专项附加扣除信息采集表”“正常工资薪金所得表”文件导入自然人电子税务局（扣缴端），并完成个税计算、申报及代扣代缴工作，最后导出单位申报记录。相关开发素材可扫码下载。

# 任务1　个人所得税代扣代缴机器人的开发准备

## 任务描述

个人所得税代扣代缴机器人开发前，要先做好开发准备，开发准备工作包括明确任务、需求分析、程序设计三个方面。

# 操作步骤

## 一、明确任务

步骤❶：确定任务名称。任务名称即开发个人所得税代扣代缴机器人。

步骤❷：识别开发背景。刘东准备开发一个个人所得税代扣代缴机器人，通过财务机器人实现自动将修改好的“人员信息采集表”“专项附加扣除信息采集表”“正常工资薪金所得表”文件导入自然人电子税务局（扣缴端），并完成个税计算、申报及代扣代缴工作，最后导出单位申报记录。

步骤❸：明确开发要求。根据开发任务，明确开发应注意以下要求：个人所得税代扣代缴机器人能够实现自动将“人员信息采集表”“专项附加扣除信息采集表”“正常工资薪金所得表”，分别导入个人所得税纳税申报平台的“人员信息采集”“专项附加扣除信息采集”“综合所得申报”栏目，并按照税款计算、申报表报送、税款缴纳、三方协议缴税的个人所得税代扣代缴流程，进行个人所得税代扣代缴操作，税款缴纳成功后下载单位申报记录。

## 二、需求分析

### （一）梳理个人所得税代扣代缴业务工作流程

根据访谈法和观察法等方法，明确个人所得税代扣代缴业务的工作流程是：

（1）将“人员信息采集表”“专项附加扣除信息采集表”“正常工资薪金所得表”，分别导入个人所得税纳税申报平台的“人员信息采集”“专项附加扣除信息采集”“综合所得申报”栏目中；

（2）按照“税款计算、申报表报送、税款缴纳、三方协议缴税”的流程进行个人所得税代扣代缴操作；

（3）在税款缴纳成功后下载单位申报记录，完成所有操作。

### （二）绘制个人所得税代扣代缴业务工作流程图

根据个人所得税代扣代缴业务工作流程，绘制其工作流程图，如图6-14所示。

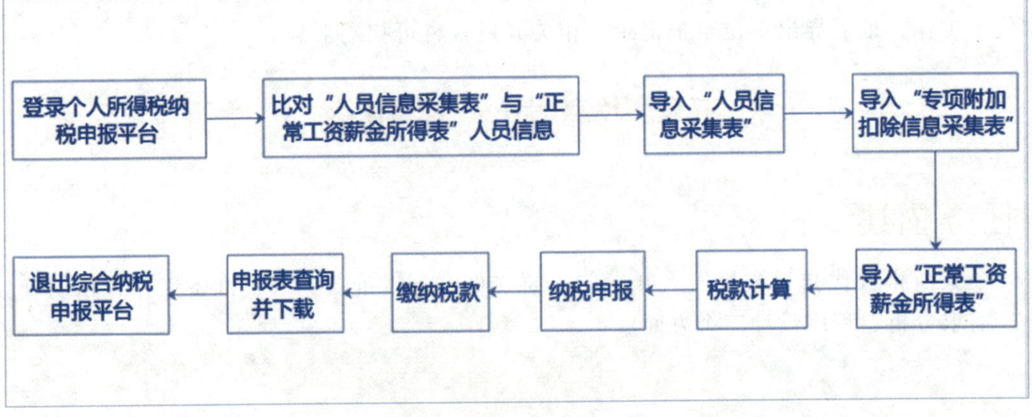


图6-14　个人所得税代扣代缴业务工作流程图

### （三）梳理个人所得税代扣代缴机器人工作流程

（1）登录个人所得税纳税申报平台。

（2）自动比对“人员信息采集表”与“正常工资薪金所得表”中的人员信息是否一致，比对成功后，在个人所得税纳税申报平台上导入“人员信息采集表”。

（3）导入“专项附加扣除信息采集表”“正常工资薪金所得表”并在平台上完成税款计算和纳税申报、缴纳业务。

微课6-7

个人所得税代扣代缴机器人的工作流程

资源6-10

个人所得税代扣代缴机器人设计方案

### （四）绘制个人所得税代扣代缴机器人开发流程图

根据个人所得税代扣代缴机器人的工作流程，编制个人所得税代扣代缴机器人设计方案，其中开发流程图如图6-15所示：

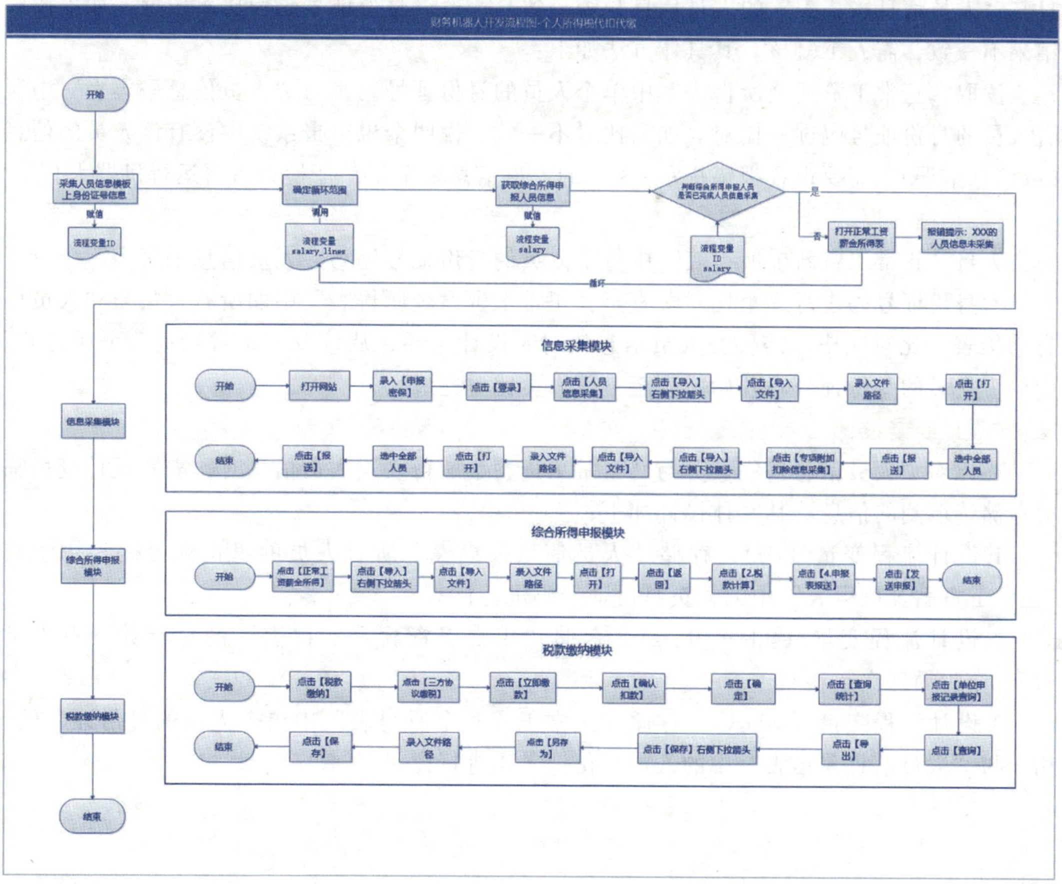


图6-15　个人所得税代扣代缴机器人开发流程图

## 三、程序设计

### （一）模块设计

根据个人所得税代扣代缴机器人的工作流程，机器人程序划分为信息采集、综合所得申报、税款缴纳等三个功能模块，划分依据见表6-8：

表6-8 个人所得税代扣代缴机器人模块设计

| 序号 | 模块名 | 划分依据 |
|---|---|---|
| 1 | 信息采集 | 登录个人所得税纳税申报平台后，按照人员信息采集及专项附加扣除信息采集的流程操作，为综合所得申报做数据准备 |
| 2 | 综合所得申报 | 计算个税并申报，相对独立完整 |
| 3 | 税款缴纳 | 税款缴纳并导出单位申报记录，相对独立完整 |

### （二）判断设计

在开始个人所得税代扣代缴操作流程前，需要确认“正常工资薪金所得表”的人员信息与“人员信息采集表”的人员信息是否一致，一般以身份证号码为比对依据，如果比对结果不一致，需人工复核。其具体方法如下：

读取“正常工资薪金所得表”中单个人员的身份证号码，与“人员信息采集表”中所有人员的身份证号码逐一比对。如果比对不一致，说明个税申报系统中没有该人员的信息（或信息错误），需要设置报错提示“×××的人员信息未采集，请检查后再运行机器人！”

### （三）循环设计

为将“正常工资薪金所得表”中每个人员的身份证号码与“人员信息采集表”中所有人员的身份证号码进行逐个比对，直至“正常工资薪金所得表”中的所有人员与“人员信息采集表”比对完毕，需要在人员信息比对时设计循环，从读取“正常工资薪金所得表”中单个人员的身份证号码开始，直至全部人员比对完成。

### （四）变量设计

在比对“人员信息采集表”与“正常工资薪金所得表”人员信息时，需要设计变量临时存储读取到的信息。其具体设计如下：

1. 设计流程变量（ID），存储“人员信息采集表”所有人员的身份证号码，用于与“正常工资薪金所得表”中的人员身份证号码进行比对；

2. 设计流程变量（salary_lines），存储“正常工资薪金所得表”的总行数（总人员数），作为循环次数；

3. 设计流程变量（salary），存储“正常工资薪金所得表”中单个人员的身份证号码，用于与“人员信息采集表”中的人员身份证号码进行比对。

# 任务2　个人所得税代扣代缴机器人的程序开发

## 任务描述

根据任务1所做的个人所得税代扣代缴机器人的开发准备，完成机器人的开发，主要涉及的工作为主流程开发和子流程开发，判断设计、循环设计、变量设计在主流程和子流程开发过程中完成。

## 操作步骤

微课6-8

个人所得税代扣代缴机器人的开发演示

### 一、main流程开发

步骤❶：按照“个人所得税代扣代缴机器人”设计规划，首先在开发软件中“新建工程”，命名为“个人所得税代扣代缴机器人”。

步骤❷：在main流程中，逐个添加P01_信息采集、P02_综合所得申报、P03_税款缴纳，如图6-16所示：

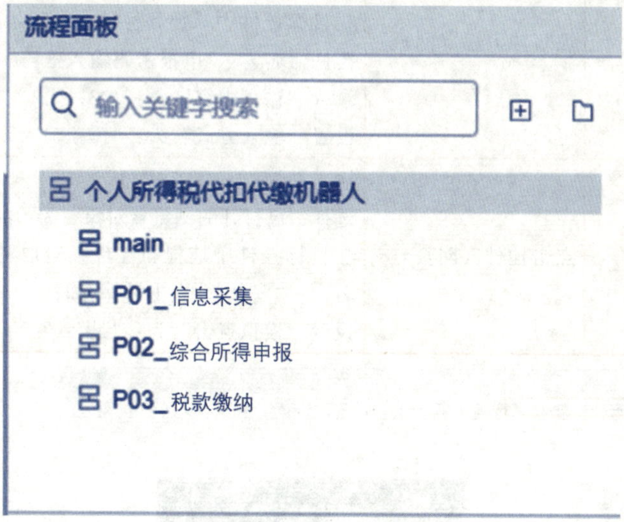


图6-16　创建子流程

### 二、子流程开发

#### （一）P01_信息采集

在“P01_信息采集”子流程中，首先开发“登录个人所得税纳税申报平台”程序，然后开发“导入人员信息采集表并报送”程序，最后开发“导入专项附加扣除信息采集表并报送”程序。

步骤❶：登录个人所得税纳税申报平台的开发。该部分具体开发步骤见表6-9，控件捕获位置如图6-17所示。

表6-9 “P01_信息采集”子流程开发步骤1

| 业务流程 | | 开发步骤 | |
|---|---|---|---|
| 序号 | 操作步骤 | 添加组件 | 设置属性 |
| ① | 打开个人所得税纳税申报平台 | 打开新网页 | 输入属性：<br>点击“打开网址”输入框，点击新增流程变量，将变量名称命名为：personal_tax_path；<br>设置默认值为：“http：//fz.chinaive.com/gssb/? username=×××”（其中，×××使用RAD平台登录账号代替），点击【确定】；<br>选择“浏览器类型”为：Chrome；<br>输出属性：<br>点击添加全局变量，将变量命名为：personal_tax_web；<br>选择变量类型为：“浏览器对象”，点击【确定】；<br>选择“浏览器对象”为：personal_tax_web变量 |
| ② | 录入申报密码 | 填写输入框（网页） | 输入属性：<br>选择“已打开的浏览器对象”为：personal_tax_web变量；<br>在目标控件中捕捉新控件，拾取申报密码输入框，将该控件命名为：“申报密码输入框”，点击【保存】；<br>录入“输入内容”为：123；<br>设置“输入方式”为：“覆盖输入” |
| ③ | 点击【登录】 | 点击控件（网页） | 输入属性：<br>选择“已打开的浏览器对象”为：personal_tax_web变量；<br>在目标控件中捕捉新控件，拾取【登录】，将该控件命名为：“登录”，点击【保存】；<br>设置“模拟点击”为：“是” |

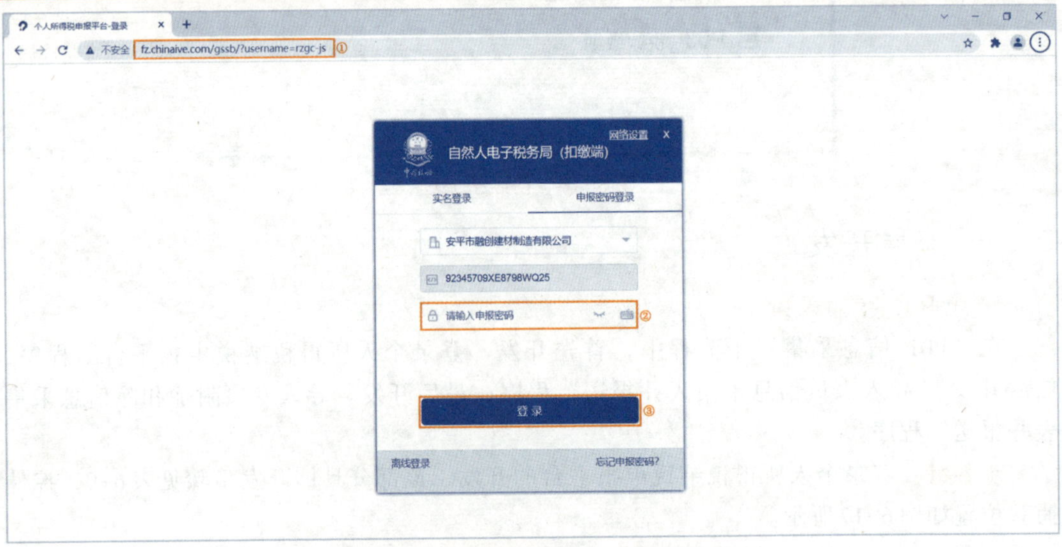


图6-17 “P01_信息采集”子流程控件捕获位置1

步骤❷：导入“人员信息采集表”并报送人员信息的开发。该部分具体开发步骤见表6-10，控件捕获位置如图6-18所示。

表6-10 “P01_信息采集”子流程流程开发步骤2

| 业务流程 | | 开发步骤 | |
|---|---|---|---|
| 序号 | 操作步骤 | 添加组件 | 设置属性 |
| ④ | 点击左侧功能栏【人员信息采集】 | 点击控件（网页） | 输入属性：<br>选择“已打开的浏览器对象”为：personal_tax_web变量；<br>在目标控件中捕捉新控件，拾取【人员信息采集】，将该控件命名为：“人员信息采集”，点击【保存】；<br>设置“模拟点击”为：“是” |
| ⑤ | 点击【导入】右侧下拉箭头 | 点击控件（网页） | 输入属性：<br>选择“已打开的浏览器对象”为：personal_tax_web变量；<br>在目标控件中捕捉新控件，拾取【导入】，将该控件命名为：“导入下拉箭头（人员信息采集）”，点击【保存】；<br>设置“模拟点击”为：“是” |
| ⑥ | 点击【导入文件】 | 点击控件（网页） | 输入属性：<br>选择“已打开的浏览器对象”为：personal_tax_web变量；<br>在目标控件中捕捉新控件，拾取【导入文件】，将该控件命名为：“导入文件（人员信息采集）”，点击【保存】；<br>设置“模拟点击”为：“是” |
| ⑦ | 在打开的页面对话框【文件名】文本框中，录入“人员信息采集表.xls”的文件路径 | 获取窗口 | 输入属性：<br>设置“窗口标题”为：“打开”；<br>输出属性：<br>将“窗口对象”变量名称改为：open_dialog，点击【确定】 |
| | | 填写输入框（窗口） | 输入属性：<br>选择“已打开的窗口对象”为：open_dialog变量；<br>在目标控件中捕捉新控件，拾取文件名右侧的输入框，将该控件命名为：“人员信息采集表文件名输入框”，点击【保存】；<br>选择“输入内容”为：“C：\RPADATA\人员信息采集表.xls；<br>设置“输入方式”为：“覆盖输入” |
| ⑧ | 用快捷键Alt+o，【打开】文件 | 输入热键 | 输入属性：<br>录入“按键组合”内容为：! {o} |
| ⑨ | 选中全部人员 | 点击控件（网页） | 输入属性：<br>选择“已打开的浏览器对象”为：personal_tax_web变量；<br>在目标控件中捕捉新控件，拾取工号左侧的复选框，将该控件命名为：“全选导入人员（人员信息采集）”，点击【保存】；<br>设置“模拟点击”为：“是” |
| ⑩ | 点击【报送】 | 点击控件（网页） | 输入属性：<br>选择“已打开的浏览器对象”为：personal_tax_web变量；<br>在目标控件中捕捉新控件，拾取【报送】，将该控件命名为：“报送（人员信息采集）”，点击【保存】；<br>设置“模拟点击”为：“是” |

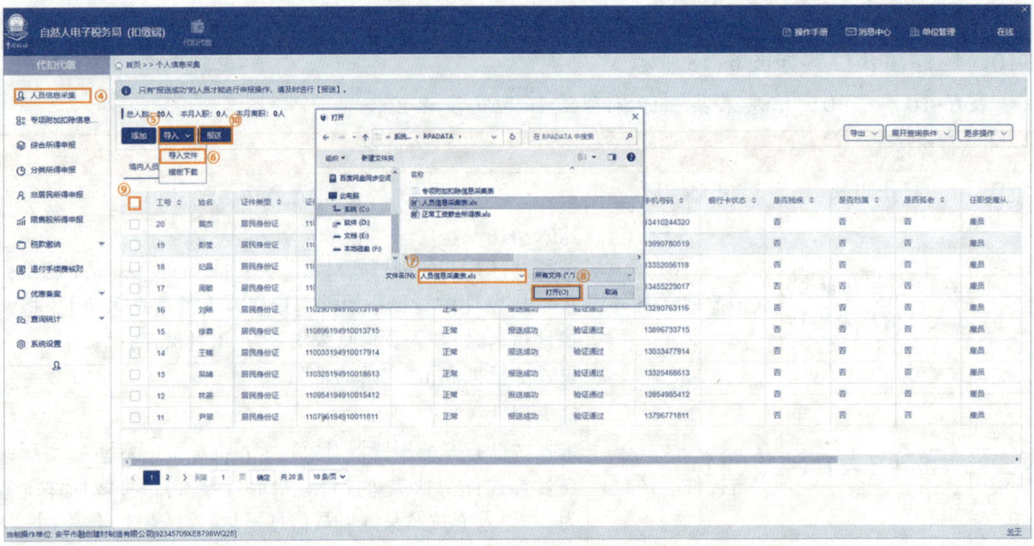

图6-18 “P01_信息采集”子流程控件捕获位置2

步骤❸：导入“专项附加扣除信息采集表”并报送的开发。该部分具体开发步骤见表6-11，控件捕获位置如图6-19所示。

表6-11 “P01_信息采集”子流程开发步骤3

| 业务流程 | | 开发步骤 | |
|---|---|---|---|
| 序号 | 操作步骤 | 添加组件 | 设置属性 |
| ⑪ | 点击左侧功能栏【专项附加扣除信息采集】 | 点击控件（网页） | 输入属性：<br>选择“已打开的浏览器对象”为：personal_tax_web变量；<br>在目标控件中捕捉新控件，拾取【专项附加扣除信息采集】，将该控件命名为：“专项附加扣除信息采集”，点击【保存】；<br>设置“模拟点击”为：“是” |
| ⑫ | 点击【导入】右侧下拉箭头 | 点击控件（网页） | 输入属性：<br>选择“已打开的浏览器对象”为：personal_tax_web变量；<br>在目标控件中捕捉新控件，拾取【导入】，将该控件命名为：“导入下拉箭头（专项附加扣除）”，点击【保存】；<br>设置“模拟点击”为：“是” |
| ⑬ | 点击【导入文件】 | 点击控件（网页） | 输入属性：<br>选择“已打开的浏览器对象” 为：personal_tax_web变量；<br>在目标控件中捕捉新控件，拾取【导入文件】，将该控件命名为：“导入文件（专项附加扣除）”，点击【保存】；<br>设置“模拟点击”为：“是” |
| ⑭ | 在打开的页面对话框【文件名】文本框中，录入“专项附加扣除信息采集表.xls”的文件路径 | 获取窗口 | 输入属性：<br>设置“窗口标题”为：“选择要上传的文件夹”；<br>输出属性：<br>将“窗口对象”变量名称改为：folder_dialog，点击【确定】 |

续表

| 业务流程 | | 开发步骤 | |
|---|---|---|---|
| 序号 | 操作步骤 | 添加组件 | 设置属性 |
| ⑭ | 在打开的页面对话框【文件名】文本框中，录入“专项附加扣除信息采集表.xls”的文件路径 | 填写输入框（窗口） | 输入属性：<br>选择“已打开的窗口对象”为：folder_dialog变量；<br>在目标控件中捕捉新控件，拾取文件夹右侧的输入框，将该控件命名为：“专项附加扣除文件夹输入框”，点击【保存】；<br>选择“输入内容”为：“C：\RPADATA\专项附加扣除信息采集表”；<br>设置“输入方式”为：“覆盖输入” |
| ⑮ | 点击【上传】 | 点击控件（网页） | 输入属性：<br>选择“已打开的窗口对象”为：folder_dialog变量；<br>在目标控件中捕捉新控件，拾取【上传】，将该控件命名为：“上传”，点击【保存】；<br>设置“模拟点击”为：“是” |
| | | 输入热键 | 输入属性：<br>录入“按键组合”内容为：{TAB}{ENTER} |
| ⑯ | 选中全部人员 | 点击控件（网页） | 输入属性：<br>选择“已打开的浏览器对象”为：personal_tax_web变量；<br>在目标控件中捕捉新控件，拾取工号左侧的复选框，将该控件命名为：“全选导入人员（专项附加扣除）”，点击【保存】；<br>设置“模拟点击”为：“是” |
| ⑰ | 点击【报送】 | 点击控件（网页） | 输入属性：<br>选择“已打开的浏览器对象”为：personal_tax_web变量；<br>在目标控件中捕捉新控件，拾取【报送】，将该控件命名为：“报送（专项附加扣除）”，点击【保存】；<br>设置“模拟点击”为：“是” |

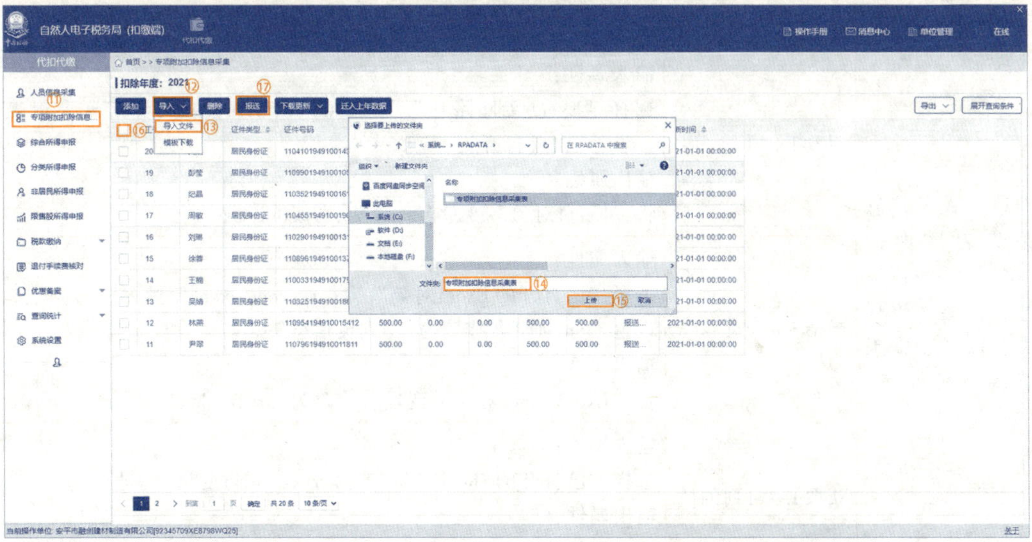


图6-19　“P01_信息采集”子流程控件捕获位置3

“P01_信息采集”子流程最终的开发效果图如图6-20所示：

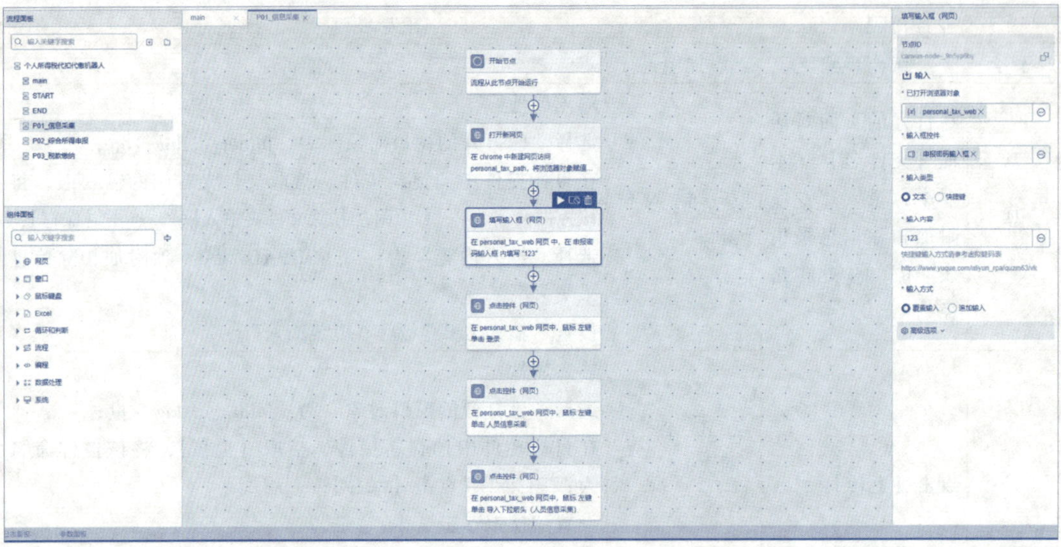


图6-20 “P01_信息采集”子流程最终开发效果图

## （二）P02_综合所得申报

资源6-11

个人所得税代扣代缴机器人信息采集子流程开发效果图大图

在“P02_综合所得申报”中，首先，比对“人员信息采集表”与“正常工资薪金所得表”的人员身份证号码；其次，开发“进入正常工资薪金所得页面”程序；再次，开发“导入正常工资薪金所得表”程序；最后，开发“税款计算并申报”程序。

步骤❶：比对“人员信息采集表”与“正常工资薪金所得表”的人员身份证号码，当比对结果不一致时，添加提示框提示人工复核。该部分具体开发步骤见表6-12，比对身份证号如图6-21所示。

表6-12 “P02_综合所得申报”子流程开发步骤1

| 开发步骤 | | |
|---|---|---|
| 操作步骤 | 添加组件 | 设置属性 |
| 获取“人员信息采集表”中的“D2”列-身份证号，在循环流程中获取“正常工资薪金所得表”中的人员信息 | 启动Excel | 输入属性：<br>选择“Excel文件路径”为：“C：\RPADATA\人员信息采集表.xls”，点击【打开】；<br>输出属性：<br>将“Excel对象”变量名称改为：ryxxcjb_excel |
| | 激活Sheet页 | 输入属性：<br>选择“已打开的Excel对象”为：ryxxcjb_excel变量；<br>设置“Sheet页名称”为：“人员信息”；<br>输出属性：<br>将“Excel Sheet对象”变量名称改为：ryxx_sheet |
| | 获取Excel列的值 | 输入属性：<br>选择“已打开的Sheet对象”为：ryxx_sheet变量，列号：D；<br>输出属性：<br>将“列的值”变量名称改为：ID |

续表

| 开发步骤 | | |
|---|---|---|
| 操作步骤 | 添加组件 | 设置属性 |
| 获取“人员信息采集表”中的“D2”列-身份证号，在循环流程中获取“正常工资薪金所得表”中的人员信息 | 获取窗口 | 输入属性：<br>设置“窗口标题”为：“人员信息采集表”；<br>输出属性：<br>将“窗口对象”变量名称改为：ryxxcjb_win，点击【确定】 |
| | 激活窗口 | 输入属性：<br>选择“已打开的窗口对象”为：ryxxcjb_win 变量 |
| | 输入热键 | 输入属性：<br>录入“按键组合”内容为：! {F4} |
| | 启动 Excel | 输入属性：<br>选择“Excel 文件路径”为：“C：\RPADATA\正常工资薪金所得表 .xls”，点击【打开】；<br>输出属性：<br>将“Excel 对象”变量名称改为：gzxjsdb_excel |
| | 激活 Sheet 页 | 输入属性：<br>选择“已打开的 Excel 对象”为：gzxjsdb_excel 变量；<br>设置“Sheet 页名称”为：“正常工资薪金所得”；<br>输出属性：<br>将“Excel Sheet 对象”变量名称改为：gzxjsr_sheet 变量 |
| | 获取 Excel 的行数 | 输入属性：<br>选择“已打开的 Sheet 对象”为：gzxjsr_sheet 变量；<br>输出属性：<br>将“行数变量名称”改为：salary_lines，点击【确定】 |
| | 按照次数循环 | 输入属性：<br>设置“循环起始值”为：2，<br>选择“循环结束值”为：salary_lines 变量，步长值为：1；<br>输出属性：<br>将“每次循环项”变量名称改为：i |
| | 在“按照次数循环”组件内 | |
| | 获取 Excel 行的值 | 输入属性：<br>选择“已打开的Sheet对象”为：gzxjsr_sheet变量，行号：选择变量i；<br>输出属性：<br>将“行数据”变量名称改为：salary，点击【确定】 |
| | 第一层条件分支开始 | |
| | 条件分支 | 输入属性：<br>点击“设置 IF 条件”，选择“使用表达式编辑”，表达式为：salary［3］ in ID |
| | 连接“条件分支”组件“ELSE”分支 | |
| | 弹出提示框 | 输入属性：<br>设置“提示内容”为：“salary［1］+'的人员信息未采集，请检查后再运行机器人！'”<br>设置“是否等待用户确认”为：“否”；<br>设置“提示自动关闭时间（秒）”为：3；<br>输出属性：<br>将“用户点击结果变量名称”改为：tsk_value |
| | 第一层条件分支结束 | |

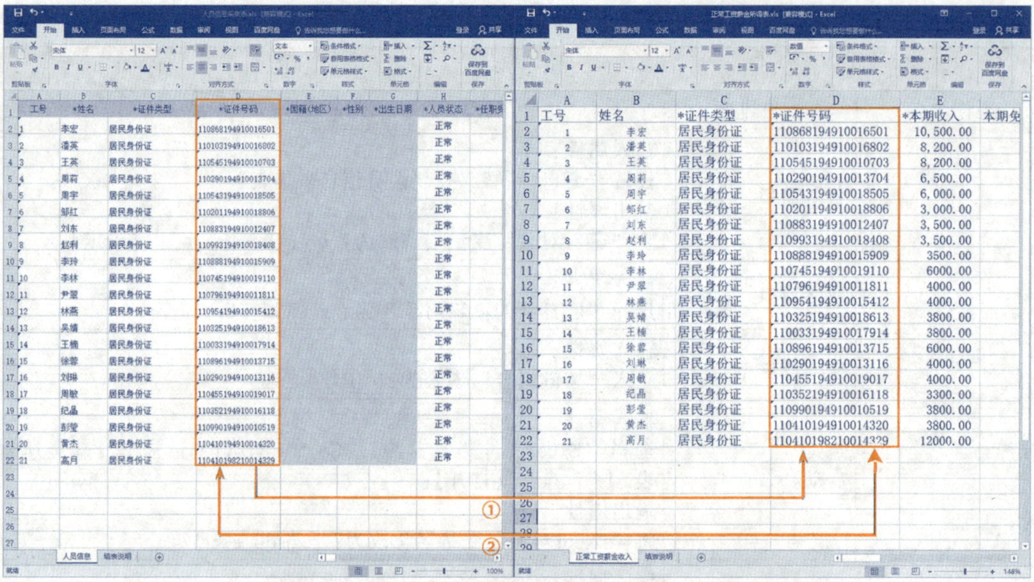


图6-21 “P02_综合所得申报”子流程比对身份证号

步骤❷：进入“正常工资薪金所得”页面的开发。该部分具体开发步骤见表6-13，控件捕获位置如图6-22所示。

表6-13 “P02_综合所得申报”子流程开发步骤2

| 业务流程 | | 开发步骤 | |
| --- | --- | --- | --- |
| 序号 | 操作步骤 | 添加组件 | 设置属性 |
| ① | 点击左侧功能栏【综合所得申报】 | 在“按照次数循环”组件外 | |
| | | 第二层条件分支开始 | |
| | | 条件分支 | 输入属性：<br>点击“设置IF条件”，选择“使用表达式编辑”，表达式为：tsk_value！='ok' |
| | | 连接“条件分支”组件“IF”分支 | |
| | | 获取已打开的网页 | 输入属性：<br>选择“浏览器类型”为：Chrome；<br>选择“查找方式”为：URL；<br>录入“查找内容”为：http：//fz.chinaive.com/gssb；<br>设置“查找规则”为：包含；<br>输出属性：<br>选择“浏览器对象”为：personal_tax_web变量 |
| | | 激活网页 | 输入属性：<br>选择“激活已打开的浏览器对象”为：personal_tax_web变量 |
| | | 点击控件（网页） | 输入属性：<br>选择“已打开的浏览器对象”为：personal_tax_web变量；<br>在目标控件中捕捉新控件，拾取【综合所得申报】，将该控件命名为：“综合所得申报”，点击【保存】；<br>设置“模拟点击”为：“是” |
| ② | 点击【正常工资薪金所得】 | 点击控件（网页） | 输入属性：<br>选择“已打开的浏览器对象”为：personal_tax_web变量；<br>在目标控件中捕捉新控件，拾取【正常工资薪金所得】，将该控件命名为：“正常工资薪金所得”，点击【保存】；<br>设置“模拟点击”为：“是” |

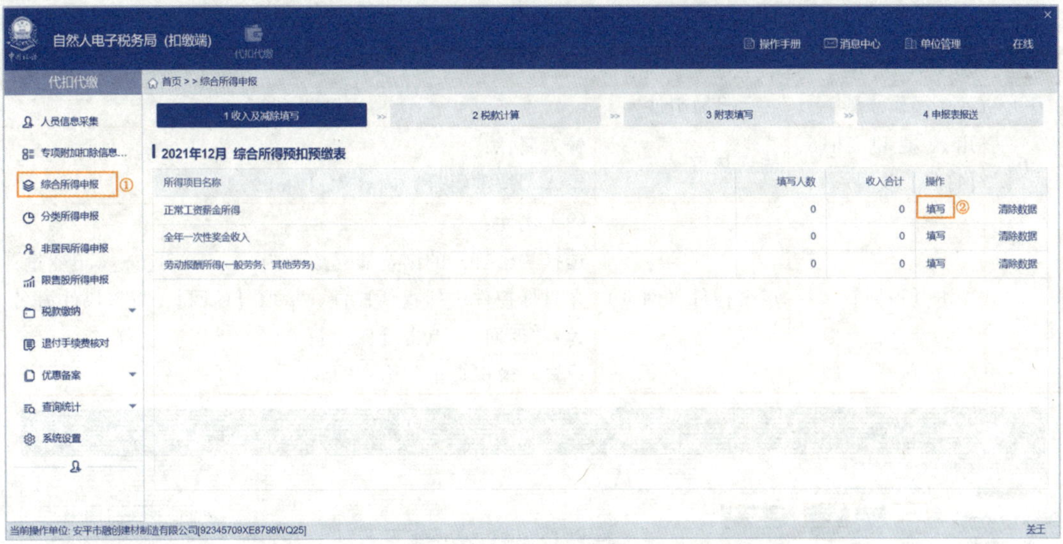


图6-22　“P02_综合所得申报”子流程控件捕获位置1

步骤❸：导入“正常工资薪金所得表”的开发。该部分具体开发步骤见表6-14，控件捕获位置如图6-23所示。

表6-14　“P02_综合所得申报”子流程开发步骤3

| 业务流程 | | 开发步骤 | |
|---|---|---|---|
| 序号 | 操作步骤 | 添加组件 | 设置属性 |
| ③ | 点击【导入】右侧下拉箭头 | 点击控件（网页） | 输入属性：<br>选择“已打开的浏览器对象”为：personal_tax_web变量；<br>在目标控件中捕捉新控件，拾取【导入】，将该控件命名为：“导入下拉箭头（工资薪金所得）”，点击【保存】；<br>设置“模拟点击”为：“是” |
| ④ | 点击【导入文件】 | 点击控件（网页） | 输入属性：<br>选择“已打开的浏览器对象”为：personal_tax_web变量；<br>在目标控件中捕捉新控件，拾取【导入文件】，将该控件命名为：“导入文件（工资薪金所得）”，点击【保存】；<br>设置“模拟点击”为：“是” |
| ⑤ | 在打开的页面对话框【文件名】中录入“正常工资薪金所得表.xls”的文件路径 | 获取窗口 | 输入属性：<br>设置“窗口标题”为：“打开”；<br>输出属性：<br>将“窗口对象”变量名称改为：open_salary_dialog，点击【确定】 |
| | | 填写输入框（窗口） | 输入属性：<br>选择“已打开的窗口对象”为：open_salary_dialog变量；<br>在目标控件中捕捉新控件，拾取文件名右侧的输入框，将该控件命名为：“工资薪金所得表文件名输入框”，点击【保存】；<br>选择“输入内容”为：“C：\RPADATA\正常工资薪金所得表.xls”；<br>设置“输入方式”为：“覆盖输入” |

续表

| 业务流程 | | 开发步骤 | |
|---|---|---|---|
| 序号 | 操作步骤 | 添加组件 | 设置属性 |
| ⑥ | 用快捷键 Alt+o，【打开】文件 | 输入热键 | 输入属性：<br>录入“按键组合”内容为：! {o} |
| ⑦ | 点击【返回】 | 点击控件（网页） | 输入属性：<br>选择“已打开的浏览器对象”为：personal_tax_web变量；<br>在目标控件中捕捉新控件，拾取【返回】，将该控件命名为：“返回”，点击【保存】；<br>设置“模拟点击”为：“是” |

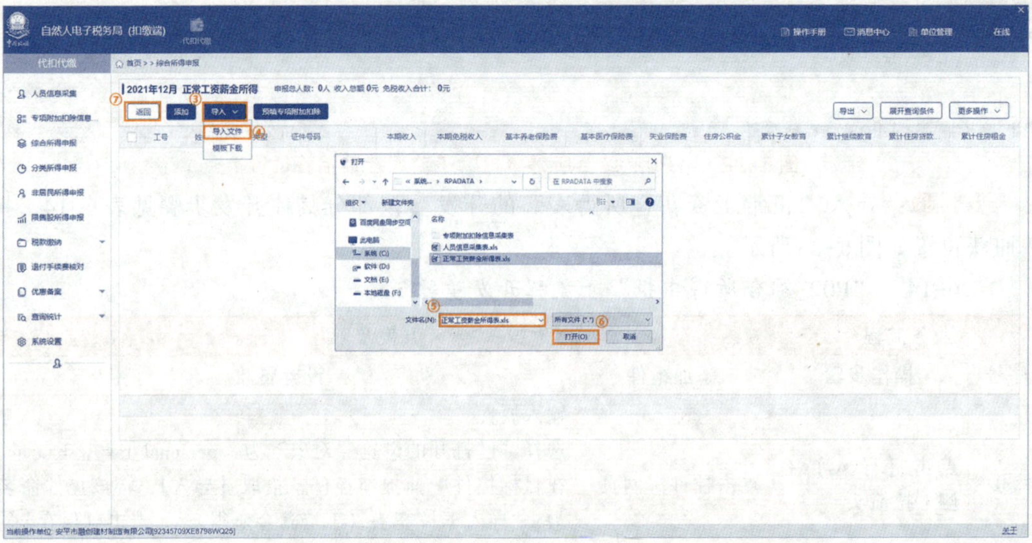


图6-23 “P02_综合所得申报”子流程控件捕获位置2

步骤❹：进行“税款计算”并报送的开发。该部分具体开发步骤见表6-15，控件捕获位置如图6-24和图6-25所示。

表6-15 “P02_综合所得申报”子流程开发步骤4

| 业务流程 | | 开发步骤 | |
|---|---|---|---|
| 序号 | 操作步骤 | 添加组件 | 设置属性 |
| ⑧ | 点击【2.税款计算】 | 点击控件（网页） | 输入属性：<br>选择“已打开的浏览器对象”为：personal_tax_web变量；<br>在目标控件中捕捉新控件，拾取【2.税款计算】，将该控件命名为：“税款计算”，点击【保存】；<br>设置“模拟点击”为：“是” |
| ⑨ | 点击中间功能栏【4.申报表报送】 | 点击控件（网页） | 输入属性：<br>选择“已打开的浏览器对象”为：personal_tax_web变量；<br>在目标控件中捕捉新控件，拾取【4.申报表报送】，将该控件命名为：“申报表报送”，点击【保存】；<br>设置“模拟点击”为：“是” |
| ⑩ | 点击【发送申报】 | 点击控件（网页） | 输入属性：<br>选择“已打开的浏览器对象”为：personal_tax_web变量；<br>在目标控件中捕捉新控件，拾取【发送申报】，将该控件命名为：“发送申报”，点击【保存】；<br>设置“模拟点击”为：“是” |

图 6-24 “P02_综合所得申报”子流程控件捕获位置 3-1

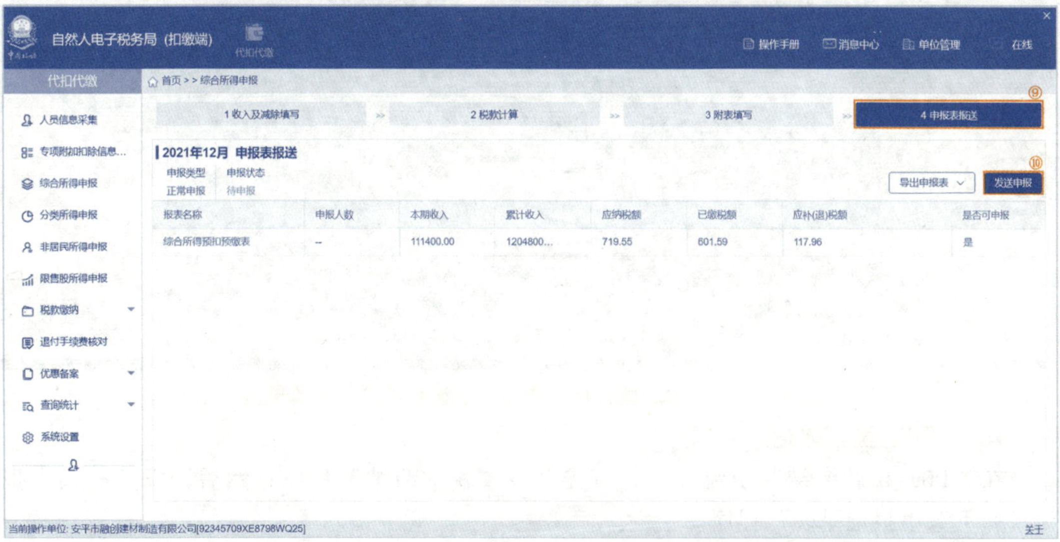


图 6-25 “P02_综合所得申报”子流程控件捕获位置 3-2

在“条件分支”组件“ELSE”分支中，添加以下组件：

步骤❶：添加“弹出提示框”组件，设置如下：

输入属性：

设置“提示内容”为：“个人所得税代扣代缴机器人运行异常，请检查后重试”；

设置“是否等待用户确认”为：“否”；

设置“提示自动关闭时间（秒）”为：“3”。

步骤❷：添加“调用自定义脚本”组件，设置如下：

选择“需执行的脚本”为编辑表达式，表达式为：sys.exit（）。

第二层条件分支结束。

开发“P02_综合所得申报”子流程时，需要注意以下几点：

1.“弹出提示框”组件运行后，输出属性“用户点击结果变量名称”运行结果为：ok。

第一层条件分支中，将“弹出提示框”组件的输出属性“用户点击结果变量名称”改为：tsk_value，如果人员信息采集全部正确，不会弹出该提示框，则tsk_value不等于ok，表达式为：tsk_value！='ok'。

第二层条件分支中，“设置IF条件”为：tsk_value！='ok'，如果人员信息采集全部正确，则执行“IF”分支，继续运行机器人；反之，则执行“ELSE”分支，表示如果弹出提示×××的人员信息未采集的提示框，则停止运行机器人。

资源6-12

个人所得税代扣代缴机器人综合所得申报子流程开发效果图大图

2.条件“salary［3］ in ID”，表示如果salary中的第四项数据在ID中，则符合条件，反之则不符合条件。

“P02_综合所得申报”子流程的最终开发效果图如图6-26所示。

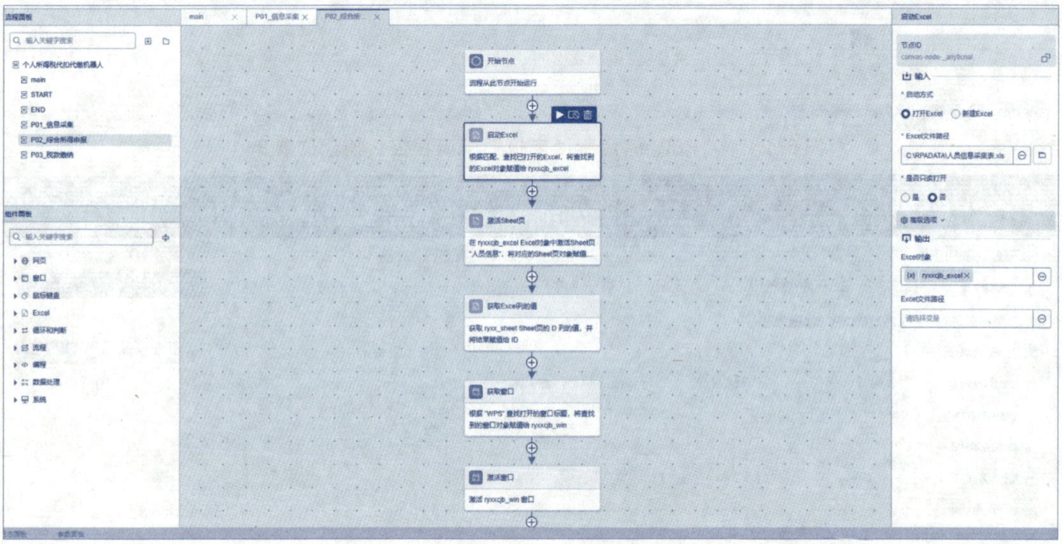


图6-26 “P02_综合所得申报”子流程最终开发效果图

### （三）P03_税款缴纳

在“P03_税款缴纳”子流程中，首先开发“税款缴纳”程序；然后开发“查询申报记录并下载申报记录表”程序。

步骤❶：税款缴纳的开发。该部分具体开发步骤见表6-16，控件捕获位置如图6-27所示。

表6-16 “P03_税款缴纳”子流程开发步骤1

| 业务流程 | | 开发步骤 | |
|---|---|---|---|
| 序号 | 操作步骤 | 添加组件 | 设置属性 |
| ① | 点击左侧功能栏【税款缴纳】 | 点击控件（网页） | 输入属性：<br>选择“已打开的浏览器对象”为：personal_tax_web变量；<br>在目标控件中捕捉新控件，拾取【税款缴纳】，将该控件命名为：“税款缴纳”，点击【保存】；<br>设置“模拟点击”为：“是” |

续表

| 业务流程 | | 开发步骤 | |
|---|---|---|---|
| 序号 | 操作步骤 | 添加组件 | 设置属性 |
| ② | 点击左侧功能栏【三方协议缴税】 | 点击控件（网页） | 输入属性：<br>选择“已打开的浏览器对象”为：personal_tax_web变量；<br>在目标控件中捕捉新控件，拾取【三方协议缴税】，将该控件命名为：“三方协议缴税”，点击【保存】；<br>设置“模拟点击”为：“是” |
| ③ | 点击【立即缴款】 | 点击控件（网页） | 输入属性：<br>选择“已打开的浏览器对象”为：personal_tax_web变量；<br>在目标控件中捕捉新控件，拾取【立即缴款】，将该控件命名为：“立即缴款”，点击【保存】；<br>设置“模拟点击”为：“是” |
| ④ | 点击【确认扣款】 | 点击控件（网页） | 输入属性：<br>选择“已打开的浏览器对象”为：personal_tax_web变量；<br>在目标控件中捕捉新控件，拾取【确认扣款】，将该控件命名为：“确认扣款”，点击【保存】；<br>设置“模拟点击”为：“是” |
| ⑤ | 点击【确定】 | 点击控件（网页） | 输入属性：<br>选择“已打开的浏览器对象”为：personal_tax_web变量；<br>在目标控件中捕捉新控件，拾取【确定】，将该控件命名为：“确定”，点击【保存】；<br>设置“模拟点击”为：“是” |

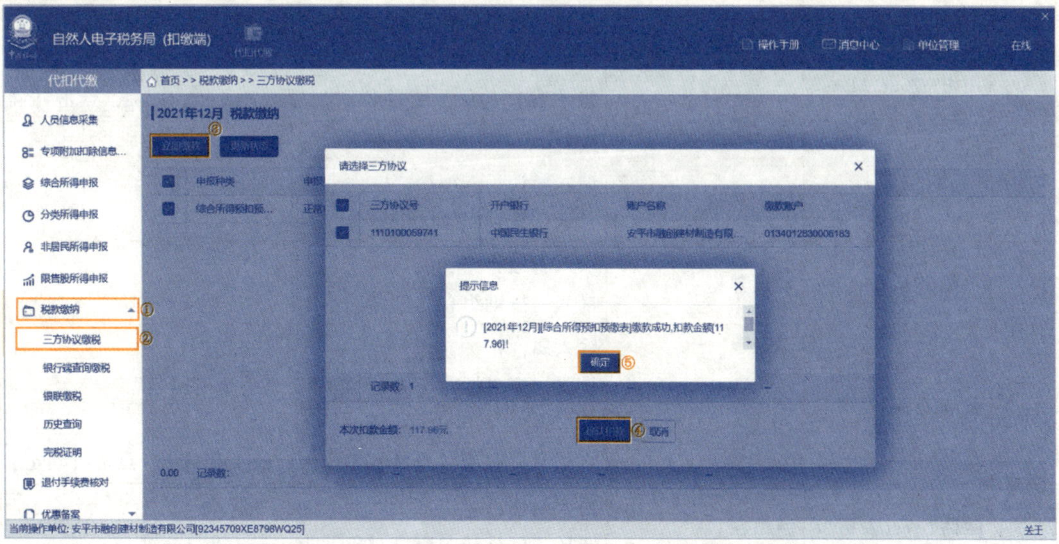


图6-27　“P03_税款缴纳”子流程控件捕获位置1

**步骤❷**：查询申报记录并下载申报记录表的开发。该部分具体开发步骤见表6-17，控件捕获位置如图6-28所示。

表6-17 “P03_税款缴纳”子流程开发步骤2

| 业务流程 | | 开发步骤 | |
|---|---|---|---|
| 序号 | 操作步骤 | 添加组件 | 设置属性 |
| ⑥ | 点击左侧功能栏【查询统计】 | 点击控件（网页） | 输入属性：<br>选择“已打开的浏览器对象”为：personal_tax_web变量；<br>在目标控件中捕捉新控件，拾取【查询统计】，将该控件命名为：“查询统计”，点击【保存】；<br>设置“模拟点击”为：“是” |
| ⑦ | 点击左侧功能栏【单位申报记录查询】 | 点击控件（网页） | 输入属性：<br>选择“已打开的浏览器对象”为：personal_tax_web变量；<br>在目标控件中捕捉新控件，拾取【单位申报记录查询】，将该控件命名为：“单位申报记录查询”，点击【保存】；<br>设置“模拟点击”为：“是” |
| ⑧ | 点击【查询】 | 点击控件（网页） | 输入属性：<br>选择“已打开的浏览器对象”为：personal_tax_web变量；<br>在目标控件中捕捉新控件，拾取【查询】，将该控件命名为：“查询”，点击【保存】；<br>设置“模拟点击”为：“是” |
| ⑨ | 点击右侧【导出】 | 点击控件（网页） | 输入属性：<br>选择“已打开的浏览器对象”为：personal_tax_web变量；<br>在目标控件中捕捉新控件，拾取【导出】，将该控件命名为：“导出”，点击【保存】；<br>设置“模拟点击”为：“是” |
| ⑩ | 用快捷键Alt+s，【保存】文件 | 获取窗口 | 输入属性：<br>设置“窗口标题”为：“另存为”；<br>输出属性：<br>将“窗口对象”变量名称改为：save_as_dialog，点击【确定】 |
| | | 输入热键 | 输入属性：<br>录入“按键组合”内容为：! {s} |
| | 关闭浏览器 | 输入热键 | 输入属性：<br>录入“按键组合”内容为：^{w} |
| | 获取Excel表窗口 | 获取窗口 | 输入属性：<br>设置“窗口标题”为：“正常工资薪金所得表”；<br>输出属性：<br>将“窗口对象”变量名称改为：gzxjsdb_win，点击【确定】 |
| | 激活Excel表窗口 | 激活窗口 | 输入属性：<br>选择“已打开的窗口对象”为：gzxjsdb_win变量 |
| | 关闭Excel窗口 | 输入热键 | 输入属性：<br>录入“按键组合”内容为：! {F4} |

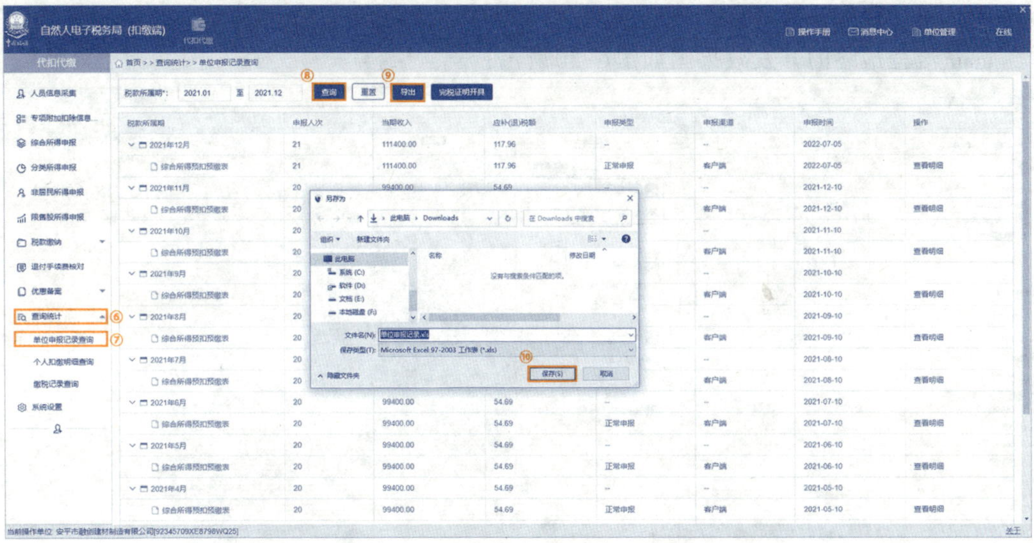


图6-28　“P03_税款缴纳”子流程控件捕获位置2

“P03_税款缴纳”子流程的最终开发效果图如图6-29所示。

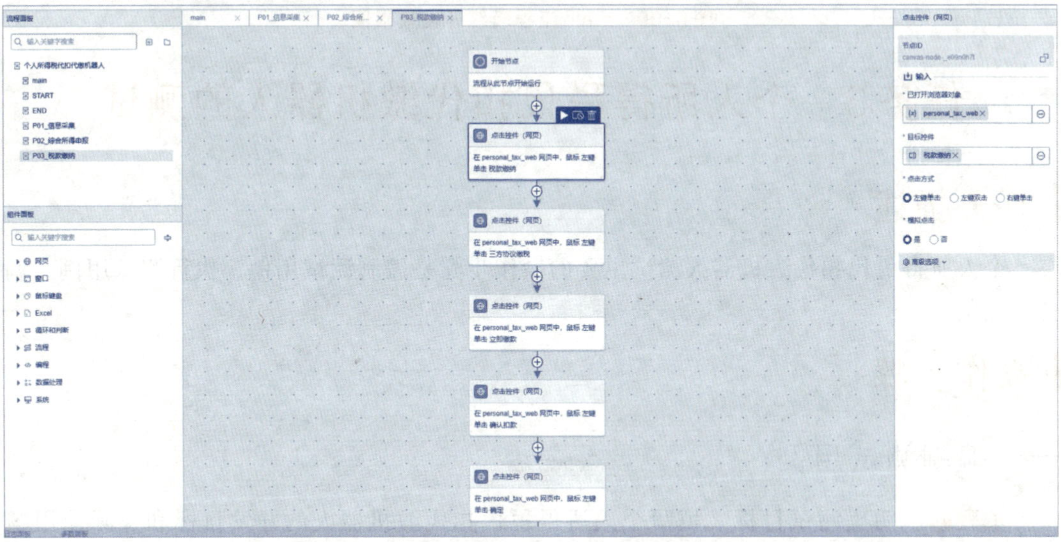


图6-29　“P03_税款缴纳”子流程最终开发效果图

资源6-13

个人所得税代扣代缴机器人税款缴纳子流程开发效果图大图

## 三、模块组装

在main流程中：

步骤❶：添加“调用子流程”组件，选择“子流程名称”为“P01_信息采集”。

步骤❷：添加“调用子流程”组件，选择“子流程名称”为“P02_综合所得申报”。

步骤❸：添加“调用子流程”组件，选择“子流程名称”为“P03_税款缴纳”。

步骤❹：添加“弹出提示框”组件，输入属性中设置“提示内容”为“个人所得税代扣代缴机器人运行成功，感谢使用”，设置“是否等待用户确认”为“否”，设置“提示自动关闭时间（秒）”为“3”。

main流程最终的开发效果图如图6-30所示：

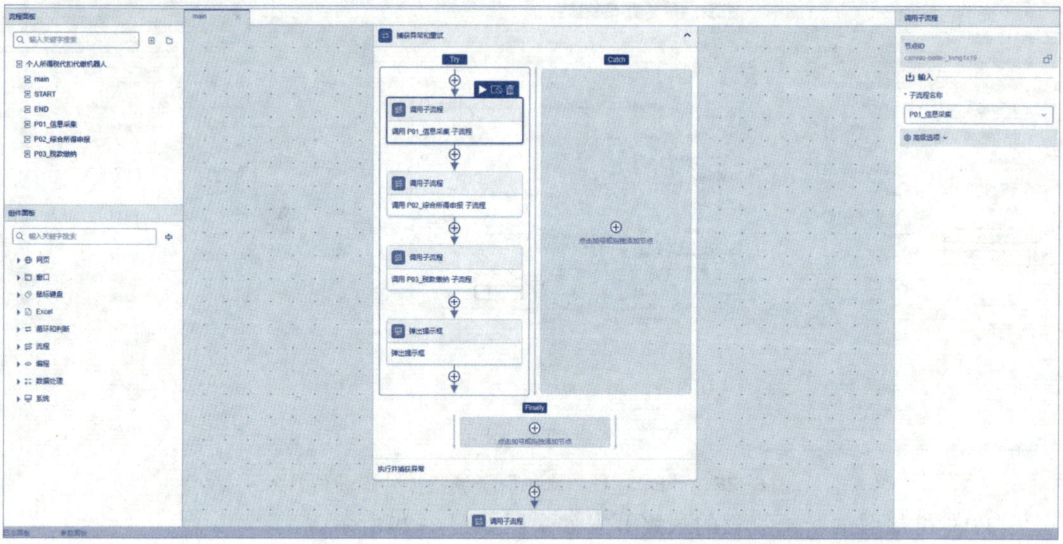


图6-30　main流程最终开发效果图

# 任务3　个人所得税代扣代缴机器人的测试

## 任务描述

个人所得税代扣代缴机器人测试主要的操作步骤是编制测试用例、执行测试用例、调整和优化。

## 操作步骤

### 一、编制测试用例

步骤❶：明确测试目标。填写个人所得税代扣代缴机器人的开发目标和实际使用场景，确定测试目标为：个人所得税代扣代缴机器人的工作正确率、环境适应能力。

步骤❷：确定测试环境。依据个人所得税代扣代缴机器人的使用场景，确定测试环境。自然人电子税务局（扣缴端）平台网址为：http：//fz.chinaive.com/gssb/？username=×××。其中，×××为RAD平台登录账号；登录密码为123。

步骤❸：设计输入数据。根据企业实际的个人所得税代扣代缴业务需求，编写输入数据，分别为“人员信息采集表”“正常工资薪金所得表”“专项附加扣除信息采集表”，见表6-18、表6-19和图6-31。

表6-18 人员信息采集表

| 工号 | *姓名 | *证件类型 | *证件号码 | *国籍（地区） | *性别 | *出生日期 | *人员状态 | *任职受雇从业类型 | 入职年度就业情形 | 手机号码 | 任职受雇从业日期 | 离职日期 | 是否残疾 | 是否烈属 | 是否孤老 | 残疾证号 | 烈属证号 |
|---|---|---|---|---|---|---|---|---|---|---|---|---|---|---|---|---|---|
| 1 | 李宏 | 居民身份证 | 110868194910016501 | | | | 正常 | 雇员 | | 13868476501 | | | | | | | |
| 2 | 潘英 | 居民身份证 | 110103194910016802 | | | | 正常 | 雇员 | | 13103026802 | | | | | | | |
| 3 | 王英 | 居民身份证 | 110545194910010703 | | | | 正常 | 雇员 | | 13545900703 | | | | | | | |
| 4 | 周莉 | 居民身份证 | 110290194910013704 | | | | 正常 | 雇员 | | 13290873704 | | | | | | | |
| 5 | 周宇 | 居民身份证 | 110543194910018505 | | | | 正常 | 雇员 | | 13543708505 | | | | | | | |
| 6 | 邹红 | 居民身份证 | 110201194910018806 | | | | 正常 | 雇员 | | 13201188806 | | | | | | | |
| 7 | 刘东 | 居民身份证 | 110883194910012407 | | | | 正常 | 雇员 | | 13883462407 | | | | | | | |
| 8 | 赵利 | 居民身份证 | 110993194910018408 | | | | 正常 | 雇员 | | 13993908408 | | | | | | | |
| 9 | 李玲 | 居民身份证 | 110888194910015909 | | | | 正常 | 雇员 | | 13888855909 | | | | | | | |
| 10 | 李林 | 居民身份证 | 110745194910019110 | | | | 正常 | 雇员 | | 13745039110 | | | | | | | |
| 11 | 尹翠 | 居民身份证 | 110796194910011811 | | | | 正常 | 雇员 | | 13796771811 | | | | | | | |
| 12 | 林燕 | 居民身份证 | 110954194910015412 | | | | 正常 | 雇员 | | 13954985412 | | | | | | | |
| 13 | 吴婧 | 居民身份证 | 110325194910018613 | | | | 正常 | 雇员 | | 13325468613 | | | | | | | |
| 14 | 王楠 | 居民身份证 | 110033194910017914 | | | | 正常 | 雇员 | | 13033477914 | | | | | | | |
| 15 | 徐蓉 | 居民身份证 | 110896194910013715 | | | | 正常 | 雇员 | | 13896733715 | | | | | | | |
| 16 | 刘琳 | 居民身份证 | 110290194910013116 | | | | 正常 | 雇员 | | 13290763116 | | | | | | | |
| 17 | 周敏 | 居民身份证 | 110455194910019017 | | | | 正常 | 雇员 | | 13455229017 | | | | | | | |
| 18 | 纪晶 | 居民身份证 | 110352194910016118 | | | | 正常 | 雇员 | | 13352056118 | | | | | | | |
| 19 | 彭莹 | 居民身份证 | 110990194910010519 | | | | 正常 | 雇员 | | 13990780519 | | | | | | | |
| 20 | 黄杰 | 居民身份证 | 110410194910014320 | | | | 正常 | 雇员 | | 13410244320 | | | | | | | |
| 21 | 高月 | 居民身份证 | 110410198210014329 | | | | 正常 | 雇员 | | 15810244320 | | | | | | | |

## 表6-19 正常工资薪金所得表

| 工号 | 姓名 | *证件类型 | *证件号码 | *本期收入 | 本期免税收入 | 基本养老保险费 | 基本医疗保险费 | 失业保险费 | 住房公积金 | 累计子女教育 | 累计继续教育 | 累计住房贷款利息 | 累计住房租金 | 累计赡养老人 | 企业（职业）年金 | 商业健康保险 | 税延养老保险 | 其他 | 准予扣除的捐赠额 | 减免税额 | 备注 |
|---|---|---|---|---|---|---|---|---|---|---|---|---|---|---|---|---|---|---|---|---|---|
| 1 | 李宏 | 居民身份证 | 110868194910016501 | 10 500 | 0 | 840 | 213 | 21 | 525 | 6 000 | 0 | 12 000 | 0 | 12 000 | 0 | 0 | 0 | 0 | 0 | 0 | 0 |
| 2 | 潘英 | 居民身份证 | 110103194910016802 | 8 200 | 0 | 680 | 173 | 17 | 425 | 6 000 | 4 800 | 12 000 | 0 | 24 000 | 0 | 0 | 0 | 0 | 0 | 0 | 0 |
| 3 | 王英 | 居民身份证 | 110545194910010703 | 8 200 | 0 | 680 | 173 | 0 | 425 | 6 000 | 0 | 0 | 6 000 | 6 000 | 0 | 0 | 0 | 0 | 0 | 0 | 0 |
| 4 | 周莉 | 居民身份证 | 110290194910013704 | 6 500 | 0 | 520 | 133 | 13 | 325 | 6 000 | 0 | 0 | 6 000 | 6 000 | 0 | 0 | 0 | 0 | 0 | 0 | 0 |
| 5 | 周宇 | 居民身份证 | 110543194910018505 | 6 000 | 0 | 520 | 133 | 13 | 325 | 6 000 | 0 | 0 | 6 000 | 6 000 | 0 | 0 | 0 | 0 | 0 | 0 | 0 |
| 6 | 邹红 | 居民身份证 | 110201194910018806 | 3 000 | 0 | 240 | 63 | 6 | 150 | 6 000 | 0 | 0 | 6 000 | 6 000 | 0 | 0 | 0 | 0 | 0 | 0 | 0 |
| 7 | 刘东 | 居民身份证 | 110883194910012407 | 3 500 | 0 | 280 | 73 | 7 | 175 | 6 000 | 0 | 0 | 6 000 | 6 000 | 0 | 0 | 0 | 0 | 0 | 0 | 0 |
| 8 | 赵利 | 居民身份证 | 110993194910018408 | 3 500 | 0 | 280 | 73 | 7 | 175 | 6 000 | 0 | 0 | 6 000 | 6 000 | 0 | 0 | 0 | 0 | 0 | 0 | 0 |
| 9 | 李玲 | 居民身份证 | 110888194910015909 | 3 500 | 0 | 280 | 73 | 7 | 175 | 6 000 | 0 | 0 | 6 000 | 6 000 | 0 | 0 | 0 | 0 | 0 | 0 | 0 |
| 10 | 李林 | 居民身份证 | 110745194910019110 | 6 000 | 0 | 520 | 133 | 13 | 325 | 6 000 | 0 | 0 | 6 000 | 6 000 | 0 | 0 | 0 | 0 | 0 | 0 | 0 |
| 11 | 尹翠 | 居民身份证 | 110796194910011811 | 4 000 | 0 | 384 | 99 | 0 | 240 | 6 000 | 0 | 0 | 6 000 | 6 000 | 0 | 0 | 0 | 0 | 0 | 0 | 0 |
| 12 | 林燕 | 居民身份证 | 110954194910015412 | 4 000 | 0 | 304 | 79 | 0 | 190 | 6 000 | 0 | 0 | 6 000 | 6 000 | 0 | 0 | 0 | 0 | 0 | 0 | 0 |
| 13 | 吴婧 | 居民身份证 | 110325194910018613 | 3 800 | 0 | 304 | 79 | 7.60 | 190 | 6 000 | 0 | 0 | 6 000 | 6 000 | 0 | 0 | 0 | 0 | 0 | 0 | 0 |
| 14 | 王楠 | 居民身份证 | 110033194910017914 | 3 800 | 0 | 520 | 133 | 13 | 325 | 6 000 | 0 | 6 000 | 0 | 6 000 | 0 | 0 | 0 | 0 | 0 | 0 | 0 |
| 15 | 徐蓉 | 居民身份证 | 110896194910013715 | 6 000 | 0 | 384 | 99 | 9.60 | 240 | 6 000 | 0 | 6 000 | 0 | 6 000 | 0 | 0 | 0 | 0 | 0 | 0 | 0 |
| 16 | 刘琳 | 居民身份证 | 110290194910013116 | 4 000 | 0 | 384 | 99 | 0 | 240 | 6 000 | 0 | 6 000 | 0 | 6 000 | 0 | 0 | 0 | 0 | 0 | 0 | 0 |
| 17 | 周敏 | 居民身份证 | 110455194910019017 | 4 000 | 0 | 384 | 99 | 9.60 | 240 | 6 000 | 0 | 6 000 | 0 | 6 000 | 0 | 0 | 0 | 0 | 0 | 0 | 0 |
| 18 | 纪晶 | 居民身份证 | 110352194910016118 | 3 300 | 0 | 264 | 69 | 0 | 165 | 6 000 | 0 | 6 000 | 0 | 6 000 | 0 | 0 | 0 | 0 | 0 | 0 | 0 |
| 19 | 彭莹 | 居民身份证 | 110990194910010519 | 3 800 | 0 | 304 | 79 | 7.60 | 190 | 6 000 | 0 | 6 000 | 0 | 6 000 | 0 | 0 | 0 | 0 | 0 | 0 | 0 |
| 20 | 黄杰 | 居民身份证 | 110410194910014320 | 3 800 | 0 | 304 | 79 | 7.60 | 190 | 6 000 | 0 | 6 000 | 0 | 6 000 | 0 | 0 | 0 | 0 | 0 | 0 | 0 |
| 21 | 高月 | 居民身份证 | 110410198210014329 | 12 000 | 0 | 520 | 13 | 133 | 325 | 1 000 | 400 | 0 | 1 500 | 1 000 | 0 | 0 | 0 | 0 | 0 | 0 | 0 |

| | A B C | D E F G | H I | J |
|---|---|---|---|---|
| 1 | *扣除年度 | | *纳税人姓名 | 高月 |
| 2 | *纳税人身份证件类型 | 居民身份证 | *纳税人身份证件号码 | 110410198210014329 |
| 3 | *手机号码 | 15810244320 | 纳税人识别号 | |
| 4 | 联系地址 | | 电子邮箱 | |
| 5 | 扣缴义务人名称（支付工资薪金的单位） | | 扣缴义务人纳税人识别号（统一社会信用代码） | |
| 6 | *配偶情况 | 有配偶 | *配偶姓名 | 高米 |
| 7 | *配偶身份证件类型 | 居民身份证 | *配偶身份证件号码 | 110410198210014330 |
| 8 | *配偶国籍（地区） | | | |
| 9 | 本人承诺：我已仔细阅读填写说明，并根据《中华人民共和国个人所得税法》及其实施条例、《个人所得税专项附加扣除暂行办法》、《个人所得税专项附加扣除操作办法（试行）》等相关法律法规的规定填写。本人已就所填扣除信息进行了核实，并对所填内容的真实性、准确性、完整性负责。<br>纳税人签字： 20 年 月 日 | | | |
| 10 | 扣缴义务人签章：<br>经办人签字：<br>接收日期： 年 月 日 | 代理机构签章：<br>代理机构统一社会信用代码：<br>代理机构（人）经办人：<br>经办人身份证件号码： | | 受理人：<br>受理税务机关（章）：<br>受理日期： 年 月 日 |
| 11 | | | | |

填写说明 | 首页 | 子女教育支出 | 住房租金支出 | 住房贷款利息支出 | 赡养老人支出 | 继续教育支出

图6-31 专项附加扣除信息采集表

步骤❹：确定预期结果。根据个人所得税代扣代缴机器人的开发目标和实际使用需求，确定机器人的预期结果是：能完成输入数据的个人所得税代扣代缴业务，相关数据填写正确，能正常保存代扣代缴结果截图。

## 二、执行测试用例

在测试过程中应当严格观察和记录财务机器人的运行情况，运行报错时要及时保存日志面板报的错误代码，并根据观察记录的问题和错误代码有针对性地调整财务机器人的流程、组件或参数，使财务机器人达到开发目标。

步骤❶：关闭计算机运行的其他无关软件，确保网络正常，确认输入数据存储在“C：\RPADATA”路径下。

步骤❷：执行测试用例，在测试过程中应当仔细观察和记录个人所得税代扣代缴机器人的运行情况，如图6-32所示：

图6-32　个人所得税代扣代缴机器人测试过程

步骤❸：运行完成后，在浏览器默认存储路径下找到“单位申报记录.xls”并打开，审核个人所得税单位申报记录是否正确，如图6-33所示：

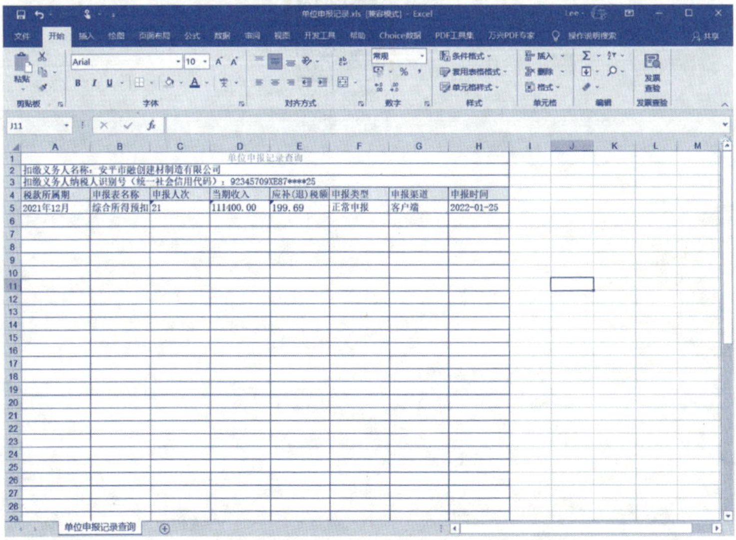


图6-33　审核个人所得税单位申报记录

## 三、调整和优化

根据测试用例，在真实的环境中对财务机器人进行运行测试，观察运行状态，并核对运行结果是否与预期一致，若有问题应采取措施对财务机器人进行修改，并在测试文档中进行记录。个人所得税代扣代缴机器人因需要在互联网上进行工作，受网速和浏览器缓存等方面可能存在的一些不确定性因素的影响，可能会出现偶然性的网页打不开或者加载时间过久，导致无法正常运行的现象，需要利用不同测试用例或者同一测试用例多次进行测试，测试次数越多，则越能发现出错的环节，然后可以在相关环节对应的组件增加前置延时或者后置延时来避免问题的出现，必要的时候还可设置“Try异常”组件来判断是否出错，并在出错后引导财务机器人进行正确的处置。

# 业务训练

【应用题】扫码下载相关业务素材，完成2个模块的纳税业务系列机器人的应用。

【开发题】请上传开发完成的“个人所得税代扣代缴机器人”程序压缩文件和运行成功的全屏截图，简要介绍设计与开发思路，评价标准见表6-20：

表6-20　评价标准

<table>
<tr><th>序号</th><th>考核要求</th><th>分值（分）</th><th>判分标准</th></tr>
<tr><td>1</td><td>机器人程序能否成功运行且运行结果是否正确无误</td><td>60</td><td rowspan="5">第1项不合格，第2~5项0分</td></tr>
<tr><td>2</td><td>模块（子流程）是否合理划分</td><td>10</td></tr>
<tr><td>3</td><td>变量是否合理设置、复用性强</td><td>10</td></tr>
<tr><td>4</td><td>控件名称是否完整、可读性强</td><td>10</td></tr>
<tr><td>5</td><td>组件排列是否合理、逻辑清晰</td><td>10</td></tr>
</table>

拓展6-1

项目6的
后续更新

# 项目 7

## 财务机器人项目综合开发

## 项目目标

### 知识学习目标：

1. 掌握财务机器人开发的需求分析要点；
2. 掌握财务机器人的设计要点；
3. 掌握财务机器人的开发知识；
4. 掌握财务机器人的测试流程；
5. 掌握撰写财务机器人使用说明书的要点。

### 技能训练目标：

1. 能团队协作开展财务机器人开发需求调研；
2. 能撰写财务机器人需求分析报告；
3. 能主持大型财务机器人的设计工作；
4. 能协调财务机器人的协同开发；
5. 能独立完成财务机器人的测试工作；
6. 能组织撰写财务机器人使用说明书。

### 素质素养目标：

1. 树立热爱劳动、诚实劳动的劳动精神。
2. 树立执着专注、一丝不苟的工匠精神。
3. 提升与人协作、密切配合的意识和能力。

## 工作任务

### 本项目应完成的工作任务：

1. 财务机器人的需求调研；
2. 财务机器人的需求分析；
3. 财务机器人的设计方案；
4. 大型财务机器人的协同开发；
5. 财务机器人的测试和交付。

### 完成以上工作任务应提交的标志性成果：

1. 费用报销业务机器人需求分析文档；

2. 费用报销业务机器人设计方案；

3. 费用报销业务机器人应用程序。

## 业务场景

安平市融创建材制造有限公司（以下简称“融创建材公司”）是专门从事建筑材料生产、销售的有限责任公司，目前主要生产的产品为生态木材和拼合木钢板。按照公司章程的规定，公司的权力机构为股东，公司设立董事会对股东负责，董事长李宏为公司法定代表人。

融创建材公司共11个部门45人。公司员工发生因公费用或申请公务费用，需要通过OA系统提交费用报销申请，经权限审批人签批后，财务部出纳通过网银支付报销款。

融创建材公司财务部相关人员在对近一年财务岗位的工作量进行评估时，发现发票核验审核操作时长占财务会计总工作时长的15%，其中费用报销类发票占70%；网银付款操作时长占出纳总工作时长的35%，其中费用报销类付款占65%；编制记账凭证占财务会计总工作时长的45%，其中费用报销类记账凭证占55%。经过评估，公司相关人员认为费用报销类业务占财务部总体工作量的30%，同时发现在财务审核中，费用报销类业务出现低级错误的概率最高。

鉴于以上原因，财务部经理周宏宇决定针对费用报销业务开发财务机器人，由财务机器人承担费用报销业务的发票查验、网银付款及记账凭证编制的工作。

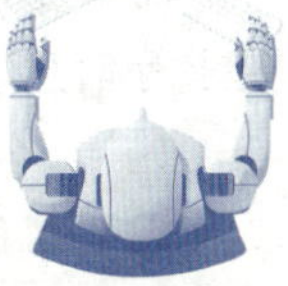

# 模块1　财务机器人的需求分析

## 业务描述

随着财务机器人技术的进步和人力成本的上涨，越来越多的企业开始引入财务机器人替代人工，财务工作人员无疑是引入财务机器人工作的主要执行团队。开发财务机器人首先要进行需求分析，利用各种调查方法识别用户的需求，然后形成需求分析文档，为后续的财务机器人设计工作打好基础。

## 任务1　财务机器人的需求调研

## 任务描述

微课7-1

财务机器人的需求调研

需求分析的基础是对用户需求的调研，该任务需要财务机器人开发项目团队根据需求调研的目的，明确需求调研的内容，利用正确的调研方法，对资料进行搜集，并对用户进行访谈。

## 任务分析

财务机器人需求调研需要合理运用各种调研方法，了解财务机器人设计涉及的内容，明确设计原则和目标，为撰写需求文档、开发需求方案搜集资料和信息。

## 一、财务机器人需求调研的目的

（1）通过需求调研，明确财务机器人拟解决的企业业务活动的范围，以及对应的编制记账凭证的范围。

（2）通过需求调研，了解业务活动发生的时间或条件，确定财务机器人个数，明确各个财务机器人的功能。

（3）通过需求调研，了解企业经营管理的风格，财务核算的特点，工作流程、账务处理是否需要优化及是否具备调整的空间。

（4）通过需求调研，与企业管理人员沟通，明确财务机器人融入企业管理工作中的原则。

## 二、财务机器人需求调研的内容

### （一）企业基本情况

需要了解企业的背景、经营范围、业务特点、与开发任务相关的管理制度、内部控制、工作流程、组织架构、部门职责、人员岗位等信息。

### （二）企业财务核算规则

需要了解企业整体遵循的会计制度或准则、会计科目设计、财务核算要求、管理核算要求等信息。

### （三）企业信息化工作环境

需要了解企业整体信息化工作环境，重点关注与开发任务相关的信息化工作平台或系统的功能模块设计和逻辑要求。

### （四）与开发任务相关的原工作流程

需要了解财务机器人将参与的工作任务的原工作流程、涉及部门、涉及岗位、涉及操作等方面的信息。

### （五）运用财务机器人的管理目标

需要了解运用财务机器人解决开发任务的同时，需要实现的管理目标，或者需要解决的问题。

### （六）财务机器人在信息化工作环境中的操作步骤

需要了解财务机器人的具体操作步骤和过程，清楚在不同业务情况下，对具体操作步骤的调整。

### （七）其他需要调研的内容

## 三、财务机器人需求调研的方法

### （一）调查法

调查法是通过资料搜集、访谈、问卷调查，对得到的大量资料进行分析、比较、归纳、总结，有目的、有计划、有选择地搜集开发任务信息的方法。

### （二）定量分析与定性分析法

通过对历史业务活动数据的统计分析，发现不同情况下业务活动发生概率的高低，进而进行运用财务机器人完成工作任务必要性的分析；通过对历史业务活动数据及业务活动可能情况的分析，分析业务活动的不同类别以及发生的可能性，进而进行财务机器人完成工作任务可能性的分析。

（三）经验总结法

经验总结法是通过对历史业务活动中的具体情况，进行归纳与分析，使之系统化、理论化，上升为经验的一种方法。

（四）实验法

实验法通过设计不同种类的业务活动，根据内部控制、信息化平台（系统）、账务处理中的操作和结果，总结数据逻辑及对应关系。对实验的过程采用录屏、截屏、文字说明等形式，为机器人开发提供资料。

## 操作步骤

费用报销业务涉及的部门和业务较为复杂，需要搜集的信息较多，包括企业内部控制及工作流程、企业组织架构及部门职责、企业人员岗位表及花名册、企业会计科目表（相关科目）、企业信息化工作环境等，另外还需要对相关人员进行关于企业费用报销财务核算的访谈，形成访谈记录。

### 一、资料搜集

步骤❶：搜集企业内部控制及工作流程，文件搜集如下：

**融创建材公司费用报销内部控制及工作流程**

一、基本情况

融创建材公司是专门从事建筑材料生产、销售的有限责任公司，目前主要生产的产品为生态木材和拼合木钢板。融创建材公司位于安平市新兴开发区和平路100号，电话：073-89981231。

融创建材公司是2016年由安平市建工集团公司出资成立的独资子公司，注册资本为5 000万元，已完成全额入资，统一社会信用代码为92345709XE8798WQ25。开设银行账户如下：

账号类别：基本户；

开户行账号：中国工商银行安平支行34897898097；

用途：存取现金、发放工资、缴纳税金、投资、收入、支出等。

二、费用报销内部控制

企业费用报销内部控制，按照分级分部门管理的原则，谁发生谁报销，谁负责谁申请，分级审核，总经理审批后，方可支付。

1.根据企业合同管理规定的要求，签署合同的费用支出，需要履行合同审批流程，完成合同签署后，根据合同的规定支付款项。

2.所有费用支出，均需要提供合规、合法、足额的发票或其他单据资料。

3.所有物资采购通过仓库管理的，均需要办理入库、出库手续，采购报销时需要履行验收入库手续。

4.根据现金管理的规定，除现金支出的范围外，单笔超过1 000元的对外付款，需要使用对公付款，不得使用现金付款，即不得采用支付到员工账户名下的支付方式。

5.员工因公发生的费用，如差旅费、招待费等，原则上一律通过网上银行中企业财务室支付报销款，且报销款支付到员工个人工资卡中。

6.原则上，员工因公发生费用采用垫付方式，不提前借款。

三、费用报销工作流程

1.费用报销审核审批流程：经办人申请—部门负责人审核—财务经理审核—分管副总审核—总经理审批—出纳付款。

2.经办人对报销事项的真实性负责，对审批所需资料的搜集，所附单据、表格的编制承担责任，确保数据准确、勾稽关系严谨；在经办事项发生过程中，自觉控制、压缩开支，有节约意识。

3.各部门负责人对审批事项承担主要管理责任。对审批事项所需资料、数据、表格进行复核检查，对部门负责的费用支出事项进行主动控制、压缩开支，对本部门开支的真实性、必要性、合理性负责。

4.财务经理对审批事项承担审核责任。财务经理负责审核所有开支凭证的合法性、金额数字的准确性（涂改需要退回）；费用标准是否符合公司有关制度的规定；相关支出是否需要办理验收等手续，相关手续是否齐备；有合同的，合同、发票、收款单位是否三流一致。

5.分管副总对审批事项承担决策责任。对分管部门发生的审批事项的总体合理性、必要性承担责任。

6.总经理对审批事项承担领导责任。其对公司发生的所有费用支出进行审批，关注重大事项，拥有最终决策权。

步骤❷：搜集企业组织架构及部门职责，该文件搜集如下：

**融创建材公司组织架构及部门职责**

一、组织架构

根据公司章程的规定，公司的权力机构为股东会，公司设立董事会对股东会负责，董事长李宏为公司法定代表人。

公司建立职能型组织结构，组织结构图如图7-1所示：

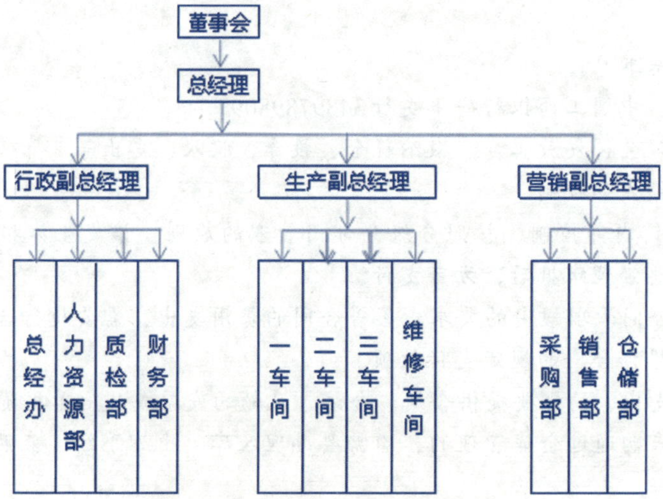


图7-1 融创建材公司组织结构图

二、部门职责

1.总经办：负责公司行政管理、日常事务、后勤服务、信息化支持服务等。

2.人力资源部：负责公司人力资源管理，如绩效考核、薪酬福利、员工培训等。

3.质检部：负责配合外部研发团队完成新品试验、测试开发；负责材料、产品的质量检查。

4.财务部：负责会计核算、会计监督工作。

5.一车间：负责生产产品所需原材料的切割、剪裁、塑形等。

6.二车间：根据一车间完成的在产品，完成产品的组装、焊接等。

7.三车间：根据二车间完成的在产品，结合配件，完成产品的最终成型，以及清洁、包装、入库等。

8.维修车间：负责车间设备的维修、维护工作。

9.采购部：负责公司所有材料、物资的采购工作。

10.销售部：负责公司所有产品的营销推广、销售管理工作。

11.仓储部：负责公司材料、产品的维护、保管、收发工作。

步骤❸：搜集企业人员岗位表及花名册，该资料搜集见表7-1。

表7-1 融创建材公司人员岗位表及花名册

| 序号 | 部门 | 岗位 | 姓名 | 类别 | 开户行 | 账号 |
|---|---|---|---|---|---|---|
| 1 | 总经办 | 总经理 | 李宏 | 企业管理 | 中国工商银行安平支行 | 11022033001 |
| 2 | 总经办 | 行政副总经理 | 潘英 | 企业管理 | 中国工商银行安平支行 | 11022033002 |
| 3 | 总经办 | 生产副总经理 | 李启明 | 企业管理 | 中国工商银行安平支行 | 11022033003 |
| 4 | 总经办 | 营销副总经理 | 王英 | 企业管理 | 中国工商银行安平支行 | 11022033004 |
| 5 | 总经办 | 经理 | 周莉 | 企业管理 | 中国工商银行安平支行 | 11022033005 |
| 6 | 总经办 | 秘书兼司机 | 李新 | 企业管理 | 中国工商银行安平支行 | 11022033006 |
| 7 | 财务部 | 经理 | 周宏宇 | 企业管理 | 中国工商银行安平支行 | 11022033007 |
| 8 | 财务部 | 出纳 | 邹红 | 企业管理 | 中国工商银行安平支行 | 11022033008 |
| 9 | 财务部 | 财务会计 | 刘东 | 企业管理 | 中国工商银行安平支行 | 11022033009 |
| 10 | 财务部 | 税务会计 | 李明 | 企业管理 | 中国工商银行安平支行 | 11022033010 |
| 11 | 人力资源部 | 经理 | 赵利 | 企业管理 | 中国工商银行安平支行 | 11022033011 |
| 12 | 质检部 | 经理 | 张穹 | 企业管理 | 中国工商银行安平支行 | 11022033012 |
| 13 | 质检部 | 质检人员 | 李玲 | 企业管理 | 中国工商银行安平支行 | 11022033013 |
| 14 | 一车间 | 经理 | 李林 | 车间管理 | 中国工商银行安平支行 | 11022033014 |
| 15 | 一车间 | 高级工人 | 尹翠 | 基本生产 | 中国工商银行安平支行 | 11022033015 |
| 16 | 一车间 | 高级工人 | 林燕 | 基本生产 | 中国工商银行安平支行 | 11022033016 |
| 17 | 一车间 | 工人 | 胡攀 | 基本生产 | 中国工商银行安平支行 | 11022033017 |

续表

| 序号 | 部门 | 岗位 | 姓名 | 类别 | 开户行 | 账号 |
|---|---|---|---|---|---|---|
| 18 | 一车间 | 工人 | 吴婧 | 基本生产 | 中国工商银行安平支行 | 11022033018 |
| 19 | 一车间 | 工人 | 王楠 | 基本生产 | 中国工商银行安平支行 | 11022033019 |
| 20 | 二车间 | 经理 | 徐蓉 | 车间管理 | 中国工商银行安平支行 | 11022033020 |
| 21 | 二车间 | 高级工人 | 刘琳 | 基本生产 | 中国工商银行安平支行 | 11022033021 |
| 22 | 二车间 | 高级工人 | 周敏 | 基本生产 | 中国工商银行安平支行 | 11022033022 |
| 23 | 二车间 | 高级工人 | 刘静 | 基本生产 | 中国工商银行安平支行 | 11022033023 |
| 24 | 二车间 | 工人兼内勤 | 纪晶 | 基本生产 | 中国工商银行安平支行 | 11022033024 |
| 25 | 二车间 | 工人 | 彭莹 | 基本生产 | 中国工商银行安平支行 | 11022033025 |
| 26 | 二车间 | 工人 | 黄杰 | 基本生产 | 中国工商银行安平支行 | 11022033026 |
| 27 | 二车间 | 工人 | 彭虹 | 基本生产 | 中国工商银行安平支行 | 11022033027 |
| 28 | 二车间 | 工人 | 李露 | 基本生产 | 中国工商银行安平支行 | 11022033028 |
| 29 | 二车间 | 工人 | 于蓉 | 基本生产 | 中国工商银行安平支行 | 11022033029 |
| 30 | 二车间 | 工人 | 罗蓓 | 基本生产 | 中国工商银行安平支行 | 11022033030 |
| 31 | 二车间 | 工人 | 林波 | 基本生产 | 中国工商银行安平支行 | 11022033031 |
| 32 | 三车间 | 经理 | 高月 | 车间管理 | 中国工商银行安平支行 | 11022033032 |
| 33 | 三车间 | 工人 | 段菊 | 基本生产 | 中国工商银行安平支行 | 11022033033 |
| 34 | 三车间 | 工人 | 胡鹏 | 基本生产 | 中国工商银行安平支行 | 11022033034 |
| 35 | 三车间 | 工人 | 柯南 | 基本生产 | 中国工商银行安平支行 | 11022033035 |
| 36 | 三车间 | 工人 | 周勇 | 基本生产 | 中国工商银行安平支行 | 11022033036 |
| 37 | 三车间 | 工人 | 王林 | 基本生产 | 中国工商银行安平支行 | 11022033037 |
| 38 | 三车间 | 工人 | 汪为 | 基本生产 | 中国工商银行安平支行 | 11022033038 |
| 39 | 三车间 | 工人 | 杨东 | 基本生产 | 中国工商银行安平支行 | 11022033039 |
| 40 | 维修车间 | 经理 | 田平 | 车间管理 | 中国工商银行安平支行 | 11022033040 |
| 41 | 维修车间 | 工人 | 王婷 | 辅助生产 | 中国工商银行安平支行 | 11022033041 |
| 42 | 销售部 | 销售员 | 余静 | 销售管理 | 中国工商银行安平支行 | 11022033042 |
| 43 | 仓储部 | 成品库管员 | 谢宏 | 企业管理 | 中国工商银行安平支行 | 11022033043 |
| 44 | 仓储部 | 材料库管员 | 刘霞 | 企业管理 | 中国工商银行安平支行 | 11022033044 |
| 45 | 采购部 | 采购员 | 李蓉 | 企业管理 | 中国工商银行安平支行 | 11022033045 |

步骤④：搜集企业会计科目表（相关科目），该资料搜集见表7-2。

表7-2 融创建材公司会计科目表（相关科目）

| 级别 | 科目编码 | 会计科目名称 | 核算辅助 |
|---|---|---|---|
| 1 | 1001 | 库存现金 | 日记账 |
| 1 | 1002 | 银行存款 | 日记账<br>银行账 |
| 1 | 1015 | 其他货币资金 | |
| 1 | 1121 | 应收票据 | 客户往来 |
| 1 | 1122 | 应收账款 | 客户往来 |
| 1 | 1123 | 预付账款 | 供应商往来 |
| 1 | 1231 | 其他应收款 | 个人往来 |
| 1 | 1241 | 坏账准备 | |
| 1 | 1402 | 在途物资 | |
| 1 | 1403 | 原材料 | 数量核算 |
| 1 | 1406 | 库存商品 | 数量核算 |
| 1 | 1407 | 发出商品 | |
| 1 | 1431 | 周转材料 | |
| 1 | 1524 | 长期股权投资 | |
| 1 | 1601 | 固定资产 | |
| 1 | 1602 | 累计折旧 | |
| 1 | 1604 | 在建工程 | |
| 1 | 1606 | 固定资产清理 | |
| 1 | 1701 | 无形资产 | |
| 1 | 1702 | 累计摊销 | |
| 1 | 1811 | 递延所得税资产 | |
| 1 | 1901 | 待处理财产损溢 | |
| 1 | 2201 | 应付票据 | 供应商往来 |
| 1 | 2202 | 应付账款 | 供应商往来 |
| 2 | 220201 | 暂估应付账款 | |
| 2 | 220202 | 一般应付账款 | |
| 1 | 2205 | 预收账款 | 客户往来 |

续表

| 级别 | 科目编码 | 会计科目名称 | 核算辅助 |
|---|---|---|---|
| 1 | 2211 | 应付职工薪酬 | |
| 1 | 2221 | 应交税费 | |
| 2 | 222101 | 应交增值税 | |
| 3 | 22210101 | 进项税额 | |
| 1 | 2231 | 应付股利 | |
| 1 | 2232 | 应付利息 | |
| 1 | 2241 | 其他应付款 | |
| 2 | 224101 | 往来款 | 客户往来 |
| 2 | 224199 | 员工报销款 | 个人往来 |
| 1 | 2601 | 长期借款 | |
| 1 | 4001 | 实收资本 | |
| 1 | 4002 | 资本公积 | |
| 1 | 4101 | 盈余公积 | |
| 1 | 4103 | 本年利润 | |
| 1 | 4104 | 利润分配 | |
| 1 | 5001 | 生产成本 | |
| 1 | 5101 | 制造费用 | 部门核算 |
| 2 | 510101 | 职工薪酬 | |
| 2 | 510102 | 折旧费 | |
| 2 | 510103 | 机物料消耗 | |
| 2 | 510104 | 水电费 | |
| 2 | 510105 | 办公费 | |
| 2 | 510199 | 其他 | |
| 1 | 6001 | 主营业务收入 | 项目核算 |
| 1 | 6051 | 其他业务收入 | |
| 1 | 6301 | 营业外收入 | |
| 1 | 6401 | 主营业务成本 | 项目核算 |
| 1 | 6402 | 其他业务成本 | |
| 1 | 6405 | 税金及附加 | |

续表

| 级别 | 科目编码 | 会计科目名称 | 核算辅助 |
|---|---|---|---|
| 1 | 6601 | 销售费用 | 部门核算 |
| 2 | 660101 | 职工薪酬 | |
| 2 | 660102 | 广告费 | |
| 2 | 660103 | 包装费 | |
| 2 | 660199 | 其他 | |
| 1 | 6602 | 管理费用 | 部门核算 |
| 2 | 660201 | 职工薪酬 | |
| 2 | 660202 | 办公费 | |
| 2 | 660203 | 差旅费 | |
| 2 | 660204 | 业务招待费 | |
| 2 | 660205 | 水电费 | |
| 2 | 660206 | 折旧费 | |
| 2 | 660207 | 修理费 | |
| 2 | 660208 | 无形资产摊销 | |
| 2 | 660209 | 劳保 | |
| 2 | 660210 | 绿植租赁费 | |
| 2 | 660211 | 招聘费 | |
| 2 | 660299 | 其他 | |
| 1 | 6603 | 财务费用 | |
| 2 | 660301 | 利息支出 | |
| 2 | 660302 | 现金折扣 | |
| 2 | 660303 | 手续费 | |
| 1 | 6615 | 资产处置损益 | |
| 1 | 6701 | 资产减值损失 | |
| 1 | 6711 | 营业外支出 | |
| 1 | 6801 | 所得税费用 | |

步骤❺：搜集企业信息化工作环境资料，通过现场调研、访谈等方法，融创建材公司信息化工作环境资料搜集如下：

**融创建材公司信息化工作环境**

一、OA办公管理平台

OA办公管理平台是利用技术的手段提高办公的效率，进而实现办公自动化处理的管理平台。OA办公管理平台可促进企业日常管理的规范化，增加企业的可控性，提高企业运转的效率，范围涉及日常行政管理、各种事项的审批、办公资源的管理、多人多部门的协同办公以及各种信息的沟通与传递。

（因教学需要，OA办公管理平台使用机器人实践平台的业务管理功能代替）

二、财务云平台

财务云平台是一套企业级的系统化管理软件，全面集成了财务、生产制造及供应链的成熟应用，延伸客户管理至客户关系管理（CRM），并对零售、分销实现了全面整合，通过人力资源管理（HR）、办公自动化（OA），促进行政办公事务、人力管理和业务管理的有效结合。

三、中国工商银行企业网上银行

中国工商银行企业网上银行提供便捷的在线账务查询与对账、支付结算、代发工资、贷款融资、电子票据、现金管理等服务。企业可通过该平台完成自身的银行业务工作，如支付款项、明细查询、代发工资、银企对账等。

## 二、用户访谈

对相关人员进行访谈，结合访谈内容和被访对象提供的资料，整理访谈记录如下：

**融创建材公司费用报销财务核算访谈记录**

Q1：公司哪些费用类型涉及的哪些科目，准备采用财务机器人来完成？

A：拟用财务机器人解决的费用类型主要是期间费用和制造费用中涉及费用报销及付款业务的活动支出，对费用类型的具体分析见表7-3。

表7-3 融创建材公司费用类型

| 会计科目（一级） | 会计科目（二级） | 情况说明 | 是否纳入财务机器人核算 |
|---|---|---|---|
| 制造费用 | 职工薪酬 | 核算维修车间人员工资、福利费、职工教育经费等，在核算中按照应付职工薪酬计提后再支付的核算原则处理，因该业务情况较复杂，暂不纳入财务机器人使用范围 | 否 |
| | 折旧费 | 核算生产车间固定资产的折旧费用，不涉及费用报销支付审批，不纳入费用报销业务财务机器人使用范围 | 否 |
| | 机物料消耗 | 核算生产车间从仓库领取的机物料品的费用，不涉及费用报销支付审批，不纳入费用报销业务财务机器人使用范围 | 否 |
| | 水电费 | 核算厂房发生的水电费用，提交水电费发票后完成报销支付，或者先申请支付水电费款项再根据水电费发票完成报销 | 是 |
| | 办公费 | 核算生产车间发生的办公费用，提交办公费用发票后完成报销支付，或者先申请支付办公费用款项再根据发票完成报销 | 是 |
| | 其他 | 核算生产车间发生的其他未列明的零星费用，提交费用发票后完成报销支付，或者先申请支付费用款项再根据发票完成报销 | 是 |

续表

| 会计科目（一级） | 会计科目（二级） | 情况说明 | 是否纳入财务机器人核算 |
|---|---|---|---|
| 销售费用 | 职工薪酬 | 核算销售部人员工资、福利费、职工教育经费等，在核算中按照应付职工薪酬计提后再支付的核算原则处理，因该业务情况较复杂，暂不纳入财务机器人使用范围 | 否 |
| | 广告费 | 核算公司的广告费、宣传费等，提交广告费用发票后完成报销支付，或者先申请支付广告费用款项再根据发票完成报销 | 是 |
| | 包装费 | 核算销售部从仓库领取的包装箱、包装材料的费用，不涉及费用报销支付审批，不纳入费用报销业务财务机器人使用范围 | 否 |
| | 其他 | 核算销售部门发生的其他未列明的零星费用，提交费用发票后完成报销支付，或者先申请支付费用款项再根据发票完成报销 | 是 |
| 管理费用 | 职工薪酬 | 核算总经办、财务部等管理部门员工工资、福利费、职工教育经费等，在核算中按照应付职工薪酬计提后再支付的核算原则处理，因该业务情况较复杂，暂不纳入财务机器人使用范围 | 否 |
| | 办公费 | 核算除生产车间外发生的办公费用，提交办公费用发票后完成报销支付，或者先申请支付办公费用款项再根据发票完成报销 | 是 |
| | 差旅费 | 核算公司发生的差旅费，提交差旅费发票后完成报销支付 | 是 |
| | 业务招待费 | 核算公司发生的业务招待费，提交业务招待费发票后完成报销支付 | 是 |
| | 水电费 | 核算办公楼发生的水电费用，提交水电费发票后完成报销支付，或者先申请支付水电费款项再根据水电费发票完成报销 | 是 |
| | 折旧费 | 核算总经办、财务部等管理部门固定资产的折旧费用，不涉及费用报销支付审批，不纳入费用报销业务财务机器人使用范围 | 否 |
| | 修理费 | 核算公司管理部门发生的办公家具、办公设备的维修费用，提交修理费发票后完成报销支付，或者先申请支付修理费款项再根据修理费发票完成报销 | 是 |
| | 无形资产摊销 | 核算总经办、财务部等管理部门无形资产的摊销费用，不涉及费用报销支付审批，不纳入费用报销业务财务机器人使用范围 | 否 |

续表

| 会计科目（一级） | 会计科目（二级） | 情况说明 | 是否纳入财务机器人核算 |
| --- | --- | --- | --- |
| | 劳保 | 核算公司各部门从仓库领取的手套、工作服的费用，不涉及费用报销支付审批，不纳入费用报销业务财务机器人使用范围 | 否 |
| | 绿植租赁费 | 核算公司发生的绿植、盆栽的租赁费，提交租赁费发票后完成报销支付 | 是 |
| | 招聘费 | 核算公司发生的用于人员招聘的招聘网站费用，提交发票后完成报销支付 | 是 |
| | 其他 | 核算总经办、财务部等管理部门发生的其他未单独列明的零星费用，提交发票后完成报销支付，或者先申请支付款项再根据发票完成报销 | 是 |
| 财务费用 | 利息支出 | 核算公司发生贷款业务后支付的利息，公司暂未发生贷款业务，暂不纳入费用报销业务财务机器人使用范围 | 否 |
| | 现金折扣 | 核算公司发生销售业务后给予对方现金折扣的支出，不涉及款项支付，暂不纳入费用报销业务财务机器人使用范围 | 否 |
| | 手续费 | 核算公司银行交易发生的账户管理费、汇款手续费、网上银行年费等，银行直接代扣费用后，财务部根据扣费凭证提交费用报销申请 | 否 |

Q2：是否有能够准确划分企业各部门发生的各种费用类型与相对应会计科目的会计核算规则及对应关系？

A：企业会计核算规则中各种费用与有关会计科目之间是有准确对应关系的，具体见表7-4。

表7-4　融创建材公司各种费用与会计科目对应表

| 序号 | 费用类型 | 费用发生的部门 | 会计科目 |
| --- | --- | --- | --- |
| 1 | 办公费 | 一车间、二车间、三车间、维修车间 | 制造费用 |
| | | 总经办、人力资源部、质检部、财务部、采购部、仓储部、销售部 | 管理费用 |
| 2 | 包装费 | 销售部 | 销售费用 |
| 3 | 差旅费 | 总经办、人力资源部、质检部、财务部、采购部、仓储部、销售部、一车间、二车间、三车间、维修车间 | 管理费用 |
| 4 | 广告费 | 销售部 | 销售费用 |
| 5 | 机物料消耗 | 维修车间 | 制造费用 |

续表

| 序号 | 费用类型 | 费用发生的部门 | 会计科目 |
|---|---|---|---|
| 6 | 劳保 | 总经办、人力资源部、质检部、财务部、采购部、仓储部、销售部、一车间、二车间、三车间、维修车间 | 管理费用 |
| 7 | 利息支出 | 财务部 | 财务费用 |
| 8 | 绿植租赁费 | 总经办 | 管理费用 |
| 9 | 其他 | 一车间、二车间、三车间、维修车间 | 制造费用 |
| | | 销售部 | 销售费用 |
| | | 总经办、人力资源部、质检部、财务部、采购部、仓储部 | 管理费用 |
| 10 | 手续费 | 财务部 | 财务费用 |
| 11 | 水电费 | 维修车间 | 制造费用 |
| | | 总经办 | 管理费用 |
| 12 | 现金折扣 | 财务部 | 财务费用 |
| 13 | 修理费 | 总经办、人力资源部、质检部、财务部、采购部、仓储部、销售部 | 管理费用 |
| 14 | 业务招待费 | 总经办、人力资源部、质检部、财务部、采购部、仓储部、销售部、一车间、二车间、三车间、维修车间 | 管理费用 |
| 15 | 招聘费 | 人力资源部 | 管理费用 |
| 16 | 职工薪酬 | 一车间、二车间、三车间、维修车间 | 制造费用 |
| | | 销售部 | 销售费用 |
| | | 总经办、人力资源部、质检部、财务部、采购部、仓储部 | 管理费用 |

Q3：企业各种费用在支付时，是选择对公支付，还是对私支付？

A：企业各种费用的支付对象分类见表7-5。

表7-5 融创建材公司费用支付对象分类表

| 序号 | 费用类型 | 对公支付 | 对私支付 |
|---|---|---|---|
| 1 | 办公费 | 是 | 是 |
| 2 | 差旅费 | | 是 |
| 3 | 广告费 | 是 | |
| 4 | 利息支出 | 是 | |
| 5 | 绿植租赁费 | 是 | |
| 6 | 手续费 | 是 | |
| 7 | 水电费 | 是 | |
| 8 | 修理费 | 是 | 是 |
| 9 | 业务招待费 | | 是 |
| 10 | 招聘费 | 是 | |
| 11 | 其他 | 是 | 是 |

Q4：通过费用报销审批流程，计入各费用科目的票据中，哪些存在取得进项税发票的情况，税率和票据分别是什么？

A：企业各类费用取得进项税发票的情况，见表7-6。

表7-6 融创建材公司进项税发票税率表

| 序号 | 费用类型 | 是否存在 | 票据及税率 | 情况说明 |
|---|---|---|---|---|
| 1 | 办公费 | 是 | 增值税专用发票（13%、6%）<br>增值税普通发票（3%） | 采购办公用品、电子耗材等的费用；发生的电话、网络等通信费；发生的印刷、复印、快递等费用；采购饮用桶装水的费用等。公司发生办公费用取得的发票包括增值税专用发票和增值税普通发票 |
| 2 | 差旅费 | 是 | 增值税专用发票（13%、6%）<br>收费公路通行费增值税电子普通发票（9%）<br>火车票，航空电子客票行程单，公路、水路等其他客票（9%、3%） | 发生的跨市的火车、飞机、汽车的客票费用；发生的其他省市的住宿费用；自驾车差旅过程中发生的通行费用；自驾车过程中发生的汽油费。公司发生的住宿费用、汽油费，可以取得增值税专用发票；公司发生的火车等客票费用，可以取得火车票、航空电子客票行程单等；公司发生的通行费，可以取得收费公路通行费增值税电子普通发票 |
| 3 | 广告费 | 是 | 增值税专用发票（6%） | 通过广告公司在电视、网络、杂志等媒体上开展广告宣传活动的费用。所有广告费支出均可以取得增值税专用发票 |
| 4 | 利息支出 | 否 | | 税法规定，利息支出不属于可抵扣范围 |
| 5 | 绿植租赁费 | 是 | 增值税专用发票（6%） | 租赁绿植、盆栽等发生的租赁费。所有租赁费用均可以取得增值税专用发票 |
| 6 | 手续费 | 是 | 增值税专用发票（6%） | 在开户银行发生的电汇手续费、账户开户费、网银费用等，可以按季度取得合并开具的增值税专用发票 |
| 7 | 水电费 | 是 | 增值税专用发票（13%、9%） | 支付给电力公司的工业用电费用、支付给自来水公司的工业用水费用，可以取得增值税专用发票 |
| 8 | 修理费 | 是 | 增值税专用发票（6%） | 支付给提供维修服务公司的维修费用，可以取得增值税专用发票 |
| 9 | 业务招待费 | 否 | | 税法规定，业务招待费不属于可抵扣范围 |
| 10 | 招聘费 | 是 | 增值税专用发票（6%） | 支付给提供招聘服务网站的使用费用，可以取得增值税专用发票 |
| 11 | 其他 | 是 | 增值税专用发票（13%、9%、6%）<br>增值税普通发票（3%） | 支付的其他非单独列明项目的费用，可以取得增值税专用发票或增值税普通发票 |

Q5：在进行会计核算时，对取得可抵扣进项税的票据的费用报销业务，是如何进行账务处理的？

A：公司取得可抵扣进项税的票据，发生费用支出时，涉及的会计分录如下：

（1）发生费用，同时取得票据且票据上的税额为进项税额的情况（例如：取得增值税专用发票）。

借：管理费用/销售费用/财务费用/制造费用（差额）

  应交税费——应交增值税——进项税额（进项税额）

 贷：银行存款/应付账款/其他应付款（付款金额）

（2）发生费用，未同时取得票据且票据上的税额为进项税额的情况（例如：银行手续费按季度汇总开具发票）。

费用发生时：

借：管理费用/销售费用/财务费用/制造费用（付款金额）

 贷：银行存款/应付账款/其他应付款（付款金额）

取得可抵扣的票据时：

借：应交税费——应交增值税——进项税额（进项税额）

 贷：管理费用/销售费用/财务费用/制造费用（-进项税额）

（3）发生费用，同时取得不显示可抵扣税额的票据的情况（例如：取得火车票）。

费用发生时：

借：管理费用/销售费用/财务费用/制造费用（付款金额）

 贷：银行存款/应付账款/其他应付款（付款金额）

月末汇总同类票据，编制明细表，计算可抵扣税额时：

借：应交税费——应交增值税——进项税额（进项税额）

 贷：管理费用/销售费用/财务费用/制造费用（-进项税额）

Q6：费用报销业务中涉及的会计科目有哪些辅助核算要求？

A：费用类科目：管理费用、销售费用、财务费用、制造费用，辅助核算为业务发生的部门；应付账款，辅助核算为供应商名称；其他应付款、员工报销款，辅助核算为员工姓名。

**德技兼修** **RPA下基层，机器人扶贫受好评**

数字时代，不仅企业需要通过RPA（机器人流程自动化）实现降本增效，政府部门也亟须RPA提高办公效率和服务水平。

近来，一款“扶贫国办系统受益户关联机器人”成了RPA机器人中的“新网红”。它可以自动对全国扶贫开发系统的项目受益户进行关联，已被来自各地扶贫部门的近百位工作人员下载使用。

这款机器人的开发者老牛（化名），是一名默默坚守在扶贫一线的基层人员。党的十八大以来，中央把脱贫攻坚作为全面建成小康社会的底线任务和标志性指标，作出一系列重大部署。党的十九大后，中央把打好精准脱贫攻坚战作为全面建成小康社会的三大攻坚战之一，并承诺确保到2020年，我国现行标准下农村贫困人口实现脱贫，贫困县全部摘帽，解决区域性整体贫困。

然而，在精准扶贫过程中也存在着一些问题：为摸清贫困户底数，方便督促检查，需设计出内容细致且一式多份的表格；各种进度表、月度表填了又填，精准扶贫成了“精准填表”。表格填报、数据汇总看似简单，但重复录入浪费了大量精力与时间，既增加了基层人员的负担，又拉低了扶贫效率。

“如果能有一款可以自动同步数据、批量录入信息的工具就好了。”

自学过RPA的老牛灵机一动，决定开发一款能自动填表的高效机器人。开发遇到困难时，老牛就上RPA开发者社区留言，或者将问题发到学习交流的QQ群里。每次总会有热心的小伙伴和他一起探讨，还有技术大神为他指点迷津。老牛很快就开发完成了这款“扶贫国办系统受益户关联机器人”。经过多次调试、修复，他颇有信心地将这款自制机器人推荐给身边的同事，同事们都觉得好用，真的能解放双手，提高效率。

2020年是脱贫攻坚收官之年，精准扶贫到了最为关键的攻坚冲刺阶段。尽管新冠肺炎疫情给脱贫攻坚任务的完成增加了困难，但全面完成脱贫攻坚任务的决心没有变，基本态势没有变。

为了克服突如其来的疫情影响，在扶贫经验交流中，老牛和同事又把这款RPA机器人介绍给兄弟省市的基层扶贫人员。疫情期间，大家的工作量加大不少，机器人为基层扶贫人员分担了工作，既助力了抗疫，又不耽误脱贫攻坚的进程，得到大家一致好评。

资料来源：RPA观察员．RPA下基层，机器人扶贫受好评［EB/OL］．［2020-04-15］．https：//www.163.com/dy/article/FA8M7KDJ0531F7W5.html.有删改．

# 任务2 财务机器人需求分析报告的撰写

## 任务描述

微课7-2

财务机器人需求分析报告的撰写

需求分析是财务机器人开发的重要项目，也是财务机器人生命周期中的重要环节，该阶段的目标是分析财务机器人在功能上需要“实现什么”，而不是考虑如何去“实现”。需求分析的具体目标是就用户对财务机器人提出的“要求”或“需要”进行分析与整理，确认后形成完整、清晰、规范的文档，确定财务机器人需要实现哪些功能，完成哪些工作。

## 任务分析

基于财务机器人开发需求的调研，应撰写需求分析文档，为下一步组织技术人员对财务机器人开发方案进行设计奠定基础。财务机器人需求分析文档，是由财务机器人设计师主导，需求单位人员配合完成的财务机器人开发需求分析文档，主要包括以下资料：

### 一、财务机器人需求分析报告

财务机器人需求分析报告，包含业务描述、设计原则、机器人划分及功能描述、信息化工作环境及功能介绍、财务机器人业务流程说明、业务活动数据规则说明、财务机器人基础配置说明、其他需要说明的事项。

## 二、业务活动流程图

业务活动流程图，是指开发任务对应的业务活动的过程图表，涉及经营管理的类别、部门、岗位，以及前后顺序。

# 操作步骤

## 一、编写财务机器人需求分析报告

在需求调研的基础上进行需求分析，明确费用报销业务机器人的用户需求，生成需求分析文档，撰写财务机器人需求分析报告。

**安平市融创建材制造有限公司**

**费用报销业务机器人需求分析报告**

版本号：V1.0

修改时间：2021/12/1

修改人：刘东

确认人：周宏宇

### （一）业务描述

本文档中的费用报销业务机器人，是指为解决安平市融创建材制造有限公司费用报销业务而开发的一系列财务机器人，包括但不限于款项支付和账务处理业务。报销业务仅针对日常费用类报销审批流程，不包含职工薪酬、资产采购、材料采购等业务类型的报销及付款业务。

结合公司实际情况，明确费用报销业务机器人的适用范围，见表7–7。

本文档中的费用报销业务机器人，以公司内部控制、工作流程为基础，内部管理流程、财务核算规则、机器人工作环境、款项支付渠道为标准，最大化满足实际业务场景的需要。公司费用报销业务活动参见“费用报销业务活动流程图”。

### （二）设计原则

为满足实际工作场景的需要，本文档中财务机器人的设计遵循以下原则：

（1）准确划分机器人工作范围：机器人的工作任务是明确且标准的，在业务存在不同类别的情况下，要清晰且准确地划分哪部分由机器人完成，哪部分由人工完成，做好人机协作、人机分工。由机器人承担标准化、大量的工作，由人承担个性化、易变、少量的工作，在保证工作质量的基础上，最大化地减少人工操作的部分，将人从繁琐的、重复的基础工作中解放出来，承担更为重要的职责。

（2）实际工作场景匹配方式：财务机器人的设计以原有的工作场景和节奏为准，尽可能少地调整原有的工作流程，以保证落地部署的便利，提高人员接受程度。

（3）提高财务机器人使用效果的操作调整：为提高财务机器人使用效果，可以适当地调整业务流转过程以及信息化平台（系统）中的某些项目，以降低财务机器人工作中的人工干预频率。

（4）财务机器人在专属计算机上工作：为保证财务机器人与操作员工作互不影响，需要为财务机器人单独配备工作计算机。各机器人操作员在自己的工作计算机上发布指令，财务机器人在专属计算机上完成具体操作。

表 7-7 费用报销业务机器人的适用范围

| 会计科目（一级） | 会计科目（二级） | 情况说明 | 是否纳入财务机器人核算 |
|---|---|---|---|
| 制造费用 | 水电费 | 核算厂房发生的水电费用，提交水电费发票后完成报销支付，或者先申请支付水电费款项再根据水电费发票完成报销 | 是 |
| | 办公费 | 核算生产车间发生的办公费用，提交办公费用发票后完成报销支付，或者先申请支付办公费用款项再根据发票完成报销 | 是 |
| | 其他 | 核算生产车间发生的其他未列明的零星费用，提交费用发票后完成报销支付，或者先申请支付费用款项再根据发票完成报销 | 是 |
| 销售费用 | 广告费 | 核算公司的广告费、宣传费等，提交广告费用发票后完成报销支付，或者先申请支付广告费用款项再根据发票完成报销 | 是 |
| | 其他 | 核算销售部门发生的其他未列明的零星费用，提交费用发票后完成报销支付，或者先申请支付费用款项再根据发票完成报销 | 是 |
| 管理费用 | 办公费 | 核算除生产车间外发生的办公费用，提交办公费用发票后完成报销支付，或者先申请支付办公费用款项再根据发票完成报销 | 是 |
| | 差旅费 | 核算公司发生的差旅费，提交差旅费发票后完成报销支付 | 是 |
| | 业务招待费 | 核算公司发生的业务招待费，提交业务招待费发票后完成报销支付 | 是 |
| | 水电费 | 核算办公楼发生的水电费用，提交水电费发票后完成报销支付，或者先申请支付水电费款项再根据水电费发票完成报销 | 是 |
| | 修理费 | 核算公司管理部门发生的办公家具、办公设备的维修费用，提交修理费发票后完成报销支付，或者先申请支付修理费款项再根据修理费发票完成报销 | 是 |
| | 绿植租赁费 | 核算公司发生的绿植、盆栽的租赁费，提交租赁费发票后完成报销支付 | 是 |
| | 招聘费 | 核算公司发生的用于人员招聘的招聘网站费用，提交发票后完成报销支付 | 是 |
| | 其他 | 核算总经办、财务部等管理部门发生的其他未单独列明的零星费用，提交发票后完成报销支付，或者先申请支付款项再根据发票完成报销 | 是 |

### （三）财务机器人的划分、功能描述

根据财务机器人设计需要，分解费用报销业务，报销与付款有时同时发生，有时先后发生，为提高各种情况的适用性，将费用报销业务活动拆分为2项，设计2个独立存在且

相互有关联的财务机器人：

（1）融创报销机器人，功能：根据费用报销信息，在财务云平台上完成相应费用计提会计凭证的编制。

涉及的机器人模块：登录财务云平台；编制记账凭证；退出财务云平台。

（2）融创付款机器人，功能：根据费用付款信息，在网上银行完成报销款项支付，下载银行付款回单作为会计原始凭证，在财务云平台上完成相应费用付款会计凭证的编制。

涉及的机器人模块：网银登录；网银付款；回单下载；退出网银；登录财务云平台；编制记账凭证；退出财务云平台。

将费用报销业务活动拆分为2项，会促使对财务核算的规则进行调整，使得财务核算结果的类别更加精细，费用分析更加全面，数据查询更加快捷。对公支付均通过“应付账款”科目核算，将供应商作为辅助核算，对私支付均通过“其他应付款”科目核算，将员工作为辅助核算。通过这样的财务核算调整，供应商结算往来金额、员工报销金额、各类费用资金结算方式占比（供应商和员工报销比重，为加强资金管理提供依据），均可直接为相关报表的编制提供数据依据。

### （四）信息化工作环境及功能介绍

结合公司实际信息化情况，费用报销业务机器人涉及的信息化工作环境包括以下3个：

#### 1.OA办公管理平台

OA办公管理平台，是利用技术的手段提高办公的效率，进而实现办公的自动化处理的管理平台。该平台能够提高企业的日常管理规范化水平、增加企业的可控性、提高企业运转的效率，范围涉及日常行政管理、各种事项的审批、办公资源的管理、多人多部门的协同办公以及各种信息的沟通与传递。

在费用报销业务活动的审批管理中，经办人通过OA办公管理平台，发起费用报销申请，各级权限审批人通过OA办公管理平台完成审核审批。

因费用报销业务机器人的使用，需要将OA办公管理平台上费用报销业务的审批流程分为两个：一个是费用报销流程，由经办人提交发票及其他资料，完成费用报销申请审批，财务处理中做费用报销会计处理分录；另一个是报销付款流程，由经办人提交（已完成费用报销审批的，由会计人员提交）费用报销付款凭证，完成报销付款申请审批，财务处理中做付款会计处理分录。由公司信息化管理部门负责付款审批流程设置及调整。

财务机器人从已经完成审批的费用报销、报销付款流程中获取数据或满足自动触发条件。

#### 2.融智财务云平台

融智财务云平台是一套企业级的系统化管理软件，全面集成了财务、生产制造及供应链的成熟应用，延伸客户管理至客户关系管理（CRM），并对零售、分销领域实现了全面整合，通过人力资源管理（HR）、办公自动化（OA），促进行政办公事务、人力管理和业务管理的有效结合。

在费用报销业务活动中，财务机器人需要在融智财务云平台总账模块中分别完成费用报销、报销付款业务记账凭证的编制。

#### 3.中国工商银行企业网上银行

中国工商银行企业网上银行提供便捷的在线账务查询与对账、支付结算、代发工资、贷款融资、电子票据、现金管理等服务。企业可通过该平台完成自身的银行业务工作，如支付款项、明细查询、代发工资、银企对账等。

在费用报销业务中，财务机器人需要完成报销款项的支付，并下载保存付款回单。

### （五）财务机器人业务流程说明

费用报销业务机器人在企业内部实际使用时，将作为单独的岗位与员工配合完成工作任务，参见“费用报销业务机器人工作流程图”，具体如下：

#### 1.融创报销业务

（1）经办人在OA办公管理平台提交费用报销申请；

（2）各级权限审批人在OA办公管理平台完成费用报销审批；

（3）融创报销机器人在融智财务云平台上登录，并完成费用报销业务记账凭证的编制，完成操作后退出软件。

#### 2.融创付款业务

（1）经办人（会计人员）在OA办公管理平台提交报销付款申请；

（2）各级权限审批人在OA办公管理平台完成报销付款审批；

（3）融创付款机器人从OA办公管理平台获取已经审批的付款信息，在中国工商银行企业网上银行完成单笔对公、对私付款，查询付款情况，下载付款回单；

（4）融创付款机器人在融智财务云平台上登录，并完成报销付款业务记账凭证的编制，完成操作后退出软件。

### （六）业务活动数据规则说明

#### 1.融创报销业务

融创报销业务数据规则见表7-8。

表7-8　融创报销业务数据规则

| 序号 | 数据项目 | 数据来源 | | | | 财务机器人 |
|---|---|---|---|---|---|---|
| | | | | | | 工作环境 |
| 说明 | 名称 | RAD（OA） | | | | 财务云平台 |
| | | 直接填写 | 选择填写 | 自动生成 | OCR | 填制凭证 |
| 1 | 费用类型 | | √ | | | |
| 2 | 金额 | √ | | | | 借方金额（1）/贷方金额 |
| 3 | 支付类别 | | √ | | | |
| 4 | 收款人名称 | √ | | | | 贷方辅助账（对公：供应商；对私：姓名） |
| 5 | 申请部门 | | √ | | | 借方辅助账（部门） |
| 6 | 审批时间 | | | √ | | 登录日期 |
| 7 | 模板凭证编号 | | | √ | | 调用常用凭证-编码 |
| 8 | 票据类型 | | | √ | | |
| 9 | 附件：增值税发票 | | | | | |
| （1） | 税额 | | | | √ | 借方金额（2-2） |
| （2） | 金额 | | | | √ | 借方金额（2-1）=贷方金额-借方金额（2-2） |

说明：

①模板凭证包括两类：第一类：一借一贷，借方金额标识为（1）；第二类：二借一贷，借方金额标识为（2-1）和（2-2）。

②票据类型：根据发票类型定义，发票类型为增值税专用发票，则票据类型为增值税专用发票；发票类型为非增值税专用发票，则票据类型为其他发票票据。

## 2. 融创付款业务

融创付款业务数据规则见表7-9。

表7-9 融创付款业务数据规则

| 序号 | 数据项目 | 数据来源 | | | 财务机器人工作环境 | |
|---|---|---|---|---|---|---|
| 说明 | 名称 | RAD（OA） | | | 网上银行 | 财务云平台 |
| | | 直接填写 | 选择填写 | 自动生成 | 转账汇款/逐笔支付 | 填制凭证 |
| 1 | 收款人名称 | √ | | | 收款单位 | 借方辅助账（对公：供应商；对私：姓名） |
| 2 | 款项用途 | √ | | | 汇款用途 | |
| 3 | 付款金额 | √ | | | 汇款金额 | 借方金额/贷方金额 |
| 4 | 支付类别 | | √ | | 选择转账汇款模块 | |
| 5 | 开户银行 | √ | | | 收款银行 | |
| 6 | 银行账号 | √ | | | 收款账号 | |
| 7 | 审批时间 | | | √ | | 登录日期 |
| 8 | 模板凭证编号 | | | √ | | 调用常用凭证-编码 |

## （七）财务机器人基础配置说明

### 1. 报销业务机器人环境配置

（1）OA办公管理平台

角色：管理员（查询权限）

用户：RAD用户

密码：自定义设置

（2）财务云平台

角色：会计（操作员）

账套：安平市融创建材制造有限公司

用户：RAD用户

密码：自定义设置

（3）中国工商银行企业网上银行

角色：制单员（操作员）

用户：邹红

密码：自定义设置

### 2. 报销业务机器人要素配置

（1）费用类型：水电费、办公费、广告费、差旅费、业务招待费、修理费、绿植租赁费、招聘费、其他。

（2）部门：总经办、人力资源部、质检部、财务部、一车间、二车间、三车间、维修车间、采购部、销售部、仓储部。

（3）支付类别：对公、对私。

（4）票据类型：增值税专用发票、其他发票票据。

3．融创报销机器人基础配置

（1）根据费用类型、进项税情况、支付类型，确定模板凭证，在融智财务云平台上进行配置。

（2）根据费用类型、部门、支付类别、发票类型以及各部门职责，确定适用的模板凭证，在财务机器人应用与开发实践平台上进行配置。

参见“基础配置数据表”。

4．融创付款机器人基础配置

（1）根据支付类型，确定模板凭证，在融智财务云平台上进行配置。

（2）根据支付类别，确定适用的模板凭证，在财务机器人应用与开发实践平台上进行配置。

参见“基础配置数据表”。

（八）其他需要说明的事项

（1）费用报销业务中不属于财务机器人职责范围的业务活动，由人工单独完成。

（2）因不同票据类型对进项税抵扣规定不同，本次开发的费用报销业务机器人仅核算增值税专用发票的进项税额，对其他票据存在进项税额的情况，先由机器人按照全额计入费用中，进项税由人工统一确认，并调减费用。

## 二、绘制业务活动流程图

根据财务机器人需求分析报告，绘制费用报销业务的工作流程图，如图7-2所示：

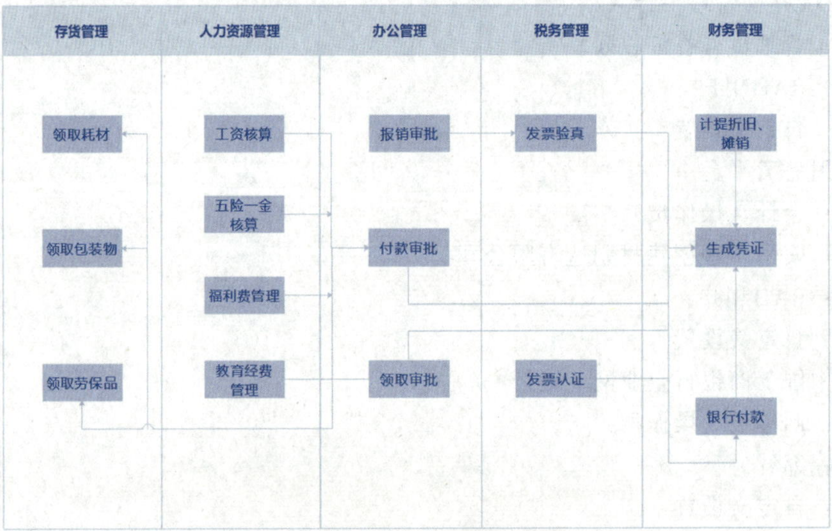


图7-2　费用报销业务工作流程图

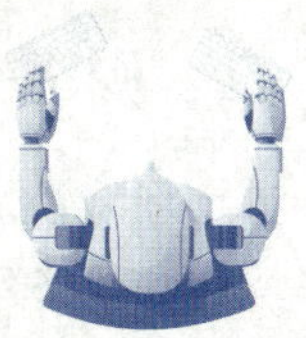

# 模块2　财务机器人的设计

## 业务描述

财务机器人的设计是开发项目中承上启下的环节，需要将需求分析阶段形成的成果转化为财务机器人的设计方案，需求分析是对用户诉求的识别，设计方案是后续财务机器人开发工作的依据。在设计过程中，需要将用户需求根据财务机器人工作的特点对工作流程进行再造，使财务机器人能顺利替代人工完成相关工作。

# 任务1　融创报销机器人的设计

## 任务描述

微课7-3
财务机器人的设计

需求分析完成后，对财务机器人各方面功能的界定、使用环境、使用人员等信息有了明确的标准，接下来需要基于这些信息，对财务机器人的方案进行详细设计，首先是对融创报销机器人进行设计。

## 任务分析

财务机器人的设计主要有五个方面的内容，分别是财务机器人的工作流程设计、环境配置设计、数据对应关系设计、程序设计以及开发流程图绘制。

### 一、财务机器人的工作流程设计

财务机器人的工作流程是指在财务机器人的工作模式下，其工作流程的先后顺序和动作的设计。与人工的工作流程不同，财务机器人的工作流程要求清晰、明确、可重复，在细节方面与人工有较多不同之处，其中最重要的就是初始工作环境的确定。与人工工作流程不同，财务机器人的工作流程不能设置较多的逻辑判断环节，不然会导致流程冗余，在运行时易错，同时不利于后期的维护。人基于大脑强大的逻辑判断能力，只要熟悉业务系统，任何情况下都能瞬间识别当前操作界面属于业务系统的哪一个模块，判断应该在此界面继续操作还是切换到其他模块，迅速做出正确的决定。而现阶段的财务机器人要实现这种逻辑判断尚需要设置大量的流程和组件，开发和维护工作量巨大的同时，费效比也很低。因此，财务机器人流程通常使用一种简单的方式，就是操作完一笔业务，就让财务机器人直接关闭业务系统，然后重新登录以获得初始的工作环境，这样省去了那些不必要的复杂逻辑判断。

财务机器人的工作流程设计完成后，还需要据此绘制财务机器人工作流程图，财务机器人工作流程图是指财务机器人介入业务活动中的工作内容和步骤，以及人机协作配合的内容。

## 二、财务机器人的环境配置设计

环境配置设计就是明确财务机器人的工作环境，这里的工作环境主要指的是软件环境，如业务系统环境、登录账号、密码等内容。

## 三、财务机器人的数据对应关系设计

财务机器人在运行前、运行中、运行后都涉及多方面的数据，由于财务机器人是跨平台操作的，因此每一个环节数据的来源、数据的中转、数据的存储都要进行详细的设计，在设计时，应重点考虑数据的衔接和业务的安全性。

## 四、财务机器人的程序设计

财务机器人的程序设计主要包括模块设计、循环设计、变量设计等，程序设计是财务机器人从设计方案到具体开发落实的一个重要步骤。有些流程在直观的工作流程设计中不易体现出来，但是财务机器人开发的时候需要用到，就可以在程序设计环节体现出来，如数据获取的流程。

## 五、财务机器人的开发流程图绘制

财务机器人的开发流程图绘制是将财务机器人的流程结构、流程内部需要完成的工作等信息以流程图的方式绘制出来。因财务机器人的开发工作和测试工作涉及的人员较多，开发流程图能以直观明了的方式将财务机器人的内部结构呈现出来，既能方便负责不同工作的开发人员之间的沟通，又能为开发和测试工作提供指引。

# 操作步骤

微课 7-4
融创报销机器人的设计

在需求分析中，我们明确了费用报销业务应当分为费用报销和费用付款两个子业务，因此费用报销业务机器人也应当设计成两个子机器人，分别是融创报销机器人和融创付款机器人。

微课 7-5
融创报销机器人的工作流程

## 一、工作流程设计

根据对报销业务流程的梳理，确定融创报销机器人的主要工作是在财务云平台上完成费用计提业务的会计核算。其中，对公支付的报销业务通过“应付账款”科目核算，将供应商作为辅助核算；对私支付通过“其他应付款”科目核算，将员工作为辅助核算，该机器人主要工作流程为：

（1）登录财务云平台并打开报销业务数据表格。

（2）获取费用报销业务数据。

（3）循环编制费用计提会计凭证。

（4）退出财务云平台。

## 二、环境配置设计

运行“融创报销机器人”之前，需要填写环境配置内容，见表7-10。

表7-10　融创报销机器人的环境配置

| 序号 | 项目 | 填写内容 |
|---|---|---|
| 1 | 财务云网址 | http://fz.chinaive.com/kjhs/ |
| 2 | 用户名 | 登录RAD的用户名 |
| 3 | 密码 | 登录RAD的密码 |
| 4 | 账户 | 安平市融创建材制造有限公司 |

## 三、数据对应关系设计

数据对应关系设计见表7-11。

表7-11　融创报销机器人的数据对应关系

| 序号 | 数据项目 | 数据来源 | | | | 财务机器人 | 数据使用项目 | |
|---|---|---|---|---|---|---|---|---|
| | | | | | | 工作环境 | 机器人模块 | 步骤序列 |
| 说明 | 名称 | RAD（OA） | | | | 财务云平台 | | |
| | | 直接填写 | 选择填写 | 自动生成 | OCR | 填制凭证 | | |
| 1 | 费用类型 | | √ | | | | | |
| 2 | 金额 | √ | | | | 借方金额（1）/贷方金额 | 编制记账凭证模块 | ⑨ |
| 3 | 支付类别 | | √ | | | | 编制记账凭证模块 | |
| 4 | 收款人名称 | √ | | | | 贷方辅助账（对公：供应商；对私：姓名） | 编制记账凭证模块 | ⑧ |
| 5 | 申请部门 | | √ | | | 借方辅助账（部门） | 编制记账凭证模块 | |
| 6 | 审批时间 | | | √ | | 登录日期 | 财务云登录模块 | ⑤ |
| 7 | 模板凭证编号 | | | √ | | 调用常用凭证-编码 | 编制记账凭证模块 | ③ |
| 8 | 票据类型 | | | √ | | | | |
| 9 | 附件：增值税发票 | | | | | | | |
| 10 | 税额 | | | | √ | 借方金额（2-2） | 编制记账凭证模块 | ⑨ |
| 11 | 金额 | | | | √ | | 编制记账凭证模块 | |
| | | | | | | | | |

## 四、程序设计

### （一）模块设计

融创报销机器人程序划分为登录财务云平台、获取数据、编制记账凭证、退出财务云平台四个功能模块，划分依据见表7-12。

表7-12 融创报销机器人模块设计

| 序号 | 模块名 | 划分依据 |
|---|---|---|
| 1 | 登录财务云平台 | 财务云登录为各类财务云操作的基础步骤，具有极强的标准性和复用性 |
| 2 | 获取数据 | 获取的数据需要在财务云记账凭证编制环节调用 |
| 3 | 编制记账凭证 | 较为独立完整 |
| 4 | 退出财务云平台 | 财务云退出为各类财务云操作结束后的统一步骤，具有极强的标准性和复用性 |

### （二）循环设计

为逐一进行费用计提记账凭证编制，需要在每笔凭证编制结束后，跳至下一笔业务继续编制记账凭证，直至全部业务核算完毕。因此，需要循环执行数据获取及记账凭证编制模块，其中记账凭证编制需要严格进行标准化处理，以满足循环需求，例如记账凭证编制模块应当从点击【新增凭证】按钮开始，以满足每次完成会计核算后继续循环的要求。

### （三）变量设计

在完成费用计提业务的过程中，需要设计变量临时存储读取的信息。

其具体设计如下：

（1）设计全局变量（data），存储“安平市融创建材制造有限公司2021年12月报销付款记录”中的付款数据，用于在工行网银平台完成转账付款及在财务云会计核算平台填写记账凭证业务信息。

（2）设计全局变量（i），存储每次循环项，并作为每次循环中读取表格数据的行数。

## 五、开发流程图绘制

融创报销机器人的开发流程图如图7-3所示：

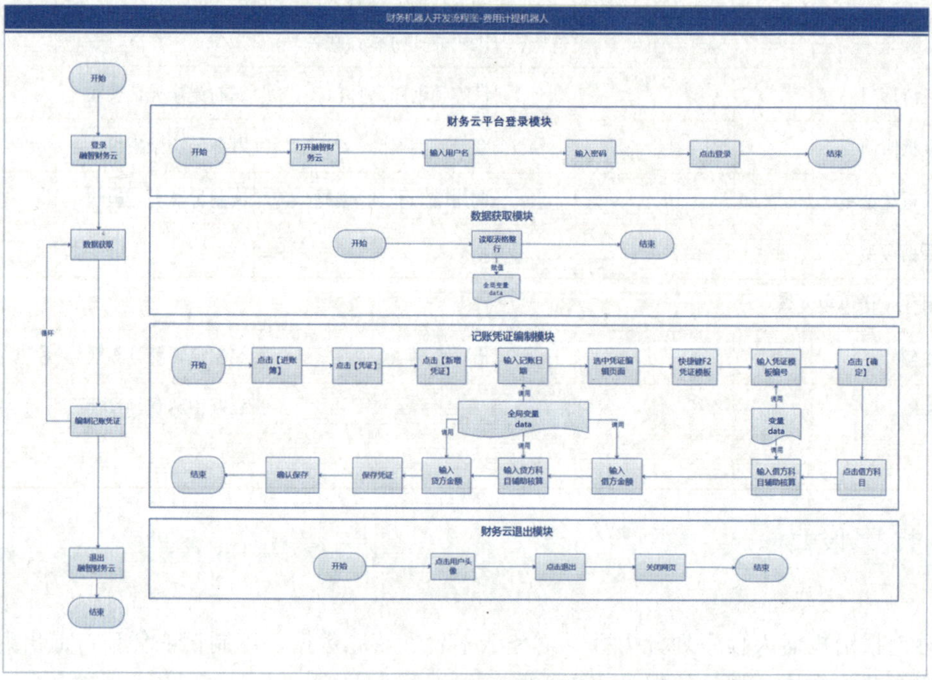


图7-3 融创报销机器人开发流程图

# 任务2　融创付款机器人的设计

## 任务描述

融创报销机器人设计完成后，接下来应根据需求分析对融创付款机器人进行设计。

## 任务分析

微课7-6
融创付款机器人的设计

根据需求分析，融创付款机器人完成的工作主要是通过网银对需付款的费用项目进行转账支付，并在财务云平台完成登记入账。业务涉及会计工作两个主要平台，平台之间的数据本来是相互独立的，要将这两个“信息孤岛”有效连接在一起，数据的逻辑关系、数据标准的设计尤为重要。

## 操作步骤

微课7-7
融创付款机器人的工作流程

### 一、工作流程设计

根据对报销业务流程的梳理，确定融创付款机器人的主要工作是在网银平台完成费用报销款项支付业务，然后在财务云平台上，完成费用付款业务的会计核算。其中，对公支付通过“应付账款”科目核算，将供应商作为辅助核算；对私支付通过“其他应付款”科目核算，将员工作为辅助核算，与融创报销机器人的会计核算保持原则一致的反方向往来科目核算，该机器人主要工作流程为：

（1）登录工行网银平台；
（2）获取费用付款业务数据；
（3）支付报销款项；
（4）下载交易回单；
（5）完成所有支付后退出工行网银平台；
（6）登录财务云平台并打开报销业务数据表格；
（7）获取费用报销业务数据；
（8）循环编制费用计提会计凭证；
（9）退出财务云平台。

### 二、环境配置设计

融创付款机器人环境配置设计见表7-13：

表7-13　融创付款机器人环境配置设计

| 序号 | 项目 | 填写内容 |
|---|---|---|
| 1 | 网银登录密码 | 登录工行网银时所需的U盾密码 |
| 2 | 财务云网址 | http：//fz.chinaive.com/kjhs/ |
| 3 | 用户名 | 登录RAD的用户名 |
| 4 | 密码 | 登录RAD的密码 |
| 5 | 账户 | 安平市融创建材制造有限公司 |

## 三、数据对应关系设计

融创付款机器人的数据对应关系设计见表7-14。

表7-14 融创付款机器人的数据对应关系

| 序号 | 数据项目 | 数据来源 | | | 财务机器人 | | 数据使用项目 | |
|---|---|---|---|---|---|---|---|---|
| | | | | | 工作环境 | | 机器人模块 | 步骤序列 |
| 说明 | 名称 | RAD | | | 网上银行 | 财务云平台 | | |
| | | 直接填写 | 选择填写 | 自动生成 | 转账汇款/逐笔支付 | 填制凭证 | | |
| 1 | 收款人名称 | √ | | | 收款单位 | 借方辅助账（对公：供应商；对私：姓名） | 工行网银付款模块/工行回单下载模块 | ③、⑥/③ |
| 2 | 款项用途 | √ | | | 汇款用途 | | 工行网银付款模块 | ③、⑥ |
| 3 | 付款金额 | √ | | | 汇款金额 | 借方金额/贷方金额 | 工行网银付款模块/编制记账凭证模块/工行回单下载模块 | ③、⑥/⑨、⑩/③ |
| 4 | 支付类别 | | √ | | 选择转账汇款模块 | | 工行网银付款模块/编制记账凭证模块 | ①/⑩ |
| 5 | 开户银行 | √ | | | 收款银行 | | 工行网银付款模块/工行回单下载模块 | ③、⑥/③ |
| 6 | 银行账号 | √ | | | 收款账号 | | 工行网银付款模块/工行回单下载模块 | ③、⑥/③ |
| 7 | 审批时间 | | | √ | | 登录日期 | 财务云登录模块 | ⑤ |
| 8 | 模板凭证编号 | | | √ | | 调用常用凭证-编码 | 编制记账凭证模块 | |

## 四、程序设计

### （一）模块设计

融创付款机器人程序划分为登录工行网银、获取数据、逐笔付款、查询付款信息、退出工行网银、登录财务云平台、编制记账凭证、退出财务云平台八个功能模块，划分依据见表7-15：

表7-15 融创付款机器人模块设计

| 序号 | 模块名 | 划分依据 |
|---|---|---|
| 1 | 登录工行网银 | 登录网银为各类网银业务的基础步骤，具有极强的标准性和复用性 |
| 2 | 获取数据 | 获取的数据需要在工行网银付款、付款回单查询及下载、财务云记账凭证编制环节调用 |
| 3 | 逐笔付款 | 较为独立完整 |
| 4 | 查询付款信息 | 较为独立完整 |
| 5 | 退出工行网银 | 网银退出为各类网银操作结束后的统一步骤，具有极强的标准性和复用性 |
| 6 | 登录财务云平台 | 财务云登录为各类财务云操作的基础步骤，具有极强的标准性和复用性 |
| 7 | 编制记账凭证 | 较为独立完整 |
| 8 | 退出财务云平台 | 财务云退出为各类财务云操作结束后的统一步骤，具有极强的标准性和复用性 |

### （二）循环设计

为逐一进行网银付款业务，需在每笔业务结束后，跳至下一笔业务继续付款，直至全部业务支付完毕。因此，需要对付款业务完整流程设计循环，并循环执行数据获取、网银逐笔转账、网银查询模块。

为逐一对记账数据进行记账凭证编制，需在每笔业务编制结束后，跳至下一笔业务继续编制，直至全部业务记账完毕。因此，需要对记账凭证编制完整流程设计循环，并循环执行数据获取、记账凭证编制模块。

### （三）变量设计

在完成费用付款业务的过程中，需要设计变量临时存储读取的信息。其具体设计如下：

（1）设计全局变量（data），存储“安平市融创建材制造有限公司2021年12月报销付款记录”中的付款数据，用于在工行网银平台完成转账付款及在财务云会计核算平台填写记账凭证业务信息。

（2）设计全局变量（i），存储每次循环项，并作为每次循环中读取表格数据的行数。

## 五、开发流程图绘制

融创付款机器人的开发流程图如图7-4所示：

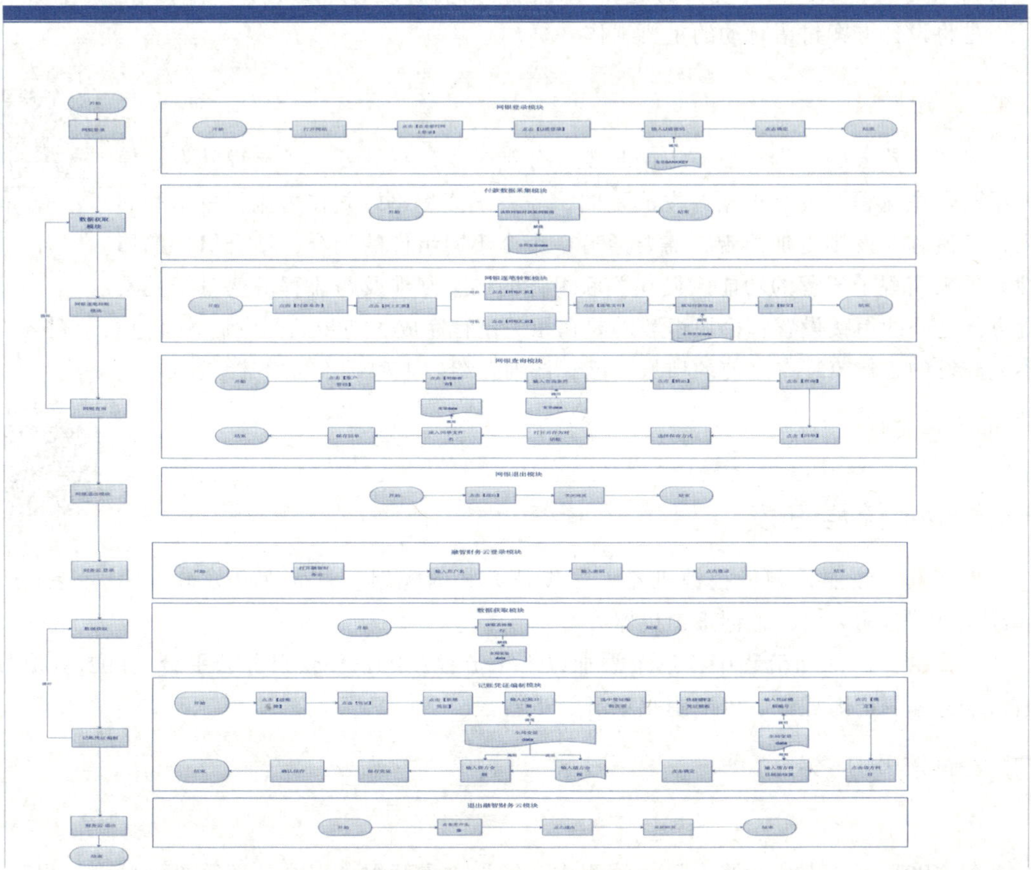

图7-4 融创付款机器人开发流程图

# 模块3 财务机器人的开发

## 业务描述

经过项目团队深入细致的需求分析，现已形成费用报销业务机器人的设计方案，接下来需要根据设计方案，在财务机器人应用与开发实践平台完成对费用报销业务机器人的开发。根据设计方案，本次开发项目可以分成两个子项目，分别是融创报销机器人的开发和融创付款机器人的开发。

# 任务1 融创报销机器人的程序开发

## 任务描述

财务机器人的开发是在梳理清楚用户需求后，在财务机器人应用与开发实践平台将财务机器人的设计方案变为现实的过程。融创报销机器人的开发是本项目的第一个开发任务，是将设计方案付诸行动的重要工作。

## 任务分析

资源7-1

融创报销机器人开发素材

财务机器人的开发主要有三个步骤，分别是主流程开发、子流程开发、模块组装。主流程开发是根据开发流程图，先将子流程建好并在主流程里串联起来；子流程开发则更加微观，需要通过一个个不同组件的配合，结合组件的属性设置来实现子流程的功能，循环关联组件的调整则涉及跨流程的变量、元素等方面之间的衔接设置；模块组装需要在相关流程完成了初步的开发后才能进行。财务机器人开发的工作流程在之前的项目中已有详细介绍，本项目不再赘述。

## 操作步骤

微课7-8

融创报销机器人的开发演示

### 一、main流程开发

步骤❶：按照“融创报销机器人”设计方案的规划，首先在开发软件中“新建工程”，命名为“融创报销机器人”。

步骤❷：在main流程中，逐个添加以下子流程：P01_登录财务云平台、P02_获取数据、P03_编制记账凭证、P04_退出财务云平台。

### 二、子流程开发

#### （一）P01_登录财务云平台

在“P01_登录财务云平台”子流程中，开发“融智财务云会计核算平台登录”程序，开发步骤见表7-16，对应的控件捕获位置如图7-5所示。

表7-16 “P01_登录财务云平台”子流程开发步骤

| 业务流程 | | 开发步骤 | |
|---|---|---|---|
| 序号 | 操作步骤 | 添加组件 | 设置属性 |
| ① | 打开“融创报销业务数据表”，打开融智财务云会计核算平台 | 启动Excel | 输入属性：<br>选择“Excel对象”为：选择“Excel文件路径”：“C:\RPADATA\融创报销业务数据表.xls”，点击【打开】；<br>输出属性：<br>将“Excel对象”变量名称改为：rcbx_excel |
| | | 激活Sheet页 | 输入属性：<br>选择“已打开的Excel对象”为：rcbx_excel变量；<br>设置“Sheet页名称”为“融创报销”；<br>输出属性：<br>点击【添加全局变量】，将变量命名为：rcbx_sheet，选择变量类型为：“Sheet对象”，点击【确定】；选择“Excel Sheet对象”为：rcbx_sheet变量 |
| | | 获取Excel的行数 | 输入属性：<br>选择“已打开的Sheet对象”为：rcbx_sheet变量；<br>输出属性：<br>点击添加全局变量，将变量命名为：rcbx_lines，选择变量类型为：“数字”，点击【确定】；选择“行数变量名称”为：rcbx_lines变量 |
| | | 打开新网页 | 输入属性：<br>录入“打开网址”内容为：<br>“http：//fz.chinaive.com/kjhs/”；<br>选择“浏览器类型”为：Chrome；<br>输出属性：<br>点击【添加全局变量】，将变量命名为：accounting_web，选择变量类型为：“浏览器对象”，点击【确定】；选择“浏览器对象”为：accounting_web变量 |
| ② | 调用浏览器工具栏菜单 | 输入热键 | 输入属性：<br>录入“按键组合”内容为：! {space} |
| ③ | 窗口最大化 | 输入热键 | 输入属性：<br>录入“按键组合”内容为：x |

续表

| 业务流程 | | 开发步骤 | |
|---|---|---|---|
| 序号 | 操作步骤 | 添加组件 | 设置属性 |
| ④ | 按RAD平台登录账号录入用户名 | 通过剪贴方式输入（网页） | 输入属性：<br>选择“已打开的浏览器对象”为：accounting_web变量；<br>在目标控件中捕捉新控件，拾取用户名输入框，将该控件命名为：“用户名输入框”，点击【保存】；<br>点击【输入内容】输入框，点击【新增流程变量】，将变量命名为：username；<br>设置默认值为：xxx（其中，xxx使用RAD平台登录账号代替），点击【确定】；<br>设置输入方式为：“覆盖输入” |
| ⑤ | 按RAD平台登录账号密码录入密码 | 填写输入框（网页） | 输入属性：<br>选择“已打开的浏览器对象”为：accounting_web变量；<br>在目标控件中捕捉新控件，拾取密码输入框，将该控件命名为：“密码输入框”，点击【保存】；<br>点击【输入内容】输入框，点击【新增流程变量】，将变量命名为：password；<br>设置默认值为：xxx（其中，xxx使用RAD平台登录密码代替），点击【确定】；<br>设置输入方式为：“覆盖输入” |
| ⑥ | 点击【登录】 | 点击控件（网页） | 输入属性：<br>选择“已打开的浏览器对象”为：accounting_web变量；<br>在目标控件中捕捉新控件，拾取【登录】，将该控件命名为：“登录”，点击【保存】；<br>设置模拟点击为：“是” |

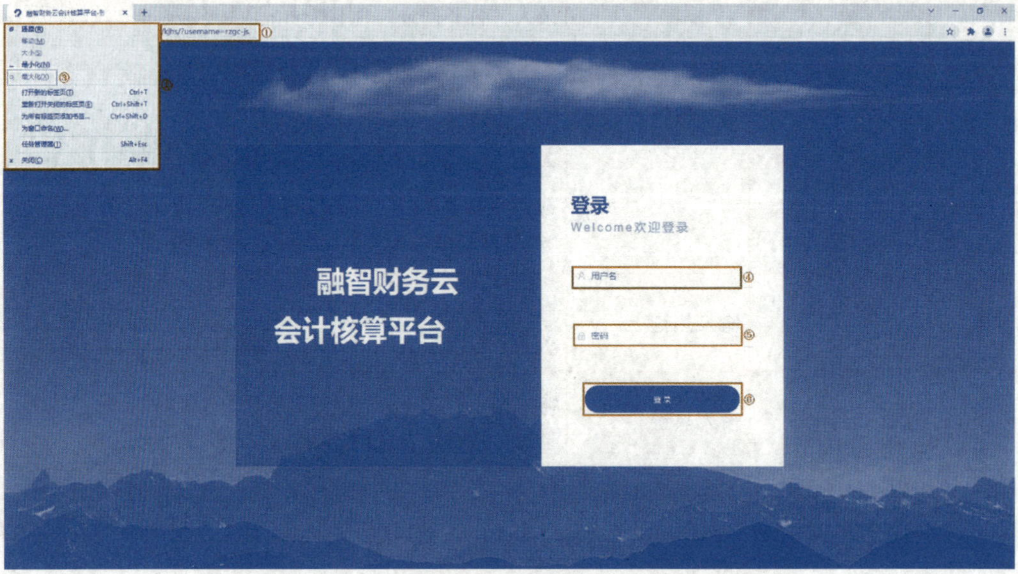


图7-5 “P01_登录财务云平台”子流程控件捕获位置

## （二）P02_获取数据

在“P02_获取数据”子流程中，开发“获取费用报销数据”程序，开发步骤见表7-17，对应的数据读取界面如图7-6所示。

表7-17　“P02_获取数据”子流程开发步骤

| 业务流程 | | 开发步骤 | |
|---|---|---|---|
| 序号 | 操作步骤 | 添加组件 | 设置属性 |
| ① | 获取“融创报销业务数据表”中的记账数据 | 获取Excel行的值 | 输入属性：<br>选择“已打开的Sheet对象”为：rcbx_sheet，行号为：2；<br>输出属性：<br>点击【添加全局变量】，将变量命名为：data，选择变量类型为：“列表”，点击【确定】；选择“行数据变量名称”为：data变量 |

资源7-2

融创报销机器人登录财务云平台子流程开发效果图大图

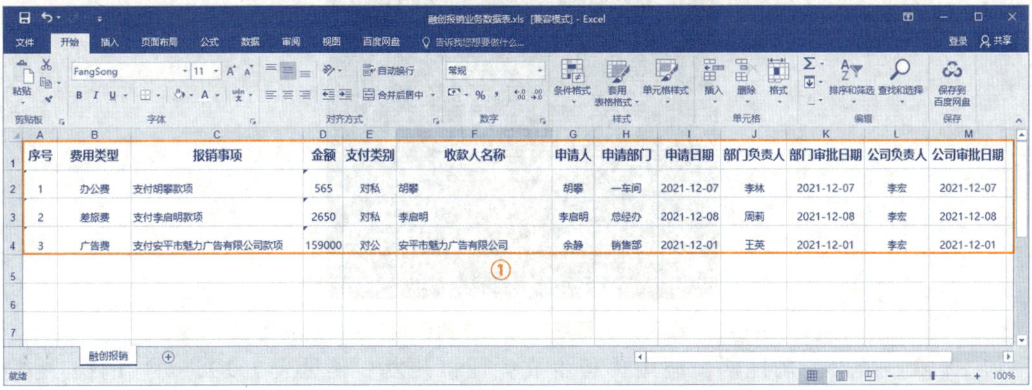


图7-6　“P02_获取数据”子流程数据读取界面

## （三）P03_编制记账凭证

在“P03_编制记账凭证”子流程中，开发“记账凭证编制”程序。

步骤❶：点击【进账簿】，新增凭证，开发步骤见表7-18，对应的控件捕获位置如图7-7和图7-8所示。

表7-18　新增凭证开发步骤

| 业务流程 | | 开发步骤 | |
|---|---|---|---|
| 序号 | 操作步骤 | 添加组件 | 设置属性 |
| ① | 点击账户信息栏【进账簿】 | 点击控件（网页） | 输入属性：<br>选择“已打开的浏览器对象”为：accounting_web变量；<br>在目标控件中捕捉新控件，拾取【进账簿】，将该控件命名为：“进账簿”，点击【保存】；<br>设置模拟点击为：“是” |
| ② | 点击左侧功能栏【凭证】 | 点击控件（网页） | 输入属性：<br>选择“已打开的浏览器对象”为：accounting_web变量；<br>在目标控件中捕捉新控件，拾取【凭证】，将该控件命名为：“凭证”，点击【保存】；<br>设置模拟点击为：“是” |
| ③ | 点击左侧功能栏【新增凭证】 | 点击控件（网页） | 输入属性：<br>选择“已打开的浏览器对象”为：accounting_web变量；<br>在目标控件中捕捉新控件，拾取【新增凭证】，将该控件命名为：“新增凭证”，点击【保存】；<br>设置模拟点击为：“是” |

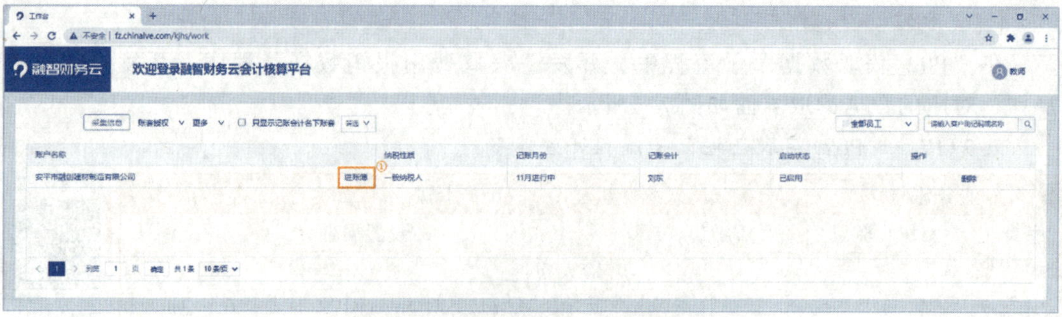

图7-7　新增凭证控件捕获位置1

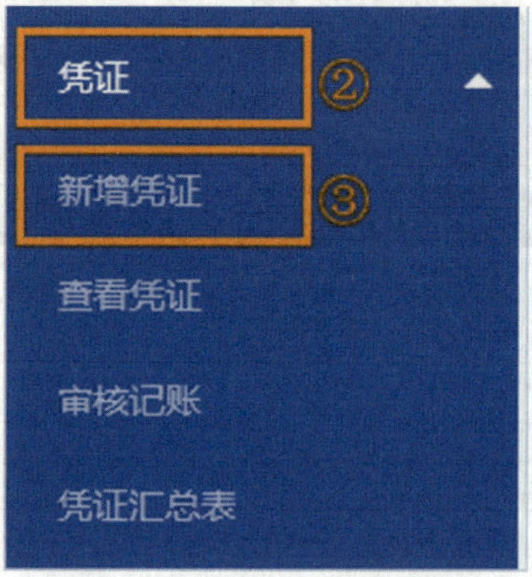


图7-8　新增凭证控件捕获位置2

步骤❷：录入记账日期，调用模板生成凭证，开发步骤见表7-19，对应的控件捕获位置如图7-9所示。

表7-19　“录入记账日期，调用模板生成凭证”开发步骤

| 业务流程 | | 开发步骤 | |
|---|---|---|---|
| 序号 | 操作步骤 | 添加组件 | 设置属性 |
| ④ | 输入记账日期 | 填写输入框（网页） | 输入属性：<br>选择“已打开的浏览器对象”为：accounting_web变量；<br>在目标控件中捕捉新控件，拾取日期输入框，将该控件命名为：“日期输入框”，点击【保存】；<br>选择“输入内容”为编辑表达式，表达式为：data[12]；<br>设置输入方式为：“覆盖输入” |
| ⑤ | 选中凭证编辑页面 | 点击控件（网页） | 输入属性：<br>选择“已打开的浏览器对象”为：accounting_web变量；<br>在目标控件中捕捉新控件，拾取【记账凭证】，将该控件命名为：“记账凭证”，点击【保存】；<br>设置模拟点击为：“是” |
| ⑥ | 用快捷键F2，打开“调用模板”对话框 | 输入热键 | 输入属性：<br>录入“按键组合”内容为：{F2} |

续表

| 业务流程 | | 开发步骤 | |
|---|---|---|---|
| 序号 | 操作步骤 | 添加组件 | 设置属性 |
| ⑦ | 根据“融创报销业务数据表”中的“凭证模板号”，在“调用模板”对话框的输入框中录入对应的凭证模板编号 | 填写输入框（网页） | 输入属性：<br>选择“已打开的浏览器对象”为：accounting_web变量；<br>在目标控件中捕捉新控件，拾取模板编号输入框，将该控件命名为：“模板编号输入框”，点击【保存】；<br>选择“输入内容”为编辑表达式，表达式为：按照公司费用报销记账规则写入“字典”；<br>设置输入方式为：“覆盖输入” |
| ⑧ | 点击“调用模板”对话框的【确定】生成报销凭证 | 点击控件（网页） | 输入属性：<br>选择“已打开的浏览器对象”为：accounting_web变量；<br>在目标控件中捕捉新控件，拾取“调用模板”对话框的【确定】按钮，将该控件命名为：“‘调用模板’对话框的确定按钮”，点击【保存】；<br>设置模拟点击为：“是” |

图7-9 “录入记账日期，调用模板生成凭证”控件捕获位置

在实际业务中，OA系统所导出的报销审批记录不会标注所需调用的凭证模板编号，因此可以在“填写输入框”组件中，使用“字典”来完成凭证模板编号的填写。

字典是一系列键与值对应的组合关系，可理解为通过符合规则的“键”调用与其对应的“值”，“键”可以是数字、字符串（文本内容），甚至是元组（行数据），RPA开发中，常用的字典语法如下：

{key1：value1，key2：value2}［data］

其中，“key1”是一个键，“value1”是一个值，“key1：value1”是一个键值对，键和值中间用“：”分割，每个键值对用“，”分割，所有的键值都包括在大括号“{}”中。

“{}”后的［data］，表示用［data］查询所有的键值对，当data为key1时，输出

valua1，当data为key2时，输出valua2。

例如：步骤⑦在“调用模板”对话框的输入框中录入对应的凭证模板编号，可在文本内容中输入：

{'销售部对公广告费'：'101'，'销售部对公其他'：'102'，'销售部对私其他'：'103'，
'销售部对公包装费'：'104'，'总经办对公办公费'：'201'，'人力资源部对公办公费'：'201'，
'质检部对公办公费'：'201'，'财务部对公办公费'：'201'，
'采购部对公办公费'：'201'，'仓储部对公办公费'：'201'，
'销售部对公办公费'：'201'，'总经办对私办公费'：'202'，
'人力资源部对私办公费'：'202'，'质检部对私办公费'：'202'，
'财务部对私办公费'：'202'，'采购部对私办公费'：'202'，
'仓储部对私办公费'：'202'，'销售部对私办公费'：'202'，
'总经办对私差旅费'：'203'，'人力资源部对私差旅费'：'203'，
'质检部对私差旅费'：'203'，'财务部对私差旅费'：'203'，
'采购部对私差旅费'：'203'，'仓储部对私差旅费'：'203'，
'销售部对私差旅费'：'203'，'一车间对私差旅费'：'203'，
'二车间对私差旅费'：'203'，'三车间对私差旅费'：'203'，
'维修车间对私差旅费'：'203'，'总经办对公水电费'：'204'，
'总经办对私业务招待费'：'205'，'人力资源部对私业务招待费'：'205'，
'质检部对私业务招待费'：'205'，'财务部对私业务招待费'：'205'，
'采购部对私业务招待费'：'205'，'仓储部对私业务招待费'：'205'，
'销售部对私业务招待费'：'205'，'一车间对私业务招待费'：'205'，
'二车间对私业务招待费'：'205'，'三车间对私业务招待费'：'205'，
'维修车间对私业务招待费'：'205'，'总经办对公劳保'：'206'，
'人力资源部对公劳保'：'206'，'质检部对公劳保'：'206'，'财务部对公劳保'：'206'，
'采购部对公劳保'：'206'，'仓储部对公劳保'：'206'，'销售部对公劳保'：'206'，
'一车间对公劳保'：'206'，'二车间对公劳保'：'206'，'三车间对公劳保'：'206'，
'维修车间对公劳保'：'206'，'总经办对私劳保'：'207'，'人力资源部对私劳保'：'207'，
'质检部对私劳保'：'207'，'财务部对私劳保'：'207'，'采购部对私劳保'：'207'，
'仓储部对私劳保'：'207'，'销售部对私劳保'：'207'，'一车间对私劳保'：'207'，
'二车间对私劳保'：'207'，'三车间对私劳保'：'207'，'维修车间对私劳保'：'207'，
'总经办对公修理费'：'208'，'人力资源部对公修理费'：'208'，
'质检部对公修理费'：'208'，'财务部对公修理费'：'208'，'采购部对公修理费'：'208'，
'仓储部对公修理费'：'208'，'销售部对公修理费'：'208'，'一车间对公修理费'：'208'，
'二车间对公修理费'：'208'，'三车间对公修理费'：'208'，'维修车间对公修理费'：'208'，
'总经办对私修理费'：'209'，'人力资源部对私修理费'：'209'，'质检部对私修理费'：'209'，
'财务部对私修理费'：'209'，'采购部对私修理费'：'209'，'仓储部对私修理费'：'209'，
'销售部对私修理费'：'209'，'一车间对私修理费'：'209'，'二车间对私修理费'：'209'，
'三车间对私修理费'：'209'，'维修车间对私修理费'：'209'，'总经办对公其他'：'210'，
'人力资源部对公其他'：'210'，'质检部对公其他'：'210'，'财务部对公其他'：'210'，

'采购部对公其他'：'210'，'仓储部对公其他'：'210'，'总经办对私其他'：'211'，
'人力资源部对私其他'：'211'，'质检部对私其他'：'211'，'财务部对私其他'：'211'，
'采购部对私其他'：'211'，'仓储部对私其他'：'211'，'一车间对公办公费'：'301'，
'二车间对公办公费'：'301'，'三车间对公办公费'：'301'，'维修车间对公办公费'：'301'，
'一车间对私办公费'：'302'，'二车间对私办公费'：'302'，'三车间对私办公费'：'302'，
'维修车间对私办公费'：'302'，'一车间对公其他'：'303'，'二车间对公其他'：'303'，
'三车间对公其他'：'303'，'维修车间对公其他'：'303'，'一车间对私其他'：'304'，
'二车间对私其他'：'304'，'三车间对私其他'：'304'，'维修车间对私其他'：'304'，
'总经办对公水电费'：'305'，'总经办对公福利费'：'401'，'人力资源部对公福利费'：'401'，
'质检部对公福利费'：'401'，'财务部对公福利费'：'401'，'采购部对公福利费'：'401'，
'仓储部对公福利费'：'401'，'销售部对公福利费'：'401'，'一车间对公福利费'：'401'，
'二车间对公福利费'：'401'，'三车间对公福利费'：'401'，'维修车间对公福利费'：'401'，
'总经办对私福利费'：'402'，'人力资源部对私福利费'：'402'，'质检部对私福利费'：'402'，
'财务部对私福利费'：'402'，'采购部对私福利费'：'402'，'仓储部对私福利费'：'402'，
'销售部对私福利费'：'402'，'一车间对私福利费'：'402'，'二车间对私福利费'：'402'，
'三车间对私福利费'：'402'，'维修车间对私福利费'：'402'，
'总经办对公职工教育经费'：'403'，'人力资源部对公职工教育经费'：'403'，
'质检部对公职工教育经费'：'403'，'财务部对公职工教育经费'：'403'，
'采购部对公职工教育经费'：'403'，'仓储部对公职工教育经费'：'403'，
'销售部对公职工教育经费'：'403'，'一车间对公职工教育经费'：'403'，
'二车间对公职工教育经费'：'403'，'三车间对公职工教育经费'：'403'，
'维修车间对公职工教育经费'：'403'，'总经办对私职工教育经费'：'404'，
'人力资源部对私职工教育经费'：'404'，'质检部对私职工教育经费'：'404'，
'财务部对私职工教育经费'：'404'，'采购部对私职工教育经费'：'404'，
'仓储部对私职工教育经费'：'404'，'销售部对私职工教育经费'：'404'，
'一车间对私职工教育经费'：'404'，'二车间对私职工教育经费'：'404'，
'三车间对私职工教育经费'：'404'，'维修车间对私职工教育经费'：'404'}
[data [7] +data [4] + data [1] ]

以案例一为例，[data [7] +data [4] +data [1] ] 为“销售部对公广告费”，对应输出记账凭证编号为“101”。

步骤❸：录入辅助项及借贷方金额，开发步骤见表7-20，对应的控件捕获位置如图7-10和图7-11所示。

表7-20 录入辅助项及借贷方金额开发步骤

| 业务流程 | | 开发步骤 | |
|---|---|---|---|
| 序号 | 操作步骤 | 添加组件 | 设置属性 |
| ⑨ | 判断“费用类型”是否为福利费、职工教育经费 | 第一层条件分支开始 | |
| | | 条件分支 | 输入属性：<br>点击【设置IF条件】，选择“使用表达式编辑”，表达式为：data [1] not in ['福利费'，'职工教育经费'] |

续表

| 业务流程 | | 开发步骤 | |
|---|---|---|---|
| 序号 | 操作步骤 | 添加组件 | 设置属性 |
| ⑩ | 点击【借方科目名称】，弹出“辅助项”对话框 | 连接“条件分支”组件“IF”分支 | |
| | | 点击控件（网页） | 输入属性：<br>选择“已打开的浏览器对象”为：accounting_web变量；<br>在目标控件中捕捉新控件，拾取【借方科目名称】，将该控件命名为：“借方科目名称”，点击【保存】；<br>设置模拟点击为：“是” |
| ⑪ | 在“借方科目辅助项输入框”中，录入经办部门 | 通过剪贴方式输入（网页） | 输入属性：<br>选择“已打开的浏览器对象”为：accounting_web变量；<br>在目标控件中捕捉新控件，拾取借方科目辅助项输入框，将该控件命名为：“借方科目辅助项输入框”，点击【保存】；<br>选择“输入内容”为编辑表达式，表达式为：data［7］；<br>设置输入方式为：“覆盖输入” |
| | | 输入热键 | 输入属性：<br>录入“按键组合”内容为：{ENTER} |
| ⑫ | 点击【确定】，借方辅助项录入成功 | 点击控件（网页） | 输入属性：<br>选择“已打开的浏览器对象”为：accounting_web变量；<br>在目标控件中捕捉新控件，拾取“借方辅助项”对话框的【确定】按钮，将该控件命名为：“‘借方辅助项’对话框的确定按钮”，点击【保存】；<br>设置模拟点击为：“是” |
| ⑬ | 点击“借方金额栏” | 连接“条件分支”组件“ELSE”分支 | |
| | | 点击控件（网页） | 输入属性：<br>选择“已打开的浏览器对象”为：accounting_web变量；<br>在目标控件中捕捉新控件，拾取借方金额栏，将该控件命名为：“借方金额栏”，点击【保存】；<br>设置模拟点击为：“是” |
| | | 第一层条件分支结束 | |
| | 在“借方金额输入框”中，填入借方金额 | 连接“条件分支”组件结束分支 | |
| | | 填写输入框（网页） | 输入属性：<br>选择“已打开的浏览器对象”为：accounting_web变量；<br>在目标控件中捕捉新控件，拾取借方金额输入框，将该控件命名为：“借方金额输入框”，点击【保存】；<br>选择“输入内容”为编辑表达式，表达式为：data［3］；<br>设置输入方式为：“覆盖输入” |

续表

| 业务流程 | | 开发步骤 | |
|---|---|---|---|
| 序号 | 操作步骤 | 添加组件 | 设置属性 |
| ⑭ | 点击【贷方科目名称】，弹出“辅助项”对话框 | 点击控件（网页） | 输入属性：<br>选择“已打开的浏览器对象”为：accounting_web变量；<br>在目标控件中捕捉新控件，拾取【贷方科目名称】，将该控件命名为：“贷方科目名称”，点击【保存】；<br>设置模拟点击为：“是” |
| ⑮ | 判断“支付类别”为对公或对私 | 第二层条件分支开始 | |
| | | 条件分支 | 输入属性：<br>点击“设置IF条件”，选择“使用表达式编辑”，表达式为：data［4］=='对公' |
| ⑯ | 在“贷方科目辅助项输入框”中，录入收款公司名称 | 连接“条件分支”组件“IF”分支 | |
| | | 通过剪贴方式输入（网页） | 输入属性：<br>选择“已打开的浏览器对象”为：accounting_web变量；<br>在目标控件中捕捉新控件，拾取贷方科目辅助项输入框，将该控件命名为：“贷方科目辅助项输入框”，点击【保存】；<br>选择“输入内容”为编辑表达式，表达式为：data［5］；<br>设置输入方式为：“覆盖输入” |
| | | 输入热键 | 输入属性：<br>录入“按键组合”内容为：{ENTER} |
| | 在“贷方科目辅助项输入框”中，录入经办部门、经办员工 | 连接“条件分支”组件“ELSE”分支 | |
| | | 通过剪贴方式输入（网页） | 输入属性：<br>选择“已打开的浏览器对象”为：accounting_web变量；<br>在目标控件中捕捉新控件，拾取其他应付款辅助项的部门输入框，将该控件命名为：“其他应付款辅助项的部门输入框”，点击【保存】；<br>选择“输入内容”为编辑表达式，表达式为：data［7］；<br>设置输入方式为：“覆盖输入” |
| | | 输入热键 | 输入属性：<br>录入“按键组合”内容为：{ENTER} |
| | | 通过剪贴方式输入（网页） | 输入属性：<br>选择“已打开的浏览器对象”为：accounting_web变量；<br>在目标控件中捕捉新控件，拾取其他应付款辅助项的员工输入框，将该控件命名为：“其他应付款辅助项的员工输入框”，点击【保存】；<br>选择“输入内容”为编辑表达式，表达式为：data［5］；<br>设置输入方式为：“覆盖输入” |
| | | 输入热键 | 输入属性：<br>录入“按键组合”内容为：{ENTER} |
| | | 第二层条件分支结束 | |

续表

| 业务流程 | | 开发步骤 | |
|---|---|---|---|
| 序号 | 操作步骤 | 添加组件 | 设置属性 |
| ⑰ | 点击【确定】，贷方辅助项录入成功 | 连接“条件分支”组件结束分支 | |
| | | 点击控件（网页） | 输入属性：<br>选择“已打开的浏览器对象”为：accounting_web变量；<br>在目标控件中捕捉新控件，拾取“贷方辅助项”对话框的【确定】按钮，将该控件命名为：“‘贷方辅助项’对话框的确定按钮”，点击【保存】；<br>设置模拟点击为：“是” |
| ⑱ | 点击“贷方金额栏” | 点击控件（网页） | 输入属性：<br>选择“已打开的浏览器对象”为：accounting_web变量；<br>在目标控件中捕捉新控件，拾取贷方金额栏，将该控件命名为：“贷方金额栏”，点击【保存】；<br>设置模拟点击为：“是” |
| | 在“贷方金额输入框”中，填入贷方金额 | 填写输入框（网页） | 输入属性：<br>选择“已打开的浏览器对象”为：accounting_web变量；<br>在目标控件中捕捉新控件，拾取贷方金额输入框，将该控件命名为：“贷方金额输入框”，点击【保存】；<br>选择“输入内容”为编辑表达式，表达式为：data [3]；<br>设置输入方式为：“覆盖输入” |

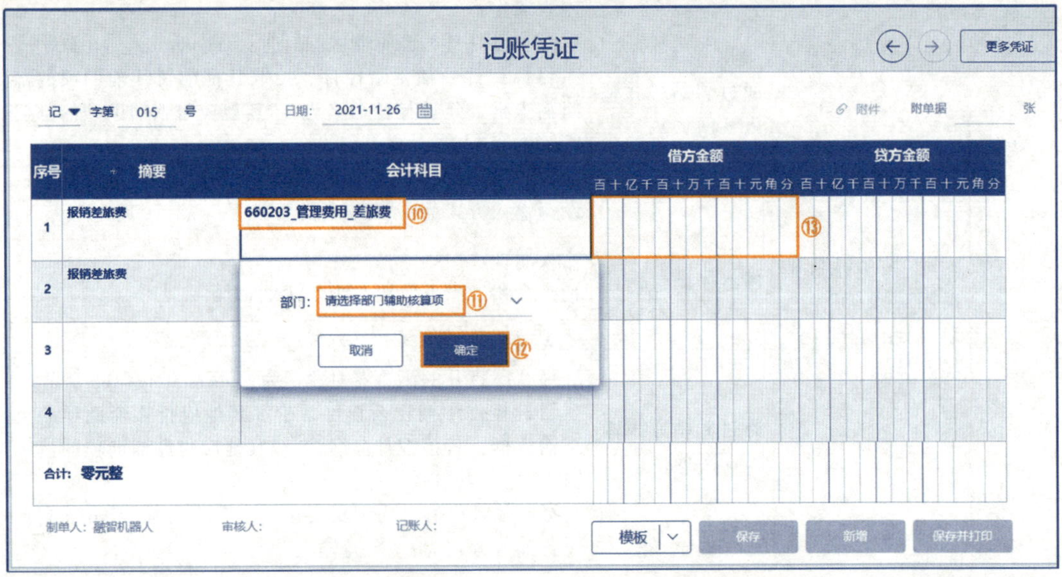


图7-10 “录入辅助项及借贷方金额”控件捕获位置1

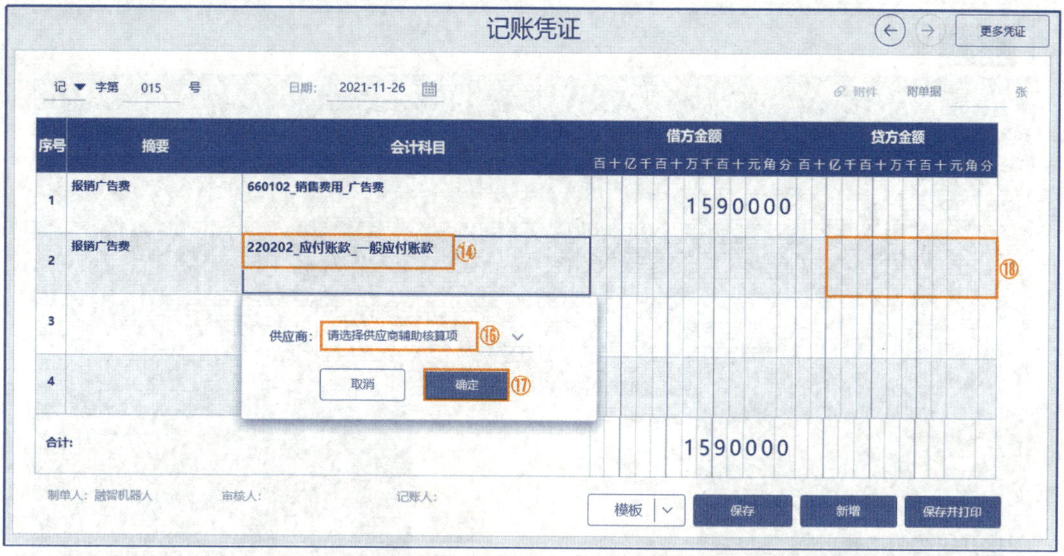


图7-11　“录入辅助项及借贷方金额”控件捕获位置2

步骤❹：保存凭证，开发步骤见表7-21，对应的控件捕获位置如图7-12所示。

表7-21　保存凭证开发步骤

| 业务流程 | | 开发步骤 | |
|---|---|---|---|
| 序号 | 操作步骤 | 添加组件 | 设置属性 |
| ⑲ | 点击右下角【保存】，保存编制好的报销凭证 | 点击控件（网页） | 输入属性：<br>选择“已打开的浏览器对象”为：accounting_web变量；<br>在目标控件中捕捉新控件，拾取【保存】，将该控件命名为：“保存”，点击【保存】；<br>设置模拟点击为：“是” |
| | 点击【确定】，报销凭证保存成功 | 点击控件（网页） | 输入属性：<br>选择“已打开的浏览器对象”为：accounting_web变量；<br>在目标控件中捕捉新控件，拾取“保存凭证”对话框的【确定】按钮，将该控件命名为：“‘保存凭证’对话框的确定按钮”，点击【保存】；<br>设置模拟点击为：“是” |
| ⑳ | 点击【工作台】，回到融智财务云初始页面 | 点击控件（网页） | 输入属性：<br>选择“已打开的浏览器对象”为：accounting_web变量；<br>在目标控件中捕捉新控件，拾取【工作台】，将该控件命名为：“工作台”，点击【保存】；<br>设置模拟点击为：“是” |

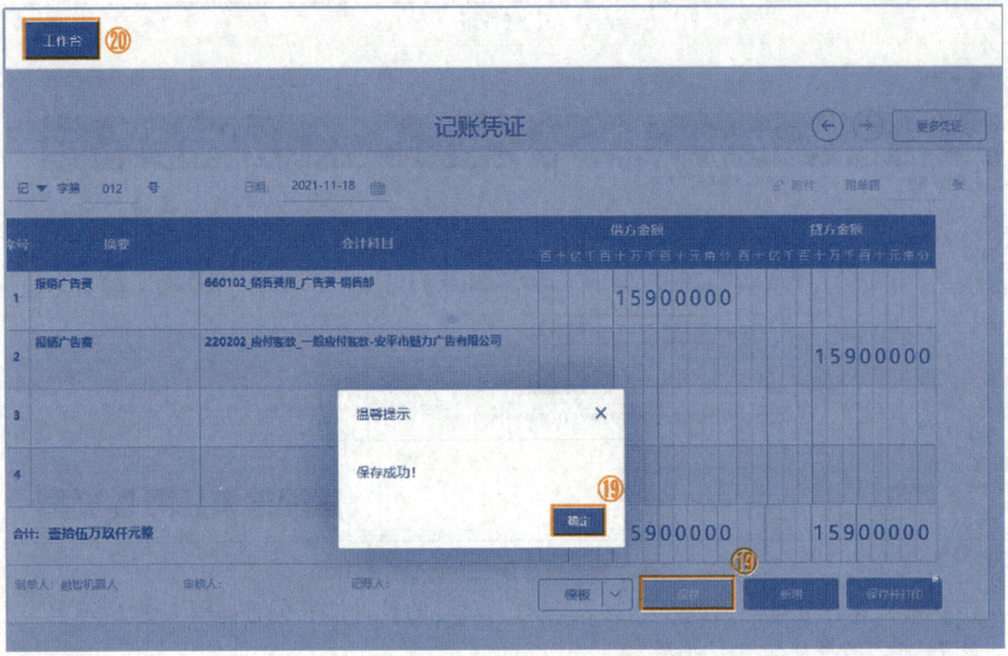


图7-12 "保存凭证"控件捕获位置

### (四) P04_退出财务云平台

在"P04_退出财务云平台"子流程中，开发"融智财务云会计核算平台退出"程序，开发步骤见表7-22：

表7-22 "P04_退出财务云平台"子流程开发步骤

| 业务流程 | | 开发步骤 | |
|---|---|---|---|
| 序号 | 操作步骤 | 添加组件 | 设置属性 |
| ① | 点击【账户头像】，显示退出按钮 | 点击控件（网页） | 输入属性：<br>选择"已打开的浏览器对象"为：accounting_web变量；<br>在目标控件中捕捉新控件，拾取页面右上角【账户头像】，将该控件命名为："账户头像"，点击【保存】；<br>设置模拟点击为："是" |
| ② | 点击【退出】，关闭融智财务云会计核算平台 | 点击控件（网页） | 输入属性：<br>选择"已打开的浏览器对象"为：accounting_web变量；<br>在目标控件中捕捉新控件，拾取弹出的【退出】按钮，将该控件命名为："退出"，点击【保存】；<br>设置模拟点击为："是" |
| ③ | 用快捷键Ctrl+w，关闭网页 | 输入热键 | 输入属性：<br>录入"按键组合"内容为：^{w} |
| ④ | 关闭"融创报销业务数据表" | 获取窗口 | 输入属性：<br>设置"窗口标题"为："融创报销业务数据表"；<br>输出属性：<br>将"窗口对象"变量名称改为：rcbx_win |
| | | 激活窗口 | 输入属性：<br>选择"已打开的窗口对象"为：rcbx_win变量 |
| | | 输入热键 | 输入属性：<br>录入"按键组合"内容为：! {F4} |

资源7-3

融创报销机器人编制记账凭证子流程开发效果图大图

## 三、模块组装

在main流程中，添加所有子流程，并添加循环；调整循环关联组件——“获取数据”子流程中的“获取Excel行的值”组件的目标属性，循环示意图如图7-13所示：

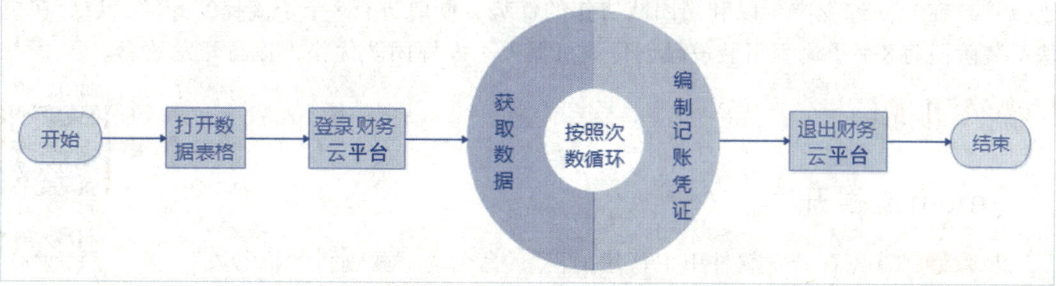


图7-13　循环示意图

模块组装的开发步骤如下：

步骤❶：添加“调用子流程”组件，选择“子流程名称”为“P01_登录财务云平台”。

步骤❷：添加“按照次数循环”组件，输入属性中设置循环起始值为“2”，选择循环结束值为变量“rcbx_lines”，步长值为“1”；输出属性中添加全局变量，将变量命名为“i”，选择变量类型为“数字”，点击【确定】；选择“每次循环项”为变量“i”。

步骤❸：在“按照次数循环”组件循环范围内添加“设置变量值”组件，输入属性中选择变量“i”，“变量值”为编辑表达式，表达式为“i”，然后点击【确定】。

步骤❹：添加“调用子流程”组件，选择“子流程名称”为“P02_获取数据”。

步骤❺：添加“调用子流程”组件，选择“子流程名称”为“P03_编制记账凭证”。

步骤❻：在“按照次数循环”组件循环范围外：

添加“调用子流程”组件，选择“子流程名称”为“P04_退出财务云平台”；

添加“弹出提示框”组件，在输入属性中设置“提示内容”为“融创报销机器人运行成功，感谢使用”，设置“是否等待用户确认”为“否”，设置“提示自动关闭时间(秒)”为“3”。

步骤❼：调整“P02_获取数据”中用以获取记账数据的“获取Excel行的值”组件，修改“输入属性”中的行号为变量“i”。

资源7-4

融创报销机器人主流程开发效果图大图

# 任务2　融创付款机器人的程序开发

## 任务描述

融创报销机器人开发完成后，接下来根据设计方案对融创付款机器人进行开发。

资源7-5

融创付款机器人开发素材

## 任务分析

融创付款机器人是对融创报销机器人业务的延续，其开发阶段同样可划分为三个，分别是main流程开发、子流程开发、模块组装，其中子流程开发的工作内容最多，分为8个子流程，在开发过程中可以利用团队协作的优势，同时进行8个子流程的开发，最后在模块组装阶段将8个子流程组装成融创付款机器人，发挥团队优势，提高开发效率。

## 操作步骤

微课7-9
融创付款机器人的开发演示

### 一、main流程开发

步骤❶：首先在开发软件中“新建工程”，命名为“融创付款机器人”。

步骤❷：在main流程中，逐个添加以下子流程：P01_登录工行网银、P02_获取数据、P03_逐笔付款、P04_查询付款信息、P05_退出工行网银、P06_登录财务云平台、P07_编制记账凭证、P08_退出财务云平台。

### 二、子流程开发

#### （一）P01_登录工行网银

在“P01_登录工行网银”子流程中，开发“登录工商银行企业网上银行平台”程序，开发步骤见表7-23，对应的控件捕获位置如图7-14和图7-15所示。

表7-23 “P01_登录工行网银”子流程开发步骤

| 业务流程 | | 开发步骤 | |
|---|---|---|---|
| 序号 | 操作步骤 | 添加组件 | 设置属性 |
| ① | 打开“融创付款业务数据表”，登录工商银行企业网上银行平台 | 启动Excel | 输入属性：<br>选择“Excel对象”：“C：\RPADATA\融创付款业务数据表.xls”，点击【打开】；<br>输出属性：<br>将“Excel对象”变量名称改为：rcfk_excel |
| ① | 打开“融创付款业务数据表”，登录工商银行企业网上银行平台 | 激活Sheet页 | 输入属性：<br>选择“已打开的Excel对象”为：rcfk_excel变量；<br>设置“Sheet页名称”为：“融创付款”；<br>输出属性：<br>点击【添加全局变量】，将变量命名为：rcfk_sheet，选择变量类型为：“Sheet对象”，点击【确定】；<br>选择“Excel Sheet对象”为：rcfk_sheet变量 |
| | | 获取Excel的行数 | 输入属性：<br>选择“已打开的Sheet对象”为：rcfk_sheet变量；<br>输出属性：<br>点击【添加全局变量】，将变量命名为：rcfk_lines，选择变量类型为：“数字”，点击【确定】；选择“行数变量名称”为：rcfk_lines变量 |

续表

| 业务流程 | | 开发步骤 | |
|---|---|---|---|
| 序号 | 操作步骤 | 添加组件 | 设置属性 |
| ① | 打开“融创付款业务数据表”，登录工商银行企业网上银行平台 | 打开新网页 | 输入属性：<br>点击“打开网址”输入框，点击【新增流程变量】，将变量命名为：bank_path，设置默认值为：“http：//fz.chinaive.com/wsyh/? username=×××”（其中，×××使用RAD平台登录账号代替），点击【确定】；<br>选择“浏览器类型”为：Chrome；<br>输出属性：<br>点击添加全局变量，将变量命名为：bank_web，选择变量类型为：“浏览器对象”，点击【确定】；<br>选择“浏览器对象”为：bank_web变量 |
| ② | 调用浏览器工具栏菜单 | 输入热键 | 输入属性：<br>录入“按键组合”内容为：! {space} |
| ③ | 窗口最大化 | 输入热键 | 输入属性：<br>录入“按键组合”内容为：x |
| ④ | 点击左侧功能栏【企业网上银行登录】 | 点击控件（网页） | 输入属性：<br>选择“已打开的浏览器对象”为：bank_web变量；<br>在目标控件中捕捉新控件，拾取【企业网上银行登录】，将该控件命名为：“企业网上银行登录”，点击【保存】；<br>设置模拟点击为：“是” |
| ⑤ | 点击右侧功能栏【U盾登录】 | 点击控件（网页） | 输入属性：<br>选择“已打开的浏览器对象”为：bank_web变量；<br>在目标控件中捕捉新控件，拾取【U盾登录】，将该控件命名为：“U盾登录”，点击【保存】；<br>设置模拟点击为：“是”； |
| ⑥ | 输入与用户对应的U盾密码 | 填写输入框（网页） | 输入属性：<br>选择“已打开的浏览器对象”为：bank_web变量；<br>在目标控件中捕捉新控件，拾取U盾密码输入框，将该控件命名为：“U盾密码输入框”，点击【保存】；<br>点击“输入内容”输入框；<br>点击【新增流程变量】，将变量命名为：bankkey，设置默认值为：123456，点击【确定】；<br>设置输入方式为：“覆盖输入” |
| ⑦ | 点击【确定】进行登录 | 点击控件（网页） | 输入属性：<br>选择“已打开的浏览器对象”为：bank_web变量；<br>在目标控件中捕捉新控件，拾取“校验U盾密码”窗口的【确定】按钮，将该控件命名为：“‘校验U盾密码’窗口的确定按钮”，点击【保存】；<br>设置模拟点击为：“是” |

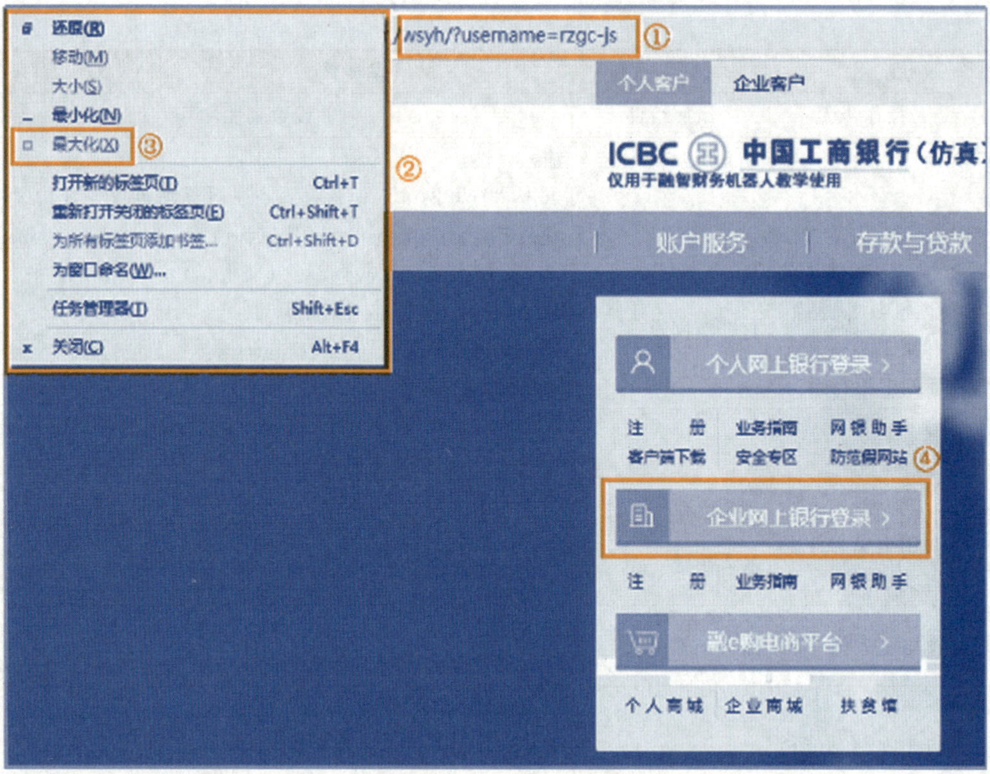


图7-14 “P01_登录工行网银”子流程控件捕获位置1

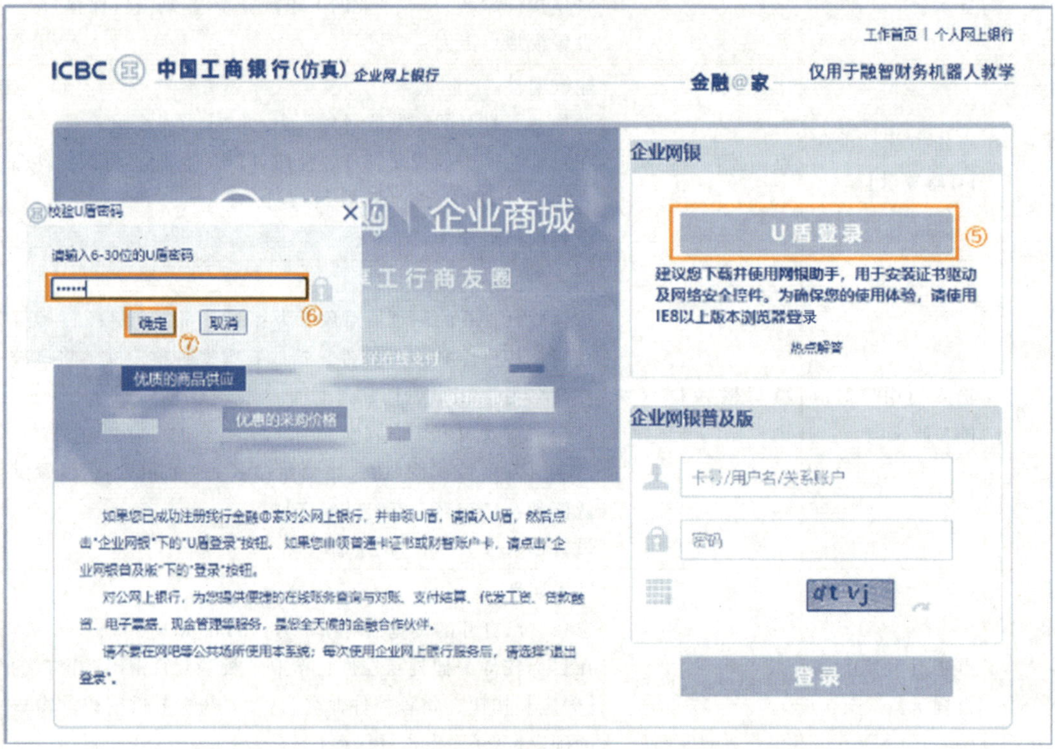


图7-15 “P01_登录工行网银”子流程控件捕获位置2

### （二）P02_获取数据

“P02_获取数据”子流程开发步骤见表7-24，对应的控件捕获位置如图7-16所示。

表7-24 “P02_获取数据”子流程开发步骤

| 业务流程 | | 开发步骤 | |
|---|---|---|---|
| 序号 | 操作步骤 | 添加组件 | 设置属性 |
| ① | 获取“融创付款业务数据表”中的记账数据 | 获取Excel行的值 | 输入属性：<br>选择“已打开的Sheet对象”为：rcfk_sheet，行号为：2；<br>输出属性：<br>点击【添加全局变量】，将变量命名为：data，选择变量类型为：“列表”，点击【确定】；选择“行数据变量名称”为：data变量 |

资源7-6

融创付款机器人网银登录子流程开发效果图

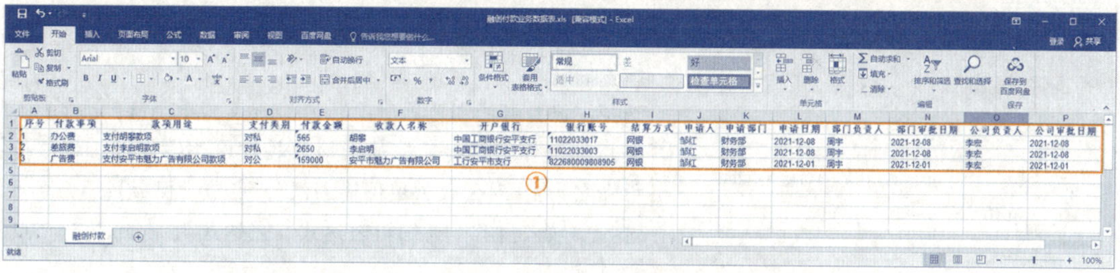


图7-16 “P02_获取数据”子流程控件捕获位置

### （三）P03_逐笔付款

在“P03_逐笔付款”子流程中，开发“网银逐笔转账”程序，开发步骤见表7-25，对应的控件捕获位置如图7-17和图7-18所示。

表7-25 “P03_逐笔付款”子流程开发步骤

| 业务流程 | | 开发步骤 | |
|---|---|---|---|
| 序号 | 操作步骤 | 添加组件 | 设置属性 |
| ① | 判断“支付类别”为对公还是对私 | 条件分支 | 输入属性：<br>点击“设置IF条件”，选择“使用表达式编辑”，表达式为：data［3］=='对公' |
| ② | 点击【付款业务/网上汇款/转账汇款/逐笔支付】 | 连接“条件分支”组件“IF”分支 | |
| | | 点击控件（网页） | 输入属性：<br>选择“已打开的浏览器对象”为：bank_web变量；<br>捕捉新控件，拾取【付款业务】，将该控件命名为：“付款业务”，点击【保存】；<br>设置模拟点击为：“是” |
| | | 点击控件（网页） | 输入属性：<br>选择“已打开的浏览器对象”为：bank_web变量；<br>捕捉新控件，拾取【网上汇款】，将该控件命名为：“网上汇款”，点击【保存】；<br>设置模拟点击为：“是” |

续表

| 业务流程 | | 开发步骤 | |
|---|---|---|---|
| 序号 | 操作步骤 | 添加组件 | 设置属性 |
| ② | 点击【付款业务/网上汇款/转账汇款/逐笔支付】 | 点击控件（网页） | 输入属性：<br>选择“已打开的浏览器对象”为：bank_web变量；<br>在目标控件中捕捉新控件，拾取【转账汇款】，将该控件命名为：“转账汇款”，点击【保存】；<br>设置模拟点击为：“是” |
| | | 点击控件（网页） | 输入属性：<br>选择“已打开的浏览器对象”为：bank_web变量；<br>在目标控件中捕捉新控件，拾取【逐笔支付】，将该控件命名为：“逐笔支付”，点击【保存】；<br>设置模拟点击为：“是” |
| ③ | 填写“收款单位” | 填写输入框（网页） | 输入属性：<br>选择“已打开的浏览器对象”为：bank_web变量；<br>在目标控件中捕捉新控件，拾取收款单位输入框，将该控件命名为：“对公收款单位输入框”，点击【保存】；<br>选择“输入内容”为编辑表达式，表达式为：data [5]，点击【确定】；<br>设置输入方式为：“覆盖输入” |
| ④ | 填写“收款账号” | 填写输入框（网页） | 输入属性：<br>选择“已打开的浏览器对象”为：bank_web变量；<br>在目标控件中捕捉新控件，拾取收款账号输入框，将该控件命名为：“对公收款账号输入框”，点击【保存】；<br>选择“输入内容”为编辑表达式，表达式为：data [7]，点击【确定】；<br>设置输入方式为：“覆盖输入” |
| ⑤ | 填写“收款银行/行别” | 填写输入框（网页） | 输入属性：<br>选择“已打开的浏览器对象”为：bank_web变量；<br>在目标控件中捕捉新控件，拾取开户行输入框，将该控件命名为：“对公开户行输入框”，点击【保存】；<br>选择“输入内容”为编辑表达式，表达式为：data [6]，点击【确定】；<br>设置输入方式为：“覆盖输入” |
| ⑥ | 填写“汇款金额” | 填写输入框（网页） | 输入属性：<br>选择“已打开的浏览器对象”为：bank_web变量；<br>在目标控件中捕捉新控件，拾取汇款金额输入框，将该控件命名为：“对公汇款金额输入框”，点击【保存】；<br>选择“输入内容”为编辑表达式，表达式为：data [4]，点击【确定】；<br>设置输入方式为：“覆盖输入” |

续表

| 业务流程 | | 开发步骤 | |
|---|---|---|---|
| 序号 | 操作步骤 | 添加组件 | 设置属性 |
| ⑦ | 填写“汇款用途” | 填写输入框（网页） | 输入属性：<br>选择“已打开的浏览器对象”为：bank_web变量；<br>在目标控件中捕捉新控件，拾取汇款用途输入框，将该控件命名为：“对公汇款用途输入框”，点击【保存】；<br>选择“输入内容”为编辑表达式，表达式为：data [2]，点击【确定】；<br>设置输入方式为：“覆盖输入” |
| ② | 点击【付款业务/企业财务室/逐笔支付】 | 连接“条件分支”组件“ELSE”分支 | |
| ② | 点击【付款业务/企业财务室/逐笔支付】 | 点击控件（网页） | 输入属性：<br>选择“已打开的浏览器对象”为：bank_web变量；<br>捕捉新控件，拾取【付款业务】，将该控件命名为：“付款业务”，点击【保存】；<br>设置模拟点击为：“是” |
| ② | 点击【付款业务/企业财务室/逐笔支付】 | 点击控件（网页） | 输入属性：<br>选择“已打开的浏览器对象”为：bank_web变量；<br>捕捉新控件，拾取【企业财务室】，将该控件命名为：“企业财务室”，点击【保存】；<br>设置模拟点击为：“是” |
| ② | 点击【付款业务/企业财务室/逐笔支付】 | 点击控件（网页） | 输入属性：<br>选择“已打开的浏览器对象”为：bank_web变量；<br>在目标控件中捕捉新控件，拾取【逐笔支付】，将该控件命名为：“企业财务室逐笔支付”，点击【保存】；<br>设置模拟点击为：“是” |
| ③ | 填写“收款人” | 填写输入框（网页） | 输入属性：<br>选择“已打开的浏览器对象”为：bank_web变量；<br>在目标控件中捕捉新控件，拾取收款人输入框，将该控件命名为：“对私收款人输入框”，点击【保存】；<br>选择“输入内容”为编辑表达式，表达式为：data [5]，点击【确定】；<br>设置输入方式为：“覆盖输入” |
| ④ | 填写“收款账号” | 填写输入框（网页） | 输入属性：<br>选择“已打开的浏览器对象”为：bank_web变量；<br>选择“输入框控件”为：“对私收款账号输入框”控件；<br>选择“输入内容”为编辑表达式，表达式为：data [7]，点击【确定】；<br>设置输入方式为：“覆盖输入” |

续表

| 业务流程 | | 开发步骤 | |
|---|---|---|---|
| 序号 | 操作步骤 | 添加组件 | 设置属性 |
| ⑤ | 填写“收款银行、行别” | 填写输入框（网页） | 输入属性：<br>选择“已打开的浏览器对象”为：bank_web变量；<br>在目标控件中捕捉新控件，拾取开户行输入框，将该控件命名为：“对公开户行输入框”，点击【保存】；<br>选择“输入内容”为编辑表达式，表达式为：data［6］，击点【确定】；<br>设置输入方式为：“覆盖输入” |
| ⑥ | 填写“汇款金额” | 填写输入框（网页） | 输入属性：<br>选择“已打开的浏览器对象”为：bank_web变量；<br>选择“输入框控件”为：“对私汇款金额输入框”控件；<br>选择“输入内容”为编辑表达式，表达式为：data［4］，点击【确定】；<br>设置输入方式为：“覆盖输入” |
| ⑦ | 填写“汇款用途” | 填写输入框（网页） | 输入属性：<br>选择“已打开的浏览器对象”为：bank_web变量；<br>选择“输入框控件”为：“对私汇款用途输入框”控件；<br>选择“输入内容”为编辑表达式，表达式为：data［2］，点击【确定】；<br>设置输入方式为：“覆盖输入” |
| ⑧ | 点击【提交】进行付款 | 连接“条件分支”组件结束分支 | |
| | | 点击控件（网页） | 输入属性：<br>选择“已打开的浏览器对象”为：变量bank_web变量；<br>在目标控件中捕捉新控件，拾取【提交】，将该控件命名为：“提交”，点击【保存】；<br>设置模拟点击为：“是” |

图7-17 “P03_逐笔付款”子流程控件捕获位置（对公）

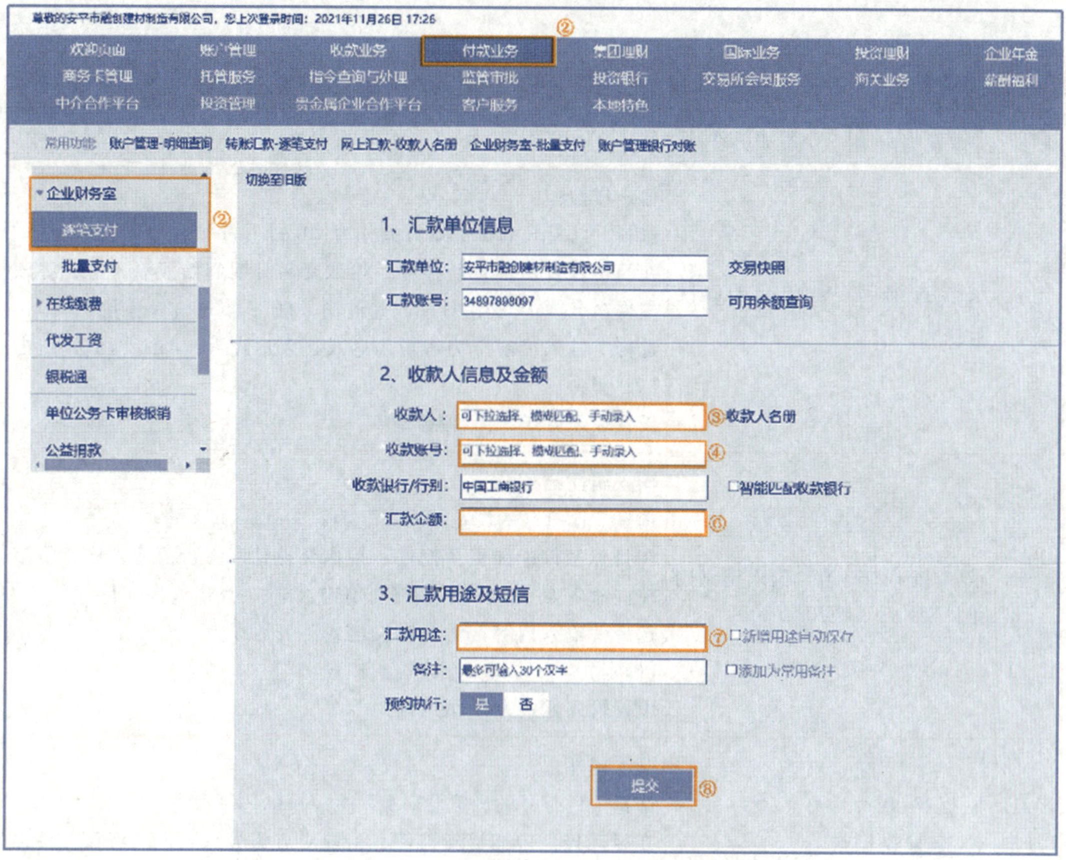


图7-18　“P03_逐笔付款”子流程控件捕获位置（对私）

### （四）P04_查询付款信息

在“P04_查询付款信息”子流程中，开发“网银查询交易记录并下载付款回单”程序，开发步骤见表7-26，对应的控件捕获位置如图7-19所示。

表7-26　“P04_查询付款信息”子流程开发步骤

| 业务流程 | | 开发步骤 | |
|---|---|---|---|
| 序号 | 操作步骤 | 添加组件 | 设置属性 |
| ① | 点击左上方功能栏【账户管理】 | 点击控件（网页） | 输入属性：<br>选择“已打开的浏览器对象”为：bank_web变量；<br>在目标控件中捕捉新控件，拾取【账户管理】，将该控件命名为：“账户管理”，点击【保存】；<br>设置模拟点击为：“是” |
| ② | 点击左侧功能栏【明细查询】 | 点击控件（网页） | 输入属性：<br>选择“已打开的浏览器对象”为：bank_web变量；<br>在目标控件中捕捉新控件，拾取【明细查询】，将该控件命名为：“明细查询”，点击【保存】；<br>设置模拟点击为：“是” |

资源7-7

融创付款机器人逐笔付款子流程开发效果图大图

续表

| 业务流程 | | 开发步骤 | |
|---|---|---|---|
| 序号 | 操作步骤 | 添加组件 | 设置属性 |
| ③ | 录入查询起始日期 | 填写输入框（网页） | 输入属性：<br>选择“已打开的浏览器对象”为：bank_web变量；<br>在目标控件中捕捉新控件，拾取交易日期起始值输入框，将该控件命名为：“交易日期起始值输入框”，点击【保存】；<br>选择“输入内容”为编辑表达式，表达式为：data［15］，点击【确定】；<br>设置输入方式为：“覆盖输入” |
| ④ | 录入查询终止日期 | 填写输入框（网页） | 输入属性：<br>选择“已打开的浏览器对象”为：bank_web变量；<br>在目标控件中捕捉新控件，拾取交易日期终止值输入框，将该控件命名为：“交易日期终止值输入框”，点击【保存】；<br>选择“输入内容”为编辑表达式，表达式为：data［15］，点击【确定】；<br>设置输入方式为：“覆盖输入” |
| ⑤ | 根据网银付款案例数据中的“收款账号”填写“对方账号” | 填写输入框（网页） | 输入属性：<br>选择“已打开的浏览器对象”为：bank_web变量；<br>在目标控件中捕捉新控件，拾取对方账号输入框，将该控件命名为：“对方账号输入框”，点击【保存】；<br>选择“输入内容”为编辑表达式，表达式为：data［7］，点击【确定】；<br>设置输入方式为：“覆盖输入” |
| ⑥ | 根据网银付款案例数据中的“付款金额”填写交易金额起始额 | 填写输入框（网页） | 输入属性：<br>选择“已打开的浏览器对象”为：bank_web变量；<br>在目标控件中捕捉新控件，拾取交易金额起始额输入框，将该控件命名为：“交易金额起始额输入框”，点击【保存】；<br>选择“输入内容”为编辑表达式，表达式为：data［4］，点击【确定】；<br>设置输入方式为：“覆盖输入” |
| ⑦ | 根据网银付款案例数据中的“付款金额”填写交易金额终止额 | 填写输入框（网页） | 输入属性：<br>选择“已打开的浏览器对象”为：bank_web变量；<br>在目标控件中捕捉新控件，拾取交易金额终止额输入框，将该控件命名为：“交易金额终止额输入框”，点击【保存】；<br>选择“输入内容”为编辑表达式，表达式为：data［4］，点击【确定】；<br>设置输入方式为：“覆盖输入” |

续表

| 业务流程 | | 开发步骤 | |
|---|---|---|---|
| 序号 | 操作步骤 | 添加组件 | 设置属性 |
| ⑧ | 点击【转出】 | 点击控件（网页） | 输入属性：<br>选择“已打开的浏览器对象”为：bank_web变量；<br>在目标控件中捕捉新控件，拾取【转出】，将该控件命名为：“转出”，点击【保存】；<br>设置模拟点击为：“是” |
| ⑨ | 点击【查询】开始查询 | 点击控件（网页） | 输入属性：<br>选择“已打开的浏览器对象”为：bank_web变量；<br>在目标控件中捕捉新控件，拾取【查询】，将该控件命名为：“查询”，点击【保存】；<br>设置模拟点击为：“是” |
| ⑩ | 点击【回单】下载回单 | 点击控件（网页） | 输入属性：<br>选择“已打开的浏览器对象”为：bank_web变量；<br>在目标控件中捕捉新控件，拾取【回单】，将该控件命名为：“回单”，点击【保存】；<br>设置模拟点击为：“是” |
| | | 获取窗口 | 输入属性：<br>设置“窗口标题”为：“另存为”；<br>输出属性：<br>将“窗口对象”变量名称改为：save_as_dialog，点击【确定】 |
| | | 获取当前时间和日期 | 输入属性：<br>选择“时间格式”为：HHMMSS；<br>输出属性：<br>修改“时间变量名称”为：v_time |
| | | 通过剪贴方式输入（窗口） | 输入属性：<br>选择“窗口对象”为：save_as_dialog变量；<br>在目标控件中捕捉新控件，拾取“另存为”窗口文件名输入框，将该控件命名为：“‘另存为’窗口文件名输入框”，点击【保存】；<br>选择“输入内容”为编辑表达式，表达式为：os.path.join（"C:\RPADATA"，（data［2］+'回单'+data［4］+'元'+str（v_time）+'.pdf'））；<br>设置输入方式为：“覆盖输入” |
| | | 输入热键 | 输入属性：<br>录入“按键组合”内容为：! {s} |

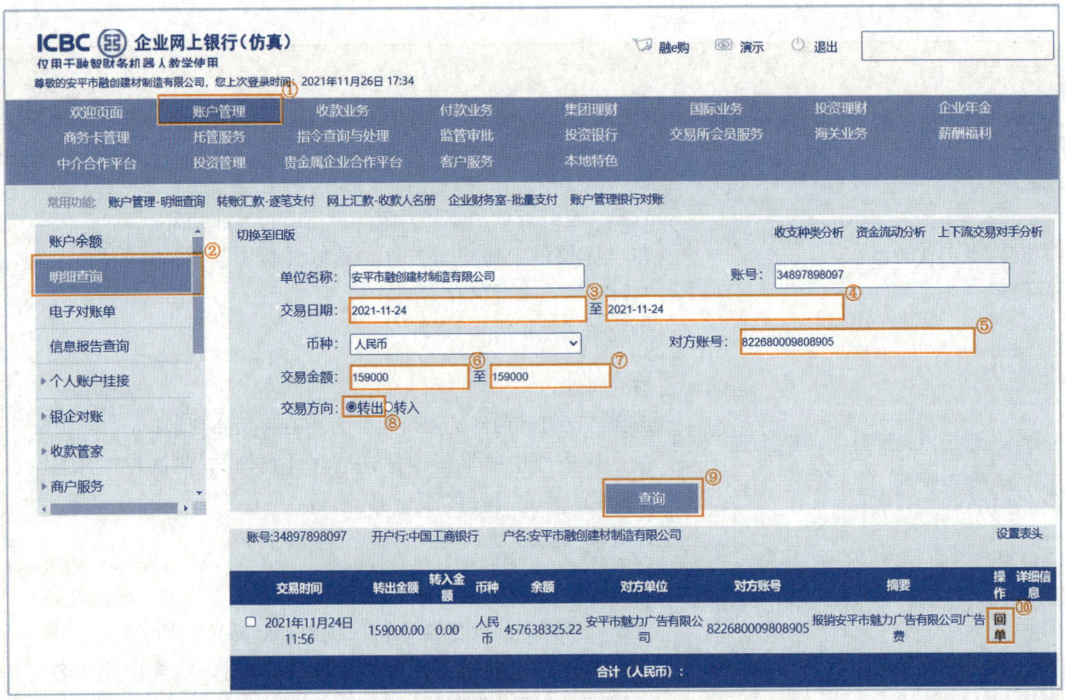


图 7-19 “P04_查询付款信息”子流程控件捕获位置

## （五）P05_退出工行网银

在“P05_退出工行网银”子流程中，开发“网银退出”程序，开发步骤见表7-27，对应的控件捕获位置如图7-20所示。

资源 7-8

融创付款机器人查询付款信息子流程开发效果图大图

表 7-27 “P05_退出工行网银”子流程开发步骤

| 业务流程 | | 开发步骤 | |
| --- | --- | --- | --- |
| 序号 | 操作步骤 | 添加组件 | 设置属性 |
| ① | 点击右上方【退出】 | 点击控件（网页） | 输入属性：<br>选择“已打开的浏览器对象”为：bank_web变量；<br>在目标控件中捕捉新控件，拾取【退出】，将该控件命名为：“‘工行网银平台’的退出按钮”，点击【保存】；<br>设置模拟点击为：“是” |
| ② | 用快捷键Ctrl+w，关闭网页 | 输入热键 | 输入属性：<br>录入“按键组合”内容为：^{w} |

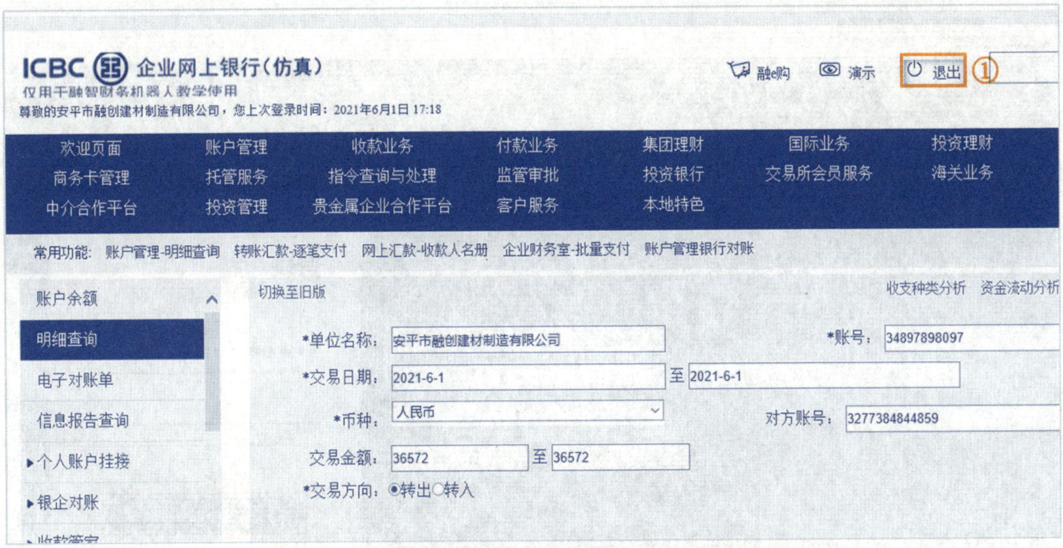


图7-20 “P05_退出工行网银”子流程控件捕获位置

### （六）P06_登录财务云平台

在“P06_登录财务云平台”子流程中，开发“融智财务云会计核算平台登录”程序，开发步骤见表7-28，对应的控件捕获位置如图7-21所示。

表7-28 “P06_登录财务云平台”子流程开发步骤

| 业务流程 | | 开发步骤 | |
|---|---|---|---|
| 序号 | 操作步骤 | 添加组件 | 设置属性 |
| ① | 打开融智财务云会计核算平台 | 打开新网页 | 输入属性：<br>录入“打开网址”内容：“http：//fz.chinaive.com/kjhs/”；<br>选择“浏览器类型”为：Chrome；<br>输出属性：<br>点击添加全局变量，将变量命名为：accounting_web，选择变量类型为：“浏览器对象”，点击【确定】；选择“浏览器对象”为：accounting_web变量 |
| ② | 按RAD平台登录账号录入用户名 | 通过剪贴方式输入（网页） | 输入属性：<br>选择“已打开的浏览器对象”为：accounting_web变量；<br>在目标控件中捕捉新控件，拾取用户名输入框，将该控件命名为：“用户名输入框”，点击【保存】；<br>点击“输入内容”输入框，点击【新增流程变量】，将变量命名为：username，设置默认值为：×××（其中，×××使用RAD平台登录账号代替），点击【确定】；<br>设置输入方式为：“覆盖输入” |
| ③ | 按RAD平台登录账号密码录入密码 | 填写输入框（网页） | 输入属性：<br>选择“已打开的浏览器对象”为：accounting_web变量；<br>在目标控件中捕捉新控件，拾取密码输入框，将该控件命名为：“密码输入框”，点击【保存】；<br>点击“输入内容”输入框，点击【新增流程变量】，将变量命名为：password，设置默认值为：×××（其中，×××使用RAD平台登录密码代替），点击【确定】；<br>设置输入方式为：“覆盖输入” |
| ④ | 点击【登录】 | 点击控件（网页） | 输入属性：<br>选择“已打开的浏览器对象”为：accounting_web变量；<br>在目标控件中捕捉新控件，拾取【登录】，将该控件命名为：“登录”，点击【保存】；<br>设置模拟点击为：“是” |

图7-21 “P06_登录财务云平台”子流程控件捕获位置

### （七）P07_编制记账凭证

在“P07_编制记账凭证”子流程中，开发“记账凭证编制”程序。

步骤❶：点击【进账簿】，新增凭证，开发步骤见表7-29，对应的控件捕获位置如图7-22和图7-23所示。

表7-29 新增凭证开发步骤

| 业务流程 | | 开发步骤 | |
|---|---|---|---|
| 序号 | 操作步骤 | 添加组件 | 设置属性 |
| ① | 点击账户信息栏【进账簿】 | 点击控件（网页） | 输入属性：<br>选择“已打开的浏览器对象”为：accounting_web变量；<br>在目标控件中捕捉新控件，拾取【进账簿】，将该控件命名为：“进账簿”，点击【保存】；<br>设置模拟点击为：“是” |
| ② | 点击左侧功能栏【凭证】 | 点击控件（网页） | 输入属性：<br>选择“已打开的浏览器对象”为：accounting_web变量；<br>在目标控件中捕捉新控件，拾取【凭证】，将该控件命名为：“凭证”，点击【保存】；<br>设置模拟点击为：“是” |
| ③ | 点击左侧功能栏【新增凭证】 | 点击控件（网页） | 输入属性：<br>选择“已打开的浏览器对象”为：accounting_web变量；<br>在目标控件中捕捉新控件，拾取【新增凭证】，将该控件命名为：“新增凭证”，点击【保存】；<br>设置模拟点击为：“是” |

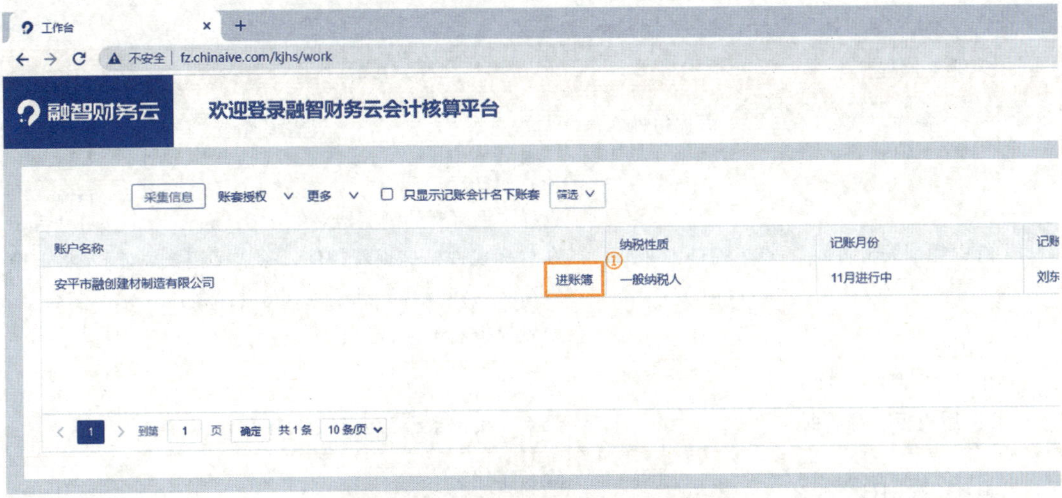


图7-22　新增凭证控件捕获位置1

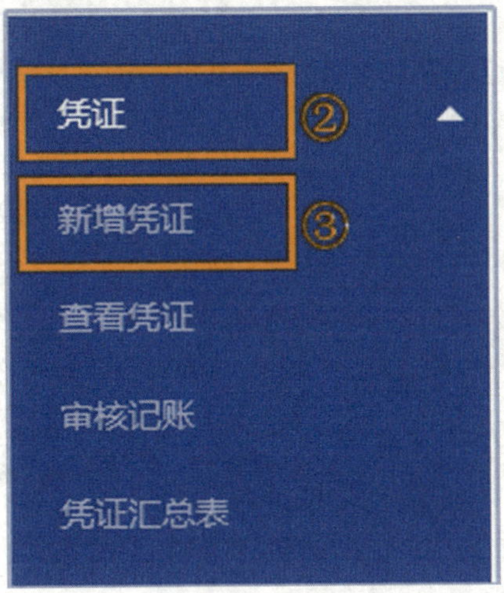


图7-23　新增凭证控件捕获位置2

步骤❷：录入记账日期，调用模板生成凭证，开发步骤见表7-30，对应的控件捕获位置如图7-24所示。

表7-30　“录入记账日期，调用模板生成凭证”开发步骤

| 业务流程 | | 开发步骤 | |
|---|---|---|---|
| 序号 | 操作步骤 | 添加组件 | 设置属性 |
| ④ | 输入记账日期 | 填写输入框（网页） | 输入属性：<br>选择“已打开的浏览器对象”为：accounting_web变量；<br>在目标控件中捕捉新控件，拾取日期输入框，将该控件命名为：“日期输入框”，点击【保存】；<br>选择“输入内容”为编辑表达式，表达式为：data[15]；<br>设置输入方式为：“覆盖输入” |

续表

| 业务流程 | | 开发步骤 | |
|---|---|---|---|
| 序号 | 操作步骤 | 添加组件 | 设置属性 |
| ⑤ | 选中凭证编辑页面 | 点击控件（网页） | 输入属性：<br>选择“已打开的浏览器对象”为：accounting_web变量；<br>在目标控件中捕捉新控件，拾取【记账凭证】，将该控件命名为：“记账凭证”，点击【保存】；<br>设置模拟点击为：“是” |
| ⑥ | 用快捷键F2，打开“调用模板”对话框 | 输入热键 | 输入属性：<br>录入“按键组合”内容为：{F2} |
| ⑦ | 根据“融创付款业务数据表”中的“凭证模板号”，在“调用模板”对话框的文本框中录入对应的凭证模板编号 | 填写输入框（网页） | 输入属性：<br>选择“已打开的浏览器对象”为：accounting_web变量；<br>在目标控件中捕捉新控件，拾取模板编号输入框，将该控件命名为：“模板编号输入框”，点击【保存】；<br>选择“输入内容”为编辑表达式，表达式为：按照公司费用报销付款记账规则写入“字典”；<br>设置输入方式为：“覆盖输入” |
| ⑧ | 点击“调用模板”对话框的【确定】按钮生成报销凭证 | 点击控件（网页） | 输入属性：<br>选择“已打开的浏览器对象”为：accounting_web变量；<br>在目标控件中捕捉新控件，拾取“调用模板”对话框的【确定】按钮，将该控件命名为：“‘调用模板’对话框的确定按钮”，点击【保存】；<br>设置模拟点击为：“是” |

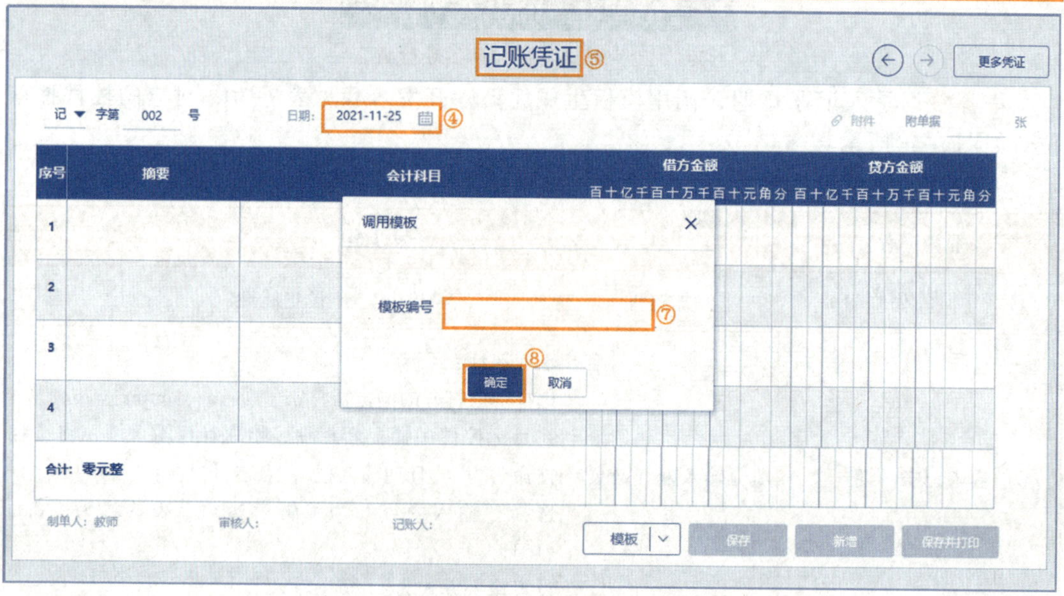


图7-24 “录入记账日期，调用模板生成凭证”控件捕获位置

注意：⑦在“调用模板”对话框的输入框中录入对应的凭证模板编号，可在文本内容中输入：

{'对公'：'901'，'对私'：'902'，}［data［3］］

以案例一为例，［data［3］］为“对公”，对应输出记账凭证编号为“901”。

步骤❸：录入辅助项及借贷方金额，开发步骤见表7-31，对应的控件捕获位置如图7-25所示。

表7-31 录入辅助项及借贷方金额开发步骤

| 业务流程 | | 开发步骤 | |
|---|---|---|---|
| 序号 | 操作步骤 | 添加组件 | 设置属性 |
| ⑨ | 点击【借方科目名称】，弹出“辅助项”对话框 | 点击控件（网页） | 输入属性：<br>选择“已打开的浏览器对象”为：accounting_web变量；<br>在目标控件中捕捉新控件，拾取【借方科目名称】，将该控件命名为：“借方科目名称”，点击【保存】；<br>设置模拟点击为：“是” |
| ⑩ | 判断“支付类别”是对公还是对私 | 条件分支 | 输入属性：<br>点击“设置IF条件”，选择“使用表达式编辑”，表达式为：data［3］=='对公' |
| ⑪ | 在“借方科目辅助项输入框”中，录入供应商 | 连接“条件分支”组件“IF”分支 | |
| | | 通过剪贴方式输入（网页） | 输入属性：<br>选择“已打开的浏览器对象”为：accounting_web变量；<br>在目标控件中捕捉新控件，拾取借方科目辅助项供应商输入框，将该控件命名为：“借方科目辅助项供应商输入框”，点击【保存】；<br>选择“输入内容”为编辑表达式，表达式为：data［5］；<br>设置输入方式为：“覆盖输入” |
| | | 输入热键 | 输入属性：<br>录入“按键组合”内容为：{ENTER} |
| | 在“借方科目辅助项输入框”中，录入经办部门 | 连接“条件分支”组件“ELSE”分支 | |
| | | 通过剪贴方式输入（网页） | 输入属性：<br>选择“已打开的浏览器对象”为：accounting_web变量；<br>在目标控件中捕捉新控件，拾取其他应付款辅助项部门输入框，将该控件命名为：“其他应付款辅助项部门输入框”，点击【保存】；<br>选择“输入内容”为编辑表达式，表达式为：data［10］；<br>设置输入方式为：“覆盖输入” |
| | | 输入热键 | 输入属性：<br>录入“按键组合”内容为：{ENTER} |

续表

| 业务流程 | | 开发步骤 | |
|---|---|---|---|
| 序号 | 操作步骤 | 添加组件 | 设置属性 |
| ⑪ | 在“借方科目辅助项输入框”中，录入经办员工 | 通过剪贴方式输入（网页） | 输入属性：<br>选择“已打开的浏览器对象”为：accounting_web变量；<br>在目标控件中捕捉新控件，拾取其他应付款辅助项员工输入框，将该控件命名为：“其他应付款辅助项员工输入框”，点击【保存】；<br>选择“输入内容”为编辑表达式，表达式为：data［5］；<br>设置输入方式为：“覆盖输入” |
| | | 输入热键 | 输入属性：<br>录入“按键组合”内容为：{ENTER}； |
| ⑫ | 点击【确定】，借方科目辅助项录入成功 | 连接“条件分支”组件结束分支 | |
| | | 点击控件（网页） | 输入属性：<br>选择“已打开的浏览器对象”为：accounting_web变量；<br>在目标控件中捕捉新控件，拾取“借方科目辅助项”对话框的【确定】按钮，将该控件命名为：“‘借方科目辅助项’对话框的确定按钮”，点击【保存】；<br>设置模拟点击为：“是” |
| ⑬ | 在“借方金额输入框”中，填入借方金额 | 填写输入框（网页） | 输入属性：<br>选择“已打开的浏览器对象”为：accounting_web变量；<br>在目标控件中捕捉新控件，拾取借方金额输入框，将该控件命名为：“借方金额输入框”，点击【保存】；<br>选择“输入内容”为编辑表达式，表达式为：data［4］；<br>设置输入方式为：“覆盖输入” |
| ⑭ | 点击“贷方金额栏” | 点击控件（网页） | 输入属性：<br>选择“已打开的浏览器对象”为：accounting_web变量；<br>在目标控件中捕捉新控件，拾取贷方金额栏，将该控件命名为：“贷方金额栏”，点击【保存】；<br>设置模拟点击为：“是” |
| | 在“贷方金额输入框”中，填入贷方金额 | 填写输入框（网页） | 输入属性：<br>选择“已打开的浏览器对象”为：accounting_web变量；<br>在目标控件中捕捉新控件，拾取贷方金额输入框，将该控件命名为：“贷方金额输入框”，点击【保存】；<br>选择“输入内容”为编辑表达式，表达式为：data［4］；<br>设置输入方式为：“覆盖输入” |

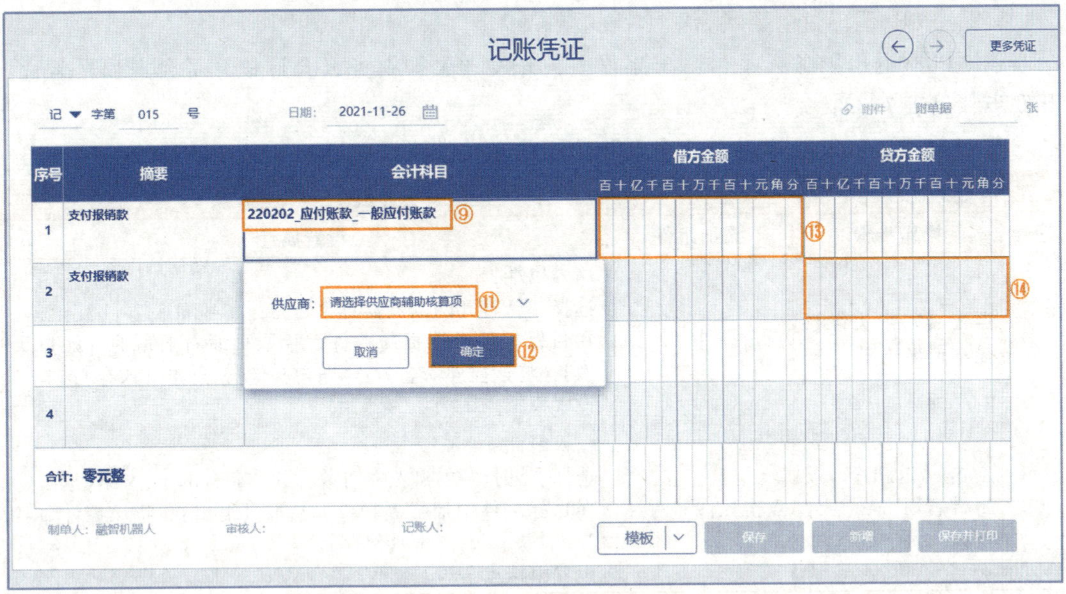


图7-25　录入辅助项及借贷方金额控件捕获位置

步骤❹：保存凭证，开发步骤见表7-32。

表7-32　保存凭证开发步骤

| 业务流程 | | 开发步骤 | |
| --- | --- | --- | --- |
| 序号 | 操作步骤 | 添加组件 | 设置属性 |
| ⑮ | 点击右下角【保存】，保存编制好的报销凭证 | 点击控件（网页） | 输入属性：<br>选择“已打开的浏览器对象”为：accounting_web变量；<br>在目标控件中捕捉新控件，拾取凭证右下角的【保存】按钮，将该控件命名为：“保存”，点击【保存】；<br>设置模拟点击为：“是” |
| ⑯ | 点击【确定】，报销凭证保存成功 | 点击控件（网页） | 输入属性：<br>选择“已打开的浏览器对象”为：accounting_web变量；<br>在目标控件中捕捉新控件，拾取“保存凭证”对话框的【确定】按钮，将该控件命名为：“‘保存凭证’对话框的确定按钮”，点击【保存】；<br>设置模拟点击为：“是” |
| ⑰ | 点击【工作台】，回到融智财务云会计核算平台初始页面 | 点击控件（网页） | 输入属性：<br>选择“已打开的浏览器对象”为：accounting_web变量；<br>在目标控件中捕捉新控件，拾取凭证上方的【工作台】按钮，将该控件命名为：“工作台”，点击【保存】；<br>设置模拟点击为：“是” |

资源7-9

融创付款机器人编制记账凭证子流程开发效果图大图

### （八）P08_退出财务云平台

在“P08_退出财务云平台”子流程中，开发“融智财务云会计核算平台退出”程序，开发步骤见表7-33：

表7-33 “P08_退出财务云平台”子流程开发步骤

| 业务流程 | | 开发步骤 | |
|---|---|---|---|
| 序号 | 操作步骤 | 添加组件 | 设置属性 |
| ① | 点击【账户头像】，显示退出按钮 | 点击控件（网页） | 输入属性：<br>选择“已打开的浏览器对象”为：accounting_web变量；<br>在目标控件中捕捉新控件，拾取页面右上角的【账户头像】，将该控件命名为：“账户头像”，点击【保存】；<br>设置模拟点击为：“是” |
| ② | 点击【退出】，关闭融智财务云会计核算平台 | 点击控件（网页） | 输入属性：<br>选择“已打开的浏览器对象”为：accounting_web变量；<br>在目标控件中捕捉新控件，拾取【退出】，将该控件命名为：“退出”，点击【保存】；<br>设置模拟点击为：“是” |
| ③ | 用快捷键Ctrl+w，关闭网页 | 输入热键 | 输入属性：<br>录入“按键组合”内容为：^{w} |
| ④ | 关闭“融创付款业务数据表” | 获取窗口 | 输入属性：<br>设置“窗口标题”为：“融创付款业务数据表”；<br>输出属性：<br>将“窗口对象”变量名称改为：rcfk_win |
| | | 激活窗口 | 输入属性：<br>选择“已打开的窗口对象”为：rcfk_win变量 |
| | | 输入热键 | 输入属性：<br>录入“按键组合”内容为：! {F4} |

## 三、模块组装

在main流程中，添加所有子流程，并添加循环；调整循环关联组件——“获取数据”子流程中的“获取Excel行的值”组件的目标属性，循环示意图如图7-26所示：

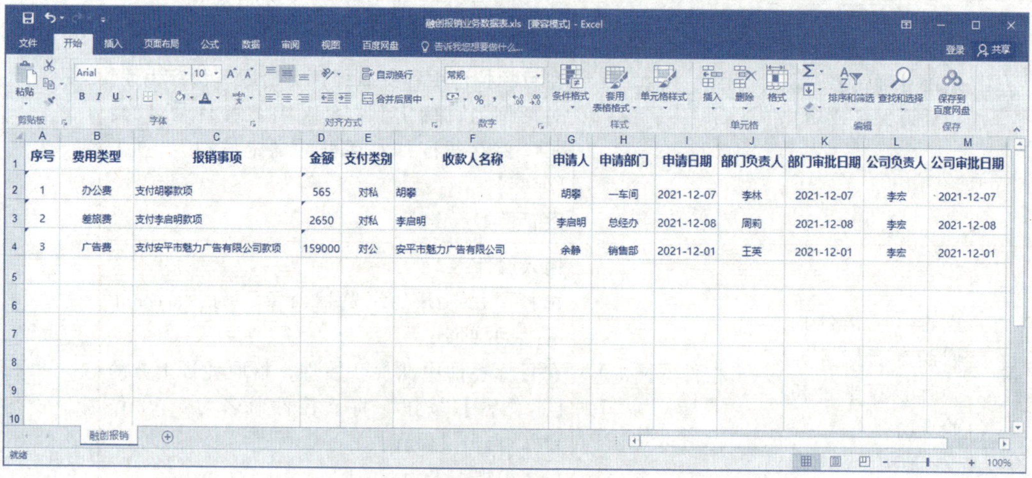


图7-26 循环示意图

模块组装的开发步骤如下：

步骤❶：添加“调用子流程”组件，选择“子流程名称”为“P01_登录工行网银”。

步骤❷：设置第一层循环。添加“按照次数循环”组件，在输入属性中设置“循环起始值”为“2”，选择“循环结束值”为变量“rcfk_lines”，“步长值”为“1”；在输出属性中选择“添加全局变量”，将变量命名为“i”，选择变量类型为“数字”，点击【确定】，最后选择“每次循环项”为变量“i”。

步骤❸：在第一层循环范围内：

添加“设置变量值”组件，输入属性中选择“变量”为“i”；选择“变量值”为“编辑表达式”，表达式为“i”，点击【确定】；

添加“调用子流程”组件，选择“子流程名称”为“P02_获取数据”；

添加“调用子流程”组件，选择“子流程名称”为“P03_逐笔付款”；

添加“调用子流程”组件，选择“子流程名称”为“P04_查询付款信息”。

步骤❹：在第一层循环范围外：

添加“调用子流程”组件，选择“子流程名称”为“P05_退出工行网银”；

添加“调用子流程”组件，选择“子流程名称”为“P06_登录财务云平台”。

步骤❺：设置第二层循环。添加“按照次数循环”组件，在输入属性中设置“循环起始值”为“2”，选择“循环结束值”为变量“rcfk_lines”，“步长值”为“1”；在输出属性中选择“每次循环项”为变量“i”。

步骤❻：在第二层循环范围内：

添加“设置变量值”组件，在输入属性中选择“变量”为“i”；选择“变量值”为“编辑表达式”，表达式为“i”，点击【确定】；

添加“调用子流程”组件，选择“子流程名称”为“P02_获取数据”；

添加“调用子流程”组件，选择“子流程名称”为“P07_编制记账凭证”。

步骤❼：在第二层循环范围外：

添加“调用子流程”组件，选择“子流程名称”为“P08_退出财务云平台”；

添加“弹出提示框”组件，在输入属性中设置“提示内容”为“融创付款机器人运行成功，感谢使用”，设置“是否等待用户确认”为“否”，设置“提示自动关闭时间（秒）”为“3”。

资源7-10

融创付款机器人主流程开发效果图大图

步骤❽：调整“P02_获取数据”中用以获取记账数据的“获取Excel行的值”组件，修改“输入属性”中的行号为变量“i”。

# 模块4 财务机器人的测试与交付

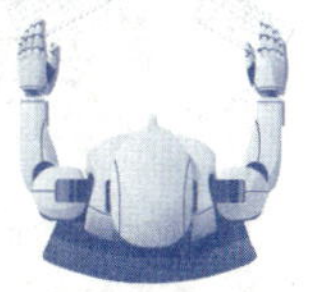

## 业务描述

经过项目成员的共同努力，现已开发出融创报销机器人和融创付款机器人，接下来需要按照财务机器人的实际工作需求编制测试用例，对财务机器人进行测试，在测试过程中发现问题和改正问题，以最大限度达到开发目的，测试完成后即可交付财务机器人。

# 任务1　财务机器人的测试

## 任务描述

费用报销业务机器人开发完成后，项目团队需要对融创报销机器人和融创付款机器人进行测试，在测试中发现潜在的问题，进而完善财务机器人，提高其稳定性和可靠性。

## 任务分析

资源7-11

融创报销机器人测试的业务素材

财务机器人的测试主要分为两个部分，首先根据实际业务和工作场景编制测试用例，然后多次执行测试用例，执行测试用例时，要从过程和结果两个角度去考核财务机器人的工作能力、工作效率以及稳定性等性能。在本测试中，虽然费用报销业务机器人被划分为融创报销机器人和融创付款机器人，但这两个机器人的业务是连贯的，是基于同一业务的前后操作，因此两个机器人的测试用例可以是共同的，换而言之就是编制一份测试用例，可以用来测试两个机器人。财务机器人应当用不同的测试用例测试多次，在多次测试中发现问题，并加以改进。

## 操作步骤

### 一、编制测试用例

步骤❶：确定测试环境。根据费用报销业务机器人的使用场景，确定测试环境为财务云平台，网址为：http：//fz.chinaive.com/kjhs/，用户名及密码为RAD平台登录账号及密码。

步骤❷：编制输入数据。根据融创建材公司的实际业务情况，编制测试用例输入数据，输入数据存放在Excel文档中，文档名分别为“融创报销业务数据表”及“融创付款业务数据表”，对应的Sheet页名称及业务数据如图7-27、图7-28所示。输入的数据文档要保存在“C：\RPADATA”路径下。

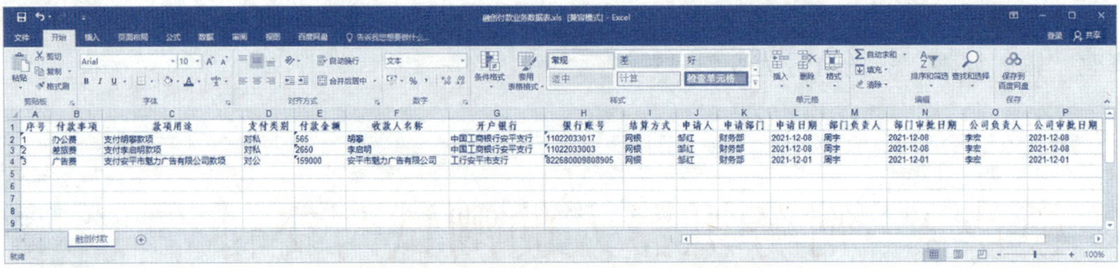


图7-27　融创报销机器人测试输入数据

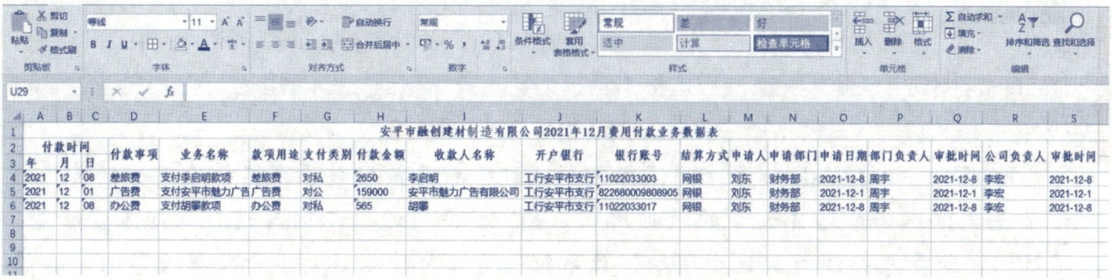

| 安平市融创建材制造有限公司2021年12月费用付款业务数据表 | | | | | | | | | | | | | | | | | | |
|---|---|---|---|---|---|---|---|---|---|---|---|---|---|---|---|---|---|---|
| 付款时间 | | | 付款事项 | 业务名称 | 款项用途 | 支付类别 | 付款金额 | 收款人名称 | 开户银行 | 银行账号 | 结算方式 | 申请人 | 申请部门 | 申请日期 | 部门负责人 | 审批时间 | 公司负责人 | 审批时间 |
| 年 | 月 | 日 | | | | | | | | | | | | | | | | |
| 2021 | 12 | 08 | 差旅费 | 支付李启明款项 | 差旅费 | 对私 | 2650 | 李启明 | 工行安平市支行 | 11022033003 | 网银 | 刘东 | 财务部 | 2021-12-8 | 周宇 | 2021-12-8 | 李宏 | 2021-12-8 |
| 2021 | 12 | 01 | 广告费 | 支付安平市魅力广告 | 广告费 | 对公 | 159000 | 安平市魅力广告有限公司 | 工行安平市支行 | 822680009808905 | 网银 | 刘东 | 财务部 | 2021-12-1 | 周宇 | 2021-12-1 | 李宏 | 2021-12-1 |
| 2021 | 12 | 08 | 办公费 | 支付胡攀款项 | 办公费 | 对私 | 565 | 胡攀 | 工行安平市支行 | 11022033017 | 网银 | 刘东 | 财务部 | 2021-12-8 | 周宇 | 2021-12-8 | 李宏 | 2021-12-8 |

图7-28　融创付款机器人测试输入数据

**步骤❸：** 确定测试用例执行结果。测试用例输入数据共有3笔业务，对应3笔费用报销数据和3笔费用付款数据。融创报销机器人输入数据运行后，应当能在财务云平台正确录入相应的3笔记账凭证，包括借贷方一级科目、辅助核算科目、金额等；融创付款机器人应当能成功登录网银平台完成3笔业务的转账付款业务，并能成功下载3笔业务对应的转账回单。

## 二、融创报销机器人的测试

**步骤❶：** 关闭其他无关软件，运行融创报销机器人。

**步骤❷：** 观察融创报销机器人的运行情况，如有异常，记录异常信息，以便后续对融创报销机器人进行调整优化。

**步骤❸：** 打开财务云平台（http：//fz.chinaive.com/kjhs/），输入账号和密码，然后进入“安平市融创建材制造有限公司”账簿，并依次点击【凭证】【查看凭证】，在右上方选择费用报销的日期，检查相应日期的报销凭证是否编制成功，然后检查已登记入账的凭证中的摘要、科目、金额等信息是否正确。

## 三、融创付款机器人的测试

**步骤❶：** 关闭其他无关软件，然后运行融创付款机器人。

**步骤❷：** 观察融创付款机器人的运行情况，如有异常，记录异常信息，以便后续对费用付款机器人进行调整优化。

**步骤❸：** 运行完成后，打开电脑中“C：\RPADATA”文件夹，根据任务要求，审核文件夹中存放的转账回单数量和名称是否正确。然后依次打开回单，按照任务要求审核转账回单内容是否正确。

**步骤❹：** 打开财务云平台（http：//fz.chinaive.com/kjhs/），输入账号和密码，然后进入“安平市融创建材制造有限公司”账簿，并依次点击【凭证】【查看凭证】，然后在右上角选择记账期间，检查相应日期转账业务的记账凭证是否编制成功，然后检查已登记入账的凭证中的摘要、科目、金额等信息是否正确。

## 四、报销业务机器人的优化

在多次测试中，发现已存在的问题或者潜在的问题时，要对费用报销业务机器人进行优化和调整，对于所发现的问题和相应的调整要及时记录，为后续的调整和优化提供参考。

## 价值提升7-1

### 一个典型软件项目的故事

ACME公司的Widgets系统出了点问题，这个系统被用来管理器材的库存，当初设计时没考虑到如今这样大量的数据增长。ACME公司的员工因为这个问题备受折磨，很显然，需要想办法解决这个问题，让系统恢复正常。经过对本地软件公司的一番筛选，ACME公司的员工联系到Hamster软件公司，看看其能否解决这个问题。ACME公司的员工很喜欢Hamster软件公司的网站，他们没有任何软件开发的经验，但根据网站的外观，他们估计这个软件公司能解决他们的问题。

于是，ACME公司和Hamster软件公司开始讨论如何解决库存系统中的问题。Hamster软件公司的开发团队以前从未处理过类似的问题，然而，他们有一群很能干的员工，他们相信一定能解决这个问题。

基于一个不符合实际情况的预估，ACME公司和Hamster软件公司达成了协议，一起努力来解决问题，这是他们犯的第一个错误。Hamster软件公司的开发团队认为，对现有的软件进行简单的修改就能满足ACME公司的需求，并在此假设基础上进行了工程估算，制订了设计方案。起初，ACME公司认可这一设计方案，Hamster软件公司开发进展神速。看起来，Hamster软件公司很有可能按照最初的设计完成任务，除了一些bug需要解决。起初的bug都很小，就Hamster软件公司这种一日千里的开发速度而言，ACME公司理解，开发进行中的软件不可能做到十全十美。ACME公司很高兴能开始使用改造中的系统，对于出现的问题，开发团队已经有了更好的方案，看起来边改造边使用是没有问题的，尽管有些bug存在。

Hamster软件公司的员工都很能干，没有人希望出现bug，但因为开发团队专注于解决扩容问题、写代码来升级系统，所以有时候很容易发生一些意想不到的事情(bug)。随着开发的进行、项目规模的扩大，记住代码中各种编写策略的背后原因变得越来越困难，但是他们是群能干的程序员，没有他们处理不了的问题。

理查德，Hamster软件公司的创始人之一，是一个优秀的程序员，他对这个项目做出了巨大的贡献。一天，理查德收到了来自Fifth Speed公司的聘请，Fifth Speed公司是一家非常出名的软件公司，理查德无法拒绝。Hamster软件公司的开发团队很沮丧，但对于这种事情，他们无能为力，只好顶着压力继续开发。

这些bug之前只是带来一些麻烦，而理查德的离去相当于火上浇油。他的脑袋里装有大量的关于每个部分应该如何运作的想法，而现在，开发团队只能在没有他的情况下完成工作。各种问题开始出现，Hamster软件公司开发的软件里有些东西并没有按要求运行。

Bug成倍增加。每一次新版本的发布看起来都会导致越来越多之前已经完成的功能不能使用。作为解释软件应该做成什么样的唯一参考的规格说明书，如今已经扩展到没有哪个人能单独掌握。ACME公司解决库存系统问题的日期看起来越来越遥远，每一次新版本的发布都是一次前进，但也是一次后退。ACME公司用这个系统来提升公司的业务，但bug不仅影响了员工的使用，还影响了客户。

公司实际业务上的损失很大程度上应归咎于这些bug。没错，ACME公司库存系统原始问题已经解决了，但却引入了其他问题，算起来得不偿失。这个庞大的系统本以为能解决ACME公司所有的问题，但现在看起来更像一个负担。它每月还在不断地消耗巨大的财力用于维护，看不到尽头。

不幸的是，这是如今大多数软件项目的现状，糟糕的计划、没谱的预算、无休无止的“维护”，使得人们对真正的软件项目失去信心。只有我们共同努力，才能改进软件项目中错误的估算和不切实际的期望等相关问题。

在试图解决问题前，一定要尽量理解问题，一定要有全局眼光，并以长远的眼光看问题。

资料来源：GOLDSTEIN D.一个典型软件项目的故事［EB/OL］.［2020-10-11］. https://www.cnblogs.com/gotodsp/articles/3633442.html.

# 任务2 财务机器人的交付

## 任务描述

微课7-10

财务机器人的交付

财务机器人完成开发后，需要交付给使用单位。交付工作主要包括撰写财务机器人使用说明书和财务机器人的交付。

## 工作流程

### 一、撰写财务机器人使用说明书

微课7-11

报销业务机器人使用说明书的撰写

财务机器人使用说明书的主要内容包括财务机器人简介、运行环境、适用范围、操作流程、注意事项、故障处理等。

#### （一）财务机器人简介

财务机器人简介是对即将交付的财务机器人的功能、特点等属性进行简单介绍，使财务机器人使用部门能对其迅速了解。

#### （二）运行环境

运行环境部分主要介绍财务机器人运行的软硬件环境，为使用部门部署和使用财务机器人提供指引，运行环境主要包括硬件环境、软件环境、使用人员资质等。

#### （三）适用范围

适用范围主要介绍财务机器人可使用的范围，财务机器人因其高度定制化，每个财务机器人的开发都针对特定的业务，明确适用范围有助于使用部门规范使用财务机器人。

#### （四）操作流程

操作流程主要介绍财务机器人的操作流程，一般包括财务机器人的数据采集、财务机器人的运行、财务机器人工作结果的审核等内容。

#### （五）注意事项

注意事项主要列示财务机器人在实际应用过程中一些需要特别关注的事项，包括安全提示、特殊情况的说明等。

（六）故障处理

财务机器人因其高度的灵活性以及对软硬件环境的高要求，在运行过程中难免会出现一些故障，这些故障分为偶发性故障、永久性故障、局部功能失效故障、整体功能失效故障，财务机器人使用说明书当中应当对这些故障进行提示，并给出相应的解决方案。

资源 7-12

费用报销业务机器人使用说明书

## 二、财务机器人的交付

财务机器人的交付分两种方式：第一种是将已完成开发的财务机器人和使用说明书打包交付给用户，这种交付形式比较简单；第二种交付方式是在公司IT部门或者公司OA系统供应商的配合下，将开发的财务机器人通过机器人控制台集成到OA系统，财务机器人使用部门通过从OA系统或者机器人控制台调用的方式来使用财务机器人。两种交付方式各有特点，前者交付灵活、使用灵活、后续升级方便，而且交付和使用的成本较低，适合小型财务机器人或者中小型企业小范围引入财务机器人；后者的优点是财务机器人启用和运行稳定、安全性高、使用便利、运行记录详尽等，但缺点是交付成本高，需要第三方的配合才能完成交付，而且后续的升级维护也比较麻烦，这种交付方式适合大型财务机器人或者中大型企业引入财务机器人。财务机器人使用部门应当根据新引入财务机器人覆盖业务范围的大小，结合公司本身具体情况决定采取哪种交付方式。本项目以第二种交付方式为例来介绍财务机器人的交付。

# 操作步骤

## 一、撰写费用报销业务机器人使用说明书

步骤❶：撰写费用报销业务机器人简介。

**费用报销业务机器人简介**

费用报销业务机器人，是指为解决安平市融创建材制造有限公司费用报销业务，而开发的一系列财务机器人，包括但不限于款项支付和账务处理业务。报销业务仅针对日常费用类报销审批流程，不包含职工薪酬、资产采购、材料采购等业务类型的报销及付款业务。

根据财务机器人设计需要，分解费用报销业务，报销与付款有时同时发生，有时先后发生，为适应各种情况，将费用报销业务活动拆分为2项，设计2个独立存在且相互有关联的财务机器人，分别为融创报销机器人和融创付款机器人，其功能和特点如下：

**1.融创报销机器人**

融创报销机器人能根据费用报销信息，在财务云平台中完成相应会计凭证的编制。涉及的机器人模块包括数据获取、财务云平台登录、记账凭证编制、财务云平台退出。

**2.融创付款机器人**

融创付款机器人根据费用付款信息，在网上银行完成报销款项支付，下载银行付款回单作为会计原始凭证，在财务云平台上完成相应会计凭证的编制。涉及的机器人模块包括数据获取、工行网银登录、逐笔付款、查询付款信息、退出工行网银、财务云平台登录、

记账凭证编制、财务云平台退出。

步骤❷：撰写运行环境。

费用报销业务机器人运行环境要求见表7-34：

表7-34 费用报销业务机器人运行环境要求

| 1.硬件环境 | | | |
|---|---|---|---|
| 项目 | 需求 | 项目 | 需求 |
| CPU | 双核3.0GHz以上 | 内存 | 4GB以上 |
| 本地存储 | 50GB以上 | 屏幕 | 分辨率1 920×1 080 |
| 网速 | 2M/S以上 | | |
| 2.软件环境 | | | |
| 项目 | 需求 | 项目 | 需求 |
| 操作系统 | Windows 7 SP1版本以上 | 浏览器 | Chrome浏览器（安装RPA插件） |
| Excel | Office 2003及以上版本，WPS尽量安装较新版本 | java | 支持1.6、1.7、1.8版本 |
| 3.使用人员资质 | | | |
| 项目 | 需求 | 项目 | 需求 |
| 会计技能 | 初级会计专业技术资格 | RPA技能 | 阿里云RPA（机器人流程自动化）-初级入门（可视化） |

步骤❸：撰写适用范围。

结合公司实际情况，明确费用报销业务机器人的适用范围，见表7-35：

表7-35 费用报销业务机器人的适用范围

| 会计科目（一级） | 会计科目（二级） | 情况说明 | 是否纳入财务机器人核算 |
|---|---|---|---|
| 制造费用 | 水电费 | 核算厂房发生的水电费用，提交水电费发票后完成报销支付，或者先申请支付水电费款项再根据水电费发票完成报销 | 是 |
| | 办公费 | 核算生产车间发生的办公费用，提交办公费用发票后完成报销支付，或者先申请支付办公费用款项再根据发票完成报销 | 是 |
| | 其他 | 核算生产车间发生的其他未列明的零星费用，提交费用发票后完成报销支付，或者先申请支付费用款项再根据发票完成报销 | 是 |
| 销售费用 | 广告费 | 核算公司的广告费、宣传费等，提交广告费用发票后完成报销支付，或者先申请支付广告费用款项再根据发票完成报销 | 是 |
| | 其他 | 核算销售部门发生的其他未列明的零星费用，提交费用发票后完成报销支付，或者先申请支付费用款项再根据发票完成报销 | 是 |

续表

| 会计科目（一级） | 会计科目（二级） | 情况说明 | 是否纳入财务机器人核算 |
|---|---|---|---|
| 管理费用 | 办公费 | 核算除生产车间以外发生的办公费用，提交办公费用发票后完成报销支付，或者先申请支付办公费用款项再根据发票完成报销 | 是 |
| | 差旅费 | 核算公司发生的差旅费，提交差旅费发票后完成报销支付 | 是 |
| | 业务招待费 | 核算公司发生的业务招待费，提交业务招待费发票后完成报销支付 | 是 |
| | 水电费 | 核算办公楼发生的水电费用，提交水电费发票后完成报销支付，或者先申请支付水电费款项后再根据水电费发票完成报销 | 是 |
| | 修理费 | 核算公司管理部门发生的办公家具、办公设备的维修费用，提交修理费发票后完成报销支付，或者先申请支付修理款项再根据修理费发票完成报销 | 是 |
| | 绿植租赁费 | 核算公司发生的绿植、盆栽的租赁费，提交租赁费发票后完成报销支付 | 是 |
| | 招聘费 | 核算公司发生的用于人员招聘的招聘网站费用，提交发票后完成报销支付 | 是 |
| | 其他 | 核算总经办、财务部等管理部门发生的其他未单独列明的零星费用，提交发票后完成报销支付，或者先申请支付款项再根据发票完成报销 | 是 |

## 二、交付费用报销业务机器人

费用报销业务机器人应用程序开发完毕、使用说明书撰写完毕后，可以执行最后的交付工作，即将费用报销业务机器人整合到企业的OA系统。该工作需与企业的IT部门和OA系统供应商合作完成，由财务机器人开发团队和使用部门根据实际工作需要提出需求，然后由企业的IT部门和OA系统供应商完成最后的整合工作，打通企业现有的信息系统和财务机器人之间的数据和业务。

## 业务训练

【综合业务题】请小组合作完成销售合同机器人的需求分析、方案设计、机器人开发和测试、使用说明书撰写，完成后请上传全套文档和应用程序。

拓展7-1

项目7的
后续更新